식민지 근대화의 실상

"반일 종족주의" 비판

식민지 근대화의 실상
"반일 종족주의" 비판

초판 1쇄 발행 2025년 4월 15일

지은이 전용덕

펴낸곳 서울대학교출판문화원
주소 08826 서울 관악구 관악로 1
도서주문 02-889-4424, 02-880-7995
홈페이지 www.snupress.com
페이스북 @snupress1947
인스타그램 @snupress
이메일 snubook@snu.ac.kr
출판등록 제15-3호

ISBN 978-89-521-3930-6 03910

식민지 근대화의 실상

"반일 종족주의" 비판

전용덕 지음

서울대학교출판문화원

서문

이 책은 이영훈 등이 『반일 종족주의』, 『반일 종족주의와의 투쟁』 등에서 제기한 역사 이해를 바로잡기 위한 목적으로 쓴 것입니다. 그 책들이 출간된 이후 식민지 근대화론을 비판한 책, 논문, 짧은 글 등이 상당수 발표되었지만, 저자가 보기에는 그것들에도, 경제사에 국한할 때, 오류가 적지 않습니다. 이것이 저자가 이 책을 쓰게 된 첫 번째 동기입니다.

임종국은 『일본군의 조선침략사II』의 서론에서 다음과 같이 예언했습니다. "〔총독부를 포함한 수많은 일본인들에 의해〕 위조·분식된 선정의 기록만이 남고, 이리하여 후손들이 왈, 총독부가 그토록 선정을 했는데 그 미친(?) 조상들이 왜 독립운동을 했는지 모르겠다고 하게 된다면, 이 나라의 국기國基는 대체 무엇이 되는 것인가?" 임종국의 이 말은 마치 2020년 즈음에 출간되었던 『반일 종족주의』를 30년도 더 이전에 이미 예견한 것 같아서 저자는 충격을 받았습니다. 이것이 저자가 이 책을 쓰게 된 두 번째 동기입니다.

일본의 소위 '우익들'은 그들의 조상들이 한반도에서 행한 선전·선동을 곧이곧대로 믿고 있는 것 같습니다. 그런 선전·선동이 당시 한반도 한인들의 행동을 조작하기 위한 새빨간 거짓말임에도 불구하고 말입니다. 그들의 그런 주장이 지금의 다수 한국인들이 일본인들의 사과를 진정성이 없다고 보는 이유일 것이라고 저자는 추론합니다. 일본 우익들이 믿는 것이 거짓말임을 증명하는 일이 저자가 이 책을 쓰게 된 세 번째 동기입니다.

선전·선동, 공포에 의한 지배, 감시·감독의 일상화 등은 한 번도 그런 일을 경험해 보지 못한 사람에게는 쉽게 이해하기가 어렵습니다. 특히 선전·선동이 그렇습니다. 선전·선동의 예는 김정은의 북한을 통해서 간접 경험을 할 수 있을 것입니다. 북한 주민들이 무슨 큰 행사가 있을 때마다 실내 경기장에 모여 김정은의 연설을 듣고 거의 광적으로 박수를 치거나 조화를 흔드는 장면을 볼 수 있습니다. 그들이 마음에도 없는 박수를 치는 것은 그렇게 하지 않으면 즉각 크고 작은 불이익이 돌아오기 때문일 것입니다. 김정은과 그 주변 세력은 그때그때 목적에 따라 여러 가지 선전·선동을 하고 그런 그들의 말을 듣지 않으면 즉각 여러 가지 처벌이 내려졌을 것입니다. 김정은은 자신이 불리한 처지에 놓이게 되자 자신의 고모부인 장성택을 공개 총살했습니다. 공포에 의한 지배를 감행한 것입니다. 오늘날 북한은 가족 간에도 자신의 속마음을 토로할 수 없을 정도로 감시·감독이 일상화되어 있습니다. 군국일본지배기에는 그 당시 어용언론이 그런 선전·선동에 앞장섰습니다. 김정은의 북한과 군국일본지배기 한반도, 둘 중에서 어느 쪽이 선전·선동 등이 심했는가는 연구가 필요하지만 후자를 이해하는 데 전자가 상당한 도움이 될 것입니다.

1910~1945년의 식민 지배 기간을 연구하는 역사가가 자주 범하는 잘못은 그 시기 일본제국 또는 조선총독부의 목적 또는 그와 관련된 선전·선동, 공포에 의한 지배, 감시·감독, 구전 통신의 억압과 처벌 등을 거의 다루지 않는다는 것입니다. 일제는 상황에 따라 다른 행동을 했는데 그런 행동은 궁극적으로는 식민 지배를 어떻게 잘 유지하여 지배 비용은 적게 하고 지배에 따르는 이득을 어떻게 그리

고 얼마나 최대한 챙길 것인가 하는 문제에 집중한 것입니다. 이때 역사가는 식민 지배자들의 목적, 동기, 가치 판단, 이념 등을 면밀히 고찰해 역사적 실상을 온전히 파악하기 위한 노력을 기울여야 할 것입니다.

저자는 일본군 위안부 문제를 다루지 않았습니다. 이영훈은 민간 매춘업자와 민간 매춘부만이 그 당시 존재했다고 주장하고 일본군에 의해 지휘·감독을 받은 일본군 위안소와 일본군 위안부를 전혀 인정하지 않습니다. 그 결과 논쟁의 여지가 없습니다. 그리고 이 분야의 다른 많은 역사가가 이영훈을 비판하고 있기 때문에 그것으로 충분하다고 저자는 판단합니다. 일본군 위안부 문제를 다루지 않은 이유입니다. 그리고 저자는 식민지 근대화론에서도 경제 문제가 아닌 것도 최대한 제외했습니다.

일본은 한반도를 식민 지배한 것이지 통치나 정치를 한 것이 아닙니다. 국어사전에는 통치, 정치 등에도 지배한다는 의미가 포함되어 있지만, 현실에서 사람들은 그것을 지배와 동일한 개념으로 사용하지 않습니다. 진실은 한반도 한인들은 일본제국에 지배당한 것입니다. 국가가 멸망한 상황에서 한국, 한국인이라는 개념도 전적으로 틀린 것입니다. 한반도, 한인이라는 개념이 더 타당해 보입니다. 병합이라는 개념도 틀리기는 마찬가지입니다. 한반도는 일본에 병합된 것이 아니라 일본의 식민지가 된 것입니다. 다시 말하면, 일본은 한반도를 병합한 것이 아니라 무력을 포함한 여러 방법으로 지배한 것입니다. 일본 국가를 지칭할 때 일본제국 또는 일제는 틀린 말은 아니지만, 이념적 지향을 강조하고자 한다면 군국주의 국가 일본 또는 줄여서 군국일본이 더 타당하다고 저자는 주장합니다. 강점이라는 개념보다는 지배라는 개념이 더 정확한 것이기 때문에 이 책에서는 일제 강점기라는 개념보다는 군국일본지배기, 식민지기 등과 같은 개념을 사용합니다. 저자는 이 책에서 그렇게 구분해서 사용했습니다.

이 책이 군국일본이 어떤 목적과 동기를 가지고 어떤 방법으로 한반도를 지배했는지에 관한 정확한 이해와 이영훈 등이 주장하는 식민지 근대화론과 그에 대해 비판한 연구의 오류를 바로잡는 데 이바지하길 바랍니다. 끝으로, 독자들의 이해를 돕기 위하여 각 장의 요약을 서문 다음에 붙여 두었습니다.

대구 신매동에서

전용덕 쓰다

차례

| 일러두기 |

〔 〕 안의 내용은 독자의 이해를 돕기 위해 저자가 삽입한 내용입니다.

서장

이영훈 교수[1](이하 존칭 생략)는 일제의 조선 지배 목적이 '영구병합'이라는 고차원적인 수탈이기 때문에 토지나 쌀의 무상 약탈 같은 저차원적인 수탈 방법을 활용하지 않았다고 주장합니다. 이영훈 교수는 맨슈어 올슨이 분류한 도적의 유형을 활용한 것으로 보입니다. 올슨은 도적을 모든 것을 약탈하고 황폐화한 후 자기 나라로 돌아가는 '약탈형' 도적과 그 지역을 계속 지배하면서 장기적으로 이익을 취하는 '정주형' 도적으로 분류했습니다. 이영훈은 일제가 정주형 도적이었기 때문에, 약탈형 도적으로 가정하고 만들어 낸 기존의 이야기들이 허구라고 지적합니다. 예를 들어, 일제가 한 푼도 안 주고 쌀을 강탈해 갔다거나 일본 헌병이 길거리에서 지나가는 여자를 끌고가 위안부로 삼았다거나 하는 행위는 약탈형 도적이 하는 짓이지 정주형 도적이 하는 짓은 아니라는 것입니다.

이영훈이 놓친 것은, 도적의 유형과 관련이 없이, 도적은 도적일 뿐이라는 것입니다. 조선 총독과 같은 고위직 일본인들은 자신들은 정주형 도적이기 때문에 그렇게 해야 한다고 생각하고 행동했을 수 있습니다. 그러나 규제나 법령의 최일선 집행자인 일본 헌병, 면서기 등은 자신들에게 주어진 목표가 중요하기 때문에 보는 사람이 없는 곳에서는 약탈형 도적처럼 행동했을 수도 있습니다. 현실에서 도적은 정주형과 약탈형을 오갈 수도 있다는 것입니다. 정주형 도적이면서 일부 지역이나 정책에서는 약탈형 도적이 하는 행동을 했던 경우가 바로 그런 경우입니다. 무엇보다도, 정주형만 가정하면 약탈형 도적 행위를 간과할 수 있고 약탈형만 가정하면 정주형 도적 행위를 인지하기 어렵습니다. 게다가 이영훈은 도적의 형태를 전제한 것처럼 보입니다. 일제가 어떤 때 정주형 도적이었고 어떤 때 약탈형 도적인가는 '선험적인' 문제라기보다는 '실증의' 문제로 보입니다. 즉 역사가에게 부여된 임무는 약탈의 존재를 증명하는 것이지 도적의 형태가 무엇인가를 증명하는 것이 아니라는 것입니다.

일제는 동화주의, 즉 '조선의 시코쿠·큐슈화'를 목표로 했습니다. 그러나 김낙년[2]은 그런 목표가 정치 면에서는 식민지 지배를 합리화하는 구호에 불과했다고 주장합니다. 그럼에도 경제 면에서는 두 지역이 통합되는 단계로까지 나아갔다고 주장합니다. 경제 면에서는 일본의 제도를 거의 그대로 조선에 이식했기 때문이라는 것입니다. 그러나 그런 주장은 터무니없습니다. 일제가 조선을 시코쿠나 큐슈로 만들고자 했다면 엔화와 별도의 화폐인 원화를 사용하도록 하지도 않았을 것이고, 한반도 한인의 일본 이주를 막지도 않았을 것이며, 제도적으로 한인을 차별하지도 않았을 것입니다. 즉 김낙년의 주장과 달리 일제는 한반도 경제를 일본 경제에 '종속'된 것으로 취급하면서 해방될 때까지 철저히 '도적'으로서의 이익을 취하기 위해 한반도를 영구적인 식민지로 만들려 했던 것으로 이해하는 것이 가장 타당해 보입니다. 약탈형 도적이었던 때가 전혀 없었다고 할 수는 없지만 말입니다.

'조선과 일본의 시장이 완전히 통합되었다'는 김낙년의 주장[3]을 더 자세히 봅니다. 두 시장에서 단일 통화를 사용하지 않았음은 앞에서 지적했습니다. 관세가 없었지만, 일제는 국내의 사정에 따라 쌀의 일본 수출을 허용하기도 하고 금지하기도 했습니다. 1925년 도항허가제가 시행된 이후 해방 직전까지 한반도 한인이 일본으로 건너가 일자리를 찾는 것도 자유롭지 않았습니다. 하지만 일본인이 한반도로 이주하거나 한반도에서 기업을 설립하는 것에는 제한을 가하지 않았습니다. 비록 지배 목적에 따라 한반도에서 일본 기업의 설립을 제한한 경우가 없지는 않았지만 말입니다(조선회사령은 1920년 폐지). 일본인에게는 한반도에서 일하거나 사업할 자유를 거의 무제한으로 준 반면, 한반도 한인에게는 일본에서 일하거나 사업할 자유를 주지 않으려 했습니다. 일본으로 이주한 한인에게는 1923년 관동대지진 한인 대학살에서 보듯이 멸시와 차별로 그들을 괴롭혔습니다. 한인이 한반도에서 일하거나 사업하는 경우에도 많은 제한과 통제가 있었습니다. 다른 시장뿐만 아니라 노동시장마저도 통합하지 않았는데 어떻게 조선과 일본의 시장이 완전히 통합되었다고 할 수 있을까요?

일제의 한반도 지배 정책은 일본 본토와 한반도에 사는 일본인을 위한 차별적 식민지 정책이라고 요약할 수 있습니다. 한반도 경제를 일본의 이익을 위해 운영되는 '종속' 경제로 만든 것입니다. 일제는 일본인들의 이익을 위해 한인들의 이익을 희생시키는 것을 너무도 당연하게 여겼습니다. 한반도 시장에서의 쌀값과 한인들의 복지를 전혀 고려하지 않고 일본에서 쌀이 모자라면 일본으로 쌀을 수출했고, 일본에서 쌀이 남아돌면 일본으로의 수출을 금지했습니다. 일제가 한반도 경제를 종속 경제로 생각하지 않았다면 도저히 그런 결정을 할 수 없었을 것입니다. 다른 많은 시장에서도 일제는 한반도 경제를 종속 경제로 취급했습니다.

3·1운동 이후 한반도 경제를 성장시킨다는 명분으로 일제가 수립한 산미증식계획에 따라 한반도 농민은 쌀을 더 많이 생산했지만 1926년 무렵부터 오히려 농민의 경제적 삶은 더 어려워졌습니다. 일제는 산업화의 진전으로 일본에서 인력이 모자랐을 때도 한반도 한인이 일본으로 이주하는 것을 최대한 저지했지만, 2차 세계대전으로 산업현장에서 인력이 극심하게 부족해지고 확대된 전선에서 전쟁을 치를 군인이 부족해지자 모집, 관알선, 징용, 징병 등의 방법으로 한반도 한인을 일본, 만주, 동남아시아, 한반도 일부 지역 등으로 강제 동원했습니다. 이때 조선총독부는 선전·선동, 공포에 의한 지배, 감시·감독의 철저, 구전 통신의 억압과 규제 등을 강화하여 한반도 한인들의 여론과 행동을 조작했습니다.

조선총독부의 한반도 경제정책에서도 1937년 중일전쟁으로 전쟁 사회주의에 돌입하기 전까지 산미증식계획 등 철저한 농업 중심 정책을 취해 한인들의 생산성을 높일 수 있는 유일한 길, 즉 공업화를 막았습니다. 중일전쟁 이후 한반도 북부와 경인 지역에 공장을 건설하는 등 광공업의 비중을 상당히 높였으나 전쟁물자 생산을 위한 병참기지 건설이 목표였고 그곳에서 생산한 물자 대부분이 전쟁터에서 소모되었기 때문에 이는 한반도 한인들의 생활수준 향상으로 연결되는 것은 적었습니다.

1937년 이후 공업화를 일부 역사가들은 '군수공업화'라고 명명하고 있지만, 오스트리아학파 경제학Austrian Economics은 전쟁 수행 목적의 공업화를 '전쟁 사회주의war socialism' 또는 '전쟁 경제war economy'로 개념화해야 한다고 주장합니다. 예를 들어, 전쟁을 위한 항공기공업은 생산이 증가할수록 부가가치 증가가 일어나지만, 엔진과 같은 중요부품은 일본에서 수입해서 조립했을 뿐만 아니라 전투용 항공기는 민간이 사용하는 것이 아니기 때문에 그런 생산 증가는 한인의 물질적 삶에 거의 도움이 되지 않습니다. 전쟁 사회주의는 사회주의의 특성인 지속 불가능성을 지녔지만, 전쟁이라는 특수성, 즉 자원의 소모와 낭비가 보통 사회주의보다 극심할 뿐만 아니라 부가가치도 소비자들에게 거의 도움이 되지 않는다는 특수성을 지녔습니다. 1939년 이후 '군수회사법'을 포함한 일련의 규정이나 법이 시행되면서 자원이 '군수회사'로 지정된 회사에만 배분되었고 자원의 소모와 낭비가 극심해졌기 때문에 저자는 1941년 이후를 전쟁 사회주의 2기, 1937~1940년을 전쟁 사회주의 1기로 규정합니다. 그렇게 구분한 것은 2기가 1기보다 더 소모적이고 파괴적이었을 뿐만 아니라 바로 그 이유로 한인들의 생활수준이 크게 퇴보했을 것으로 추정되기 때문입니다.

일제는 한반도에서 한인과 일본인들을 철저하게 차별했습니다. 교육 기회에서의 차별, 교육을 마친 사람들의 고용, 임금, 작업 배치, 승진 기회, 직업훈련 등에서 차별이 있었습니다. 대출금리에서의 차별, 관급공사 입찰에서의 차별, 대규모 회사의 설립과 주식회사 상장에서의 차별도 컸습니다. 제도적으로 차별이 없는 것으로 보이는 영역에서도 실행 과정에서 수많은 차별이 실재했습니다. 기업이나 관공서에서 일본인을 우대하라는 제도가 명시적으로 존재했던 경우도 있었습니다. 그런 제도가 없는 경우에도 인력을 배치하거나 감독하고 승진시키는 의사결정 과정에서 일본인들이 주도권을 쥐고 있었기 때문에 실행 과정에서 차별이 발생할 수밖에 없었습니다. 그런 차별에는 일본인들의 메이지 유신 성공으로 인한 대對아시아인 멸시가 있었습니다. 일제의 식민 지배를 비판적으로 평가했던 일본의 일부 지식인들은 그 당시에도 이미 그 점을 지적한 바 있습니다. 비록 부분적이고 우리에게 잘 알려지지 않았을 뿐입니다.

이영훈 등이 주장하는 '식민지 근대화론'도 동의하기 어렵습니다. 식민지 근대화론에 관해 논쟁할 때 두 가지를 명확하게 하는 것이 선결과제입니다. 첫째는 근대화되었다는 것이 무엇을 의미하는가, 즉 근대화의 정의에 관한 것입니다. 근대식 건물, 전기, 도로, 철도, 병원, 학교 등과 같은 근대 문물이 들어온 것을 근대화라고 정의할 것인가, 민법이나 형법 등의 법률제도, 정치제도, 경제제도, 교육제도, 사회복지제도 같은 근대적인 제도가 도입된 것을 근대화라고 정의할 것인가, 자유와 평등 같은 근대적인 사상이 실현되는 것을 근대화로 정의할 것인가, 아니면 단지 경제가 성장했다는 것을 근대화로 정의할 것인가에 따라 식민지 한반도가 근대화되었다고 볼 수도 있고 아닐 수도 있습니다. 이영훈 등은 근대화를 명확하게 정의하지 않고 식민지가 근대화되었다고 주장하고 있습니다. 근대 문물이 한반도로 들어온 것을 근대화로 정의한다면 식민지가 근대화되었다고 할 수 있으나, 그 이외의 방법으로 근대화를 정의한다면 식민지기에 한반도가 근대화되었다고 볼 수는 없습니다. 무엇보다도, 일제가 자본주의와 민주정을 도입하지 않고 간섭주의와 전쟁 사회주의로 한반도를 지배하여 한반도 한인의 자유를 억압했고, 평등보다는 한인에 대한 차별을 제도화했기 때문입니다.

둘째, 일제가 식민지를 '근대화했다'는 것과 군국일본지배기에 식민지였던 한반도가 '근대화되었다'는 것을 구분해야 합니다. 군국일본지배기에 근대식 건물, 전기, 도로, 철도, 병원, 학교 등이 건설되었고, 근대식 의료기술이 도입되어 영아 사망률이 낮아지고 평균 수명이 늘어났습니다. 근대 문물의 도입을 근대화로 본다면 군국일본지배기에 식민지 한반도가 근대화되었다고 할 수 있습니다. 하지만 일본이 지배하지 않았더라도 근대 문물은 한반도에 도입되었을 것이기 때문에 일제가 식민지 한반도를 근대화했다고 보기는 어렵습니다. 사상, 제도 등과 달리 문물은 비교적 쉽게 도입할 수 있기 때문입니다.

예를 들어, 1880년에 에디슨이 신식 발전기와 전등 부속품을 발명했습니다. 조선 왕조에서 발전설비는 1884~1885년 무렵 도입되었고 1887년경에 점등되었습니다. 교통과 통신의 발달 수준이 매우 낮았던 시기에 4~5년이라는 기간은 아주 짧았다고 해도 틀린 말이 아닙니다. 조미수호통상조약의 답례사 겸 통상사절단(전권대사 민영익, 부사 홍영식)이 1883년 6월에 미국으로 떠나 유럽을 돌아 귀국했는데 이때 이들이 백열등을 보고 주문 상담을 했고 우여곡절 끝에 한반도에 발전설비를 도입하고 점등할 수 있었습니다. 즉 조선에서의 발전설비 도입과 점등이 미국과 시간적 격차가 크지 않았다는 것입니다. 만약 일제가 전기공학자와 기술자 그리고 토목공학자와 기술자를 양성하는 것을 일찍이 허용했다면, 또는 서양인 공학자와 기술자의 유입을 허용했다면, 그리고 민간의 저축이 충분했다면 1930년대 수력발전을 할 수 있는 한인 소유의 주식회사를 설립하여 공업과 일상생활에서 전기를 이용하는 것은 큰 무리가 없었을 것입니다. 그러나 일제는 그 세 가지를 엄격히 제한했습니다. 예를 들어 경성제대는 1926년에 법문과와 의과만으로 개교했지만 1937년 전쟁으로 일본인 이공학부생의 공급이 부족해지면서 이공학부를 1938년에 처음 개설했습니다. 다시 말하면, 일본의 방해 때문에 한반도가 발전과 전기 이용에 관해 미국보다 50년 가까이 뒤처지게 되었다는 것입니다. 전기와 같은 서양문명의 이기를 자력으로 생산하는 일이 쉽지만은 않을 것입니다. 그러나 자력 생산이 그렇게 어려운 일도 아닐 것입니다. 이것이 일본이 한반도 경제에 끼친, 눈에 보이지 않는 폐해입니다. 그런 것은 너무 많아서 일일이 나열할 수 없습니다.

서양문명의 핵심적 가치인 자유와 평등의 확산을 근대화로 본다면, 조선 말기에 비해 군국일본지배기 한반도가 근대화되었다고 할 수 있습니다. 하지만 일제는 한반도 한인의 자유를 정치적으로는 군국주의로 탄압했고, 경제적으로는 간섭주의와 사회주의로 생산성이 낮은 경제체제를 강제하였으며, 일본인에 비해 한인을 차별했기 때문에 식민지 한반도의 근대화를 오히려 방해했다고 할 수 있습니다. 한반도에 자유와 평등이라는 가치가 그나마 조금이라도 확산할 수 있었던 데는 일제가 아니라 개화파, 서양인 선교사들과 선교회, 계몽 운동을 했던 민족주의자들과 계몽된 일부 학생들의 기여가 컸다고 할 수 있습니다.

●●

아래에서는 이 책의 각 부에서 제시하는 이영훈 등의 "반일종족주의"와 식민지 근대화론에 대한 반론을 요약하고자 합니다.

1부 1장에서 저자는 김낙년, 허수열 등의 '군국일본지배기 일상에서의 거래는 대부분 자율거래였고 따라서 수탈이 많지 않았다'라는 주장이 터무니없다는 점을 밝히고자 했습니다. 일상에서의 거래는 자율거래, 완전한 타율거래, 자율을 가장한 타율거래로 구분할 수 있습니다. 거래에서 거래 쌍방이 모두 자유롭다면 자율거래이고 수탈은 발생하지 않습니다. 이때 거래 쌍방이 자유롭게 결정한 가격을 '자유시장가격'이라고 합니다. 거래 쌍방 중에 어느 일방이라도 자유롭지 못하면 그 거래는 '완전한 타율거래'입니다. 이런 거래에서는 수탈이나 약탈이 일어나기 마련입니다. 일제가 자유시장가격보다 낮은 최고가격最高價格을 정하고 일정량을 할당하여 구매한 후 일본으로 쌀을 공출해 간 것이나, 쌀 판매 대금을 시장금리보다 낮은 금리로 강제저축하도록 한 것, 징용이나 징병 등으로 인력을 강제 동원한 것이 대표적인 완전한 타율거래입니다. '자율을 가장한 타율거래'는 겉으로는 자율적인 거래처럼 보이지만 실제로는 타율거래를 의미합니다. 군국일본지배기에 이런 거래는 노동시장에서 가장 많이 일어난 것으로 보입니다. 임금, 작업배치, 승진 등에서의 한인과 일본인 간 차별이 만연해 있었습니다. 조선총독부가 한인과 일본인이 받을 수 있는 최고임금을 별도로 정해 두고, 한인에게 일본인보다 낮은 임금을 받고 일할지 말지를 결정하도록 한 것이 '자율을 가장한 타율거래'의 예입니다. 한인이 자율적으로 선택한 것처럼 보이지만 자유시장가격을 받을 기회를 주지 않았기 때문에 '자율을 가장한 타율거래'이고, 그로 인해 한인들이 수탈당한 것입니다. 이영훈 등은 이런 '자율을 가장한 타율거래'를 자율거래로 보았기 때문에 수탈이 많지 않았다고 주장하지만, 저자는 이런 거래가 실제로는 타율거래였기 때문에 수탈이 만연했다고 주장합니다.

1부 2장에서는 이영훈, 김낙년, 허수열 등의 '일본으로의 쌀 수출에서 수탈이 없었다'라는 주장이 터무니없다는 것을 지적하고자 했습니다. 김낙년, 허수열 등이 쌀 수출에서 수탈이 없었다고 주장하는 근거는 '계약서상의 강제'가 없었기 때문이라는 것입니다. 계약의 외형만 본다면 쌀 수출은 완전한 자율거래처럼 보입니다. 저자는 세 가지 점에서 수출에서 수탈이 있었다고 주장합니다.

첫째, 일제의 강제가 개입된 산미증식계획과 수리조합사업을 통해 한반도에서 쌀의 과잉 생산을 유도하고 이를 일본으로 수출하도록 유도하여 수탈했다는 것입니다. 일제의 수리조합사업과 산미증식계획이 없었다면 실제보다 한반도 쌀의 생산이 적었을 것이고 한반도에서의 쌀 가격은 높았을 것입니다. 그에 따라 일본으로의 쌀 수출량도 줄어들어 일본에서의 쌀 가격은 높았을 것입니다. 한반도 한인들은 쌀을 과잉 생산해서 이익이 아니라 오히려 손해를 보았고,

일본인 소비자들은 한반도로부터 수입으로 인해 낮아진 쌀 가격만큼 이익을 보았습니다. 여기에서 핵심은 산미증식계획에서 영농 전 과정을 총독부가 강제했을 뿐만 아니라 수리조합사업은, 비록 일정 부분이지만, 사업 자체를 제도적으로 강제했다는 점입니다. 이것이 일본 정부가 경제 정책을 통해 수행한 '수탈'입니다.

둘째, 미곡 거래 방식에 대해 총독부가 개입함으로써 수출을 통한 수탈이 가능했습니다. 미곡의 한반도 내 이동과 수출입 등을 규정한 중요한 사건은 1933년에 제정된 '미곡통제법'입니다. 그 법은 1930년에 일본이 자국 농민을 보호하기 위하여 한반도산 미곡을 수입 금지하는 조처를 하고 난 뒤에 제정되었습니다. 이때 총독부는 쌀 가격을 자유시장가격보다 낮게 최고가격으로 고정했습니다. 1933년 이전에는 총독부가 일본인 쌀 수입상들에게 '담합'을 허용했습니다. 그리고 일본인 쌀 수입상들이 담합하여 가격을 크게 깎을 수 있었기 때문에 담합이 없을 때보다 가격은 훨씬 낮아졌을 것입니다.

셋째, 원화의 과대평가를 통한 수탈도 일어났습니다. 이러한 원화 과대평가와 수출에 의한 수탈이 적용되는 기간은 1910~1945년입니다. 1937년 이후에는 공출에 의한 수탈과 수출에 의한 수탈이 병존했습니다. 이러한 제도적 수탈이 식민지기 한반도 농민들이 가난했던 이유들 중의 하나인 것은 분명합니다.

1부 3장에서는 군국일본지배기 한반도의 경제체제를 서술합니다. 경제체제는 자본주의, 간섭주의, 사회주의로 분류할 수 있습니다. 사유재산이 보호되고, 계약의 자유가 있으며, 민간이 발행하고 유통하는 건전한 화폐가 있으면 자본주의입니다. 사유재산은 보호되지만 정부에서 거래 조건을 제약하여 계약의 자유를 빼앗는다면 간섭주의이고, 사유재산까지도 인정하지 않는다면 사회주의라고 합니다. 건전한 화폐란 시장에서 진화한 화폐이면서 상품화폐여야 합니다. 정부에 의해 상품화폐의 진화가 멈추는 순간부터 그런 화폐는 상품화폐가 될 수 없습니다. 일제가 발행한 불환지폐는 건전한 화폐가 될 수 없습니다. 식민지 근대화론자들을 포함한 대부분의 경제사가들과 일반 역사가들마저도 일본을 자본주의 국가이자 자본주의를 아시아에 확산시킨 중심 국가로 규정하고 있습니다. 그러나 그런 주장은 전혀 근거가 없습니다. 군국일본지배기 일본은 한반도에 불환지폐를 강제로 통용시켰기 때문입니다. 이 조건 하나만으로도 1910~1945년 기간 한반도 경제는 자본주의가 성립하지 않습니다.

한반도는 1936년까지는 강력한 간섭주의와 사회주의가 혼합된 경제체제였습니다. 이때의 간섭주의는 식민 지배 목적을 달성하기 위한 것으로 경제적으로 일본인들에게 이득을 주기 위한 것이 많았습니다. 그 결과로 재선 일본인들에게는 많은 혜택이 돌아갔지만, 그 때문에 한반도 한인들의 몫이 작아질 수밖에 없었습니다. 간섭주의에서는 주요 재화에 대한 가격고정, 배급제, 보조금, 각종 지원 등은 필연이고 여기서 비롯하는 불이익을 회피하기 위한 불법, 뇌물, 불필요한 중재거래 등이 만연하게 됩니다. 어떤 재화는 오히려 남아돌아 폐기해야 하는 경우도 적지 않습니다. 이런 상태에서는 물질적 삶은 나빠지기만 합니다. 간섭주의가 장기간 지속되면 사회주의가 됩니다. 1930년대는 그런 시기였습니다. 1937~1945년 한반도 경제체제는 전쟁 사회주의입니다. 전쟁 사회주의란 전쟁을 이유로 정부가 모든 인력과 자원을 전쟁에 동원하고 소모하면서 경제주체들이 정상적으로 의식주를 해결할 수 없는 상태에 이르게 되는 경제체제를 말합니다. 그 시기를 군수공업화로 규정하는 것은 경제체제로서의 본질을 놓친 것입니다. 1937년 이후에는 조선총독부가 민간 소유의 재산마저도 잘 보호하지 않았습니다. 강제저축이 대표적인 예입니다. 징병, 징용 등도 여기에 속합니다. 일본 광산으로 끌려간 한인 징용 노무자가 일의 고됨보다 배고픔이 더 참기 어려웠다는 진술을 했던 것은 그 무렵 일본과 한반도가 전쟁 사회주의였기 때문입니다.

이러한 간섭주의와 전쟁 사회주의는 일본과 일본인의 이익을 위하는 것이었을 뿐만 아니라 차별과 수탈을 제도화했기 때문에 한반도 한인들의 물질적 삶을 비참하게 만들었습니다. 특히 전쟁 사회주의 기간에 한반도 한인의 신체, 재산, 자유 등은 무자비하게 파괴되거나 수탈당했습니다. 해외로 이주해도 이를 완전히 피할 수는 없었습니다. 군국일본지배기의 한반도 경제체제를 자본주의로 규정하는 것은 전적으로 틀린 주장입니다. 1937년 이후에는 전쟁 사회주의로서 이 시기를 군수공업화로 개념화하는 것도 틀린 것입니다. 한반도 경제체제에 대한 잘못된 이해야말로 식민지 근대화론이 나오게 된 근본적인 이유일 것입니다.

2부에서는 이영훈, 정안기 등이 일제의 강제 동원 문제를 이해하는 데 있어서 간과한 일제의 선전·선동, 공포에 의한 지배, 감시·감독의 일상화에 대해 다룹니다. 이를 이해하지 못하면 일제의 한반도 인력 모집, 관알선, 징용, 징병, 학도지원병, 육군 특별지원병, 일본군 위안부 동원 등이 모두 자발적 선택이었다는 잘못된 결론을 내릴 수 있습니다.

2부 1장에서는 시기별로 일제가 동원한 선전·선동의 내용과 방법에 대해 다룹니다. 그리고 선전과 선동의 수단으로 어떤 것들이 활용되었는지, 일제가 한인 지식인들이 선전·선동가가 되도록 어떻게 강요하였는지를 다룹니다. 선전·선동의 궁극적 목적은 그 대상자의 행동을 조작하기 위한 것입니다. 일제가 한반도를 무력으로 지배하고 수탈하고자 계획했을 때부터 이미 그들은 한반도 한인들과 국제사회에 대해 선전·선동을 해왔습니다. 식민지기는 더 말할 것도 없습니다.

2부 2장에서는 공포에 의한 지배와 감시·감독의 일상화에 대해 다룹니다. 일제는 '조선사상범보호관찰령'을 통한 한민족 지도자급 인사에 대한 감시·감독, '조선사상범 예비검속령'을 통한 임의구속, 심문과 고문, '사회안정유지법'을 통한 연설·출판·집회·결사의 자유 제한 등 다양한 방법을 동원하여 공포에 의한 지배를 시행했습니다. 그리고 헌병경찰제도와 '국민총력 조선연맹'·'애국단' 등 친일단체 결성과 활동 지원을 통해 한인을 감시·감독하고, 세금 납부, 쌀을 포함한 각종 물자의 공출, 모집, 관알선, 징용, 각종 징병 등과 같은 노동력 동원 등을 강제하고 한인들의 일상을 감시·감독했습니다. 그러나 한반도 내 한인 민중은 조선총독부의 여론 조작에 가만히 있지 않고 구전 통신이라는 정보 전달 수단을 이용하여 대응했습니다. 구전 통신이란 미디어가 부족할 때 사람들이 입에서 입으로 소문, 생각 등을 퍼뜨리는 것을 말하는 것으로 저자가 개념화한 것입니다. '입소문'이라고 할 수 있습니다. 그리고 일제는 여론 조작의 효과가 떨어질 것을 염려하여 그런 구전 통신을 강력하게 규제했습니다.

3부에서 저자는 주익종, 이우연, 정안기 등의 '한반도 한인이 모집, 관알선, 징용, 학도지원병 등으로 일본으로 간 것은 자발적 선택이었다'라는 주장을 반박합니다. 저자는 1937년 이후 조선총독부에 의한 한반도 한인의 노동력 동원이 강제성을 띠었다는 증거를 여러 가지 제시합니다. 2부에서 설명한 선전·선동, 공포에 의한 지배, 감시·감독 등은 3부에서 다루는 주제 전체에 적용할 수 있지만 특히 학도지원병에서 그런 개념을 어떻게 응용하는가를 구체적으로 보입니다.

3부 1장에서는 먼저 일제가 한반도 한인을 강제 동원하기 위해 어떤 방법들을 사용했고 그 규모가 어느 정도였는지를 기술했습니다다. 그리고 모집과 관알선이 한인의 자발적인 선택이라는 주익종 등의 주장이 왜 틀렸는지, 즉 모집과 관알선을 통한 인력 확보가 왜 강제 동원인지를 설명했습니다. 일제는 일본 국내 사업자에게 한반도에서 할당된 지역에서 한인 노무자를 모집해 갈 수 있게 하였습니다. 또한 조선총독부가 각 시·군·읍·면 등에 노동자 동원 인원을 할당하여 일본 민간기업에 배분하는 관알선도 시행했습니다. 조선총독부나 경찰서에서 모집, 관알선 등에 응하지 않으면 배급의 중단이나 가족에 대한 불이익이 시행될 것이라는 협박을 하는 등 다양한 강제가 개입되었기 때문에 모집이나 관알선에 응한 것이 자발적 선택이라고 할 수 없습니다. 전쟁 말기 한인 노무자들이 일본에서 빠져나가는 것을 막기 위하여 '단일목적지향단'이 결성되었는데 이는 일본 전역에서 한인 노무자의 동원이 강제였음을 증명하는 증거입니다.

3부 2장에서는 이우연의 '징용이 일상에서의 자유가 없는 노예생활이 아니었다'라는 주장을 반박하면서 징용이 강제노동이었고 노예노동이었음을 기술했습니다. 이우연은 징용이 강제노동이었음을 인정하였으나 노예노동은 아니었다고 주장합니다. 이우연과 저자의 주장이 다른 것은 노예노동에 대한 정의에서 차이가 나기 때문입니다. 이우연은 '일반적으로 경영 주체가 아니며, 도주를 막고자 일상생활에서 자유가 심각하게 제한되며, 노동의 보수가 없는 노동'을 노예노동으로 정의했습니다. 하지만 저자는 오로지 한 가지 자유, 즉 '복종할 자유'만 있다면 그런 사람을 노예라고 정의합니다. 징용 영장을 받고 징용 현장에서 일했던 한인들은 복종할 자유만 있었습니다. 노동에 대한 보수가 있다고 해서 노예노동이 아니라고 할 수 없습니다. 노예가 허용되었던 미국에서 노예주들은 노예들에게 숙식을 무료로 제공했습니다. 무료 숙식을 제공하지 않는 대신에 최저

수준의 임금을 주고 그 돈으로 기숙사에서 살도록 하거나 세를 얻어 살도록 하더라도 이직할 자유가 없다면 노예와 다름없습니다.

3부 3장에서는 이우연의 '노동 현장에서 민족 간 임금 차별과 작업 배치상의 차별이 없었다'라는 주장이 허구임을 밝혔습니다. 저자는 이우연의 자료를 활용하여 일본 기업이 일본인에게는 가족수당을 주었지만 한인에게는 주지 않았고, 임금 중에서 일부를 강제로 저축하도록 한 금액이 일본인보다 한인에게 더 컸고, 원화의 과대평가로 인한 결과적인 차별이 있었고, 공적보험료를 내고도 공적부조를 적용받지 못해 실질적인 차별이 있었다는 점을 밝혔습니다. 또한 저자는 이우연이 제시한 에무카에江迎 광산 근로자의 자료를 바탕으로 민족 간 작업 배치상의 차별도 있었다고 주장합니다. 한인이 일본인에 비해 사망과 사고 위험이 큰 갱내 업무에 훨씬 더 많이 배치되었음에도 임금은 오히려 낮았습니다. 이우연은 한인의 숙련도가 낮았기 때문이라고 주장했지만, 저자는 높은 숙련도가 요구되는 굴진부와 지주부에도 한인이 많이 배치되었기 때문에 작업 배치상의 차별이 있었다고 주장합니다.

3부 4장에서는 징용이 초래한 각종 부작용에 대해 다루었습니다. 많은 사람이 군수산업에 동원되면서 비군수산업 부문에서 임금이 상승하고 구인난求人難을 겪는 등 비군수산업 부문이 크게 위축되었습니다. 군수품 생산 공장에서도 현원징용이 적용되지 않는 경우에는 기술자, 숙련노동자, 일반노동자 등이 징용되면서 생산에 적지 않은 어려움이 발생했습니다. 징용 대상자들은 각종 방법으로 징용을 회피하거나 저항(이탈, 도주, 읍·면의 직원이나 일본 경찰관에 대한 협박, 폭행 등 포함)했습니다. 강제 동원된 일부 한인 노무자는 '두 번 징용'되는 경우도 발생했습니다. 일본인의 군 입대로 일본 농가에 인력이 부족해지자 총독부는 한인 청년을 모아 무보수로 일본 농가에 가서 일손을 돕도록 했습니다. 그런 한인 청년에게 일제는 적절한 대가를 약속했을 수도 있습니다. 이것은 식민 지배의 극단적인 사례로 볼 수 있습니다. 징용 기피로 인해 노동과 농사를 꺼리는 현상, 중국이나 만주로의 도피로 인한 인력 부족 심화 등 다양한 부작용이 일어났습니다. 징용과 관련한 각종 부작용이 경제성장과 개인의 소득에 부정적인 영향을 주었습니다. 그럼에도 징용 등으로 인한 각종 부작용에 대한 연구는 불충분합니다.

3부 5장에서는 정안기의 '학도지원은 당대 조선인 청년을 대표하는 대학생 엘리트들의 자발적인 선택'이었다는 주장이 허구라는 것을 밝혔습니다. 저자는 그것이 "'강요된', 자발적 선택"이라고 주장합니다. 조선총독부 지배자들은 한인 학도지원을 강요하고 이광수 등을 내세워 학도지원이야말로 훌륭한 선택임을 선전·선동했습니다. 1943년 10월 일본 육군성은 전문학교와 대학의 법문계에 재학 중인 조선인 학도를 대상으로 학도지원병을 모집하는 규칙을 공표했습니다. 6,101명의 적격자 중에서 약 75%인 4,610명이 지원했습니다. 당시에 적격자들은 대부분 부잣집 자녀이고 엘리트에 해당했습니다. 전쟁 상황에서 입대하면 목숨을 잃을 가능성이 큰데 75%가 지원한 이유는 다음과 같습니다. 첫째, 선전과 선동입니다. 조선총독부는 이광수, 최남선, 윤치호, 김연수, 주요한, 민규식, 박홍식 등을 동원하여 학도병에 지원할 것을 선전·선동했습니다. 이광수, 최남선 등의 선전·선동가들은 '민족적 이익'을 강조했습니다.[4] "민족적 이익이란 민족의 자치, 민족의 독립 등이고 이를 위해서 가장 중요한 것인 무력을 양성할 호기가 학도병지원"이라는 것입니다. 둘째, 협박입니다. 가족이나 면장, 군수, 서장 등과 같은 연고자들에 의한 압력도 작지 않았습니다. 가족에게 배급을 중단하거나 불이익을 주겠다는 등의 협박도 작지 않았습니다. 정무총감은 미지원자에 대해 징용으로 연성한다는 협박도 서슴지 않았습니다. 여기까지가 학도지원의 '강요된' 측면입니다. 셋째, 인센티브입니다. 일본 정부는 학도지원병에게 일본 육군 간부후보가 되는 길을 개인적 인센티브로 제시했습니다. 마지막으로, 당시 학생들이 선택할 만한 마땅한 대안이 많지 않았기 때문입니다. 조선총독부는 1944년 4월부터 징병제를 시행한다고 1942년 5월에 선포하였습니다. 당시 적격자에게는 징병을 피해 도망 다니거나 해외로 이주하지 않는 한, 징병제의 대상이 되어 일반 병사로 끌려가거나 장교가 될 수 있는 학도지원병에 지원하는 대안만 있었습니다. 징병제가 시행되기 전에 일본이 패망하거나 징병제 시행이 연기될 수 있으니 일단 입대를 피하고 보자는 사람들도 있었겠지만, 할 수 없이 군대에 갈 수밖에 없다면 징병제로 끌려가 일반 사병이 되느니 장교가 될 수 있는 학도지원병으로 가는 선택을 한 사람들이 많았을 것입니다. 여기까지가 학도지원의 '자발적' 측면입니다. 일본 군부는 학도지원병이 총을 소지하게 되었을 때 지원병이 집단으로 총부리를 일본을 겨누게 되는 것을 가장 경계했습니다. 그 때문에 학도지원병 입대가 징병에 의한 입대만큼이나 늦었을 뿐만 아니라 일본 군부는 그런 문제점을 가장 중요하게 여긴 것으로 추론할 수 있습니다. 이것을 두고 자발적 선택이라고 할 수는 없습니다.

3부 6장에서는 정안기의 '육군특별지원병은 신분 차별로부터의 탈출과 입신출세를 위한 본인의 자발적 의지에 따른 병역부담'이라는 주장이 허구임을 밝혔습니다. 1938년부터 1943년까지 육군특별지원병 총지원자가 803,317명이었는데, 이 중 1942년과 1943년 지원자가 558,835명으로 약 70%였습니다. 육군특별지원병제는 명목상으로는 지원병제이지만 실질적으로는 지원병 모집에서 유형·무형의 강제가 있었음을 부정할 수 없습니다. 일제가 사용했던 강제적인 방법이란 지방 유지, 경찰, 고등계 형사 등의 강력한 권유, 지원하지 않는 자를 '불량배'로 취급하는 분위기, 지원자를 '황국신민화 운동의 영웅'으로 선전하기 등을 말합니다. 그리고 국민협회國民協會, 동민회同民會, 시중회時中會 등과 같은 한인 정치세력의 동의와 협력이 있었는데 그런 정치세력은 조선총독부의 선전·선동을 전파하는 단체로 볼 수 있습니다. 그들은 육군특별지원병제를 징병제 시행과 연계해 한인의 참정권을 확보하는 정치적 포석으로 삼고자 했습니다. 1942년 이전에 지원한 사람 중에는 정안기가 주장한 것처럼 신분 차별로부터의 탈출을 목적으로 한 사람도 있었을 것입니다. 하지만 지원자의 약 70%에 해당하는 1942년과 1943년에 지원한 사람들은 징병이 예고된 상황이었기 때문에, 학도지원병처럼 강요이면서 자발적 선택을 했던 사람들로서 '강요된, 자발적 선택'을 했을 것입니다. 1941년 12월에 일어난 태평양전쟁으로 군대에 가면 목숨을 잃을 가능성이 큰 상황에서 약 56만 명의 젊은이들이, 신분 차별로부터의 탈출과 입신출세를 위하여, 목숨을 거는 선택을 순전히 자발적으로 했을 것으로 보기는 어렵습니다. 학도지원병과 육군특별지원병 모두 '강요된, 자발적 선택'을 했다는 점에서 큰 차이가 없습니다.

4부 1장에서는 토지임야조사사업에 대한 신용하의 이해와 이영훈·이우연의 이해가 다른 이유를 밝히고 이영훈·이우연이 틀렸음을 지적합니다. 이영훈·이우연은 대한제국이 멸망했음에도 진정으로 국유지가 존재하는 것처럼 이해했기 때문에 잘못된 결론을 내렸습니다. 조선총독부가 민간인 소유가 명백했던 토지나 임야를 토지조사사업을 통해 수탈한 것이 아니라는 점에 대해서는 이영훈과 신용하 사이에 이견이 없는 것으로 보입니다. 저자도 이에 대해서는 이견이 없습니다. 이견은 조선총독부가 대가를 지불하지 않고 국유지라는 이름으로 대규모 토지와 임야를 소유하게 된 것이 수탈이냐에 있습니다. 저자는 식민 지배 직전 통감부가 국유지를 만드는 과정에서 수탈이 있었고, 그것을 조선총독부 소유로 만든 것도 수탈이라고 주장합니다. 즉 두 번의 수탈이 있었다는 것입니다. 조선총독부 소유로 만든 것이 수탈인 이유는 대가를 한 푼도 지불하지 않았을 뿐만 아니라 일본의 한반도 지배가 합법적이지 않기 때문입니다.

4부 2장에서는 경제이론 관점에서 소작제에 대해서 검토했습니다. 토지와 가장 직접적인 관련이 있는 것은 소작제이고 소작제를 이해하지 못하면 군국일본지배기 한반도의 중심 산업인 농업을 이해하기 어렵습니다. 소작제는 토지 임대차 시장의 '생산구조'라는 점을 이해할 필요가 있습니다. 농업 노동에서는 '감독의 문제'가 작지 않습니다. 공업에서처럼 농업 노동자를 고용하여 농사를 짓게 하고 직접 감독을 하는 데는 큰 비용이 든다는 것입니다. 따라서 공업에서처럼 농업 노동자를 고용하는 것보다는 농지를 임대차하는 것이 더 나은 방법이라는 것입니다. 농지는 많으나 직접 농사를 지을 노동력을 보유하지 않은 지주와 노동력은 있으나 농사지을 땅이 없거나 부족한 사람이 동시에 존재하면, 농지를 빌려주고 수확물을 지주와 소작인이 나누는 방법으로 농지를 임대차하는 것이 최선입니다. 따라서 지주제가 봉건적이라는 주장, 지주가 소작인을 착취한다는 주장 등은 모두 틀린 것입니다. 나쁜 지주는 있을 수 있지만 소작제 자체는 착취를 위한 제도가 아닙니다. 저자는 농업에서 토지 임대차 시장이 발달하는 근본적인 원인을 지적하고 일제가 소작농, 더 일반적으로 말해 농민 일반을 위해 실시했던 산미증식계획, 자작농지 설정사업 등을 평가합니다.

5부에서는 이영훈 등이 주장하는 '일본이 한반도 식민지를 근대화했다'라는 주장이 틀렸음을 밝혔습니다. 1장에서는 일제 지배 이전 근대화를 위한 한반도 한인들의 노력을 밝힙니다. 강화도 조약의 체결 시점부터 한반도 내에서 다양한 주체들이 비록 소수이지만 근대화의 필요성을 절감하고 여러 개혁 과제를 실행하려고 노력했지만, 일본의 방해와 개화파 자체의 역량과 의지 부족으로 실패했음을 지적합니다. 이 과정에서 그 시기에 누가 근대화에 많은 이바지를 했는가를 아주 짧게 지적했습니다.

5부 2장에서는 3·1운동의 영향으로 조선총독부가 한인들의 물질적 복지를 개선한다는 명분으로 채택한 경제성장 전략이 왜 한반도 한인들의 물질적 삶을 개선하지 못했는지를 설명합니다. 저자는 일제가 식민지 한인들과 한반도 경제를 희생시키는 한이 있더라도 일본과 일본인의 이익 증진을 목적으로 경제정책을 만들었기 때문이라고 주장합니다. 일제는 빠르고 지속적인 경제성장을 위해 꼭 필요한 한반도 공업화를 추진하지 않고 한반도를 농업 중심 경제로 만들고자 했습니다. 일본의 정계와 재계 주요 인사들이 한반도의 공업화를 반대했습니다. 두 가지 이유 때문입니다. 하나는 한반도의 공업화가 일본의 경쟁자를 기른다는 것이고 다른 하나는 1920년대 일본 경제도 좋지 않았는데 한반도를 공업화하면 일본인 실업 문제를 포함하여 일본 경제가 회생할 기회를 갖기가 어렵다는 이유 때문입니다. 한반도를 일본 공업제품의 소비시장과 쌀의 생산시장으로 묶어 두어야 한다는 주장입니다. 한반도 공업화를 반대하면서 조선총독부는 여러 정책, 즉 산미증식계획, 수리조합사업, 조선사설철도보조법, 사철매수, 조선 주식시장 발달 통제, 비료 가격의 인위적인 인상 등을 시행했습니다. 조선총독부는 그런 정책이 모두 한인의 물질적 복지, 즉 공익을 위한 것이라고 선전·선동했지만 한반도 재정을 완전히 장악한 총독부를 특별이익집단이 포획하여 공익이 아니라 이익집단의 이익, 즉 사익을 추구했음을 저자는 주장합니다. 여기에서 이익집단이란 토목 청부업자 또는 토건업자를 말합니다. 이들은 대부분 일본인이고 한인은 아주 조금밖에 없었습니다. 그런 계획, 법, 정책 등은 대부분 '경제규제의 포획이론'을 적용하여 설명할 수 있습니다. 일반적으로, 1920~1936년에 수립·시행된 총독부의 각종 경제 제도 또는 정책은 3·1운동의 영향을 강하게 받았다는 점을 염두에 두어야 그런 것들에 대한 이해가 정확해집니다.

5부 3장에서는 21세기 한국 역사가들의 식민지 근대화론을 자세히 비판합니다. 근대화를 비판하거나 토론하기 위해서는 근대화가 무엇인가를 먼저 정의해야 합니다. 신용하, 박지향 등 근대화를 정의한 역사학자들은 많지만, 저자는 정윤재[5]가 내린 근대화에 대한 정의를 받아들입니다. 그가 내린 정의가 가장 간결하고 명료하기 때문입니다. 정윤재는 단위 민족의 정치적 독립, 공업화, 민주정 등을 근대화로 규정합니다. 그리고 그는 근대화를 경제성장으로 정의해서는 안 된다는 점 또한 강조합니다. 이영훈, 김낙년 등은 경제성장을 근대화로 정의하고 있는 것처럼 보이기 때문입니다. 정윤재가 정의한 근대화에서 정치적 독립, 민주정 등의 조건은 애초에 군국일본지배기 한반도에서 성립하지 않습니다. 공업화는 어떨까요? '총부가가치 중 제조업 부가가치의 비중'은 1911년 4.4%에서 시작하여, 1920년대는 6~7% 수준이었고, 1930년대에는 조금씩 증가하여 1936년에 9.8%, 1937년 13.7%, 1938년 11.3%, 1939년 13.3%, 1940년 13.7% 등이었습니다. 제조업의 부가가치만을 놓고 볼 때는 1937년부터 공업화가 획기적으로 진전되었다고 말할 수 있습니다. 그러나 그런 공업화는 평화 시의 공업화와 다른 것이라고 저자는 주장합니다. 명목상으로만 보면, 1937년 이후 '공업화=근대화'가 상당한 진전이 있었다고 말할 수 있습니다. 그러나 그것은 전쟁 사회주의이고 전쟁 사회주의에서의 공업화는 부가가치를 증가시키지만 한반도 한인의 물질적 삶을 개선하기보다는 파탄으로 몰고 갔습니다. 생산한 것의 대부분을 전쟁터에서 소모할 뿐만 아니라 전쟁 관련 부문으로 자원이 대량으로 투입되기 때문에 민간에 배분되는 자원은 크게 감소하기 때문입니다.

식민지 근대화론을 지지하는 연구자 중에서 경제성장 문제를 본격적으로 다룬 연구자는 김낙년, 차명수, 주익종 등입니다. 그들은 한반도 경제에서 일어났던 연평균 경제성장률을 통계적으로 추계했습니다. 이런 추계를 위해 그들은 몇 가지 가정과 전제를 활용했습니다. 한반도 경제성장 추계에 대해 그들이 했던 가정 또는 전제가 당시 현실과 많이 달랐기 때문에 그들은 한반도 경제성장률을 과다하게 추계했고 한반도 한인들의 몫도 과장되었습니다. 저자는 한반도 경제성장률을 당시 현실에 맞게 다시 추계해야 한다고 주장합니다. 조선총독부가 조작한 임금 자료의 활용, 정확하지 않은 조선총독부의 대對일본재정수지의 활용, 추계 기간의 문제, 전쟁 사회주의로 인해 민생에 도움이 되지 않은 전쟁물자 생산과 소비의 포함 등, 재추계에 반영해야 할 이슈가 한둘이 아닙니다. 재추계의 결과를 예측하는 것이 쉽지 않지만, 두 가지는 분명해 보입니다. 첫째, 연 총생산 증가율은 2.3%보다 훨씬 작아질 것입니다. 농지 소유 불평등이 지속해서 악화된 사실이 그 점을 간접적으로 증명합니다. 둘째, 총생산 증가에서 한인들과 일본인들의 몫도 재추계가 필요한 것은 당연합니다. 김낙년 등은 1936년까지는 수탈이 많지 않았다고 보지만 저자는 그런 전제 또는 가정이 틀리다고 보기 때문에 한인들의 몫도 적지 않게 과장되었을 것이라고 추론합니다. 따라서 한인과 일본인의 1인당 소득 격차가 식민지기의 경제성장이 일본인만을 위한 것이었음을 보여 준다는 주장은 크게 틀렸다고 볼 수 없습니다.

5부 4장에서는 군국일본지배기 한반도 경제가 연평균 3.6% 성장했다는 식민지 근대화론자들의 주장과 다르게 한반도 한인들이

'헐벗고 굶주렸던' 이유를 10가지로 압축했습니다. 농업에 대한 과대 투자와 공업에 대한 과소 투자, 한반도의 병참기지화, 강력한 간섭주의와 사회주의의 혼합경제 그리고 전쟁 사회주의, 농지 소유 불평등 악화, 화폐·금융 정책의 실패로 인한 경기변동, 교육 투자 기회의 제한, 지배-피지배 관계 그리고 차별과 수탈, 일본인 이익집단에 포획된 조선총독부의 공익사업, 근린궁핍화 정책들, 일본 경제에의 종속과 자연재해 등입니다. 이는 모두 일제가 한반도에서 펼친 정책들의 목적에 기인합니다. 일제는 한반도를 식민 지배하는 것 또는 수탈하는 것이 목적이었고 일제가 시행한 경제 체제, 경제 제도, 경제 정책은 그런 목적을 달성하는 수단일 뿐입니다.

그런 원인들을 다시 '정치철학', 즉 일본 지배자들이 추구한 '가치'가 무엇인지의 관점에서 검토해 봅니다. 그들이 추구한 가치는 언제나, 시기마다 그 정도는 달랐지만, 군국주의였습니다. 메이지 유신 이전에도 일본은 막부 중심의 군국주의 국가였지만 메이지 유신을 당시 일본 여러 번藩의 하급 무사들이 단행했을 뿐만 아니라 그 이후에도 일본을 지배한 집단은 그들과 직·간접으로 연결된 군인들이었기 때문에 군국주의를 벗어나지 못했습니다. 게다가 그들이 주로 활동했던 시대는 세계사적으로는 제국주의 시대이기도 했습니다. 메이지 유신 이후 일본의 군국주의는 식민지 한반도 한인들을 빈곤하게 만들었던, 가치라는 관점에서의, 원인이라고 하겠습니다. 아이디어나 생각이 세상을 지배하기 때문입니다. 정치적으로는 자유는 없고 무자비한 탄압, 선전·선동, 공포에 의한 지배, 감시·감독 등과 같은 폭력만이 한인들을 지배했습니다. 1937년 이후에 한인들은 목숨을 보전하는 일도 정말로 어려웠습니다. 식민지 근대화론자들의 역사 이해 실패는 그들이 한반도 한인들이 빈곤했던 원인들(즉 수단들)을 식민 지배자들의 가치라는 관점에서도 제대로 분석하지 못했기 때문이라고 저자는 주장합니다. 21세기 한국 역사가들의 식민지 근대화론이 나오게 된 원인遠因은 근대화론자들이 그 시기 일본인 지배 계층이 추구한 가치에 대한 이해의 실패라는 것이 저자의 주장입니다.

5부 5장에서는 문명교체론 관점에서 식민지 근대화론을 평가합니다. 만약 식민지 근대화론자들이 김용섭[6]의 문명교체론을 이해했다면 하는 아쉬움을 토로해 봅니다. 조선 왕조, 중국, 일본 등은 거의 비슷한 시기에 토착화된 중국문명의 서양문명으로의 교체를 요구받았습니다. 다른 한편, 19세기 후반 국제정세에서 동아시아 삼국은 스스로 서양문명을 받아들일 수밖에 없는 상황에 부닥쳐 있었습니다. 서양문명의 핵심 가치는 자유와 평등일 것입니다. 이때 자유는 '정부로부터의 자유'이고 평등은 '법 앞의 평등'을 의미합니다. 메이지 유신 이후, 군국주의를 지향했던 일본의 하급 무사들이나 일본 정계를 지배했던 군부 세력은 서양문명의 핵심 가치인 자유와 평등을 전혀 이해하지 못했습니다. 그런 일본이 서양문명으로의 문명 교체에서 일본보다 한참이나 늦었던 한반도 한인들에게 그런 가치를 가르쳐 주었다고 보기 어렵습니다. 일제가 한반도에 뿌리내린 간섭주의와 사회주의 정책과 제도는 해방 이후에 한국의 정치인과 국민이 정부의 과도한 간섭과 개입을 당연시하여 한반도의 근대화와 경제성장을 가로막는 요인으로 작동했습니다. 물론 이것은 역사적 요인입니다.

1부

수탈 대 수출

1장

수탈 대 자율거래

"주권의 침탈과 같이 강제력이 행사되는 정치·군사의 영역과는 달리 일상日常의 자발적 거래를 중심으로 하는 경제영역에서는 문자 그대로의 의미로 '수탈'이 일반적으로 이루어졌다고는 생각할 수 없기 때문이다."(김낙년)[1]

"식민지 지배는 강제성을 수반하지만 이를 일상의 거래가 이루어지는 경제영역으로까지 확대할 필요는 없다."(김낙년)[2]

"당시 실생활에서는 일본인이 조선인을 차별하는 일은 셀 수도 없이 많았겠지만, 민족 간 차별을 제도로 공식화하지는 않았습니다. 당시의 조선 경제는 기본적으로는 자유 거래의 시장 체제였고, 민법 등이 시행되어 조선인과 일본인이 구분 없이 개인의 재산권이 보호되고 있었습니다."(김낙년)[3]

---

* 김낙년은 민족주의 역사가들이 군국일본지배기에 일상적으로 이루어진

거래를 수탈로 잘못 인식하고 있다고 지적합니다. 허수열[4]도 '일반적인 교환관계'를 수탈이라고 개념화하는 것은 틀린 것이라는 김낙년[5]의 주장에 전적으로 동의하고 있습니다. 그러나 김낙년,[6] 허수열[7] 등은 전적으로 틀린 주장을 하고 있습니다. 그들은 경제영역에서 거래 주체들 간의 자발적인 거래가 대부분이었으니 수탈이 없었다고 주장합니다. 하지만 군국일본 지배기에는 '자율을 가장한 타율거래'를 통한 수탈이 자주 일어났습니다. 예를 들어, 3·1운동 이후 군국일본은 1920년대 식민지 경제성장 또는 공익을 위한다는 명분으로 각종 제도 또는 정책을 시행했지만, 그것은 선전·선동일 뿐이었고 '자율을 가장한 타율거래'를 통한 수탈이 자주 일어났습니다. 이런 거래는 지금의 한국 경제에서도 적지 않습니다. 최저임금, 노동조합에 의해 정해지는 임금, 정부가 결정하는 공공요금 등이 그것입니다. 즉 민주 정부도 자율을 가장한 타율거래를 강제합니다. 하물며 식민 지배기구인 조선총독부는 말할 것도 없습니다. -저자 주

1. 두 가지 타율거래

수탈의 존재 여부를 파악하려면 교환관계를 자세히 들여다보아야 합니다. 거래 쌍방이 거래 조건을 정할 때 둘 모두 완전히 자유롭다면 그 거래는 '완전한 자율거래'입니다. 이때는 수탈이 있을 수 없습니다. 거래 쌍방 중에 어느 한쪽이라도 자유롭지 못하면 그 거래는 '완전한 타율거래'입니다. 이런 거래에서는 수탈이 일어나기 마련입니다. 두 거래를 구분하는 일은 어렵지 않습니다. 문제는 '자율을 가장한 타율거래'일 때 발생합니다. 겉으로는 자율적인 거래처럼 보이지만 실질적으로는 법률, 규제, 강압, 폭력 등, 권력에 의해 거래를 직·간접으로 강제당하는 경우입니다. 이 경우 수탈이 존재하더라도 자율거래로 인식하기 쉬우므로 그 존재를 증명하기 쉽지 않습니다.

식민 지배에서 그런 거래가 적지 않았습니다. 여기에서는 타율거래에만 집중합니다.

(1) 완전한 타율거래

가장 많이 언급되는 수탈의 사례는 한반도에서 일본으로 공출해 간 '쌀'입니다. 조선총독부는 1937년부터 '미곡배급통제법', '조선미곡주식회사령', '조선미곡배급조정령' 등을 공포하고 한반도 미곡의 공출과 배급을 제도화했습니다. 1943년부터는 '조선식량영단'이 농민으로부터 쌀을 매입했습니다. 조선식량영단은 조선총독부 산하 공적 기관입니다. 그 이전에 쌀을 매입한 기관은 주식회사 체제였지만 그때도 총독부의 강력한 지시와 감독이 있었습니다. 이때 총독부는 매입량을 1943년 이전에는 지역별로, 1943년부터는 개인별로 할당했고, 매입 가격 또한 결정했습니다. 총독부는 할당량을 채우지 못하는 농민에게 무력을 행사했기 때문에 공출은 실질적으로는 약간의 대가를 지불한 '강제 몰수'라고 하겠습니다. 최고가격最高價格을 설정한 것인데, 그 가격은 자유시장가격보다 상당히 낮았으며, 매입 비용은 총독부 재정에서 나왔습니다. 따라서 군국일본의 쌀 공출은 자율을 가장한 타율거래로 보이지만 본질에서는 완전한 타율거래입니다. 쌀을 예로 들었지만 주요 곡물 40여 종도 공출의 대상이었습니다. 한마디로, 당시 공출은 강제 할당, 무력의 사용, 최고가격 등으로 이루어진 강제 몰수 정책입니다.

미곡의 공출에서 쌀 생산자인 농민은 어느 정도 수탈당했을까요? 조선총독부는 공출을 위해 구매하는 쌀의 가격을 자유시장가격보다 낮은 가격에 고정했습니다. 예를 들어 농민이 시장에서 20만

원에 팔 수 있는 것을 조선식량영단에 15만 원에 팔아야 하는 것입니다. 자유로운 선택을 할 수 있다면 누구도 조선총독부에 쌀을 팔려고 하지 않을 것입니다. 자유시장가격과 최고가격의 차이에 공출수량을 곱하면 수탈의 크기가 될 것입니다. 공출을 위해 조선식량영단이 지출한 행정비용은 조선총독부 재정에서 지출되기 때문에 그런 비용도 수탈의 일부로 봐야 합니다.

다른 사례를 봅시다. 농민이 쌀을 조선식량영단에 판매한 대금은 농민의 금융기관 계좌로 지급되었습니다. 그러나 농민은 쌀 판매대금을 바로 인출할 수 없었고, 일정 기간 특정한 금융 상품에 예치해 두어야 했습니다. 이런 '강제저축'이야말로 금융에서 완전한 타율거래의 일종으로 볼 수 있습니다. 강제저축률은 1941~1942년 기간에는 공출 대금의 13.5~14%, 1943년에는 26.6%였습니다. 그때의 금리는 조선은행과 조선총독부가 정한 최고가격으로, 자유시장금리보다 낮게 정해졌습니다. 농민은 공출을 대가로 받은 돈을 일정 기간 인출할 수 없었기 때문에 급할 때는 오늘날의 사채시장과 유사한 대금貸金 시장에서 돈을 빌려 문제를 해결하기도 했습니다. 강제저축에서 자유시장금리보다 낮은 최고금리 때문에 저축자는 두 금리의 차이만큼 수탈당했습니다. 이우연[8]은 일본 정부가 일본인에게도 비슷한 방식으로 강제저축을 실시했음을 보여 줍니다. 다만 월평균 수입대비 강제저축의 비율은 조선인 26%, 일본인 15.5%로서 조선인이 훨씬 높았습니다. 이 경우만 보면 강제저축에도 조선인에 대한 차별이 있었다고 볼 수 있습니다.

위의 두 예는 조선총독부가 권력을 행사해 경제주체의 행위를 강제한 사례의 일부에 불과합니다. 조선총독부는 다양한 방법으로 거래 조건의 일부를 강제하고, 무력의 행사 등을 통해 이를 따르지 않을 수 없게 만들었습니다. 민주 정부하에서도 징병이나 징세 같은 완전한 타율거래는 있습니다. 그 점에서 쌀 수탈 사례는 한편으로 사회주의화된 행위로 볼 수 있고, 그 대부분이 1937년 이후에 시행되었다는 점에서 '전쟁 사회주의'라고 하겠습니다. 전쟁 사회주의를 포함한 사회주의에 대해서는 3장에서 자세히 다룹니다.

(2) 자율을 가장한 타율거래

일본 정부가 발행한 국채를 한반도의 금융기관들이 인수하는 것은 자율을 가장한 타율거래입니다. 일본이 1937년 중일전쟁에 돌입하면서 식민지 한반도에서는 금융에 대한 통제가 강화되었습니다. 1938년부터 조선 총독은 총독부 산하에 조선금융단을 설치하여 각종 금융 업무를 통제했습니다. 그런 업무 중의 하나가 일본 정부가 발행한 국채를 식민지의 금융기관이 인수하도록 하는 것이었습니다. 이는 조선 총독의 주요 업무 중 하나였습니다. 그러나 당시 국채 금리는 다른 어떤 금융 상품 금리보다 낮았기 때문에 금융기관들이 자발적으로 국채를 인수하는 것을 기대하기는 어려웠습니다. 조선금융단의 이사장인 조선 총독은 일본 정부 발행 국채를 포함한 유가증권의 응모, 인수, 매입 등에 필요한 사항을 한반도 금융기관들에 지시할 수 있었습니다. 조선금융단은 외양적으로는 '협력 기구'였지만 실질적으로는 '통제 기구'이자 '강제 기구'였습니다. 식민지 금융기관들의 일본 정부 발행 국채 매입은 매우 순조롭게 진행되었지만, 그 거래는 자율을 가장한 타율거래였습니다. 한반도 금융기관들은 유리한 조건의 대출 기회가 있었음에도 일본 정부 발행의 국채를 매입하지 않으면 안 되었습니다. 그 거래에서 금융기관들은 국채보다 높은 이윤을 낼 기회를 박탈당했습니다. 그만큼 수탈이 일어난 것입니다. 그 시기 한반도에서는 국채의 인수 이외에도 자율적 거래로 위장된 타율거래가 많았습니다.

자율을 가장한 타율거래는 노동시장에서 가장 많이 일어났던 것으로 보입니다. 우가키 가즈시게는 1931년 6월에 조선 총독으로 취임했습니다. 그는 부임 인사차 천황을 만났습니다. 천황은 그 자리에서 "일본인이 조선인을 상대로 모욕적인 언동을 하는 자가 많다고 들었는데 그것은 좋지 않은 일이 아닌가, 어떻게 생각하는가"라고 하문했습니다. 우가키는 다음과 같이 대답했습니다. "제가 대신[陸相]으로 있을 때 항상 부하들을 타이르면서 '우리는 그들 조선인에 대하여 우월감을 가질 필요는 있으나, 그것을 가슴 깊이 묻어 두고 매사에 뒤져 있는 그들을 지도 계몽하여 빨리 같은 수준에 있게 하게끔 노력해야지, 결코 우월감을 내세워서 그들을 모멸하는 언동이 있어서는 안 된다'고 타일러 왔습니다. 그러므로 아마도 육군 내부에는 그런 잘못된 언동을 하는 자가 없어졌다고 생각됩니다마는 전반적으로는 아직 잘못된 언동을 하는 자가 존재하고 있을 것이오니 송구하기 짝이 없습니다. 제가 부임하게 되면 전 조선 내에 널리 주의를 하게 하고 그런 사례를 뿌리 뽑아 높으신 뜻에 따르도록 하겠습니다."[9] 이런 우월감은 군국일본지배기에 한 번도 없어진 적이 없었고 그것은 차별, 멸시, 내선일체의 강요 등으로 나타났습니다. 그런 차별에는 언제나 수탈이 내재하여 있었습니다.

한반도 내 일본인 투자자는 한인 노동자를 고용할 때 일본인이 한인보다 우월하기 때문에 임금을 차별하는 것이 당연하다고 여겼습니다. 예를 들어, 회사나 공장에는 많은 단계에서 관리자가 필요합니다. 노동 현장의 중·하위의 관리자의 경우에, 일본인이 한 부문의 하급 관리자가 될 때도 그 일본인과 학력과 숙련도가 비슷한 한인은 그런 하급 관리자가 되지 못했습니다. 게다가, 회사나 공장은 공장 종업원 중에서 일본인을 일정 비율 이상으로 유지하고 노동의 전 과정을 일본인 관리자들 또는 현장의 책임급 노동자들이 관리하는 정책을 취했습니다. 한인 노동자만을 고용하는 일본 사업체는 극히 드물었습니다. 그리고 노동자의 일반교육과 직업훈련에서도 차별이 있었습니다. 1937년 재선 일본인 노동자가 징병으로 일본으로 귀국하면서 그 빈자리를 한인 노동자가 메울 때는 그런 상황이 상당히 개선되었지만, 징병의 영향이 적었던 중·상급 관리직 또는 기술직에서는 여전히 차별이 적지 않았습니다.[10]

한반도 노동시장에서 차별이 만연했던 근본적인 이유는 메이지 유신 이후 일본인이 가졌던 아시아인에 대한 우월감일 것입니다. 현장 노동자들에서부터 고용주들까지, 모든 일본인이 가졌던 그런 우월감은 묵시적 또는 명시적 '담합'으로 볼 수도 있습니다. 그것이 지속될 수 있었던 것은 조선총독부 고위 관리들이 그런 차별에 대한 동조자 또는 방관자였기 때문일 것입니다. 심지어 둘이 유착하는 예도 없지 않았습니다. 생산성에서 차이가 없는데도, 일본인 투자자가 한인 노동자를 고용과 임금에서 차별적으로 대우하는 것은 자율을 가장한 타율거래로 보는 것이 옳습니다. 그래서 한반도 노동시장에는 이상한 일이 많이 일어났습니다.

자율을 가장한 타율거래는 지금의 한국 경제에도 적지 않습니다. 최저임금, 노동조합에 의해 정해지는 임금, 정부가 결정하는 공공요금, 정부가 시장에서 쌀을 대량으로 수매하고 난 뒤의 쌀 가격 등이 그것입니다. 즉 민주 정부도 자율을 가장한 타율거래를 강제한다는 것입니다. 식민 지배 기구는 더욱더 이러한 강제적 거래를 일삼았습니다. 그러나 자율을 가장한 타율거래가 완전한 타율거래와 다른 점은 권력 기구 또는 지배 기구가 거래 조건들의 일부만을 규제하거나 통제한다는 것입니다. 그리고 두 거래의 동일점은 두 거래가 기본적으로 타율거래이기 때문에 수탈이 일어난다는 것입니다.

정리하면, 김낙년,[11] 허수열[12] 등은 전적으로 틀린 주장을 하고 있습니다. 자율을 가장한 타율거래는 타율거래일 뿐입니다. 군국일본지배기 자율을 가장한 타율거래가 한반도 경제 전체에 상존했습니다. 3·1운동 이후 군국일본은 1920년대 식민지 경제성장을 위한다는 명분으로 경제 제도 또는 정책을 시행했지만, 그것은 선전·선동일 뿐이고 자율을 가장한 타율거래로 인하여 수탈이 자주 일어났습니다. 이 점에 대해서는 5부 2장에서 자세히 다룹니다. 무엇보다도, 자율을 가장한 타율거래는 대부분 간섭주의 때문에 일어나는 현상입니다. 간섭주의에 대해서는 3장에서 자세히 다룹니다.

2. 동화에는 이미 차별이 내재되어 있었다

(1) 이승일의 주장

이승일[13]은 동화의 의미를 제한적으로 해석할 것을 주장합니다. "원래 '동화'의 사전적 의미는 '차이가 있는 것을 동일하게 한다'는 것이지만, 식민지기 일본 정부가 시행한 동화 정책은 단순히 동일시·동일화를 의미하지 않았다. 법의 측면에서 조선총독부와 일본 정부는 1912년에 조선민사령을 제정함으로써 조선에 대한 동화주의적 통치를 천명했다. 하지만 그 동화의 목적은 조선과 일본의 이법역異法域을 해소하는 것이 아니었다. 오히려 그것은 이법역을 전제로 조선에 일본의 제도를 일부 도입하는 정책적 지향을 뜻했다. 조선인 정책에서도 차별을 전제로 문화적·교화적·혈통적 소통 관계를 수립하는 것이 동화의 주된 내용이었다. 1945년 패전 직전까지 일본 정부가 최대한 인정할 수 있었던 동화는, 조선인과 일본인의 차별 철폐 혹은 내선 간 법령의 완전한 일치가 아니라, 조선인과 일본인의 통치기구(행정권, 입법권, 사법권) 통합을 의미했다. 조선인은 조선인으로서의 정체성을 포기하지 않는 한 일본 헌법과 법률이 보장하는 각종 권리를 향유할 수 없는 근본적 한계가 있었다." 이승일 주장의 함의는 조선총독부와 일본 정부가 동화를 주장할 때 그 동화에는 이미 차별이 내재되어 있었다는 것입니다. 다시 말하면, 그들이 말하는 동화는 '구조적으로' 차별하는 것을 내포하고 있었다는 것입니다.

이와 연결된 다른 한 가지 함의는 그런 차별은 언제나 수탈을 포함할 수 있다는 것입니다. 이는 식민 지배 기간의 연구에서, 차별과 수탈 등을 검토할 때 제도 또는 구조를 자세히 검토해야 한다는 것을 의미합니다. 다만 구조화된 또는 제도에 내재된 차별과 수탈 등을 찾아내는 일은 말처럼 쉽고 간단하지 않습니다. 또 한 가지 고려해야 할 것은 일본과 한반도에서 동일한 제도 또는 정책을 시행한 경우라도 두 지역의 경제·사회 환경이 다르기 때문에 차별과 수탈이 발생할 수 있었다는 점입니다.

(2) 창씨개명: 멸시와 차별을 감추기 위한 수단

일본인의 한인에 대한 멸시와 차별은 이 책의 곳곳에서 자세히 다룹니다. 다만 일본은 그런 멸시와 차별이 극심해지자 이를 감추고 무마하기 위한 수단으로 군국일본지배 말기에는 한인들에게 창씨개명을 강요했습니다. 그런 창씨개명은 일본인의 한인에 대한 멸시와 차별이 어느 정도였는가를 보여 주는 지표라고 볼 수 있습니다.

아래에서 인용하는 내용은 식민지 초기에 한반도에 거주했던 일본인들의 차별적·반평등적·고압적 사고방식의 일단을 잘 보여줍니다. 1912년 9월 20일 각 지역 재선在鮮일본인거류민단 대표 18명과 경성거류민회 의원들이 경성에서 조선각지거류민단의원연합협의회를 개최했습니다. 당시 이슈는 데라우치寺內 총독이 각 지역의 일본인거류민단을 해체, 폐지할 의사를 밝힘에 따라 각 지역 일본인거류민회가 일본인들만의 자치제를 총독부가 허용할 것을 총독, 본국의 총리대신, 귀족원 및 중의원 의장, 기타 주요 기관장들에게 건의한다는 것입니다. 총독이 일본인거류민단을 해체하고자 한 것은 민단의 붕당朋黨적 성격, 세권勢權 쟁탈을 둘러싼 폐단이 현저하여 그대로 방치할 수 없다고 판단했기 때문입니다. 이에 따라 일본인거류민단 의원연합협의회는 그들에게 진정서를 제출했습니다. 아래 인용문은 그 진정서에 포함된 내용의 일부입니다.

> "그들(조선인)의 다수는 아직도 '따르게만 해야 하지 결코 알려서는 안 될 백성'(이 구절의 의미는 "백성에게는 정부의 시정 방침에 복종하게 해야 한다. 왜 그런 시책을 쓰는가의 이유는 알릴 필요가 없다"이다)일 뿐 아니라 (…) 원래 제도상의 차별은 민도民度가 같지 않음에 원인하는 것이다. 우월한 백성에게는 우월한 제도를 요하며 미개한 백성에게는 미개한 제도를 요한다. 현실로 일선日鮮인간에는 그 능력·성정·관습 등에서 빠른 시일 내에 일치될 수 있는 거리가 있으므로 만연히 양자를 혼효混淆하여 동일 제도하에 있게 한다는 것은 (괜히) 공평을 앞세워서 난계亂階를 초래할 우려가 없지 않는 바이다. 평등한 가운데 차별을 두고 민도에 응하여 제도를 정한다. 이것만이 양자로 하여금 각각 그 있을 바를 얻게 하는 이유가 되지 않으면 안 된다."[14]

한반도에 거류했던 일본인들의 대표라는 사람들이 가진 사고방식으로는 도저히 이해할 수 없는 것입니다. 일본인들의 그런 사고방식은 한인에 대한 각종 차별과 멸시의 기초가 되는 이념이나 사상일 것입니다. 일본인들의 그런 사고방식이 군국일본지배 초기 이후에 어떻게 변화했는가는 이 책의 곳곳에서 다룹니다.

1939년 11월 10일 자 제령 제19호로서 조선민사령을 개정해 1940년 2월 11일부터 창씨개명 제도를 단행했습니다. 창씨개명은 겉으로는 조선총독부가 강제한 것이 아니었지만 여러 방법으로 그것을 강제했습니다. 그 내용을 요약하면 다음과 같습니다. 즉 "① 창씨를 하지 않은 조선인의 자녀에 대해서는 각급 학교의 입학과 진학을 거부하게 했다. ② 창씨를 하지 않은 아동은 일본인 교사들이 이유 없이 질책·구타했다. 그리하여 아동의 하소연으로 그 부모가 창씨하게 만들었다. ③ 창씨를 하지 않은 조선인은 공사 간 그들의 기관에 일체 채용하지 않으며 또한 현직자도 점차 해임했다. ④ 창씨를 하지 않은 조선인에게는 행정기관에서 다루는 모든 사무를 취급해 주지 않았다. 예를 들면 호적 등·초본도 뗄 수가 없었다. ⑤ 창씨를 하지 않은 조선인은 '비국민' 또는 '불령조선인不逞朝鮮人'으로 단정하고 경찰관 수첩에 등록해 사찰·미행 등을 철저히 함과 동시에 우선적인 노무징용 대상자로 만들고, 식량 등 기타 물자의 배급 대상에서 제외했다. ⑥ 창씨를 하지 않은 조선인의 명패가 붙어 있는 짐은 철도국과 운송점에서 송달 업무로 취급해 주지 않았다. 심지어 우편국에서 보내는 등기우편물까지 보내 주지 않았다."[15]

한인과 일본인 간의 차별은 엄연했습니다. 학교에 입학할 때도 차별이 있었습니다. 학교를 졸업하고 취직할 때도 차별이 있었습니다. 입사 후 승진할 때도 차별이 존재했습니다. 한인은 일본인에 비해 공적 기관 취업이 더욱 어려웠습니다. 한인에게는 세금을 징수하면서도 참정권은 주어지지 않았습니다. 특히 러일전쟁부터 1910년대 초반까지 상상할 수 없는 수준의 차별과 멸시가 있었습니다. 그런 차별에는 대부분 수탈이 뒤따랐습니다. 차별을 감추기 위하여 만들어낸 개념이 '동근동조론同根同祖論'입니다. 그것은 일본인과 한인이 뿌리가 같기 때문에 원래부터 형제간이라는 논리입니다. 그것은 내선일체론을 보강하기 위하여 개발된 이론이라고 할 수 있습니다. 동근동조론의 극단을 보여 주었던 것이 바로 창씨개명 제도입니다.[16] 즉 누가 일본인이고 누가 조선인인지 구분하지 못하게 하여 한인에 대한 일본인의 차별을 감추려는 목적으로 창씨개명을 강제했다고 손정목은 주장한 것입니다. 물론 창씨개명에는 '민족 말살'이라는 더 큰 목적도 있었을 것입니다.

2장

수출 대 수탈

"쌀을 빼앗아 간 것이 아니고 자발적으로 거래한 것〔수출을 지칭〕이라고 한다면 (…)"(김낙년)[17]

이영훈[18]도 일본 쌀값이 한반도 쌀값보다 30퍼센트 정도 비쌌기 때문에 수출移出이 자발적으로 이루어졌다고 주장합니다. 2차 세계대전 말기를 제외하면 말입니다. 그는 또한 "부족한 식량은 만주에서 조나 콩 같은 대용품을 구입하여 충당하였기 때문에 인구 한 사람당 칼로리 섭취량은 줄지 않았다"고 지적합니다.

도리우미[19]는 "쌀은 공짜로 수탈당한 것은 아니지만 정당한 가격보다 훨씬 낮은 가격으로 빼앗긴 것"이라고 주장합니다.

---

* 식민지 기간 일본으로의 쌀 수출에서 수탈이 존재했다는 점에서 저자와 도리우미[20]는 같은 주장을 합니다. 쌀을 수출할 때 계약서상에서의 강요가 없었기 때문에 수탈이 존재하지 않았다고 주장하는 김낙년, 이영훈 등은 제도에 의한 수탈을 도외시함으로써 수탈이 존재할 수 있었던 중요한 한

가지 방법을 고려하지 않았기 때문에 오류를 범하지 않을 수 없었습니다. -저자 주

1. 김낙년의 주장

〈표 1〉은 식민지 한반도의 연도별 쌀의 생산량, 일본 수출량, 한반도에 사는 한인 1인당 소비량, 한반도에 사는 일본인 1인당 소비량을 보여 줍니다. 표에서 쌀의 일본 수출량에 초점을 맞춥니다.

김낙년은 식민지 한반도에서 일본으로의 쌀 수출은 완전한 자율거래라고 주장합니다. 물론 앞 절에서 보았던 공출의 경우에는 법

표1 연도별 쌀 생산량, 일본 수출량, 민족별 연간 1인당 소비량[21]

연도	쌀 생산량 (천 석)	일본 수출량 (천 석)	한인 연간 1인당 소비량(석)	일본인 연간 1인당 소비량(석)
1912	11,568	2,910	0.772	1.068
1915	14,130	2,058	0.738	1.111
1917	13,933	1,296	0.720	1.126
1919	15,294	2,874	0.725	1.124
1921	14,882	3,080	0.675	1.153
1923	15,014	3,624	0.647	1.153
1925	13,219	4,619	0.519	1.128
1926	14,773	5,429	0.533	1.131
1927	15,300	6,136	0.523	1.095
1928	17,298	7,405	0.540	1.129
1929	13,511	5,609	0.446	1.110
1930	13,511	5,426	0.451	1.077

규에 따라 계약이 강제되었기 때문에 그 거래에는 수탈이 '외형적으로라도' 존재했습니다. 김낙년이 공출마저 자발적 거래라고 주장하는 것은 아닐 것입니다. 김낙년[22]이 쌀 수출에서 수탈이 없었다고 주장하는 것은 그것이 어디까지나 계약서상의 강제가 없었기 때문이라는 것입니다. 외형만 본다면 수출은 완전한 자율거래인 것처럼 보입니다.

수출의 자율거래 여부를 점검하기 위해서는 3·1운동 이후와 이전을 구분할 필요가 있습니다. 3·1운동 이후 수출은 자율을 가장한 타율거래이기 때문에 수탈이 있었습니다. 수리조합사업, 산미증식계획에 의한 영농 행위 등을 총독부가 강제하여 한반도에서의 쌀 생산량을 늘려 쌀 가격을 떨어뜨렸고, 그 결과 일본에서의 쌀 가격보다 한반도에서의 쌀 가격을 낮게 만들어 쌀의 일본 수출을 강제했습니다. 이것은 조선총독부와 일본 정부가 한반도를 식량 생산 기지로 활용하려는 정책을 시행한 결과라고 볼 수도 있습니다. 3·1운동 이전 수출이 자율거래를 가장한 타율거래인가는 간단하게 말할 수 없습니다. 아래의 4절을 참조하기 바랍니다.

2. 이영훈의 주장

이영훈은 '일본의 쌀값이 한반도의 쌀값보다 30% 정도 높고 부족한 식량은 만주에서 조나 콩과 같은 대용품을 구입하여 충당했다'고 주장하지만, 이 주장은 아래의 이유로 틀렸습니다.

첫째, 이영훈은 쌀 수출의 동기가 두 지역의 가격 차이라고 주장합니다. 그러나 도리우미[23]는 한반도의 쌀값 대비 일본의 쌀값은

1924~1939년 평균 9.38%밖에 높지 않았기 때문에 수출할 유인이 크지 않았다고 지적합니다. 30% 차이가 났다는 이영훈의 주장이 틀렸다고 지적한 것입니다. 한반도에서 일본까지 재화를 수출하는 데 드는 막대한 비용을 고려하면 평균 9.38%의 차이는 수출 유인으로 충분하지 않다고 도리우미는 지적합니다.

둘째, 이영훈은 많은 양의 쌀을 일본으로 수출하고 부족한 식량을 만주에서 조나 콩 같은 대용품을 수입해 1인당 칼로리 섭취량이 줄지 않았다고 주장합니다. 1931~1938년 기간의 삼각무역 수치를 봅시다. 미곡은 한반도에서 일본으로 연평균 8,260,147석 수출했고, 만주로부터 연평균 124,702석을 수입했습니다. 대두는 일본으로의 수출량은 연평균 1,341,769석이고, 만주로부터 수입량은 연평균 312,496석입니다. 조는 수출은 없었고 수입량만 연평균 1,011,121석입니다.[24] 전체적으로 보면, 삼각무역은 발생했지만 미곡과 대두의 수입량은 수출량에 비해 너무 적었고, 조의 수입량이 많았지만 다른 곡물의 순 수출량에 비하면 너무 적었던 것은 분명합니다. 일본으로의 쌀 수출로 인해 발생한 식량 부족을 만주로부터의 조나 콩 수입을 통해 해결했다는 이영훈의 해석은 통계로는 입증되지 않습니다.

3. 도리우미의 주장

도리우미[25]는 "이렇듯 가격 차가 조금밖에 나지 않음에도 수송비 등을 들여서 일본까지 수출할 수 있었던 이유는, 공동판매장에서 시장 가격과 관계없이 부당하게 싸게 매입했기 때문이다. 쌀은 공짜로 수탈당한 것은 아니지만 정당한 가격보다 훨씬 낮은 가격으로 빼앗긴 것이며, 그 가격차 만큼 수탈당한 것이 된다"라고 주장합니다. 도리우미[26]는 일본 쌀값이 조선 내 쌀값보다 연평균 9.38%밖에 높지 않았다고 지적합니다. 두 가격의 차이가 가장 컸던 해는 1930년으로 27.4%였고 일본 쌀값이 조선 내 쌀값보다 낮았던 해도 1931년, 1936년으로 두 해나 되었습니다. 도리우미는 두 지역 쌀값의 차이가 평균 10% 이내이기 때문에 이영훈의 주장이 틀리다는 점을 '실증'했습니다.

도리우미는 일본인 미곡 수입업자가 수송비 등을 들여서 일본까지 미곡을 수출할 수 있었던 이유로 공동판매장에서 시장 가격과 관계없이 '부당하게' 싸게 매입했기 때문이라고 주장합니다. 도리우미는 이 점에 대해서 자신의 주장을 뒷받침하는 실증 자료를 제시하지 못했습니다. 물론 일본 경찰이 농촌 마을을 지배하고 감시·감독하는 사회에서, 그리고 산미증식계획을 시작할 때 총독부가 강력히 개입했기 때문에 수출에 대해서도 그렇게 할 것이라고 예상하기는 어렵지 않습니다. 특히 총독에게는 한반도산 쌀을 상당량 일본으로 보내는 일이 무엇보다 중요했기 때문에 그렇게 할 가능성이 매우 크다고 하겠습니다. 그리고 일본인 농사회사 또는 농장이 소작료로 받은 쌀은 두 지역 쌀값의 차이가 크지 않더라도 일본으로 반출하는 것이 유리했을 수도 있습니다. 일본인 농사회사 또는 농장은 장거리 수송에 관해서는 총독부로부터 적지 않은 보조금을 받았기 때문입니다. 이 점은 5부 2장 4절에서 자세히 다룹니다.

4. 저자의 주장

●●

쌀 수출에서 수탈이 존재했다는 도리우미[27]의 주장이 옳을 수 있지만 그 추론 과정은 증명이 필요합니다. 저자는 아래의 세 가지 이유로 쌀 수출에서 수탈이 있었다고 주장합니다. 그리고 이 지점에서 쌀 생산 증가와 수출의 증가가 다수 농민의 삶을 풍요롭게 했는가를 검토합니다.

(1) 쌀의 과잉 생산과 일본으로의 수출 유도

일본 정부는 한반도를 일본의 식량·원료 공급 기지로 만들어 한반도에서 쌀을 과잉 생산하게 하여 쌀값을 떨어뜨리고 이를 일본에서 수입하게 하여 일본인들이 싼값에 쌀을 소비하게 하였습니다. 한인들이 쌀 이외의 작물을 생산하거나 상공업에 종사하게 하였으면 경제도 더 발전하고 한인들의 삶도 더 좋아졌을 텐데 실제로는 그렇게 하지 않았습니다.

일본과 조선총독부의 고위급 인사들은 대부분 식민지의 공업화에 반대했습니다. 미래에 일본의 경쟁 상대가 될 것을 우려했기 때문입니다. 1934년에 발행된 「조선과 만주 문제의 귀추滿鮮問題の歸趨」에서 "공업에는 연 6만 엔 남짓한 보조금만 주었는데 농업 방면에는 연간 약 2천만 엔의 보조금을 주는 것은 지나친 공업 경시가 아니냐며, 종전의 조선 산업정책이 너무 농업에 기울고 공업 방면의 산업은 지극히 방치되어 온 경향이 있다"라고 지적한 내용은 식민지 공업화를 두려워하는 일본의 정책 방향을 잘 보여 줍니다.[28] 일본 정치

지도자들은 공업화가 아니면 식산흥업과 부국강병을 이룰 수 없다는 점을 누구보다도 잘 알고 있었음에도 한반도 농업에 과다한 자원을, 공업에는 과소한 자원을 배분했습니다. 그 결과 한반도 농민은 쌀을 비롯한 농산물을 과다하게 생산하여 수출할 수밖에 없었고, 그런 과다한 생산과 수출은 일본에는 유리하게, 식민지 한반도 농민들에게는 불리하게 작용했습니다. 여기에는 비록 간접적이지만 수탈이 존재했다고 볼 수 있습니다. 김낙년, 이영훈 등이 놓친 것은 이러한 제도에 의한 수탈입니다.

먼저 1920년부터 1932년까지 시행된 산미증식계획에 어느 정도의 강제성이 있었는지를 봅시다. 산미증식계획이 식민지 경제성장을 위한 정책들의 중심이 되면서 '너무 많은' 자원이 식민지 농업에 투입되었고 '너무 적은' 자원이 공업을 비롯한 다른 산업에 투입되었습니다. 군국일본은 3·1운동을 진압하자 안정적인 식민 지배를 위하여 식민지 경제성장 또는 경제개발이라는 명분을 내걸고, 산미증식계획을 강력하게 추진했습니다. 아래의 인용문은 산미증식계획에서 농민의 쌀 생산 행위가 상당한 정도로 '실질적으로' 강제되었음을 보여 줍니다.

> "농민에게는 (…) 가장 극단적인 권력적 지도가 가해졌다. 이러한 권력적 개발은 일본인의 성급함이 작용했기 때문에 농민의 이해 따위는 고려하지 않았으며, 고려할 여유도 없었다. 농민은 오로지 관청의 지도가 명하는 대로, 배급받는 종자를, 지시받은 못자리에 뿌리고, 주어진 못줄로 정조식正條植을 행하고, 정해진 날에 비료를 주고, 제초를 행하고, 명령받은 날에 피를 뽑고, 예취刈取를 하고, 지시받은 방법에 따라 건조·조제를 행할 뿐이었다. 거기에는 오로지 감시와 명령만 있을 뿐이었다. 만일 다른 것이 있다고 하더라도 농

민의 창의와 같은 것은 전혀 존재하지 않았다."[29]

산미증식을 위해 시행된 수리조합사업은 형식적으로도 강제되었습니다. 한인 농민들의 많은 반대에도 불구하고 수리조합사업이 강제되었고 수리조합원이 되는 것도 강제되었습니다. 수리조합 구역도 조선총독부의 강제에 의해 지정되었습니다. 다만 수리조합원의 자발적인 동의가 있었다는 형식적인 요건을 갖추도록 강제되었습니다. 이것은 한반도 농민의 쌀 생산 행위에서 그 어느 때보다 총독부의 강제가 개입되었음을 의미합니다. 다만 한반도 전체 논 면적의 일부만이 보, 저수지, 양수기 등의 수리시설에서 물을 공급받는 토지의 크기인 몽리면적이었기 때문에 수리조합사업이 모든 쌀 생산자에게 강제되었다고 할 수는 없습니다.

1920년과 1937년의 쌀 생산, 수출, 소비량의 통계치를 비교해 봅시다. 1920년은 산미증식계획이 시작된 해이고, 1937년은 중일전쟁이 시작된 해이면서 쌀 수출이 군국일본지배기를 통틀어 정점을 찍었던 해이기 때문에 두 연도를 선정했습니다. 이 기간에 논농사 면적은 10.9% 증가, 생산고는 43.1% 증가, 수출은 3.36배 증가, 1인당 소비량은 31.7% 감소했습니다.[30] 쌀 생산의 증가는 논농사 면적의 증가보다는 농사에 투입하는 시간과 노력의 증가, 화학비료 사용의 증가, 몽리면적의 증가, 농기구 사용의 증가, 영농자금의 차입 등의 영향을 받았습니다. 쌀 생산량은 늘어났지만, 일본으로의 수출량과 생산 대비 수출 비율도 지속해서 증가했습니다. 농가가 쌀 소비량을 줄여 수출을 극대화한 것은 수출을 통해 현금을 마련하고자 한 것으로 추정할 수 있습니다. 한반도 농가에서는 현금이 적지 않게 필요했는데 쌀을 팔지 않으면 현금을 얻을 수 없었기 때문일 것입니다. 쌀의 '상품화'라고 하겠습니다. 현금 없이는 비룟값, 조합비,

영농자금, 농기구 구입대금 등의 원리금을 상환하는 것이 쉽지 않았습니다. 쌀의 소비를 줄여 수출하고 그 부족분을 삼각무역으로 해결한 것도 있습니다. 다른 한편, 한반도 인구가 늘었기 때문에 한인들의 1인당 쌀 소비량이 줄어들 수밖에 없는 측면도 있습니다. 막걸리 생산에도 쌀은 소비되었기 때문에 1인당 쌀 소비량이 감소했다고 해서 실질적인 의미에서의 쌀 소비가 줄었는지는 검토가 필요합니다. 그럼에도 수리조합사업과 산미증식계획에는 조선총독부의 강제가 일정한 역할을 했음이 분명합니다. 그리고 수출에 수반되는 비용을 얼마나 공정가, 즉 최고가격에 반영했는가가 두 번째 수탈 여부를 결정할 것입니다. 이 점에 대해서는 실증이 필요합니다.

일본으로의 쌀 수출에서 수탈은 어디에 그리고 어떻게 존재했을까요? 군국일본의 수리조합사업과 산미증식계획이 없었다면 실제보다 한반도 쌀의 생산이 적었을 것이고 한반도에서의 쌀 가격은 높았을 것입니다. 그에 따라 일본으로의 쌀 수출량도 줄어들어 일본에서의 쌀 가격은 높았을 것입니다. 한반도의 한인들은 쌀을 과잉 생산해서 손해를 보았고, 일본인 소비자들은 한반도로부터 수입한 쌀로 인해 낮아진 쌀 가격만큼 이익을 보았습니다. 일본 정부가 경제정책을 통해 수행한 '수탈'입니다.

(2) 미곡 거래 방식의 개입을 통한 수탈

미곡의 한반도 내에서의 이동과 수출입 등을 규제한 중요한 사건은 1933년에 제정한 '미곡통제법'입니다. 그 법은 일본이 일본 내 농민을 보호하기 위하여 한반도산 미곡을 수입 금지하는 조처를 하고 난 뒤에 제정된 것입니다. 그러므로 이 절에서는 1933년 이전과 이후를 구분합니다. 1933년 이후를 먼저 살펴봅시다.

총독부는 미곡통제법에서 미곡의 타지 이동이나 수출입 등은 관계 기관의 허가를 받도록 했습니다.[31] 허가 없는 이동이나 수출입은 불법 매매로 간주되었고, 벌금이 부과되었으며, 미곡은 몰수당했습니다. 그리고 산지産地에서의 거래는 미곡 공동판매장(약칭 미곡공판장)에서만 하도록 했습니다. 이때 미곡공판장에서의 가격은 미곡통제령에 따른 '공정가격'을 기준으로 수출에 수반되는 제반 비용을 뺀 가격을 매매가격으로 했다고 이선배는 지적합니다. 미곡공판장에서의 가격을 임시로 '공판가'로 부르기로 합시다. 이제 미곡의 가격은 '자유시장가격 〉 공정가격 〉 공판가'라는 관계가 성립합니다. 공판가가 미곡의 자유시장가격보다 얼마나 낮은가는 수출에 수반되는 제반 비용의 크기와 공정가격에 달려 있습니다. 공정가격은 조선총독부가 결정한 '최고가격'의 일종입니다. 자유시장가격과 공판가의 차이만큼 수출에서 수탈이 일어났습니다. 1933년 이후의 수출에는 '명시적인' 수탈이 있었습니다.

1933년 이전을 보기로 합니다. 1918년 일본에서 쌀 소동이 일어났을 때 총독부는 일본인 미곡상을 지정하여 한반도에서 일시에 미곡을 대량 구매하여 일본으로 보냈습니다. 총독부는 그 과정에서 경성과 같은 지역의 쌀 가격이 큰 폭으로 올랐기 때문에 경성 일대의 민심이 매우 험악해졌던 경험을 한 적이 있습니다. 그런 경험으로 인해 이후 총독부가 한인 농민들로부터 쌀을 구매할 때 가격이 크게 올라가지 않도록 주의를 기울였을 것을 추론해 볼 수 있습니다.

농산물은 산지에서 대량으로 구매하면 가격이 상당히 내려갑니다. 미곡공판장에서 쌀을 구매할 때 일본인 미곡상들은 1명이 자신들을 대표하여 한인 농민들과 흥정하게 했을 수 있습니다. 여러 명의 수요자를 대리하는 한 명만 가격 흥정에 참여하도록 하는 방법은 가격을 크게 깎을 수 있는 좋은 방법입니다. 공급자는 많고 수요자가 적으면 가격 결정 권한은 수요자가 가지기 마련이기 때문입니다.

쌀과 같은 농산물의 대규모 거래에서 식민 당국인 총독부가 직면했던 어려움은 세 가지로 추론됩니다. 첫째, 일본인 수입 미곡상의 이윤을 적정선에서 확보할 수 있도록 해주는 것입니다. 일본 쌀값과 한반도 내 쌀값이 큰 차이가 나지 않으면 이 문제는 해결이 쉽지 않습니다. 둘째, 한인 농민들도 수확량을 늘리는 일이 자신들에게 유리하다고 여겨야 한다는 것입니다. 셋째, 산지 농산물 가격이 크게 오르면 비농업 도시 거주자들의 삶에 부정적 영향을 미친다는 것입니다. 비농업 도시 거주자 중에는 한반도에서 사는 '재선 일본인'도 적지 않았습니다. 이 세 가지는 이해관계가 서로 충돌하기 때문에 동시에 해결하는 일은 쉽지 않습니다. 그럼에도 상대적 의미에서, 총독부는 한인보다 일본인의 이익에 민감했을 것이라 추론할 수 있습니다.

그러므로 1933년 이전에는 총독부가 일본인 미곡상들의 '담합'을 유도하거나 허용했을 것이라고 저자는 주장합니다. 군국일본 정부는 식민지 대만이나 일본에서는 담합을 무죄로, 한반도에서는 한반도의 특수성이 있을 때만 유죄로 판결했습니다.[32] 일본인 쌀 수입업자의 한반도에서의 쌀 매입은 그런 특수한 경우로 볼 수 없다고 총독부가 판단했을 것이라고 저자는 주장합니다. 다량의 쌀을 구매하여 일본으로 반출하는 일을 지휘·감독해야 하는 총독부로서는 그 방법만이 해결책이었을 것입니다. 담합은 쌀값을 낮추기 때문입니다. 이것을 '묵시적' 수탈이라고 저자는 주장합니다.

(3) 원화의 과대평가를 통한 수탈

일본 정부는 식민지기 내내 엔화와 원화의 교환 비율을 '1:1'로 고정했습니다. 이런 고정환율은 원화를 '과대평가', 엔화를 '과소평가'되게 만들었습니다. 그 정도는 시점별로 달랐습니다. 과대평가된 환율 때문에 군국일본지배기 내내 한반도의 전체 국제수지뿐만 아니라 대對일본 국제수지도 적자였습니다. 원화를 과대평가되게 만든 고정환율은 식민지 한반도에서 일본으로의 수출에는 '세금'을 부과하고, 일본에서 한반도로의 수입에는 '보조금'을 주는 것과 같습니다. 대對일 수출에서 가장 중요한 품목은 미곡, 기름용 씨 등이었고, 대일 수입에서 가장 중요한 재화는 직물, 금속제품, 의복, 경공업 제품 등이었습니다.

원화 과대평가 정책은 한반도에서 쌀을 생산하고 수출하는 경제주체를 불리하게 만들고, 일본에서 한반도로 수출하는 제품의 생산자, 일본의 수출업자, 한반도의 대對일본 수입업자를 유리하게 하는 것이었습니다. 만약 원화가 과대평가되지 않았다면 쌀의 수출은 늘어났을 것이고 일본산 경공업 제품의 수입은 감소했을 것입니다. 원화의 고의적인 과대평가는 농민의 노력을 헛되게 만들었고 한반도 경공업 제품의 대체품 생산자들을 어렵게 만들었습니다. 즉 원화의 과대평가는 한반도의 공업화를 방해했습니다. 엔화와 원화의 정상 환율이 '1:2'라고 가정해 봅시다. 정상 환율로 쌀을 수출했다면 2배를 더 받을 수 있고, 그렇다면 쌀 가격이 높아지면서 일본으로의 쌀 수출량은 더 늘었을 것이고 한반도 한인의 쌀 소비 가능량은 줄었을 것이고, 일본의 쌀 가격은 더 하락했을 것입니다. 한반도의 쌀 생산자와 수출업자들이 제값을 받지 못해 수탈당했다고 할 수 있습니다. 반면에 일본의 경공업 제품을 정상 환율로 수입할 때보다 더

싼 가격에 구매할 수 있었기 때문에 일본 경공업 제품을 소비하는 한반도 한인이 단기적으로 혜택을 보았고 한반도 경공업 제품의 대체품 생산자들이 피해를 보았습니다. 장기적으로는 한반도에서 경공업 제품을 만들 인센티브가 약해지면서 일본에 대한 경제적 종속성은 강화되었고, 한반도 한인들은 생산성이 농업보다 더 높은 일자리(대부분 경공업 제품과 관련한 일자리)로 이동하지 못해 소득이 증가하지 못하는 결과를 가져왔습니다.

이러한 원화 과대평가와 수출에 의한 수탈이 적용되는 기간은 1910~1945년입니다. 1937년 이후에는 공출에 의한 수탈과 수출에 의한 수탈이 병존했습니다. 이러한 제도적 수탈이 식민지기 한반도의 농민들이 가난했던 이유 중의 하나인 것은 분명합니다. 이 점은 5부 4장에서 더 다룹니다.

(4) 쌀 생산의 증가로 농민들의 삶이 나아졌을까요?

김낙년[33]은 "현재의 경제학 개념으로 보면, 이들 정책(산미증식계획 등의 식민지 경제정책)이 소득을 늘리는 데 기여할지언정 왜 빈곤의 원인이 되는지는 알기 어렵습니다"라고 지적했습니다. 산미증식계획에 의해 쌀을 대량으로 생산하여 일본에 수출한 대지주들은 김낙년이 지적한 바와 같이 큰 이익을 보았을 수도 있습니다. 삼성의 창업자인 이병철 회장 본가와 처가, 럭키 금성의 창업자였던 허만정 가문, 삼양사의 김연수 가문 등이 그에 해당할 것입니다. 하지만 대부분의 소규모 자작농, 자소작농, 더 많은 수의 소작농들의 삶도 나아졌을까요?

〈표 2〉는 1926~1933년 기간 한반도 쌀값과 쌀 생산량의 변동을

표 2 한반도 쌀값과 쌀 생산량의 변동(1926~1933)[34]

단위: 엔

연도	가마당 쌀값	쌀값 지수(a)	쌀 생산지수 1924년=100(b)	c=a×b/100
1926	33.67	100	112	112
1927	30.45	90	116	104
1928	26.74	79	131	103
1929	26.67	79	102	81
1930	23.00	68	104	71
1931	16.23	48	145	70
1932	20.27	60	120	72
1933	20.56	61	124	76

보여 줍니다. 쌀값 지수(a)는 1926년을 100으로 해서 만든 것인데, 1926년 이후 쌀값이 많이 떨어진 것을 알 수 있습니다. 특히 쌀 생산량이 가장 많았던 1931년에는 쌀값이 1926년에 비해 절반도 안 되었습니다. 군국일본이 1930년에 한반도산 쌀의 일본 수출을 금지했기 때문입니다. 쌀 생산지수(b)는 1924년을 100으로 해서 계산한 것으로 1928년과 1931년에는 풍작이었지만, 1929년과 1930년엔 흉작이었다는 것을 보여 줍니다.

c는 벼농사의 수익성을 보여 줍니다. 단위 면적당 쌀을 더 많이 생산하고 생산한 쌀을 비싸게 팔 수 있으면 벼농사의 수익성이 높아집니다. 이 지수는, 1924년과 비교하여, 1926년에는 상당히 좋았으나, 1927~1928년에는 100을 약간 상회하는 데 그쳤으며, 1929~1933년에는 24~30% 정도가 낮아졌습니다. 쌀 생산량이 많아지면서 쌀값이 하락했는데 이는 과잉 생산의 영향으로 볼 수 있습니다. c만 보면 한반도 농가의 살림이 산미증식계획의 영향으로 1928년까지는 조금이나마 개선되었다고 볼 수 있습니다. 그러나 전 세계 대공

황, 일본 경제 불황, 한반도 경제 불황 등이 산미증식계획의 영향에 추가되면서 1929~1933년 쌀로 인한 농가의 소득이 크게 감소했습니다. 영농비용을 고려한 농가의 순수입은 c보다 더 낮아졌을 것입니다. 이 기간에, 쌀 생산이 늘어나면서(특히 1931~1933년), 수리조합사업으로 인한 수리조합비용 지출액과 산미증식계획에 의한 씨앗, 농기구, 비료 등의 구입비, 영농자금 차입 등이 늘어났을 것이기 때문입니다. 특히 수리조합사업이 수입에 미친 영향은 작지 않았을 것입니다. 이 점은 5부 2장에서 자세히 다룹니다.

쌀 소비는 어떻게 되었는가요? 한반도 한인의 1인당 쌀 소비량은 1931년부터 크게 줄어들어 1936년까지 거의 지속해서 감소했습니다. 약간의 등락을 무시하면, 1인당 쌀 소비량이 가장 적었던 시기는 1934~1936년이고, 그다음으로 적었던 시기는 1931~1933년입니다. 인구 증가도 한 요인이겠지만, 이는 대공황과 그에 영향받은 일본 경제의 침체, 조선총독부가 만들어 낸 한반도 경기변동, 1928~1929년 농업 흉작과 1930년 풍년기근(쌀 생산이 많이 늘어났지만, 그때 쌀 가격이 큰 폭으로 하락하여 기근과 다를 바가 없다는 의미에서 나온 말입니다)과 1936년 대수해 등이 중첩된 결과입니다. 여기에 더해 일본이 1930년 공식적으로는 쌀 수입을 금지한 효과도 있었을 것입니다.

1인당 쌀 소비량이 1937년부터 추세를 벗어나 많이 증가하고 1941년까지 그 추세가 지속되었던 것은 전쟁을 수행한다는 명분으로 총독부가 한반도에서 통화공급을 늘려 3차 경기변동을 만들어냈고 그중에서 특히 1932~1940년은 경기변동의 붐 기간이었기 때문입니다. 붐 기간에는 소비지출 전체가 늘어났고 군인들의 수가 증대하면서 군량미 소비도 적지 않게 증가했습니다. 전 산업 측면에서는 1938~1939년은 침체 기간으로 볼 수도 있습니다. 앞에서 서술한 원인 이외에도 인구의 증가 등 1인당 쌀 소비량에 영향을 미치는 변수는 적지 않기 때문에 1인당 쌀 소비량의 감소를 수탈만으로 설명하는 것은 무리가 있습니다.

군국일본지배기 전체 농가 호수에서 소작농의 비율은 매우 높았습니다. 지주 가구는 전체 농가 호수의 4% 이내이고 자작농은 지배 초기에 20%를 상회했으나 자료가 나오는 1932년에는 16.3%였고 그 이후에도 그 비율은 하락했을 것으로 추정됩니다. 오늘날의 개념으로 보면, 지주 가구는 소득 분위 10% 이내에 속하고 자작농은 30~40% 이내에 속한다고 볼 수 있을 것입니다. 지주와 자작농들이 1인당 쌀의 소비량을 줄이지는 않았을 것입니다. 따라서 소작농들의 1인당 쌀 소비량의 감소는 한반도 평균치보다 클 것이라고 추론할 수 있습니다. 소작농들의 삶은 산미증식계획 이전에도 어려웠는데 1인당 쌀 소비량이 줄면서 더 고단했을 것입니다. 나카노[35]는 대구부大邱府에 있는 일본인 집단 농촌의 한 과수업자로부터 들었던 그 농장에서 일했던 노동자의 물질적 삶을 보여 줍니다. 즉 "그들의 음식은 좁쌀이나 보리, 그리고 예例의 참외, 일본인이 먹다 남은 수박 껍질, 부식물은 고추장이며…." 소작농도 평균적으로 이 노동자와 크게 다르지 않았을 것입니다. 소작농으로서는 소작료를 내고 남은 쌀을 시장에 팔고 저품질의 만주산 쌀이나 좁쌀, 콩 등을 사 먹었을 것입니다.

한마디로, 산미증식계획은, 다른 요인이 일정하다면, 미곡의 과다한 생산과 수출로 한반도 농민들을 가난하게 만들었습니다. 산미증식계획이 강제성을 띠고 있었다는 점에서 더욱 그렇습니다. 게다가, 수리조합사업에서 조합원이 되어서 조합비를 내는 일도 총독부가 강제했습니다. 그 결과로 일부 수리사업조합 지역에서는 한인 조합원들이 사업으로 얻는 수익보다 많은 비용을 지출해야 했기 때문에 보유 토지를 매각해야 했습니다. 이 점에 대해서는 5부 2장 3절에서 다룹니다. 저자가 앞에서 제시한 각종 제도적 수탈도 농민을 가난하게 만들었던 원인일 것입니다.

3장

식민지 한반도는 자본주의 경제체제가 아니었다

"당시의 조선 경제는 기본적으로는 자유 거래의 시장체제였고, 민법 등이 시행되어 조선인과 일본인의 구분 없이 개인의 재산권이 보호되고 있었습니다."(김낙년)[36]

"조선과 타이완에서 자본주의 경제체제가 단기간에 급속히 확산될 수 있었던 것은…"(이영훈)[37]

"일제시대를 자본주의 전개의 일국면으로 설정하는 동시에 제국주의 지배로 인한 파행성이 각인된 국면으로서…"(이헌창)[38]

---

* 김낙년, 이영훈, 이헌창 등을 포함하여, 다수의 경제사학자가 식민지 한반도의 경제체제가 '자본주의'라고 주장하고 있습니다. 강만길,[39] 이송순·정병욱,[40] 문영주·송규진[41] 등도 '식민지 자본주의'라는 개념을 사용하고 있습니다. 이런 개념은 경제주체들이 자유의지에 따라 자본주의 논리로 움직이는 시장에서 거래했기 때문에 경제거래에서 수탈이 없었거나 많지 않았다는 암시를 줍니다. 하지만 식민지 한반도 경제는 1937년 이전까지 강력

한 간섭주의와 사회주의의 혼합 경제체제이고, 1937년부터는 전쟁 사회주의라는 경제체제였습니다. 즉 사회, 경제 정책을 통한 수탈이 매우 많았다는 것입니다. -저자 주

경제체제는 경제의 생산성, 공정성, 평등성 등을 결정하는 중요한 요인들 중의 하나입니다. 경제사학자들이 식민지 한반도의 경제체제를 무엇으로 규정했는가를 알아봅시다. 안병직[42]은 "(…) 1930년대 이후 (…) 당시의 조선 경제를 사회구성체로는 식민지 자본주의라고 해도 좋을 것이다"라고 주장합니다. 위에서 인용한 김낙년, 이영훈, 이헌창 등의 주장을 보면 그들은 식민지 한반도의 경제체제를 자본주의 체제로 본 것 같습니다. 다수의 경제사학자가 '식민지 자본주의'라는 개념을 사용하기 때문에 강만길, 이송순·정병욱, 문영주·송규진 등도 식민지 한반도의 경제체제를 '자본주의'로 보았다고 해석할 수 있습니다. 김윤희·박은숙·이원주·하원호[43]는 1876년 개항으로 조선 왕조가 세계 자본주의 체제로 편입되었다고 주장하고 있습니다. 19세기 후반부터 20세기 전반까지를 제국주의 시대로 규정하면 세계는 자본주의 체제가 될 수 없습니다. 다른 나라를 침략하고 식민 지배할 때 그런 체제는 자본주의가 될 수 없기 때문입니다.

이영훈, 이헌창 등은 식민지 한반도의 자본주의가 일본의 자본주의에 의해 크게 영향을 받았다고 주장합니다. 차기벽[44]과 같은 경제사를 전공하지 않은 학자도 일본을 자본주의 국가라고 주장합니다. 이상의[45]는 군국일본지배기 일본을 자본주의라고 이해하고, 일본 자본주의의 발전에 따라 한반도 시장도 여러 형태로 변화했다고 지적합니다. 그러나 당시 일본은 자본주의를 채택한 국가가 아니며, 따라서 한반도의 경제적 변화를 일본 자본주의 발전 탓으로 돌릴 수

는 없습니다. 군국일본지배기 한반도에서 시대별로 경제구조 또는 산업구조가 달랐던 것은 일본이 자신의 지배 목적을 달성하기 위하여 여러 제도와 정책을 펼친 결과였습니다.

1. 세 가지 경제체제: 자본주의, 간섭주의, 사회주의

식민지 한반도의 경제체제를 규정해 봅시다. 과거 역사에서 많은 경제체제가 부침했지만, 대부분을 자본주의, 간섭주의, 사회주의라는 세 가지 경제체제로 분류할 수 있기 때문에 저자도 식민지 한반도의 경제체제를 논의하면서 이 세 경제체제만 고려합니다. 사유재산이 보호되고, 계약의 자유가 있으며, 민간이 발행하고 유통하는 건전한 화폐가 있으면 자본주의입니다. 사유재산은 보호되지만, 정부에서 거래 조건을 제약하여 계약의 자유를 빼앗는다면 간섭주의입니다. 사유재산까지도 인정하지 않는다면 사회주의라고 합니다.

생산성, 공정성, 평등성 등의 측면에서 가장 우수한 것이 자본주의이고, 그다음은 간섭주의, 그다음이 사회주의입니다. 다만 장기적으로 간섭주의는 사회주의로 전환되고 사회주의는 경제계산의 문제 때문에 지속 가능하지 않다는 점을 오스트리아학파 경제학자인 미제스Ludwig von Mises가 오래전에 학문적으로 논증했습니다. 자본주의는 무결점의 경제체제는 아니지만, 생산성, 공정성, 평등성 등의 측면에서 간섭주의, 사회주의, 그 둘을 혼합한 것 등보다는 월등히 우수합니다. 그리고 자본주의, 간섭주의, 사회주의 순서로 후퇴하는 것은 쉽지만 사회주의, 간섭주의, 자본주의 순서로 개혁하는 것은 무척 어렵다는 것이 역사적 경험입니다.

2. 자본주의의 조건들: 사유재산의 보호, 계약의 자유, 건전한 화폐

'오스트리아학파 경제학'은 자본주의가 되기 위한 세 가지 조건으로 사유재산의 보호, 계약의 자유, 건전한 화폐를 제시하고 있습니다. 이 기준에 따라 식민지 한반도의 경제체제를 규정해 봅시다.

(1) 사유재산의 보호

자본주의 체제가 작동하기 위해서는 먼저 경제주체들의 사유재산이 명확하게 정의되고 보호되어야 합니다. 군국일본지배기에 사유재산은 얼마나 잘 보호 또는 보장되었을까요? 토지조사사업으로 조선총독부에 의한 등기제도가 확립됨으로써 토지조사사업이 없었던 '그 이전보다는' 토지라는 형태의 사유재산은 더 잘 보호 또는 보장되었습니다.

조선총독부는 도로를 신설하거나 유지·보수하는 경우에 토지를 강제로 몰수하고 노동력을 무상으로 동원했습니다. 이런 노동력의 무상 이용을 '도로 부역'이라고 불렀습니다. 일본은 중일전쟁 이후에는 남녀 구분 없이 노동자를 강제 동원하고 군인도 징병했습니다. 이것은 군국일본이 식민지 한인의 신체라는 재산에 피해를 주거나 징병이라는 형태로 노동력을 수탈했음을 의미합니다. 군국일본이 한인의 신체, 재산, 자유 등을 파괴한 사례는 이 책의 각 장에서 자세히 다룹니다.

군국일본은 3·1운동에서 보듯이 반일 운동이나 반일 항쟁에 참여했던 사람들의 신체, 재산, 자유 등도 무자비하게 파괴하거나 손상했습니다. 철도를 부설할 때도 철도 부설에 필요한 토지를 강제로 징수하거나 아주 낮은 보상을 함으로써 실질적으로 사유재산권을 파괴했습니다. 철로 부설에 필요한 노동력도 강제 동원했습니다. 중일전쟁 이후에 조선총독부는 강제저축도 실행했습니다. 과다한 통화공급으로 화폐 소유자들의 재산을 파괴했습니다. 한마디로, 군국일본은 한반도 민간인들의 신체, 재산, 자유 등을 자신의 목적에 맞을 때만 보호하고 그렇지 않을 때는 파괴하거나 수탈했습니다.

특히 중일전쟁 이후에 한반도는 경제체제로는 '전쟁 사회주의' 또는 '전쟁 경제'였습니다. 전쟁 사회주의란 국가가 그 국가 또는 그 지역 내에 있는 인간을 포함한 모든 자원을 강제로 동원하고 소모해 버리는 경제체제를 말합니다. 중일전쟁 이후 한반도 한인들은 전쟁 당사자가 아니었고 당사자가 될 수도 없었지만, 일본은 식민지의 인간을 포함한 모든 자원을 강제로 동원했습니다. 공출된 재화들과 징용 또는 징병된 인력이 대표적인 예입니다.

여기에서 전쟁 사회주의와 사회주의 일반을 구분할 필요가 있습니다. 사회주의라는 점에서 두 체제는 같지만, 전쟁이 게재된다는 점에서 두 체제는 다릅니다. 사회주의는 일반적으로 인민의 물질적 삶을 풍요하게 만드는 것이라고 사회주의자는 주장합니다. 그러나 그런 주장은 전적으로 틀린 것입니다. 전쟁을 수행하기 위하여 군인을 강제 징발하고 총포와 같은 군수물자를 만들고 전장에서 소비해 버리는 것은 자원을 전적으로 소모하는 일입니다. 일반 사회주의에 비해 전쟁 사회주의는 그만큼 자원 소모가 많을 뿐만 아니라 경제성장에는 결코 도움이 되지 않는다고 할 수 있습니다. 전쟁 사회주의는 명령 또는 지시에 따라 자원이 배분된다는 점에서 사회주의와 같지만 전쟁이라는 목적을 염두에 둔다는 점에서 다릅니다. 이것이 시장에서의 자원 배분과 근본적으로 다른 점입니다. 국가총동원법, 전시경제통제법, 미곡배급통제법, 생활필수품물자 통제령, 금속류회수요강, 소매업정리요강 등이 일본과 한반도 경제가 전쟁 사회주의였음을 증명하는 각종 법령과 규정입니다.

사회주의에서는 '자본재capital goods' 시장이 없기 때문에 자본재의 가격 정보가 존재할 수 없습니다. 가격 정보가 없으면 자원을 배분할 때 필요한 '경제계산economic calculation'이 불가능합니다. 경제계산이 불가능하면 자본재라는 자원을 효율적으로 배분할 수 없습니다. 자본재 배분의 비효율성은 소비재의 생산과 유통에 즉각 반영되어 어떤 지역 시장에서는 소비재가 남아돌고 다른 지역 시장에서는 소비재가 매우 부족합니다. 때로는 생산지에서는 소비재가 남아돌지만, 소비지역인 도시에서는 소비재가 없어서 살 수 없습니다. 이것이 모든 사회주의가 직면하는 근본적인 문제이면서 사회주의가 지속 불가능한 이유이기도 합니다. 전쟁 사회주의도 예외가 아닙니다. 전쟁에서 자원을 배분할 군 통수권자는 자본재를 배분하여 전쟁에 필요한 각종 군수 제품을 생산하고 멀리 있는 전장까지 보내는 데 혼란과 어려움을 겪게 됩니다. 그런 자본재의 경제계산이 불가능하기 때문입니다. 김인호[46]는 1937년 이후에 식민지 한반도 경제에서 노동력과 기계 기구 등이 부족하여 경제가 파탄 났다고 주장했습니다. 그런 경제 파탄의 근본적인 원인은 경제계산이 불가능하거나 매우 부정확했을 뿐만 아니라 전쟁 때문에 자원의 소모가 극심했기 때문입니다. 즉 경제 파탄의 원인은 전쟁 사회주의 때문입니다.

전쟁 사회주의는 사회주의의 특별한 형태이고 사회주의보다 자원의 배분과 소모에서 더 나쁜 결과를 초래하기 때문에 이를 '군수공업화'로 개념화한 것은 틀린 것입니다. 전쟁을 수행할 목적으로 공업화는 발생하지만 그런 공업화마저 통상의 공업화와 다르다는 점을 강조할 필요가 있습니다. 예를 들어 전시에 (전투용) 비행기를 제작하는 일은 전쟁 사회주의로서 민간의 삶에 일말의 도움도 되지 않지만, 생산은 증가하는 것으로 계상됩니다. 그리고 비행기 제작에 사용되는 알루미늄과 같은 자원은 고갈되고 맙니다. 그러므로 저자는 군수공업화 개념 대신에 전쟁 사회주의 개념을 사용할 것입니다. 군수공업화라는 개념이 꼭 필요할 때만 예외로 할 것입니다.

(2) 계약의 자유

식민지 한반도에서 계약의 자유는 얼마나 보호되었을까요? 거래에서 가격과 거래 조건들을 거래 당사자들이 자유롭게 결정한다면 그 거래에서 계약의 자유는 보호되고 있는 것입니다. 그러나 그 가격을 정부가 고정하면 그 가격은 고정가격이 되고 계약의 자유는 없어집니다. 통상의 거래에서 가장 중요한 것은 금리일 것입니다. 식민지 시대 주요 금리는 조선총독부와 조선은행에 의해 고정되었습니다. 대금업자의 금리도 일부는 고정되지 않았지만 일부는 고정되었습니다. 금융적인 측면에서 금리가 고정되었다는 것은 금융 거래 자체에서 계약의 자유가 없었을 뿐만 아니라 실물 부문의 모든 거래에서도 정도는 다르지만 계약의 자유가 없었다는 것을 의미합니다. 군국일본이 공출제를 시행하면서 미곡을 포함한 곡류의 가격도 사실상 고정했습니다. 가격이 고정되면 계약의 자유는 없어집니다. 곡류와 자금 외에도 상당수 재화의 가격은 고정되었습니다. 특히 중일전쟁이 시작되면서 다수의 재화, 특히 주요 생필품의 가격이 고정되었습니다. 그 결과 그런 재화의 부족으로 조선총독부는 배급제를 시행하지 않으면 안 되었습니다.

이에 더해 일본은 한반도와 일본 내에서의 한인들의 취업에 차별을 가했습니다. 즉 계약의 자유가 '구조적으로' 보호되지 못했다는 것입니다. 군국일본지배기 한반도 노동자들의 계약 과정의 외양만을 보면 계약의 자유가 보호된 것처럼 보입니다. 그러나 한반도에서 일본인들이 운영하는 회사들은 교묘한 방법으로 차별을 용인했고, 그런 행위는 회사가 계약의 자유를 보호하지 않았음을 의미합니다. 그런 차별은 조선총독부의 한인 교육제도와 정책에도 연계되어 있었습니다. 즉 그런 구조적 차별을 조선총독부가 이끌어 갔거나 용인했다는 것입니다. 일본에 이주한 한인 노동자들의 경우도 한반도 내 한인들과 다르지 않았습니다. 그리고 조선총독부는 총독부 관리의 채용과 임명에서도 한인들을 차별했습니다. 그런 차별은 1940년대에 총독부에 의해 철폐될 때까지 존속되었습니다. 한인에 대한 차별은 이 책 전체의 주제이기 때문에 관련된 곳에서 다룰 것입니다. 일반적으로, 자유 일반이 보호되지 않는 상황에서 계약의 자유가 잘 보호된다는 것은 불가능합니다. 마찬가지로, 계약의 자유가 잘 보호되지 않는데 자유 일반이 잘 보호되는 것 또한 불가능합니다.

사유재산이 적절히 보호되지만 계약의 자유가 보장되어 있지 않은 제도를 '간섭주의'라고 합니다. 군국일본지배기에 간섭주의는 어느 정도였을까요? 전기, 수도 등과 같은 공공요금은 모두 간섭주의에 따라 규제되었습니다. 쌀, 콩, 밀가루, 설탕, 쇠고기, 청주, 광목, 연탄, 비누, 양말, 구두 등도 간섭주의의 대상이었습니다. 금리도 최고가격으로 규제되었습니다. 다른 많은 재화도 간섭주의의 대상이었습니다. 간섭주의에서 거래는 자율을 가장한 타율거래가 적지 않습니다. 그리고 그런 거래에는 제도화된 또는 구조화된 수탈이 존재할 가능성이 큽니다. 예를 들어 미곡의 수출에 대한 조선총독부의 통제가 수탈을 초래했음을 1부 1장 4절에서 자세히 살펴보았습니다.

(3) 건전한 화폐

건전한 화폐란 민간이 발행하고 유통하는 '상품화폐'를 말합니다. 왜 건전한 화폐가 자본주의의 조건이 되어야 합니까? 정부가 화폐 발행을 독점하면 그 화폐는 궁극적으로는 금이나 은처럼 가치 있는 실물로 바꿀 수 없는 '불환지폐'가 되고 만다는 것이 역사적 경험입니다. 그리고 불환지폐는 발행비용이 거의 영(0)이기 때문에 무한정 증가하는 경향이 있고 그런 증가는 인플레이션, 경기변동, 소득재분배, 자본소비, 경제 불평등 악화, 경제계산의 문제 등의 폐해를 일으켜 경제를 크게 무너뜨립니다. 민간의 사유재산과 계약의 자유를 보호하는 기초가 건전한 화폐입니다. 건전한 화폐가 자본주의의 조건 중의 하나가 되어야 한다는 점이 오스트리아학파 경제학과 다른 경제학을 구분하는 점입니다.

군국일본지배 초기에 식민지 한반도의 화폐 제도는 제도로서는 부분적으로는 상품화폐 제도였지만 총독부가 독점 발행했다는 점에서 완전한 의미에서의 건전한 화폐로 간주할 수 없습니다. 게다가 그 시기에도 화폐공급의 중심은 불환지폐에 있었기 때문에 군국일본지배기 전 기간에 걸쳐 건전한 화폐가 유지되었다고 볼 수 없습니다. 바로 이 점만으로도 식민지 한반도의 경제체제를 자본주의로 규정할 수는 없습니다.

3. 1936년까지 한반도 경제체제: 강력한 간섭주의와 사회주의의 혼합

메이지 시대 일본 지도자들은 독일식 경제성장 또는 경제개발 모형을 당연한 상식으로 받아들였습니다. 머피[47]는 그들이 독일식 경제성장 방식을 당연한 것으로 받아들였던 이유로 독일의 경제·사회 환경과 메이지 유신 당시 일본의 환경이 너무 유사했기 때문이라고 지적하고 있습니다. 독일식 모형이란 소위 국가 또는 정부 주도의 경제성장 또는 경제개발 모형으로, 보호무역을 통해 유치산업을 보호하고, 보조금을 제공하여 특정 산업을 육성하는 모형을 말합니다. 정부 주도의 경제성장은 경제체제라는 관점에서는, 잘해야 간섭주의이고 잘못하면 사회주의가 되지 않을 수 없습니다. 다시 말하면, 메이지 유신 이후 일본은 간섭주의와 사회주의가 혼합된 경제였습니다.[48]

군국일본지배기 한반도는 메이지 지도자들 또는 그들의 영향을 강하게 받은 전·현직 군인들 또는 정치가들의 사고방식에 의해 지배되었습니다. 그것은 국가 주도의 경제성장 모형을 경제성장 또는 경제개발 전략으로 삼는 사고방식입니다. 이것은 군국일본지배기 한반도의 경제체제가 한편으로는 일본의 경제체제인 간섭주의와 사회주의에 의해 영향을 받았다는 것을 의미합니다. 여기에 덧붙여, 군국일본지배기 한반도를 지배했던 메이지 지도자들이나 정치가들은 한반도 경제를 일본의 목적을 위한 도구로 간주했을 따름이었습니다. 일본인 지도자들은 한반도 지배의 목적을 달성하기 위해 필연적으로 자본주의보다는 간섭주의 또는 사회주의를 선택했습니다. 자본주의는, 그 본질상, 군국일본지배기 한반도를 지배하기 위한 경제체제로는 전적으로 부적절하다고 판단했기 때문일 것입니다.

1910년부터 1936년까지 한반도 경제체제는 '강력한' 간섭주의가 중심적인 경제체제였고 사회주의는 부차적인 경제체제였습니다. 일본이 군국일본지배기 초기부터 식민지 한반도에서 실시했던 각종 산업정책, 예를 들어 산미증식계획은 오늘날의 사회주의 계획경제와 간섭주의의 중간 단계에 있는 것입니다. 식민지 한반도에서 민간 소유의 재산은 대체로 잘 보호되었습니다. 시기를 1937년 이전까지로 국한하고, 그 민간이 조선총독부의 각종 정책이나 지시를 위반하지 않는다면 말입니다. 조선총독부는 반일 또는 항일 운동가들의 자유, 신체, 재산 등을 무자비하게 파괴했습니다. 조선총독부는 필요한 경우에는 정당한 대가를 지급하지 않고 민간의 재산을 몰수하기도 했습니다. 그런 것들은 모두 사회주의라고 하겠습니다. 도로 부역과 도로용 부지의 강제 기부가 여기에 해당합니다. 대공장을 건설하고자 할 때도 조선총독부는 토지수용령을 발동하여 민간의 토지를 턱없이 낮은 가격으로 강제 매입했습니다. 토지수용령을 발동하지 않을 때도 일본 헌병과 경찰은 토지의 수용에 개입하여 일본인 대공장주는 한인들의 토지를 매우 싼 값으로 사들였습니다.

화폐를 제외하고 보면, 사유재산의 보호와 계약의 자유라는 자본주의의 두 조건은 1937년 이전까지는 어느 정도 충족되기도 했습니다. 그러나 화폐라는 교환수단을 사용하는 교환경제에서 가장 중요한 가격은 금리인데, 금리는 일본이 한반도를 지배하자마자 조선총독부에 의해 규제되었습니다. 이는 금융 자원의 수요와 공급에서 군국일본지배기 처음부터 계약의 자유가 없었다는 것을 의미합니다. 그리고 그것은 군국일본지배기 전 기간에 걸쳐 간섭주의 또는 사회주의가 지배하지 않은 개인, 단체, 부문, 사업, 계획 등이 없었다고 해도 무리가 없습니다.

4. 1937~1945년 한반도 경제체제: 전쟁 사회주의

●●

일본은 1932년 만주사변부터 준전시체제로, 1937년 중일전쟁부터 전시체제로 이행했습니다. 전쟁 경제는 경제체제 관점에서는 사회주의이기 때문에 그 기간 일본은 전쟁 사회주의 국가였습니다. 그러므로 전쟁의 영향이 식민지에 본격적으로 영향을 주기 시작한 시기는 1937년입니다.

일본은 1930년대부터는 전쟁을 수행해야 한다는 이유로 모든 민간 부문의 행위를 엄격히 통제하고, 국가 내 자원을 강제로 징발해서 사용했습니다. 1930년대 후반부터는 사회주의가 지배하는 방식이 되었습니다. 물론 간섭주의가 전혀 없었던 것은 아니지만, 1930년대 이전보다는 많이 축소되었고, 사회주의가 지배적인 경제체제였습니다. 1930년대 후반부터는 한반도 경제체제도 일본과 크게 다르지 않았습니다. 1937년경부터 일본이 한반도 한인과 산업을 일본의 전쟁에 끌어들였기 때문입니다. 오늘날 대부분 역사가는 1937년경부터 한반도에서 활발해진 공업화를 '군수공업화'라고 개념화하지만, '전쟁 사회주의'가 더 적절한 개념입니다.

1937년부터 경제체제의 중심이 간섭주의에서 전쟁 사회주의로 바뀌었습니다. 1937년 이후에는 조선총독부는 민간 소유의 재산도 잘 보호하지 않았습니다. 강제저축이 대표적인 예입니다. 징병과 징용도 여기에 속합니다. 조선총독부는 군국일본지배기 초기부터 다수의 주요 재화에 대해 가격고정과 배급제 등을 실시했지만, 1937년 이후에는 그 대상이 되는 재화가 훨씬 더 많아졌습니다. 1940년대에 들어와서는 전쟁 인플레이션 때문에 물물교환도 중요해졌습니다. 전쟁 인플레이션으로 재화들의 가격이 크게 상승하면서 간접교환이 사라지고 물물교환이 나타났기 때문입니다. 특히 농촌에서는 노동력과 곡식의 물물교환이 적지 않았습니다. 이러한 물물교환은 화폐라는 교환수단이 불필요해지는 단계로서 전쟁 사회주의가 한반도 경제에 깊숙이 침투했다는 것을 의미할 뿐만 아니라, 생산성이 극도로 저하되었음을 의미합니다. 이제 굶어 죽는 사람이 증가하기 시작합니다. 전쟁 사회주의는 그 정도에 따라 1937~1940년을 1기, 1941~1945년을 2기로 명명합니다. 2기는 1기보다 사회주의의 파괴성, 소모성, 불평등성 등이 악화된 시기였습니다. 이 점은 아래에서 더 자세히 다룹니다.

5. 식민지 한반도 경제:
일본인의 이익을 위한 간섭주의와
전쟁 사회주의

위의 논거를 바탕으로 판단해 보면, 군국일본지배기 한반도 경제체제를 자본주의로 규정하는 안병직, 이영훈, 이헌창, 김낙년 등은 모두 틀렸습니다. 그들은 공업화를 자본주의와 '동일시한' 결과 당시의 경제체제를 자본주의로 규정한 것으로 보입니다. 식민지 후기에 일본 민간이 상당한 자본을 투입했고, 그 자본으로 신기술을 받아들였기 때문에 경제성장은 어느 정도 일어났을 것입니다. 다만 사회주의 사회에서도 공업화는 가능하지만 자본주의 사회에서의 공업화보다 생산성이 낮고 그런 공업화는 장기적으로 존속할 수 없습니다. 물론 그 시대는 조선 왕조 후반보다 간섭주의 또는 사회주의가 덜 심했기 때문에 경제는 어느 정도 성장했고 인구는 장기적으로 증가했습니다. 그럼에도 식민지기에 신분제는 비공식적으로 존속되었을 뿐만 아니라 백정에 대한 차별도 없어지지 않았기 때문에 '자본주의 이전 사회'적 요소가 없었다고 말할 수 없습니다. 그리고 그런 요소는 강력한 간섭주의 또는 사회주의보다 한반도 경제의 생산성을 떨어뜨렸을 것입니다. 식민 지배-피지배 관계도 한인들의 생산성을 떨어뜨리는 중요 요인이었으며, 차별을 피하기 위해 뇌물을 주는 예도 적지 않았습니다. 뇌물은 그만큼 경제의 생산성을 떨어뜨립니다. 그런 사례가 노동시장에서 빈번했으리라 추정해 봅니다.

송규진[49]은 일제강점기에는 수탈이 있었지만 일본에 의해 자본주의 제도가 식민지에 이식되고 발전되었다고 주장합니다. 그러나 자본주의에서 수탈은 불법으로 금지되고 처벌됩니다. 만약 수탈이 제도적으로 존재한다면 그런 경제체제는 자본주의가 될 수 없습니다. 자본주의가 완전하게 성립하기 위해서는 제도적 또는 구조적 수탈이 허용되어서는 안 됩니다. 군국일본지배기에는 제도적 또는 구조적 수탈이 적지 않았기 때문에 그런 경제체제를 자본주의라고 할 수는 없습니다.

일본의 군국주의라는 이데올로기가 자국과 식민지의 경제체제를 어떻게 규정하는가를 살펴봅시다. 제국주의 국가 또는 군국주의 국가는 다른 국가를 침략하여 지배하고자 하기 때문에 필연적으로 그 다른 국가 사람들의 신체, 재산, 자유 등을 파괴하거나 수탈합니다. 바로 그 이유로 군국주의 국가는, 대외관계에 관한 한, 식민지에서 '완전한' 자본주의를 용인할 수 없습니다. 즉 식민 지배 국가는 식민 지배의 필요 때문에 식민지에서 자본주의를 용인할 수 없습니다. 군국주의 국가는, 경제체제라는 관점에서, 사회주의가 기본이고 식민지인의 호응을 유도해야 할 때는 간섭주의를 실시하는 경우가 적지 않습니다. 무엇보다도, 사회주의를 기본으로 하는 것은 군국주의 국가가 식민지를 지배하고 그를 기초로 차별하고 수탈해야 하기 때문입니다.

결론적으로, 식민지기 한반도 경제체제는 1937년 이전까지는 강력한 간섭주의와 사회주의가 혼합된 경제체제였고, 1937년부터는 전쟁 사회주의였으며, 태평양전쟁을 개시한 1941년부터는 전쟁 사회주의가 극한으로 치달았습니다. 여기에 조선 왕조 신분제의 잔재, 식민 지배-피지배 관계의 신분 질서도 한반도 경제주체들의 경제활동에 영향을 미쳤습니다. 여기에 백정에 대한 차별도 상당 기간 존속했음도 추가해야 합니다. 그런 간섭주의와 전쟁 사회주의는 일본과 일본인의 이익을 위하는 것이었을 뿐만 아니라 차별과 수탈을 제도화했기 때문에 한반도 한인들의 물질적 삶을 비참하게 만들었습니다. 특히 전쟁 사회주의 기간에 한반도 한인의 신체, 재산, 자유 등은 무자비하게 파괴되거나 수탈당했습니다. 해외로 이주해도 그런 파괴를 완전히 피할 수는 없었습니다. 군국일본지배기의 한반도 경제체제를 자본주의로 규정하는 것은 전적으로 틀린 주장입니다. 1937년 이후에는 전쟁 사회주의로서, 이 시기를 군수공업화로 개념화하는 것도 틀린 것입니다. 한반도 경제체제에 대한 잘못된 이해야말로 식민지 근대화론이 나오게 된 이유 중의 하나일 것입니다.

2부

선전·선동, 공포에 의한 지배, 감시·감독의 일상화, 구전 통신

1장

선전·선동

* 선전·선동, 공포에 의한 지배, 감시·감독의 일상화, 구전 통신의 생산·유포의 억압과 금지 등은 식민지기 초기부터 군국일본이 한반도 한인을 상대로, 비록 시기마다 강도는 달랐지만 식민 지배기 전체에 걸쳐 실행했던 것으로 한인 행동을 조작하거나 지배하는 방식이었습니다. 즉 이런 것들은 '역사적 사실historical fact'입니다. 그리고 한인들은 구전 통신으로 그런 조작에 대응하고 저항했습니다. 이 또한 역사적 사실입니다. 그러나 이영훈, 정안기 등은 그런 역사적 사실을 무시하거나 제외하고 역사를 이해하고자 했기 때문에 그 시기 역사 이해에 실패할 수밖에 없었습니다. 행동 조작 또는 지배 방식들을 전제하는지 아닌지에 따라 역사 이해는 크게 달라질 수밖에 없습니다. 징용, 징병, 각종 강제 동원 등이 아주 좋은 예입니다. 여기에서는 군국일본지배기 전반에 걸친 선전·선동, 공포에 의한 지배, 감시·감독, 구전 통신 등을 다룹니다. -저자 주

1. 중일전쟁 이전의 선전·선동

(1) 군국일본지배 초기의 선전·선동

선전·선동은 여론 조작이 목적입니다. 선전·선동의 내용은 사실인 것도 있고 거짓인 것도 있습니다. 여론 조작이 목적이기 때문에 선전·선동가는 선전·선동 내용의 진위를 염려하지 않습니다. 선전·선동을 하는 사람, 조직, 단체 등은 그런 선전·선동을 당하는 사람, 조직, 단체 등을 수탈하게 됩니다. 선전·선동은 때로는 한 지역 또는 한 국가를 대상으로 합니다. 군국일본은 한반도 한인 전체의 여론 조작에 성공하기 위해서 선전·선동을 반복하였고 공포 또는 협박을 동시에 시행했던 것이 통례였습니다. 여기에 총독부는 감시·감독도 일상화했습니다. 즉 공포 또는 협박 그리고 감시·감독 등은 선전·선동의 보조 수단이라는 것입니다. 그러나 선전·선동을 당하는 사람, 조직, 단체, 지역, 국가 등이 언제나 동일한 대응이나 반응을 하는 것은 아니지만 선전·선동가가 행동 조작을 어느 정도 예측 가능합니다.

군국일본이 행했던 일반적 범주의 선전·선동, 그중에서도 군국일본지배 초기의 선전·선동을 먼저 검토해 봅시다. 일본은 '을사5조약'(1905년), '정미7조약'(1907년) 등이 체결되었다고 허위 선전·선동을 했습니다. 또 일본은 1907년에 48건의 칙령을 반포했는데 순종의 수결을 위조하여 48건의 칙령이 합법적인 절차를 지킨 것으로 허위 선전·선동했습니다.[1] 이 세 가지는 일본이 세계인을 포함해 한반도 한인에게 실행하고 해방 이후 한국인들에게까지 영향을 미친 최대의 허위 선전·선동이었습니다. 군국일본은 또한 일본의 한반도 지

배가 동양 평화를 위한 것이고 한인도 이를 바란다고 국제 언론을 상대로 선전·선동했습니다.[2]

조선총독부는 칙령 제392호(1910년 9월 30일) '조선총독부 및 소속관서직원의 숙사료宿舍料에 관한 건'에서 관사官舍를 제공하지 않은 일본인에게는 고등관·판임관은 물론 형무소의 간수, 공립학교 교직원에 대해서도 최고 50원에서 최하 4원까지의 숙사료를 지급할 것을 규정했습니다. 그리고 그 칙령은 조선인 직원에게는 이 규정을 적용하지 않을 것도 규정했습니다. 이외에도 총독부는 비번근무수당, 숙직수당, 시간외근무수당 등은 물론 출장 여비에 이르기까지 조선인 관공리에게는 일본인 관공리에게 지급하는 액수의 50~60%만을 지급할 것을 규정했습니다.[3] 총독부가 이런 차별을 공공연하게 자행하면서도 '내선일체'를 소리 높여 외친 것은 내선일체라는 슬로건이 선전·선동에 불과했다는 것을 잘 보여 줍니다. 미야타[4]도 한반도 지식인들이 내선일체를 '차별로부터의 탈출'을 목적으로 두었지만, 일본인 지배자들은 전혀 그런 평등을 원하지 않았음을 보여 줌으로써 내선일체라는 사상이 선전·선동의 도구였음을 입증하고 있습니다.

(2) 사이토 총독 시기의 선전·선동

3·1운동 이후 사이토 마코토齊藤實 총독은 경비 체제를 강화하는 동시에 교묘한 탄압정책과 매수정책을 자행했습니다. 매수정책이란 총독부가 친일 여론 조성을 위한 친일 단체의 설립을 지원하고 보호하는 정책을 말합니다. 그런 단체로는 교풍회矯風會(1919년 7월, 창설일, 이하 동일), 국민협회(1919년 8월), 대동동지회, 대정친목회(1916년 11월),

유민회(1919년 11월), 대동사문회(1919년 11월), 유도진흥회(1920년 1월), 상무사(1922년 12월), 노동상애회(1924년 4월), 조선 소작인 상조회(1920년 8월), 동광회 조선총지부(1922년 2월), 조선구락부(1921년 11월), 동민회(1924년 4월), 갑자구락부(1924년 8월), 조선산업인대회(1921년 6월), 수양동맹회(1922년 1월), 민우회(1922년) 등이 있습니다. 그리고 자작회, 조선물산장려회, 토산물애용부인회, 민립대학설립기성회 등이 1922년 말부터 1923년 초에 실력 양성을 표방한 타협적 문화운동을 전개하기 시작했습니다. 마코토 총독 이전의 친일 단체는 대정친목회(1916년 11월 설립)가 유일했기 때문에 총독이 얼마나 많은 친일 단체를 양성했는가를 알 수 있습니다.

사이토 총독은 '문화에 의한 지배'('문화정치'라고 총독부는 선전)를 표방했지만, 그것의 본질은 민족 동화교육을 통해 반일 의식을 친일 사상으로 바꾸고, 언론을 탄압하여 정치선전을 강화하는 것이었습니다. 총독부는 앞에서 나열한 친일 단체를 그런 정치선전에 이용했습니다. 또 총독부는 영자지를 발간하고 외국인 선교사를 회유하여 친일주의자로 만들려고 했습니다. 총독부는 대외 정치선전을 위하여 한반도에 체류하는 외국인 선교사에 대한 회유와 억압의 양면전술을 전개하는 한편, 구미 열강에 대한 선전공작도 강화했습니다.

사이토 총독은 3·1운동 이후에 두 가지 선전·선동 방법을 채택했습니다. 첫째, 외국인들에게 군국일본의 식민 지배를 평가하도록 했는데, 그들에게 일본이 근대화를 추진했다든지 사회 기반 시설을 정비하는 투자를 했다는 점에서만은 긍정적으로 평가하도록 사전에 여러 선전·선동을 했습니다. 둘째, 해외에 이주한 조선인들을 조선(조국) 여행에 초대하여 철도, 도로가 정비되고 화려한 경성을 보여주었습니다. 그들은 매우 감격했고, 일부는 그동안 일본을 오해했다

는 참회까지 했습니다. 군국일본은 그들을 선전·선동에 이용했습니다.[5]

사이토 총독의 선전·선동은 중일전쟁부터 시작된 조선총독부의 선전·선동의 아주 좋은 전례일 것입니다. 다만 두 시점의 선전·선동의 내용이 달랐을 뿐만 아니라 선전·선동의 대상도 차이가 있었습니다. 그런 선전·선동에 따라 한인 민족주의자들은 분열했고, 여러 단체가 친일 어용화되었습니다. 3·1운동 이후에는 경제성장 또는 경제정책에 대한 선전·선동이 많았습니다. 이 점은 5부 2장에서 자세히 다룹니다.

2. 중일전쟁 이후의 선전·선동

군국일본은 중일전쟁을 시작으로 전쟁에 모든 자원을 동원해야 했습니다. 1차 세계대전이 끝나고 얼마 지나지 않아 일본은 전쟁 개념을 '총력전 체제'로 전환하여 전쟁을 위하여 모든 자원을 동원할 수 있도록 준비해 두었습니다. 그래서 일본 정부는 대중의 전쟁을 대하는 태도를 형성할 필요가 있다고 판단했습니다. 이때 전쟁을 대하는 태도란 사회 전체가 전쟁을 위한 병력과 자원 동원 등에 적극적으로 가담하는 것을 말합니다. 한반도에서는 처음부터 전쟁을 혐오하는 염전厭戰 의식이 높았기 때문에 조선총독부는 그런 장애물을 극복해야 하는 과제를 안고 있었습니다.

조선총독부는 하부기구를 만들어 선전·선동을 통해 여론을 조작했습니다. 사실 군국일본이 한반도를 점령하고 지배해 나가는 과정은 선전·선동의 연속이었다고 해도 과언이 아닙니다. 그러나 그런 선전·선동은 중일전쟁에서부터 집중되었습니다. 일본 국내에서 중일전쟁이 '사상전思想戰'으로 불렸던 것은 바로 그런 점을 반영한 것이라고 미야타는 지적합니다.[6] 여기에 더해 총독부는 자신의 선전·선동을 보완하기 위하여 공포에 의한 지배도 실행했습니다. 물론 공포에 의한 지배도 중일전쟁부터 더 강력하게 시행되었습니다.

중일전쟁 이후 선전·선동의 구체적인 예를 봅니다. 당시 높은 유아사망률은 전대미문의 일이었습니다. 샤브쉬나[7]가 일본인 의사 미야모토에게 어린이 사망률이 어느 정도인가를 묻자 그는 다음과 같이 대답했습니다. "살아남는 아이가 어느 정도인지 세는 것이 훨씬 더 쉬울 것입니다. 첫 돌 전에 열 명 중 여덟 명이 사망하지요. 그 주요 원인은 기아饑餓입니다." 샤브쉬나가 미야모토와 유아사망률에 관해 이야기를 나눈 시점은 1943년 전후로 추정됩니다.

상황이 이런데도 신문은 다음과 같은 내용을 홍보했습니다. "아이들에게 너무 많이 먹이지 마시오. 그들의 치아와 위를 튼튼하게 하려면 그들에게 설탕을 적게 주시오. 그리고 건강을 위해 대체로 하루에 한 번 이상 음식을 섭취하지 마시오."[8] 기아로 인한 어린이 사망률이 높았음에도 당시 언론에서는 기만적인 선전·선동이 이루어지고 있었습니다. 1940년대 한반도 식량 문제를 어렵게 했던 중요한 세 가지 이유는 전쟁으로 인한 공출, 한반도 경제의 저성장, 농업의 전쟁 사회주의화였습니다. 1920년대 산미증식계획도 역설적으로 한반도 식량 문제를 어렵게 했습니다. 여기에 더해 1939년, 1940년, 1943년, 1944년에는 자연재해도 발생하여 한반도 식량 문제를 더 어렵게 했습니다. 그럼에도 앞에서 볼 수 있듯이 총독부 어용 언론은 기만적인 선전·선동을 하고 있었습니다. 앞의 인용문은 선전·선동의 극치를 보여 준다고 하겠습니다.

> "〔1940년〕 5월에 쌀 대신 감자 급식이 도입된다는 사실이 알려졌다(다른 식료품들도 얼마 안 있어 감자로 대체되었다). 어이없게도 신문에는 감자가 건강에 좋기 때문에 이 감자급식제는 국민들에게 이롭다는 기사가 실리기 시작했다. (…) 『경성일보京城日報』는 이런 식으로 사람들을 마치 우롱하는 것 같았다. 다른 인쇄물들도 그 신문에 맞장구를 쳤다."[9]

미야타[10]는 "매스컴은 군부나 정부에 조금도 뒤지지 않을 만큼 강경한 태도로서 국민의 전쟁열을 선동하여 전쟁에 적극 협력하였다는 점은 주지의 사실이다"〔인용문의 내용은 중일전쟁 이후의 일본과 관련한 것이다〕라고 지적합니다. 그런 이유와 다른 이유가 합쳐져서, 중일전쟁이 발발하자 일본은 일본에서보다 한반도에서의 선전·선동 활동을 훨씬 중요하게 여겼습니다. 그 이유는 두 가지입니다. 첫째, 일본의 한반도 지배는 이민족 지배이고 한인은 민족의식이 강했습니다. 둘째, 한반도는 중국과 소련에 근접해 있기 때문에 중국공산당과 소련이 한반도를 사상공격의 목표로 삼기 쉽다고 일본은 판단했습니다.

조선총독부는 중일전쟁 발발 15일 만인 1937년 7월 22일 '조선중앙정보위원회'를 설치하여 한반도 내 선전·선동을 담당하도록 했습니다. 조선중앙정보위원회는 조선총독부와 일본 군부가 중심이 되어 한반도 한인들의 인식을 통제하고 전쟁 협력 체제를 확립하기 위하여 조직된 기구였습니다. '각 도 정보위원회'도 조직되어 중앙의 사업을 구체화했습니다. 특히 각 도 정보위원회가 '군용기 헌납'을 위한 헌금에 충성 경쟁을 한 것은 대표적인 예입니다. 매스컴도 총독부의 보도 방침에 한인의 전쟁열을 선동하는 방법으로 군국일본의 전쟁에 적극적으로 협력했습니다. 한마디로, 조선중앙정보위원회는 한반도 내에서 소위 사상전을 시행하기 위한 조직이었습니다.

조선중앙정보위원회는 선전·선동과 관련한 몇 가지 사업을 실행했습니다. 첫째, 인쇄물, 영화, 뉴스 사진, 라디오 강연, 그림연극, 좌담회 등에 의한 선전·선동이었습니다. 예를 들어, 조선중앙정보위원회 문서과는 '지나사변과 조선인의 각오'라는 한글 인쇄물을 50만 부나 제작하여 한반도에서 약 10가구당 1권을 배부했습니다. '조선인 필독의 준비'라는 인쇄물도 제작하여 돌려 읽기를 권하며 배포했습니다. 조선인 도지사, 중추원참의, 종교인, 지식인 등 당시 한반도 유력자를 강사로 강연하도록 했습니다. 조선관보 부록을 통해서도 전쟁을 선전·선동하는 내용을 배포했습니다. 둘째, 매월 1일과 15일을 '애국일'로 지정하고 애국 관련 각종 행사를 했는데 여기에는 관공서, 회사, 은행, 공장, 각종 단체, 정동회町洞會 부락 등이 참가했습니다. 이 부분은 추후 '국민정신총동원운동'으로 인계되었는데, 이 점에 대해서는 아래에서 더 다룹니다. 셋째, '황국신민의 서사'를 제정하고 이것을 인쇄물로 만들어 소년용 100만 부, 성인용 20만 부를 배포했습니다. 넷째, 국방헌금 납부, 전승 축하 행사, 일본, 독일, 이탈리아 3국 방공협정 축하 행사, 황거요배 등을 실시토록 했습니다. 앞에서 열거한 내용은 일본 정부가 한반도 한인에게 일본인과 똑같은 행동을 요구하는 것이었다고 미야타[11]는 평가했습니다.

조선총독부는 일본 정부가 국내에서 시행하던 '국민정신총동원운동'(약칭 총동원운동)을 모방하여 1938년 7월 7일 국민정신총동원 조선연맹을 결성하고 총동원운동을 개시했습니다. 총동원운동의 목표로 여러 가지가 제시되었는데, 그 핵심은 '내선일체'를 기초로 한반도 한인의 '황국신민화=일본인화'였습니다. 한인들은 황국신민이기 때문에 일본인과 똑같이 징병, 징용 등에 자발적으로 참여해야 한다는 것입니다. 조선총독부는 '국민총력운동'도 실행했지만, 핵심적인 내용은 총동원운동과 유사하기 때문에 여기에서는 생략합니다.

선전·선동은 총독부 차원에서 언론, 인쇄물 등을 이용하여 조직적으로 행해지기도 했지만 개인 차원에서 행해지기도 했습니다. 다음의 사례를 봅시다.

> "(중학) 재학 중에 협화회지부의 회장, 町長(동장), 학교장, 경찰, 特高, 町회의원, 부락회장, 전직우두머리인 남씨라든지, 지위가 높은 사람이 가정에 출입하여 모두 지원을 권하는 사정이었다. 중학을 나와 지원하기까지 1년간은 집에서 가사〔농업〕를 거들고 있었지만, 그러한 분위기가 점점 강화되면서 결국 그것에 억압을 가하든지 설득하는 형태를 취한다."[12]
>
> "또한 조선에 있어서도 '이번의 지원병제도에서 처음 병역에 복무하는 영광을 받게 되니 이렇게 기쁜 일은 없다'고 굉장한 선전을 하였다. 그러므로 지원병이 자격이 있으면서 '지원'하지 않는 것은 인식이 부족한 비국민이거나 '불량한 한 패'라는 선동의 영향에 의한 것이라 단정하였다."[13]
>
> "어쨌든 응모만이라도 하자고 한 것이 채용되었다. 그 순간부터 김씨는 '황국신민화운동'의 영웅이 되었다."[14]

위 사례에서 첫 번째와 세 번째는 개인 차원에서의 선전·선동이 이루어지는 방법을 보여 줍니다. 첫 번째 사례는 다수가 한 사람을 집중적으로 설득한 경우이고, 세 번째 사례는 응모만이라도 하게 하고 응모 후에는 지원하여 당선된 것을 선언하면서 도망을 가지 못하도록 황국신민화의 영웅으로 선전·선동하는 것입니다.

1937년 이후 조선총독부 등이 실행한 군인동원에 대한 선전·선동의 구체적인 내용을 보기로 합니다. 1938년 시행된 육군특별지원병제에 대해서 조선총독부는 "지나사변 발발 이래 반도 동포들이 보여 준 애국적 지성은 사람과 하늘을 감동시켜"[15] 지원병제를 창설했다고 선전·선동했습니다.

징병제 시행에 대하여, 조선총독부는 "현재의 작전구역에서는 물론 장래 다시 전선이 여하히 확대되더라도 반도 동포의 힘을 빌릴 필요는 전혀 없으며, 내지 출신 군인만으로도 완전히 해낼 수 있다"[16]라고 먼저 강조하였습니다. 이런 강조가 나오게 된 배경은 한인의 차별대우에 대한 의심의 눈초리가 작지 않았기 때문입니다. 총독부는 앞에서 강조한 내용에도 불구하고 조선에 징병제를 시행하는 것은 '대동아 공영권 건설의 성전'에 참가하는 '영광'을 조선인에게 나누어 주기 위해서라고 선전·선동했습니다.

조선총독부는 지원병 최초의 전사자인 이인석 상등병에게 금계金鵄 훈장을 추서하고 그를 황민화 정책의 상징으로 내세웠습니다. 1939년 7월 11일 자 『경성일보』는 이인석의 출생지인 충청북도 옥천의 군수가 유가족을 조문하는 모습을 사진으로 실었습니다. 신문은 이인석의 무훈을 대대적으로 찬양하였습니다. 이것은 지원병에 대한 조선총독부의 선전·선동의 일종이었습니다. 이때 "고 이인석 상등병에게 금계 훈장을 수여했던 이유는 지원병 모집을 손쉽게 하기 위해서이다"[17]라는 구전 통신이 조선총독부 선전·선동의 진실을 다른 한인에게 알렸습니다.

선전·선동은 대부분 '사전事前'적인 것입니다. 그러나 '사후事後' 선전·선동도 적지 않았습니다. 아래의 인용문은 해방 이후에 총독부 담당자들이 창씨개명 제도를 어떻게 생각했는지 보여 주는 내용으로 사후 선전·선동으로 간주할 수 있습니다. 이것은 일본이 패전 이후 남긴 자료에는 사후 선전·선동도 포함되어 있기 때문에 조심해야 한다는 것을 의미합니다.

> "창씨제도의 시행은 (조선)반도통치상 한 시대를 구획하는 중대한 제도이며 (평소에 일본식 氏名을 따르려고 하는 일부) 조선인의 강한 바람要望에 부응함과 아울러 내선일체의 구현화에도 보탬이 되고자 한 것이다. 그러나 어디까지나 (조선민중의) 자발적인 것이었어야 할 창씨가 지방관청에 의하여 자기들 성적의 척도로 생각되고 또 형식적 황민화 운동에도 이용되어 강제적인 것이 되었으며 결국은 창씨호수 7할 이상이라는 성적에도 불구하고 많은 반감을 사는 결과가 되었다."[18]

조선총독부는 창씨를 안 해도 아무런 불이익이 없다고 누차 선전했습니다. 그러나 그런 약속에도 불구하고 창씨를 하지 않은 이에게는 엄청난 차별이 있었습니다. 창씨를 하지 않은 사람은 기차표를 살 수 없었고, 소화물이나 소포우편도 보낼 수 없었습니다. 각급 학교 입학시험에는 원서를 접수하는 일마저도 불가능했습니다. 이런 엄청난 불이익과 차별이 현실화하자 관청에 창씨개명을 했다는 보고가 줄줄이 이어졌습니다. 총독부 당국도 마감일(1940년 8월 10일)을 지나 1940년 연말까지 보고를 받아 주었습니다. 이렇게 창씨개명이 진행되고 완결되었습니다. 창씨개명은 한반도 한인들에게 여러 불이익을 주는 방법으로 강제되었습니다.[19]

3. 선전·선동의 수단들

선전·선동에서는 그 수단도 매우 중요합니다. 조선총독부는 활용할 수 있는 모든 수단을 이용했습니다. 무단 지배의 시대였던 1910년대는 총칼이 식민 지배의 주요한 수단이었습니다. 그러나 '문화정치'로 대변되는 1920년대는 '민족 동화'라는 정책이 전면에 내세워졌고 총독부는 그에 맞는 교육제도를 수립했습니다. 이 시기 조선총독부가 정치선전을 주도하였는데 『경성일보』, 『매일신보』, 『Seoul Press』(영자신문), 『조선신문』(1908년), 『경성신문』(1910년), 『서선일보』, 『북선일보』(일신문), 『군산일보』, 『조선상공신문』 등을 그 수단으로 이용하였습니다. 한마디로, 이들 매체는 총독부 친일 어용입니다. 이외에도 6개의 통신사를 이용하거나 순회 영사회 등을 개최하여 민심 수습, 민족 동화, 황국신민화, 내선일체, 식민지 지배 체제 합리화 등의 선전·선동을 실행했습니다.[20]

영화의 당시 용어인 활동사진活動寫眞이 한반도에 처음 등장한 것은 1900년대로 보입니다. 활동사진은 처음 얼마 동안은 오락 기능이 주였습니다. 그러나 1920년대 초반에는 오락 기능뿐만 아니라 이데올로기 전파 수단으로 이용되기 시작했습니다. "조선총독부까지도 조선통치 잘한다고 활동사진으로 자랑을 하며 도라다니게까지 세상은 활동사진이 되고 말았다. '놀이'라고 우습게만 여기든 오락이 대중의 생각을 지배하는 데에 아모 것보다 더 큰 힘을 가진 것을 알게 된 까닭이다."[21] 1920년에는 호열자 예방 선전영화, 1921년에는 저축 장려 영화인 '월하의 맹세' 등이 만들어졌습니다.[22]

라디오도 선전·선동 수단이었습니다. 미야타에 따르면 라디오 보급 상황은 1937년 117,838대(조선인 보유 40,257대)에서 매년 증가하여 1944년 311,653대(조선인 보유 168,840대)였고 경성, 부산, 평양, 청진, 함흥, 이리 등 6개소에 방송국이 설치되어 있었습니다. 한편 라디오 가입자에 대해서 박이택[23]은 1937년 3월 말 현재 73,247명(조선인 23,867명), 1941년 3월 말 현재 221,894명(조선인 115,098명)으로 집계하고 있습니다. 즉 미야타의 자료와 박이택의 자료에 다소 차이가 있습니다. 이것을 세대별로 보면 1944년 현재 일본인 100세대당 71.8호, 한인은 100세대당 3.7호입니다. 이것은 한인에게 미디어로서 라디오는 매우 제한적이었다는 것을 의미합니다. 당시 농촌 지역에 라디오 소유자는 거의 없었다는 것을 재일조선인 고고학자 이진희의 증언을 인용하여 미야타[24]는 지적하고 있습니다. 이 당시 면 지역에 전기가 들어오는 곳은 주재소와 면 입구의 정미소뿐이었다고 그는 또한 지적했습니다. 요약하면, 보유 대수가 매우 적어서 라디오를 통한 선전·선동은 한인에게는 그 영향력이 컸다고 볼 수는 없습니다.

다른 수단은 신문입니다. 『경성일보』 등, 다수의 신문이 발행되었지만 1940년 8월 민족지인 『동아일보』, 『조선일보』 등이 강제 폐간되면서 그 시점에 한글 신문은 『매일신보』만 남았습니다. 1944년 9월 말 현재 『매일신보』 발행 부수는 388,337부였고, 이를 한인 인구수로 나누면 66.5명당 1부를 구독했다는 것을 알 수 있습니다. 관공서, 학교, 은행 등에서도 신문을 구독했기 때문에 인구당 평균 구독자 수는 앞의 수치보다 클 것입니다. 조선총독부는 한글 잡지인 『문장』, 『인문평론』 등과 21종의 각종 한글 사용 잡지들을 강제 폐간했습니다. 그 시기 한인의 일본어 해독률이 낮았기 때문에 일본어 신문을 구독하는 한인은 많지 않았을 것입니다. 일부 친일 지식인을 제외하면 말입니다. 농촌에서의 한글 신문 구독자는 지주, 읍면의 직원, 금융조합의 이사, 학교 교원 등 그 당시 식자층이라고 할 수 있을 것입니다. 한마디로 총독부로서는 신문도 선전·선동이라는 관점에서 매우 훌륭한 수단으로 보기는 어려웠을 것입니다. 다만 라디오와 신문은 도시 거주자인 상공인 또는 식자층에 속한 한인과 일본인에게는 효과적인 수단이었을 것으로 추정합니다.

식민지 한인에게 라디오, 신문 등의 수단이 매우 제한된 상태에서 조선총독부는 다른 선전 매체를 최대한 이용했습니다. 그것들은 강연회, 좌담회, 영화회, 포스터, 삐라, 팜플렛, 그림연극, 뉴스 사진, 전람회, 전시회 등입니다. 그중에서도 군국일본이 가장 많이 이용했던 방법은 '시국좌담회時局座談會'였습니다. 조선총독부는 중일전쟁을 선전하기 위하여 1937년 7월 20일부터 9월 17일까지 '전국 순회 강연회'를 개최했습니다. 이때 강사 57명이 동원되었고 350개소에서 17만여 명의 청중이 참석했습니다.[25]

이에 더해 총독부는 '시국간담회'라는 명목의 일본 식민 정책과 침략전쟁을 지지하고 후원하는 모임을 1937년 9월부터 1940년 1월 사이에 30만 8,751회 개최하고 1,606만 402명이 참석하도록 종용했습니다.[26] 미야타[27]는 조선총독부 경무국 보안과 『고등외사월보』(1940. 8)를 인용하여 1937년 9월부터 2년간 시국좌담회 개최 횟수는 19만 7,400회에 참가인원은 1,075만 9,563명이었다고 지적했습니다. 이때 총독부는 '제일선에 있는 경찰관'을 동원했습니다. 총독부가 시국간담회, 전국 순회 강연, 시국좌담회 등을 주요 선전·선동 수단으로 선택했던 것은 라디오와 신문의 효과가 미미한 상태에서 이를 가장 효과적인 방법으로 간주했기 때문일 것입니다.

황민화 교육도 식민 지배의 방법이자 장기적이고 정교한 선전·선동의 수단이었습니다. 조선총독부는 1937년 이전에도 황민화 교육을 실시했습니다. 그러나 중일전쟁을 맞아 조선총독부는 학교 교육에서 한글 교육을 없애고 일본어 교육을 한층 늘리는 방향으로 교육령을 개정함으로써 황민화 교육을 강화했습니다. 이때의 황민화 교육은 학생을 전쟁에 동원하기 위한 선전·선동 수단이었습니다.

4. 선전·선동가가 될 것을 강요당한 한인 지식인들

●●

식민지 한인 중에서 소위 지도층 인사들은 크게 두 부류로 나눌 수 있다고 샤브쉬나[28]는 지적합니다. "군수공업 건설에 참여했던 한인 일본 협력 세력은 모든 부문에서 동일한 의미를 지니지는 않았지만 특별한 위치를 차지했다. 그들 중 많은 수가 일본의 승리를 갈망했고 다른 몇몇은 일본에 협력하면서 민족적 이해관계를 외면하지 않았다." 식민지 한인 지식인 집단은 어땠을까요? 총독부는 군수공업 건설에 직접 참여하지 않는 지식인 계층을 선전·선동에 끌어들이기 위해 노력했습니다. "조선 사회의 지지 없이 일본의 자체 역량만으로 전쟁물자를 위한 식민지 조선의 전체적인 자원 동원과 대다수 주민의 불만을 억누르는 것은 불가능했다. 그래서 일제에 협력하는 조선인 단체를 확장하고 그 단체를 최대한으로 이용하려는 일본 당국의 노력이 한층 강화되었다. 그들은 이 단체에 군수공업 건설에 직접 참여하지 않는 지식인 계층을 끌어들이기 위해 노력했다. 내선일체 사상과 범아시아사상, 선언과 약속, 조선인들의 민족감정과 전통을 대하는 데 눈에 띄게 드러나는 일본 당국의 신중함이 모든 것들이 별로 확신이 없는 지식인 집단을 민족주의 진영에서 친일 진영으로 변화시키는 데 영향을 미쳤다. 사상개조 작업을 하는 데 있어서 민족주의 진영의 대표자들과 계몽되고 교육받은 사람들의 이름은 대중들에게 매우 큰 영향력을 행사했다."[29]

선전·선동은 그 대상자들을 마치 자발적인 것처럼 움직이게 합니다. 예를 들어, 이광수, 최남선 등과 같은 영향력 있는 지식인이 학도 지원의 필요성과 중요성을 선전·선동하면 이를 들은 그 당시 학도들은 마치 자신이 그 일의 필요성과 중요성을 깨닫고 자발적으로 학도지원을 한다고 생각한다는 것입니다. 물론 그렇지 않은 학도도 없다고 할 수는 없습니다. 학도 지원병을 설득할 때는 친일 지식인이면서 민족주의자라는 명성을 가졌던 이광수와 같은 인물이 안성맞춤이었을 것입니다. 특별지원의 경우에 일선 경찰이 선전·선동을 했지만, 학도 지원병의 경우에 일본인 관료와 이광수 등이 한인 학생이 있는 대학에 가서 강연하는 방식을 취했습니다.

독립협회의 중심인물 중의 한 사람이었던 윤치호는 "지원병제도를 실시하여도 좋다고 하여 조선인들을 믿어주신데 대하여 크나큰 감격과 감사를 느끼고 있습니다"라고 총독부에 대하여 감사를 표하면서, 다만 "만족할 만한 성적을 올릴 수 있을까? 만약 성적이 생각만큼 되지 않고 기대에 어긋나 천황폐하와 그리고 당국 여러분들에게 미안하게 되는 일이 있지나 않을까?"[30]라는 점이 염려된다며 조선 청년들에게 적극적 지원을 당부했습니다. 이것은 윤치호가 일본의 선전·선동이 옳고 유익한 것이라는 것을 보증하는 말이면서 선전·선동이 다수의 견해라는 점을 지적한 것입니다. 즉 그의 말은 소수자를 침묵하게 만들어서 여론조작에 성공하도록 일본을 도운 것입니다.

조선총독부는 각종 친일 단체를 만들어 일본인들과 친일주의자인 한인 인사들이 선전·선동에 나서도록 강요했습니다. 그리고 총독부가 그들을 선전·선동에 끌어들임으로써 그들은 민족적 명사로서의 명성을 잃고 민중에게 외면당했습니다. 대표적인 친일 단체로는 녹기연맹(이사장 津田榮), 조선문예회(회장 高木市之助), 애국금차회(회장 김복애, 윤덕영의 처), 조선임전보국단(단장 최린), 국민총력연맹(총재 南次郎), 대의당(당수 박춘금) 등입니다.[31]

조선총독부는 1945년 4월부터 소개疏開정책을 시행했는데 이때도 선전·선동을 실행했습니다. 소개정책이란 공습에 대비하여 주민들을 분산시키는 정책을 말합니다. 총독부로서는 소개정책을 강력하게 시행하면 한인들의 반전, 반일 의식이 커질 수 있다고 판단했습니다. 이에 아베 총독은 민심 이반을 염려하여 대책을 마련할 것을 지시했습니다. 내용은 다음과 같습니다. 첫째, 소개는 도피가 아니고 필승의 적전 공세라는 것입니다. 둘째, 소개가 내지(일본)에서는 강제 사항이지만 식민지에서는 자발에 맡긴다는 것입니다. 이와 함께 민심 이반을 염려하여 총독부는 각종 선심성 행정편의와 소개에 따른 철저한 보상을 약속한다고 선전했습니다.[32] 식민지에서 소개가 실제로는 강제 사항임에도 불구하고 자발적인 사항이라는 주장에서 학도지원과 매우 유사합니다.

다음 사건은 군국일본의 선전·선동의 극치를 보여 줍니다. 군국일본은 1939년에 안중근의 아들 안준생安俊生이 이토 히로부미의 아들 이토 분키치伊藤文吉에게 사죄하고 이토를 기리는 박문사에 가서 화해하는 이벤트를 기획하고 이를 대대적으로 선전했습니다. 그리고 이때 이 이벤트를 기사화하지 않는 『동아일보』는, 다른 이유가 추가되면서, 다음 해에 강제 폐간되었습니다. 그 이벤트는 군국일본이 안중근이라는 항일의 상징성을 없애기 위하여 선전·선동했던 사건으로서 선전·선동의 극치라고 하겠습니다.[33]

2장

공포에 의한 지배와 감시·감독의 일상화 그리고 구전口傳 통신

1. 공포에 의한 지배

조선총독부는 먼저 한민족 지도자급 인사들을 감시·감독하기 시작했습니다. 조선총독부는 1936년 12월 총독 제령 제16호 '조선사상범 보호관찰령'을 제정하고 총독부령 제128호로 동 '시행규칙'을 공포했습니다. 지배자인 일본인이 보기에는 사상범이지만 한인이 보기에는 한민족 지도자급 인사들입니다. 1937년 2월에는 고시 제34호로 각 형무소 소재지마다 '보호관찰단체'를 조직하도록 하고, 한민족 간부들을 강제 가입시켜 그들의 행동을 의무적으로 정기 보고하게 했습니다. 그에 따라 1941년 현재 27개 단체 9,825명을 피감시자로 지정했습니다.[34] 이들은 언제든지 예비검속 또는 살해의 위험에 놓여 있었습니다.

1941년 3월에는 '조선사상범 예비검속령'이 제정·실시되어 민족 지도자급 인사들은 범법행위를 하지 않았는데도 수시로 헌병대나 경찰서에 임의 구속되어 심문·고문당하는 고통을 겪었습니다. 한인 사상범 검거현황을 보면 1930~1938년 기간에 2,192건

25,186명, 1939~1944년 상반기 1,067건 5,577명입니다. 1939~1944년 상반기는 보안법 위반, 민족적 불온 언동, 낙서 등에 의한 검거도 포함되었습니다.[35] 문정창[36]은 그 외에도 일본이 민족 지도자급 인사를 포함한 한인들을 살해할 계획이 있었다고 지적했지만 그런 행위를 실증하는 자료를 찾는 일은 쉽지 않습니다.

1941년 12월 26일에는 전시 기간에 '사회안정유지법'이 공포되고 즉각 '사회안정유지 지침'이 채택되었습니다. 지침의 기본적인 내용은 총독부가 연설·출판·집회·결사의 자유를 제한한다는 것입니다. 단체나 기구를 조직하기 위해서는 총독부의 허가를 받도록 했습니다. 집회·축연·강연·체육활동 기구를 조직하기 위해서도 경찰 당국의 허가를 받도록 했습니다. 법 공포 이전에 만들어진 모든 단체도 당국의 허가를 받도록 했습니다. 그리고 사회안정유지법을 위반한 사람은 엄벌에 처해졌습니다. 사회안정유지법은 공포에 의한 지배를 실행하는 수단이었습니다.

사회안정유지 지침이 의미하는 바는 1942년부터 언론이나 강연에서 전쟁이나 징용을 비판하거나 반대하는 내용은 점차 사라지고 찬성하거나 독려하는 내용만 남았으리라는 것입니다. 애국단이라는 감시·감독 기구가 한반도 전역에 조직되어 있었기 때문에 일본이 수행하고 있는 전쟁이나 징용을 비판하거나 반대하는 내용은 아주 작은 모임이나 친밀한 이들 사이에서도 소통되기 어려웠을 것입니다. 잘못하면 사회안정유지법 위반으로 처벌받기 때문입니다. 즉 언론 또는 강연의 내용은 친일적인 것은 너무 많았고 반일적인 것은 너무 적었거나 감추어졌습니다. 이것이 당시 언론 또는 강연에 관한 진실입니다. 그러나 뒤에서 보겠지만 한인 대중은 구전 통신을 통해 조선총독부의 선전·선동에 대해 진실 또는 소망을 유포하기도 했습니다.

문제는 그 무렵 한반도에서는 전쟁, 징용 등에 반대하는 사람이 실제로는 적지 않았다는 것입니다. 평소에 징용에 반대했지만 처벌이 무서워 징용에 응했다가 일본에서 탈출하여 한반도로 돌아오는 경우도 적지 않았습니다. 학도지원병들도 전장에서 탈출하여 집으로 돌아왔습니다. 정안기[37]는 학도지원병 총 3,050명 중 탈영자가 197명(전체의 약 6.5%)이었다고 지적합니다.

1943~1945년 기간에 전쟁에 관한 정보에 대해서 조선총독부는 매우 민감하게 반응했습니다. 그 점을 샤브쉬나[38]는 다음과 같이 지적합니다. "지도층 인사들의 발언과 '애국단', 신문, 라디오 등을 통해 전선에서 일어나고 있는 사건에 대한 소문들을 믿지 말라는 당부가 더욱 집요하게 울려 퍼졌다. 당국과 그들의 조선인 공범자들〔친일파 지식인들, 군수공업화에 참여했던 조선인 대자본가들 등을 지칭〕은 조선인들이 얼마나 관심을 집중하여 전선의 상황을 주시하는지, 그런 소식들이 조선인들 사이에서 팽배해 가는 반식민지 분위기와 패배주의적인 반전 기운에 어떻게 영향을 미치는지 고려하지 않을 수 없었다."

조선총독부의 선전·선동에 한반도 한인, 특히 대중들이 반응했던 방법은 다음과 같습니다. "적잖은 조선인들이 일본의 승리가 자유는 아니더라도 생활의 완화를 가져다줄 것이라고 믿는 등 일본의 배타적 애국주의의 선전·선동과 군국주의의 열광적인 포로가 되었다."[39] 식민지 한인들의 의식에 영향력을 행사했던 가장 중요한 것은 '내선일체 사상'이었습니다. 그 사상은 말 그대로 다음과 같았습니다. "사람들의 의식을 몽롱하게 하고 헷갈리게 했다. 그 좌우명은 상처 입은 민족적 자존심을 어루만지는 향기로운 치료제였다."[40]

조선총독부는 징병, 징용 등에 관한 진실이 드러나는 것을 막기 위해 반일, 반전 등을 포함한 정치 대화는 일절 금지했습니다. "만약 그런 이야기들을 누군가가 엿듣고 고자질한다면 이야기를 나눈 사람들은 곧장 감옥에 보내졌다. 거리에서 줄무늬 옷을 입은 사람들의 무리를 더욱더 자주 볼 수 있었다. 머리에는 삿갓처럼 생긴 것을 쓰고 손에는 수갑이 채워져 있었다. 그 사람들은 체포된 사람들이었다. 순사가 그들을 감옥으로 몰고 가는 길이었다. 예전에는 그러한 호송은 보통 밤에 이루어졌지만, 전쟁 시기〔1940~1945년을 말함〕에는 낮에도 공공연하게 행해졌다. 사람들에게 공포감과 교훈을 주기 위해서인 것 같았다."[41] 군국일본의 선전·선동에는 모든 선전·선동이 그렇듯 언제나 공포에 의한 지배가 뒤따랐습니다. 정확히 말하면, 선전·선동에서 거짓 부분이 드러나는 것을 공포에 의한 지배가 막는 역할을 했을 것입니다.

1942년 9월 2일자 『경성일보』는 독자에게 다음과 같은 내용을 상기시킵니다. "두 사람 이상이 모여 현 정세에 대해 이야기해서는 안 된다. (…) 당국의 허가 없이 종교 및 다른 단체를 결성하는 것은 금지한다. 혼례와 장례 및 제전 의식은 경찰의 허가서를 받아야만 치를 수 있다."[42] 총독부 어용 신문은 공공연히 한인들이 사회안정유지 지침을 지킬 것을 선전했습니다.

2. 국민총력 조선연맹과 애국단

일본 제국 육군 헌병이 민간에 대한 경찰 업무도 수행하는 헌병 경찰제도가 1910년부터 1919년까지 시행되어 한반도에서 감시·감독이 일상화되었습니다. 그러나 여기에서는 1937년 이후의 감시·감독만을 다룹니다. 총독부는 한반도 한인들의 민족주의적인 분위기를 억압하고 정신을 개조하기 위해 더 철저한 주의를 기울였습니다. 총독부 당국은 이 영역의 주요 과제를 국민정신총동원에 맡겼습니다. 국민정신총동원은 1938년에 조직되어 1940년에 국민총력조선연맹으로 개조되었습니다. 소위 '애국단'이라고 명명되는 연맹의 하부조직에는 생산별·지역별 특징에 따라 한반도 안의 모든 성인이 의무적으로 가입되었습니다. 1935년에 한반도 내에는 그런 단체가 약 35만, 1940년에는 43만 8천에 이르렀습니다. 가입된 사람은 1939년에 460만 명, 1940년에는 708만 명이었습니다. 이 통계에는 가장만 포함되어 있습니다.

국민총력조선연맹과 그 하부조직인 애국단은 한인을 감시·감독하고 총독부의 필요에 따라 총독부에 협력했던 조직입니다. 세금 납부, 쌀을 포함한 각종 물자의 공출, 모집, 관알선, 징용, 각종 징병 등과 같은 노동력 강제 동원 등에서 조선총독부는 모든 결정과 정책의 집행에서 애국단의 도움을 받았습니다. 애국단의 규모가 커지고 활동이 늘어날수록 한인들의 일상은 감시·감독의 대상이 되었습니다. 애국단은 독일과 소련의 비밀 지하조직과 같은 일을 했지만, 외부에 드러난 '지상조직'이라는 점에서 그들과 달랐습니다.

예를 들어 노무자의 강제 동원을 부정하는 역사가는 애국단의 조력이 없었던 것처럼 당시의 현실을 이해합니다. 그러나 이미 애국단이 마을에서 징용 노무자를 선택하고 징용을 피하면 많은 불이익이 돌아간다는 점을 당사자와 마을 사람들에게 알려 놓았기 때문에 징용 노무자로 선택된 이는 그것을 피하기가 매우 어려웠을 것입니다. 즉 징용 영장이 나왔을 때 이에 반항한다는 것은 본인과 가족에게 불이익을 준다는 것을 잘 알았기 때문에 징용 영장을 받고 집결지에 모였을 때는 자발적으로 징용에 응하는 것처럼 행동했을 것을 추론할 수 있습니다. 이 점은 모집, 관알선, 학도지원병, 각종 군인

지원병 등에서도 유사합니다.

3. 구전 통신에 대한 강력한 통제

'입소문'이라고 할 수도 있습니다. 군국일본은 구전 통신에 의한 정보 전달이 자신들의 효율적 지배를 어렵게 한다고 평가했기 때문에 이를 '유언비어流言蜚語', '조언비어造言飛語' 등으로 규정했습니다. 그러나 이 용어에는 정보 내용에 대한 그들의 가치판단이 들어가 있습니다. 그 때문에 역사가가 유언비어, 조언비어 등의 개념을 사용할 때 자연스럽게 지배자인 일본인의 가치판단을 받아들이는 것으로 비칠 수도 있습니다. 그러므로 여기에서 저자는 유언비어 등의 개념을 사용하지 않고 구전 통신이라는 개념을 사용합니다.

학도 지원병, 육군 특별지원병, 일본군 위안부 등의 자발성을 검토하기 위해서는 일본 정부와 조선총독부의 선전·선동과 공포에 의한 지배를 먼저 이해하지 않으면 안 됩니다. 선전·선동은 여론 조작이 목적입니다. 여론을 조작함으로써 단기에는 인력 동원을 쉽게 하고, 장기에는 전쟁 수행에 필요한 식민지 지배를 안정화하고자 했을 것입니다.

그러나 한반도 내 한인 민중은 조선총독부의 여론 조작에 가만히 있지 않고 구전 통신이라는 정보 전달 수단을 이용하여 대응했습니다. 조선총독부가 선전·선동 활동에 공을 들일수록 그런 선전·선동의 허점이 드러났을 것이고, 한인들은 군국일본과 어용 언론을 믿지 않게 되었을 것입니다. 이것은 구전 통신의 전파력을 강하게 했을 것입니다.

구전 통신은 어떤 특성을 가졌는가요? 첫째, 구전 통신은 '놀랄 만한 전파력'을 가졌다고 조선총독부 등과 같은 당시의 지배기관은 평가했습니다. 모든 구전 통신이 전파력이 높은 것은 아니지만 당시의 구전 통신은 그 전파력이 놀랍다고 평가한 것입니다. 둘째, 일본은 구전 통신 내용은 유언비어이거나 조언비어라고 평가했습니다. 한 일본 헌병은 조언비어를 "조언이란 거짓으로 어떤 사실을 만들어 내는 것을 말하고 비어란 상호 간에 전파되는 것을 말한다"라고 규정했습니다.[43] 특히 전쟁이나 국제정세에 관해서는 저급한 내용으로서 생각해볼 가치도 없는 것이라고 조선총독부는 평가했습니다. 그럼에도 구전 통신으로 전해지는 내용은 일본과 조선총독부의 한인 지배에는 큰 부담이 되었을 것입니다. 그러므로 중일전쟁을 시작하면서 조선총독부는 구전 통신으로 전해지는 내용 중에는 자신들이 평가할 때 유언비어, 조언비어 등이라고 여겨지는 것을 집요하고도 엄중하게 단속했습니다.

특히 문제가 되었던 구전 통신은 전쟁에 관한 것으로 이에 대하여 조선헌병사령부는 육군 형법 제99조 "전시 또는 사변시 군사에 관한 유언비어를 퍼뜨린 자는 3년 이하의 금고에 처한다"라는 조치를 발동하여 가차 없이 단속한다고 밝혔습니다. 1937년 7월 22일부터 9월 4일까지 '유언비어'라는 이유로 경찰범 처벌규칙에 따라 처벌된 건수는 120건에 달했습니다.[44] 그런 단속과 처벌은 근본적으로 자신들이 실시한 여론 조작만으로는 의도한 목적을 이룰 수 없다고 판단했기 때문일 것입니다.

구전 통신이 한반도 한인과 조선총독부에 미친 영향은 무엇일까요? 한인의 구전 통신에 대처하기 위하여, 조선총독부는 1937년 7월에 『고등외사월보』(이하 '월보'로 표기) 1호를 발간했습니다. 그 발간은 구전 통신의 내용을 단속하고 수집하는 문제를 다루기 위해서였습니다. 미야타의 연구[45]는 월보를 통해 입수한 구전 통신 내용을 담고 있습니다. 구전 통신의 내용과 그 영향을 미야타[46]에서 요약해 보면 다음과 같습니다.

첫째, 1939년 여름에 큰 가뭄이 들었는데 한인 대중은 그 가뭄의 원인을 중일전쟁과 같은 전쟁에서 찾고 있습니다. 예를 들어, "옛부터 대소동 및 전쟁이 있는 해에는 반드시 가뭄이 있다"라는 말에서 볼 수 있듯이 당시 한인 대중은 가뭄의 원인을 전쟁에서 찾았습니다. 전쟁이 가뭄의 원인이라는 구전 통신은 전쟁에 대한 거부감에 영향을 미쳤을 뿐만 아니라, 한인 대중이 전쟁의 실태에 대한 파악에 공을 들이고 한편으로는 구전 통신에 더 많은 시간과 노력을 들이게 했을 것입니다. 그런 노력은 조선총독부의 선전·선동이 허위임을 드러내는 데 기여했습니다. 이때 전쟁에 참여하고 귀국한 사람들의 실제 경험을 토대로 한 구전 통신이 매우 중요한 역할을 했던 것으로 보입니다.

둘째, 신문을 포함한 언론 보도는 중일전쟁에서 일본군의 승리는 과장해서, 일본군의 피해는 과소하게 보도하기 때문에 믿을 수 없다고 구전 통신은 전하고 있습니다. 구전 통신은 그런 잘못된 보도가 한반도 후방 사람들이 받을 사기를 고려하여 조선총독부가 언론 보도를 왜곡했다는 지적도 하고 있습니다. 즉 한인 대중은 총독부가 선전·선동을 실시하고 그런 선전·선동이 자신들에게 향하고 있다는 점을 지적한 것입니다.

셋째, 구전 통신에서는 전쟁에서 일본이 패할 것으로 전망하고 있습니다. 이와 함께, 한인들은 조선 독립의 가능성도 기대하고 있었습니다. 전쟁에서의 일본의 패망, 조선 독립의 기대 등은 당시 한인의 희망 사항이었을 것입니다. 구전 통신은 이렇게 희망 사항도 포함했습니다.

넷째, 구전 통신은 한인 대중이 가장 관심을 가질 만한 일에 집중될 수밖에 없을 것입니다. 그것은 국채·저축에 관한 것, 금속 회수(특히 놋그릇 회수), 지원병에 대한 것 등, 세 가지입니다. 한인은 일본 정부가 발행한 국채가 만기 환불되지 않을 것으로 예상하고 국채를 사지 말 것을 주장합니다. 총독부는 저축도 일정한 기간이 지나고 나면 원리금이 지불된다고 말하지만, 구전 통신은 그렇게 되지 않을 것이고 바로 그 때문에 저축을 하지 말 것을 지적합니다. 현실적으로, 국채 금리는 규제 금리로 자유시장금리보다 매우 낮았습니다. 그만큼 국채 구매자 또는 보유자가 손해를 보게 되어 있었는데 국채를 사지 말라는 제안은 한인에게는 매우 유익한 제안이었습니다. 비록 일본이 국채를 만기 환불하지 않을 것이라는 주장은 당시에는 무리한 것이라고 하더라도 말입니다. 저축도 국채와 대동소이합니다. 모든 재화의 가격이 빠르게 그리고 지속해서 상승할 때 저축의 구매력이 하락함으로써 저축자가 손해를 봅니다. 두 경우 모두, 구전 통신은 조선총독부 정책에 부정적인 영향을 미치는 것이었고 한인 개인에게는 유익한 제안이었습니다.

놋그릇은 당시 한인 가정에서는 중요한 생활용품이었습니다. 1939년 3월 무렵에는 놋그릇을 회수하여 탄환 재료로 쓴다는 구전 통신이 한인 대중에게 널리 퍼져 있었습니다. 이런 구전 통신은 즉각 한인 대중의 행동을 유발했습니다. 한인들은 놋그릇을 헐값으로 팔아 버리거나, 변소에 숨겨 두거나, 땅속에 묻기도 했습니다. 그리고 그런 구전 통신에 편승하여 놋그릇과 관련한 사기 행각도 나타났습니다. 한발 더 나아가, 한인 대중은 "어느 나라에 병합되더라도 생활이 어느 정도 안정되고 생존할 수만 있다면 그 나라가 어떤 나라가 되더라도 상관없다"라는 구전 통신에서 보듯이 대중이 극한의 기아에 시달렸기 때문에 자포자기의 심정이 되었음을 알 수 있습니다. 그리고 일본이 놋그릇을 회수하는 것은 그런 삶을 더 나쁘게 하는 것이라는 사실도 알 수 있습니다.

학도 지원병에 대해서도 다수의 구전 통신이 만들어지고 유포되었습니다. 지원병제의 본질이 조선인들을 제일선 탄알받이로 하는 것, 지원병으로 선정되지 않는 방법에 대한 것, 지원병제를 역이용하여 장래 조선의 독립을 준비해야 한다는 것 등의 내용이었고, 일본 지원병을 비판하거나 지원병제를 이용하는 방법 등을 제안하고 있습니다. 이런 내용은 각종 지원병이 '자발적'으로 입영한 병사라는 주장이 터무니없다는 것을 입증하는 증거로 볼 수 있습니다.

총독부가 황민화 정책을 전개하는 가운데 심한 가뭄 등으로 한반도 농민이 극도로 궁핍해지면서 "노동이민(징용 등을 말함)으로 가기보다 차라리 군대로 간다"라는 구전 통신이 전해지기도 하면서 군대로 지원하는 사람이 증가했습니다. 이것은 일부 사람에게는 징용보다는 지원병이 낫다고 판단했다는 점을 보여 줍니다. 징용이 징병만 못하다는 판단은 징용의 비참함과 강제성을 입증하는 증거로 볼 수 있습니다.

구전 통신은 웃을 수 없는 사건도 만들었습니다. 1937년 7월 25일 평양에서 '저금은 모두 군사비로 징발된다'라는 구전 통신이 퍼졌습니다. 평양 시민들은 예금을 찾기 위해 우편국, 은행, 금융조합 등으로 쇄도했습니다. 금액은 할인해도 좋으니 돈을 내달라고 애원하는 사람조차 나올 정도였습니다. 8월 1일에는 경기도 내에서도 유사한 일이 벌어졌습니다. 그들 중 일부는 검거되어 구류 처분을 받았습니다. 이 사건은 구전 통신이 잘못될 때 어떤 일이 일어나는가를 잘 보여 줍니다.[47]

구전 통신은 미디어가 잘 발달하지 않은 상태에서 순기능과 역기능을 했습니다. 그러나 한반도 민중은 구전 통신으로 총독부의 선전·선동, 공포에 의한 지배, 감시·감독의 강화 등에 대응했다고 저자는 주장합니다. 즉 구전 통신은 한인들이 군국일본에 저항하는 한 가지 방법이었다는 것입니다. 그러나 그런 저항은 너무 미약하고 소극적이었습니다. 총독부가 구전 통신의 그런 저항성 때문에 생산과 유포를 강하게 억압했을 것입니다.

한마디로, 중일전쟁 이후 일본은 황민화 정책과 내선일체라는 정치 슬로건을 수단으로 피지배자인 한반도 한인 민중들을 선전·선동하여 각종 인력, 자원, 장비 등을 전쟁에 동원하고자 하였습니다. 그리고 공포에 의한 지배, 감시·감독의 일상화 등을 통해 선전·선동의 효과를 극대화하고자 했습니다. 한인들은 구전 통신이라는 개인적·소극적 방법으로 그런 선전·선동 등에 대응했습니다. 여기에 이광수, 윤치호 등과 같은 한인 지식인 집단은 일본을 위한 선전·선동가가 되거나 그런 선전·선동을 보조하는 역할을 강요받았습니다.

4. 결론

모집, 관알선, 징용, 징병, 학도 지원병, 육군 특별지원병, 일본군 위안부 등의 자발성을 검토하기 위해서는 일본 정부와 조선총독부의 선전·선동, 공포에 의한 지배, 구전 통신 등을 먼저 이해할 필요가 있습니다. 좀 더 넓게는, 중일전쟁 이전의 노동력, 자원, 장비 등의 강제 동원을 분석하기 위해서도 그런 이해가 절대적으로 필요합니다. 추가로 재선 일본군인 또는 경찰, 국민총력 조선연맹에 의한 감시·감독에 관한 이해도 중요합니다.

선전·선동과 공포에 의한 지배, 감시·감독의 일상화 등은 여론 조작이 목적입니다. 조선총독부는 여러 수단을 동원하여 친일주의자들, 민족주의자들 등이 선전·선동에 동참하도록 압박했고 그들을 한반도 여론 조작에 적극적으로 동원했습니다. 조선총독부의 여론 조작에 직면하여 한인 대중은 구전 통신이라는 방법으로 대응했습니다. 그러므로 구전 통신은 한반도 한인들이 '소극적이나마' 일제에 저항했던 방법이었다고 저자는 주장합니다.

그러나 구전 통신에 의한 저항이 어느 정도 효과가 있었지만, 소극적·개인적이라는 한계 때문에 선전·선동과 공포에 의한 지배, 그리고 감시·감독 등의 영향을 모두 없애기에는 명백히 한계가 있었습니다. 결과적으로 한반도 한인들은 적어도 경제적으로는 전쟁사회주의의 폐해를 모두 부담할 수밖에 없었을 뿐만 아니라, 민족이라는 관점에서는, "'황국신민화'라는 것은 (…) 조선 민족 말살 정책 이외의 그 어느 것도 아니고, 조선인을 가장 고통스럽게 한 약정이었다"라는 키미시마[48]의 지적은 옳습니다.

군국일본은 선전·선동, 공포에 의한 지배 등을 통해 자신이 시작한 전쟁에 한반도 한인 약 790만 명을 강제 동원했습니다. 불행히도 그들 중의 일부는 죽거나 다쳤습니다. 그리고 그들 모두는 극도의 기아와 극심한 억압과 차별을 견뎌야 했습니다. 여기에 일본제국은 국민총력 조선연맹과 애국단을 창설하여 한인이 한인을 감시·감독하도록 했습니다. 이런 모든 것은 이 무렵의 한반도 한인에게는 촘촘한 감시·감독의 그물이 쳐져 있었다는 것을 의미합니다. 강제 동원된 인원만 보면 조선총독부의 선전·선동에 의한 지배는 성공한 것처럼 보입니다. 한인 대중은 구전 통신 등 여러 방법으로 저항했지만, 그 효과는 그다지 크지 않았습니다.

메이지 유신 이후 종전까지 일본 정부는 자국민에 대해서도 선전·선동을 일삼았습니다. 예를 들어, 일본 총리 도조 히데키는

1941년 12월에 미국, 영국을 상대로 "적의 도전을 받아 결연하게 박차고 일어날 수밖에 없다"라고 개전開戰 연설을 했습니다. 그리고 일본이 진주만을 기습 선제공격하는 순간에도 그 전쟁이 '방어 전쟁'이라고 선전·선동했습니다. 1945년 8월 일왕 히로히토는 "일찍이 미·영 2국에 선전포고를 한 것도 실로 제국의 자존과 동아시아의 안정을 간절히 바라는 데서 나온 것"이라고 선전·선동했습니다. 메이지유신 이후 종전까지, 일본 정부가 자국민을 어떻게 선전·선동했는가를 잘 아는 것도 한반도에서의 선전·선동과 강제 동원 등을 이해하는 데 도움이 될 것입니다.

선전·선동, 공포에 의한 지배, 감시·감독의 일상화 등은 군국일본지배 초기부터 군국일본이 한반도 한인을 상대로 언제나 실행했던 것으로 한인 행동을 조작하거나 지배하는 방식들입니다. 한인들은 구전 통신으로 그런 조작에 대응하고 저항했습니다. 그리고 중일전쟁 이후에 일제는 구전 통신의 생산·유포의 억압과 금지를 본격화했습니다. 이는 역사적 사실입니다. 그러나 이영훈, 정안기 등은 그런 역사적 사실을 무시하거나 제외하고 역사를 이해하고자 했기 때문에 그 시기 역사 이해에 실패할 수밖에 없었습니다. 행동 조작 또는 지배 방식들이 어떻게 전제되느냐에 따라 역사에 대한 이해는 크게 달라질 수밖에 없기 때문입니다.

3부

전시동원

1장

노동력 동원의 강제성과 모집, 관알선 등의 강제성

* 일본이 후반기에 시행했던 노동정책 중에서 가장 중요한 것은 한인 노무자의 강제 동원입니다. 1939년 이후 일본은 모집, 관알선, 징용 등의 방법으로 한반도 노동력을 강제 동원했습니다. 강제 동원에서 '강제'라는 점이 가장 중요합니다. 정혜경은 그것들이 강제인 이유는 국가총동원법(1938. 4)을 어길 경우에 '3년 이하의 징역 또는 5천 원 이하의 벌금'에 처할 것을 규정하고 있기 때문이라고 지적합니다. 정혜경[1]의 지적은 옳지만, 필자는 다른 개념으로 노동력 동원의 강제성을 입증할 것입니다. -저자 주

1. 노동력 동원의 강제성

군국일본의 한반도 지배로 한반도 한인이 일본에 이주하여 일자리를 찾는 데 제한이 없어지면서, 많은 한인이 일본으로 도항하여 1920년에는 재일조선인 수가 3만 명이 넘었습니다. 하지만 일본의

실업문제가 심각해지면서 1925년에 조선총독부는 한인이 일자리를 찾아 일본으로 넘어가는 것을 막는 '도항저지제'를 실시했습니다. 조선총독부에서 발급한 '도항증명서'를 가진 사람만이 일본으로 건너갈 수 있는 제도가 도항저지제입니다. 그럼에도 도항증명서 없이 밀항하는 것을 모두 막을 수 없었기 때문에, 1935년에는 재일조선인 수가 60만 명이 넘었습니다. 이렇게 밀항해서 일본에서 일하는 사람들은 일본 정부의 통제에서 벗어나 비교적 자유롭게 자신이 원하는 곳에서 일자리를 찾을 수 있었습니다. 그럼에도 일본인의 한인에 대한 멸시와 차별이 없었던 것이 아닙니다. 1937년 이전까지 도항저지제는 일본 노동시장과 한반도 노동시장의 통합을 제도적으로 억제했던 규제로 볼 수 있습니다.

조선총독부는 1937년 중일전쟁과 1941년 2차 세계대전 수행을 위해 조선연맹을 중심으로 '국민정신 총동원운동'을 대대적으로 전개하여 식민지 한인과 한반도의 물자를 전쟁에 동원하는 일에 진력했습니다. 1937년부터 전쟁 사회주의를 추구한 일본 정부는 한인들을 동원해야 할 필요가 생겼습니다. 일본 정부는 한인 노동자의 채용, 이송, 기업에 대한 배분 등에 있어서 강제력을 행사했습니다. 모집, 관알선, 징용 등에 의한 강제 동원은 조선총독부의 한반도 노동시장에 대한 간섭이 도항저지제를 시행했을 때보다 심해졌음을 의미합니다. 일본 정부가 한반도 노동시장에 더 많은 간섭과 통제를 하는 방법을 채택하게 된 근본적인 이유는 군국주의적 사고방식이 일본 정부와 조선총독부를 지배했기 때문입니다. 특히 징용이라는 방법에서는 노동자의 신체에 대한 권리, 자유계약 권리 등을 완전히 부정했습니다. 징용의 다른 말은 '인신에 대한 사회주의'입니다.

1939년 7월 군국일본은 제1차 '강제동원계획'에서 한인 8만 5천 명을 '모집'에 의해 동원할 것을 결정했습니다. 한반도 내의 노무 동원은 '할당' 모집을 통해 시작되었습니다. 한반도 한인의 고용을 원하는 일본 국내 사업자가 신청서류를 제출하고 일본 관청과 조선총독부의 허락을 받아 할당된 지역에 가서 한인 노무자를 모집하도록 하는 제도입니다.

관알선이란 조선총독부가 각 시·군·읍·면 등에 노동자 동원 인원을 할당하여 일본 민간기업에 배분한 것을 말합니다. 일본 정부와 조선총독부의 알선, 지시, 명령에 따라 일본 기업으로의 배치가 강요되었습니다. 할당 모집에서는 모집한 인력의 채용 여부를 일본 민간기업이 결정할 수 있었으나, 관알선에서는 결정 권한이 없었습니다. 관알선의 경우에, 조선총독부에서 동원 대상과 선정기준을 정하고 각 시·군·읍·면에 대장을 만들어 보관하고, 경찰서와 주재소, 파출소 등에 비치하도록 하였습니다. 노동자들은 본인의 의지와 상관없이 관알선 대상으로 선정되고 강제 동원의 대상이 되었습니다.

한반도에서 모집과 관알선을 시행한 근본적인 이유는 일본에서 노동자를 구하기 어려운 작업장 또는 회사들이 있었고, 군국일본과 총독부는 전쟁을 위해 그런 작업장들 또는 회사들을 정상적으로 작동하게 만들어야 했기 때문입니다. 이때 그들은 전쟁 사회주의를 채택했습니다. 일본 노동시장에서 결정된 임금을 지불할 수 있는 기업들은 말이 통하지 않은 한인을 고용할 이유가 없습니다. 즉 일본 노동시장에서 결정된 임금보다 낮은 임금을 받을 인력을 동원할 필요가 있었기 때문에 모집과 관알선을 시행한 것이고, 그렇기 때문에 모집과 관알선으로 일본에 간 한인 중에는 작업장에서 도주하는 사람이 있을 수밖에 없었습니다.

징용은 징용 영장을 발부하여 조선총독부로부터 배당받은 인원을 일본 기업 노무 담당자가 인솔하여 징용 현장으로 데려가 노동시킨 것을 말합니다. 영장을 발부했다는 점에서 징용에 강제성이 있었다는 점은 명백합니다. 이미 일본에 도항하여 동원 현장에 있었던 식민지 노동자들에게도 그 사업장에서 징용령이 적용되었습니다. 이것은 그들의 도망을 막는 방법의 일환이었습니다. 조선총독부는 1939년 11월에 한반도에서는 군무원만 징용령을 시행했고, 본격적인 징용은 1944년 9월부터 시작되어 1945년 3월 말에 끝이 났습니다. 군국일본은 1938년 국가총동원법을 공포하고, 1939년 7월에 '국민징용령'을 시행할 것을 공포했지만, 한반도 한인들의 반발을 우려해 즉각 실시하지 못했습니다. 1943년에는 징병제를 시행하고 학생을 한반도 내의 중요 사업장으로 동원하는 '학도 징용'을 시행했습니다.

징용이 강제 동원이라는 점은 명백하지만, 모집이나 관알선에는 강제력이 사용되지 않은 것처럼 보일 수 있습니다. 일자리를 구하는 한인 노동자가 많았기 때문에 모집, 관알선 등으로 노동자를 뽑을 때 지원자가 항상 많을 수밖에 없었을 것입니다. 특히 1939년부터 한반도는 극심한 자연재해로 농민은 일자리를 찾아 일본에 가는 길 이외에는 다른 대안이 많지 않았습니다. 그러나 조선총독부는 '모집' 시점부터 강제력을 사용했습니다. 노동력 동원에 있어서 조선총독부는 강력한 통제를 원했기 때문일 것입니다. 다만 조선총독부는 노동력 동원에 있어서 강제력의 사용 방법이나 강도를 언제나 동일하게 했던 것은 아니었습니다.

이상의[2]는 모집이 노동력 동원에서 효율적이지 못하면서 관알선이 이용되었고, 그런 관알선이 전시 노동력 동원이라는 소기의 목적을 달성할 수 없다는 판단이 작용하면서 징용이라는 방법이 사용되었다고 지적합니다. 그러나 그런 주장은 세 가지 방법이 동시에 시행된 현실을 설명하지 못합니다. 군국일본은 1939년부터 모집을,

1942년부터 관알선을, 1944년 9월부터 징용을 시행했습니다. 징용이 시행되고 난 이후에도 모집, 관알선 등이 지속되었습니다. 즉 세 가지 동원 방법을 병행했던 것은 일본 군수 관련 공장이나 사업체가 직면했던 비용 조건이 모두 달라 개별 공장이나 사업체에 따라 가장 비용이 적게 드는 방법을 채택했고 총독부가 그것을 허용했기 때문으로 저자는 추정합니다.

강제 동원을 연구하는 역사학자들은 인력 동원의 대상에 따라 '노무 동원', '군사력 동원', '준병력 동원(군속)', '성 동원' 등으로 나누기도 하지만, 1939년 이후 일본의 각종 인력 동원을 관통하는 공통점은 '강제'라는 것입니다. 강제이기 때문에 임금을 지불하지 않았던 경우도 있었던 것으로 추정되지만 임금을 지불한다고 해서 강제성이 없어지는 것은 아닙니다. 그리고 강제 동원이라도 노동 현장, 노동의 종류, 임금의 크기, 노동강도, 현장 투입 전 교육훈련, 배급, 차별과 멸시, 폭력, 부상의 정도, 가족 동반 여부, 감시·감독의 정도, 동원 방법 등의 점에서 모두 달랐다는 사실을 강조할 필요가 있습니다. 이 점은 강제 동원을 분석하거나 이해하고자 하는 역사학자들을 어렵게 만들고 있습니다. 예를 들어, 동원 초기에 강제 구인하지 않고 자발적인 구직, 선전·선동, 협박, 공포에 의한 지배 등을 이용하여 노동력을 동원하고 동원 현장에서는 감시·감독을 통해 퇴직이나 퇴사를 허용하지 않는 경우가 적지 않았습니다. 앞의 예는 노무자 동원의 전 과정을 잘 이해하는 일이 동원의 강제성을 판단하는 데 중요하다는 점을 보여 줍니다.

2. 강제 동원의 전체 규모

강제 동원의 전체 규모는 어느 정도인가요? 강제 동원의 규모는 연인원으로는 총 7,804,376명입니다. 이 수에는 1인당 중복으로 동원된 인원이 포함되어 있습니다. 다만 여기에는 일본군 위안부 피해자가 제외되어 있습니다. 일본군 위안부 피해자는 10만여 명으로 추정되고 있을 뿐 정확한 실상은 알려져 있지 않습니다.

동원 실수는 한반도 노무자 동원 중에서 도내동원을 제외하면 최소 2,021,995명 이상일 것으로 정혜경[3]은 추산합니다. 도내동원은 총독부가 피동원자가 속한 도와 동일한 도에 동원하는 것을 말합니다. 한반도 내 동원 인원은 총 6,552,883명이고, 그중 노무자 6,488,467명, 군무원 12,468명, 군인 51,948명 등입니다. 노무자 중에는 도내동원이 5,782,581명, 관알선 402,062명, 징용 303,824명입니다. 한반도 이외의 지역으로의 동원은 1,251,493명으로 그중에서 노무자 1,045,962명, 군무원 48,200명, 군인 157,331명입니다. 여기서 군무원 총수는 피징용자 동원수를 제외한 수치입니다.

한반도 이외의 지역에 노무 동원된 피해 규모는 1939~1945년에 총 1,045,962명이고, 그중 징용이 222,217명, 모집과 관알선이 823,745명입니다. 지역별로는 일본으로 동원된 노무자가 1,020,125명이고, 남사할린, 남양, 만주, 남방 등으로 동원된 노무자는 25,837명입니다. 즉 노무 동원된 피해자 중에서 일본으로 동원된 노무자가 대부분이고, 동원 방법으로는 모집과 관알선이 총인원의 78.7%입니다. 그러므로 이 책에서는 일본 지역으로 노무 동원된 경우만을 다룹니다.

3. 모집, 관알선 등의 강제성

> "여운택과 신천수는 자기 의사에 따라 취업한 것임이 분명합니다. 그들은 누군가의 강요로 모집에 응한 게 아니었습니다."(주익종)[4]
>
> * 주익종은 모집의 자발성을 강조하고 강제성은 없었다고 주장하고 있습니다. 그러나 모집, 관알선 등에도 강제성은 있었습니다. -저자 주

모집, 관알선, 징용 등에 의한 노무자 동원은 '강제성'을 가졌습니까? 징용에 대해서는 다음 절에서 다루고, 여기에서는 모집과 관알선만을 다룹니다. 주익종[5]은 1943년 9월 평양에서의 일본제철 공원 모집에는 100명 정원에 500명이 응모했다는 사실과, 모집에 응한 한반도 한인 4명의 응모 절차가 자발적이고 심지어 청탁까지 해서 합격했다는 사실을 들어 모집에 강제성은 없었다고 주장합니다. 즉 주익종은 모집의 자발성을 강조하면서 강제성은 없었다고 주장하고 있습니다. 과연 그런가요? 모집과 관알선에서도 강제가 있었다는 증거는 아래와 같이 많습니다.

첫째, 정혜경[6]은 모집, 관알선 등이 조선총독부의 지시 또는 명령을 중심으로 시행되었고, 그 과정에서 한인 노무자들을 상대로 선전·선동, 회유, 협박 등이 있었다는 점을 밝혔습니다. 노무자들이 자발적으로 지원했다면 선전·선동, 회유, 협박 등이 불필요했을 것입니다.

둘째, 강제 동원자 선정 작업은 면장, 면서기, 구장 등이 수행했고 현지 실무는 일본 기업이 담당했습니다. 강제 동원자의 수송에는 경찰 또는 기업 담당자가 동행했습니다. 모집, 관알선 등에 의한 노

무자의 강제 동원은 조선총독부를 중심으로 매우 유사하게 이루어졌습니다.[7] 강제 동원을 직접 담당했던 한인 면 담당자는 강제성이 있었다고 증언했습니다.[8] 형식적으로는 모집을 통해 채용되었지만, 일본인의 유도에 의해 강제 동원된 한인 노동자가 일본 노동 현장에서 감시·감독이 일상화되었다는 점을 볼 때 그런 감시·감독이 강제 노동을 의미한다고 볼 수 있습니다.[9] 노무자 동원이 순전히 자발적이라면 감시·감독이 필요하지 않았을 것입니다.

셋째, 일본은 1940년 말에는 '조선총독부 노동자알선요강' 및 '동 세칙'을 제정·공포했습니다. 세칙의 31조는 '읍면이 노동자를 공출함에 있어서는 경찰 관헌과의 긴밀한 연락을 갖고, 그 원활한 수행을 기하는 것으로' 한다고 규정하고 있습니다. 세칙 31조가 관알선이 강제성을 띠었다고 보는 직접적인 증거입니다. 관알선의 경우 1940년 1월에 '조선직업소개령'을 실시하여 공영직업소개소를 국영직업소개소로 전환하고, 일부 도시에서는 국영직업소개소를 신설하였습니다. 국영직업소개소의 설치로 한인 노무자들을 한반도 전체 차원에서 배치하기 시작했습니다. 다만 관알선의 경우에 총독부가 동원 인원을 도, 부, 군, 면 단위까지 할당했고 모집 포스터를 도, 부, 군, 면 사무소 등에 붙여 희망자를 적극적으로 모집했는데, 이때 총독부 관리, 경찰, 지역유지가 동원되어 인력의 모집에 조력하면서 강제가 개입되었습니다. 그러므로 주익종[10]이 모집의 방법으로 한인 노동자가 일본으로 이주하게 된 사례를 다루면서 그런 모집 과정이 매우 자발적이었기 때문에 강제성은 없었다고 지적한 것은 틀립니다.

넷째, 노동력 동원 과정에서 조선총독부의 관변단체인 국민총력조선연맹이 적극적으로 활용되었습니다. 이 조직은 1938년에 조선총독부의 종용에 따라 결성된 친일 전시동원 선전조직인 국민정신총동원조선연맹의 후신으로 1940년에 결성되었습니다. 이 조직이 노동력 동원정책의 말단조직이 되고 촌락 또는 마을 단위에서 정보의 수집과 관리가 맡겨졌습니다. 총독부가 부윤, 군수, 경찰서장 앞으로 보낸 통첩(1942년 4월)에서 "공출해야 할 노무자는 경찰 관헌과 협의하여 각 국민총력 부락연맹에서 (…) 미리 선정하여 등록해 둘 것" 그리고 "선정되는 자를 등록하는 명부는 (…) 각 군·읍·면 및 관할 경찰서 주재 파출소 및 부락연맹에 비치할 것"을 지시한 것은 모집, 관알선 등의 방법이 강제성을 띠고 있었음을 보여 줍니다.

다섯째, 강제 동원된 노무자들은 노동 현장에서 도주하거나 탈출하여 다른 공장이나 사업장으로 옮기기도 했고 토목공사장에서 일용노동자가 되기도 했습니다. 도주나 탈출에 실패하여 다시 잡혀 오는 노무자들은 욕설을 비롯해 구타, 감금, 음식물 배급 일시 중단 등의 가혹한 처벌을 받았습니다. 모집, 관알선 등의 경우에는 강제 동원 노무자를 수송하는 과정에 탈출자가 발생했고 탈출자의 비율은 1939년 5.2%에서 1940년 37.2%, 1943년에는 40%가 되었습니다.[11] 동원의 강제성이 없었다면 도주나 탈출이 필요하지 않았을 것입니다. 오늘날의 예를 들어 보겠습니다. 필리핀 가사 도우미 중에서 한국에 도착하자마자 도주한 이들이 있습니다. 그러나 도주가 있었다고 필리핀 근로자를 데려올 때 강제가 있었다고 보기는 어렵습니다. 문제는 탈출자의 비율입니다. 필리핀 근로자는 탈출자가 아주 소수이지만 식민지기 한인 탈출자의 비율은 40%나 되었습니다. 즉 강제 동원이 아니라면 그렇게 많은 탈출자가 나오지 않았을 것이라는 점입니다.

주익종의 사례에서 노무자 개인이 자발적인 의사에 따라 공원 모집에 응했다는 점은 분명합니다. 문제는 이 시기 노무자는 모집, 관알선 등에 응하지 않으면 경찰이나 면 직원으로부터 배급의 중단이나 가족에 대한 불이익이 시행될 것이라는 협박을 받았다는 것입니다. 그런 협박은 때로는 공공연하게 때로는 비밀리에 행해졌습니다. 노무자 개인의 선택은 명백히 자발적이지만, 그런 선택은 협박에 의해 강요된 것입니다. 게다가, 모집, 관알선 등의 과정, 즉 동원 전 과정이 '외양적으로' 자발적이더라도 퇴직과 이동의 자유가 없었기 때문에 동원 후 과정은 강제가 개입되었다고 보아야 합니다.

동원의 자발성을 평가하려면 동원 전과 후를 모두 검토해야 할 것입니다. 그리고 한 번이라도 강제성이 개입되었다면 강제 동원으로 규정해야 함은 당연합니다. 관알선의 경우에 총독부가 동원 인원을 도, 부, 군, 면 단위까지 할당했고 모집 포스터를 도, 부, 군, 면 사무소 등에 붙여 희망자를 적극적으로 모집했는데, 이때 총독부 관리, 경찰, 지역 유지가 동원되어 인력의 모집에 조력하면서 강제가 개입되었습니다. 모집, 관알선 등의 경우에 과장광고가 적지 않았을 뿐만 아니라 퇴사의 자유가 보장되지 않았기 때문에 그 과정 전체는 사실상 강제 동원입니다. 주익종[12]이 소개한 노무자 중의 한 사람이 너무 열악한 노동 현실에서 '이제 속았다'라고 생각하면서도 '그래, 이제 누구한테 항의를 하겠어'라면서 현실을 인정했다는 사실은 저항을 포기하고 순종하는 광경으로 해석할 수 있습니다. 그리고 그것은 모집 또는 채용 광고가 상당히 과장되었음을 시사합니다. 불행히도 그 당시 광고의 과장성이 어느 정도였는가는 연구된 바 없습니다. 한반도 한인 민중이 피지배 상태에 있었다는 점을 고려하면 모집에 응모했던 사람들의 자발성도 순전히 자율적인 사람들의 자발성과 다르게 해석할 필요가 있습니다. 그러므로 모집, 관알선 등이라는 '보이는 현상'만 보면 그런 행위는 순전히 자발적인 것으로 보일 수 있지만, 총독부 관리, 경찰, 지역 유지 등이 동원되어 인력의 모집 또는 관알선 등에 조력하거나 퇴직과 이동의 자유 등이 제한된 것은 '안 보이는 현상이지만 존재하는 것'으로서 모집, 관알선 등이 강제 동원이었음을 증명하는 것입니다. 주익종은 전자만 보고 후자는 보지 못했기 때문에 잘못된 결론에 도달한 것입니다. 그리고 주익종은 모집의 경우에 노동자가 청탁을 넣어 응모에 합격한 사례를 들어 모집이 자발적이었다고 주장합니다. 하지만 강제 동원을 이미 피할 수 없다면 평판이나 노동조건이 좋은 회사 또는 공장에 취업하는 것이 최선입니다. 그럴 때 청탁, 뇌물 등과 같은 비정상적 수단을 사용하지 말아야 할 이유가 없습니다. 게다가, 1943년 9월은 전쟁사회주의 2기로서 규제 또는 통제가 많았던 때로서 청탁, 뇌물 등이 널리 퍼져 있었을 것으로 저자는 추정합니다. 1938년 이후에 식민지 한인은 여러 강제 동원 방법 중에 하나를 선택해야 했고 강제 동원을 회피하거나 거부할 선택지는 없었던 것처럼 보입니다. 만약 강제 동원을 거부하면 여러 불이익을 감내할 수밖에 없었는데 그런 불이익이 절대 작지 않았다는 것입니다. 해외 이주가 가능했지만 대부분에게는 쉽게 선택할 수 없는 선택지였습니다. 모집, 관알선 등은 그런 '제한적 의미'에서의 자발적 행동으로 이해해야 합니다. 이것은 물론 징용과도 다른 것입니다. 그리고 한반도 한인에게는 노무자로 동원되거나 군인으로 동원되는 것 중 어느 한쪽으로의 강제 동원은 피할 수 없었습니다. 게다가 조선총독부가 선전·선동을 하면서 개인의 선택 자체가 "'강요된', 자발적 선택"이 된다는 것은 노무자 동원에도 해당합니다. '강요된, 자발적 선택'이라는 개념에 대한 자세한 설명은 6장에서 합니다. 그리고 중일전쟁 이후 한반도 한인은 '구전 통신'으로 총독부의 각종 강제 동원에 저항했지만 그런 방법은 너무 소극적이고 개인적이었기 때문에 효과는 거의 없었던 것처럼 보입니다.

2장

징용은 노예노동

“그렇게 징용은 명백한 강제였습니다.”(이우연)[13]

“이를 통해 일상이 자유 없는 노예 생활이 아니었음을 주장하고자 했을 뿐입니다.”(이우연)[14]

---

* 모집, 관알선, 징용 등은 강제 동원의 한 형태로서 군국일본지배기 조선총독부의 한인 노동력 동원에 있어서 강제가 있었다는 지적을 하는 것으로 충분하다고 할 수도 있습니다. 그러나 이우연을 포함한 일부 역사학자는 그런 강제성을 인정하지만, 노예노동이 아니었음을 주장합니다. 이우연의 주장은 모순적입니다. -저자 주

1. 징용: 소집영장이 발부되었다

일본으로 강제 동원된 식민지 징용 노무자는 어디로 배치되었을까요? 조선총독부 통계에 따르면 식민지 노무자가 강제 동원된 곳은 석탄광산 47%, 금속광산 9%, 토건 15%, 공장과 기타 28%[15] 등입니다. 이것은 강제 연행된 노무자의 절반 이상이 당시 매우 위험한 작업장으로 알려진 광산으로 갔다는 것을 의미합니다. 조선총독부는 징용 시 작업장을 석탄광산으로 명시하지 않았는데 이는 한반도 한인이 징용을 기피할 것을 염려했기 때문일 것입니다. 징용의 강제성이 여기에도 게재되어 있었음을 알 수 있습니다.

식민지 한인들이 조선총독부의 징용에 저항한 사례는 다음 통계가 잘 보여 줍니다. 조선총독부는 1944년 8월 일본 조선소행 노동자 19,200명을 징용하는 계획을 세웠습니다. 총독부는 먼저 50,841명에게 출두명령서를 발행했는데, 그중 17.7%인 9,000명이 출두하지 않았습니다. 출두한 사람 41,841명 중에서 전형 검사 결과 29,782명을 적격으로 판단하고 징용 영장을 발부했으나 부득이한 사유로 최종적으로는 19,954명만을 일본으로 징용할 수 있었습니다. 전형 검사 결과 적격자 중에서 33%가 어떤 방법으로든지 징용을 면제받았다는 것입니다. 총독부는 계획한 징용 인원을 채웠습니다. 그러나 5만여 명에게 출두명령서를 발급해서 2만여 명만 징용할 수 있었다는 사실은 한인들의 징용에 대한 저항 또는 기피가 작지 않았다는 것을 보여 줍니다.[16]

이러한 징용과 관련한 역사적 사실은 다음과 같습니다. 첫째, 일본 정부가 자국 내에서 1939년에 '국민징용령'을 발동했지만 한반도에서 징용을 시행했던 시기는 1944년 9월부터였습니다. 이때부터 조선총독부는 한반도 거주 한인을 일본 내 기업으로 강제 구인하기 위하여 징용 영장을 발부했습니다. 그보다 더 전인 1944년 2월부터는 징용을 시행할 필요가 있는 사업장에서 당시 일하고 있는 모든 종업원을 그대로 징용하는 '현원징용'이라는 방법도 사용되었습니다. 군국일본은 1944년 한 해 동안 144개의 사업장에서 일하는 153,850명을 현원징용으로 징용했습니다. 일제가 현원징용을 징용보다 먼저 시행했던 것은 징용의 성공 여부를 사전에 가늠해 보았던 것으로 저자는 추정합니다.

둘째, 징용 현장에서 식민지 한인의 행동의 자유에는 '외견상으로는' 큰 제약이 없었던 것처럼 보입니다. 그러나 한인 징용 노무자가 징용 노동 현장을 떠날 자유는 '법적으로는' 허용되지 않았거나 감시·감독에 의해 징용 현장을 떠날 수 없었습니다. 징용 현장을 탈출한 한인보다 징용 현장에 남은 한인이 더 많았다는 사실이 그 점을 간접적으로 증명합니다. 그러나 징용으로 끌려가 징용된 사업장에서 받을 수 있는 임금보다 사업장 외부에서 자유롭게 찾은 일자리에서 더 높은 임금을 받을 수 있었기 때문에 한인 징용 노무자에게는 탈출할 동기가 적지 않았습니다. 여기에는 한인 브로커도 한몫했을 것입니다. 따라서 징용 현장에서 한인 노무자의 일거수일투족은 감시·감독의 대상이 되었고, 이탈하거나 탈출했다가 다시 잡혀 오면 가혹한 징벌이 뒤따랐습니다. 그럼에도 일부 한인 노무자는 징용 노동 현장을 탈출하여 건설 현장의 날품팔이 일을 하면서 생계를 유지하기도 했습니다. 상당수 한인 징용 노무자가 '실제로' 징용 현장을 탈출할 수 있었던 것은 건설 현장의 날품팔이 일 등을 함으로써 더 많은 임금을 받았을 뿐만 아니라 의식주도 해결할 수 있었기 때문입니다.

셋째, 노동의 대가인 임금 등에서 교묘한 형태의 차별이 있었습니다. 무엇보다도 한인과 일본인의 사망률이 달랐다는 사실은 작업 배치에서의 차별이 존재했다는 것을 의미합니다. 그러나 이우연은 임금과 작업 배치에서의 차별을 부정하고 있습니다.

2. 징용은 강제 노동

저자는 징용이 강제노동이라고 주장합니다. 그 이유는 다음과 같습니다. 첫째, 1944년 9월부터 본격적으로 시작된 징용은 '명시적'으로 강제성을 띠었습니다. 징용에 응하지 않으면 1년 이하의 징역이나 100엔 이하의 벌금에 처했기 때문입니다. 그런 처벌과 함께 '배급 중단'이라는 협박과 가족에게 돌아갈 '화'에 대한 염려는 피징용자가 징용을 회피할 수 없게 만들었습니다. 현원징용의 경우도 직장 이동의 자유가 없다는 점에서 보면 강제 노동의 일종임이 틀림없습니다.

둘째, 징용을 기피하는 자가 발생했다는 사실은 징용이 처음부터 '자유계약'이 아니었음을 의미합니다. 자유계약이었다면 기피할 이유가 없기 때문입니다. 1944~1945년 6월 말 징용 대상자가 37만 2,720명인 데 비해 도항자 수는 29만 6,304명에 불과하여 약 20% 정도 목표에 미달되었습니다. 징용 대상자가 징용을 기피했다는 것을 알 수 있습니다. 이것은 전쟁 말기로 갈수록 강제 동원과 식민 지배에 대한 한인의 저항이 적지 않았음을 보여 줍니다.[17]

니시오카[18]가 언급한 정충해鄭忠海와 다른 사람들의 사례는 징용이 강제 노동이었음을 잘 보여 줍니다. 그는 정충해라는 조선인의 수기 일부를 인용했는데 인용문의 서두에는 '징용영장'을 받고 징용되는 장면이 묘사되어 있습니다.[19] 정충해는 1939년 6월 21살이 되던 해부터 1944년 11월 말까지 후쿠모토福本 콘크리트공업소[경성 소재 일본 기업]에서 5년 5개월 정도 근무했습니다. 그는 1942년에 결혼했고 3살 된 장남 동승東勝과 생후 6개월 된 징지澄枝라는 딸이 있었습니다. 그는 히로시마에 있는 도요東洋공업주식회사에 징용되었습니다. 그는 도요공업에 도착해 1개월간 연병장에서 훈련받았고 1945년 1월 13일에 입사식을 마치고 99식 소총의 노리쇠를 만드는 제1공장에 배속되었습니다. 그는 100명으로 구성된 대원 중에서 중대장으로 선출되었습니다. 그리고 중대 아래에 3개의 소대가 있고 1개 소대는 3개분대로 편성되었으며, 각각 소대장, 분대장이 선출되었습니다. 이것은 공장 현장이 군대식으로 편제되고 운영되었다는 것을 의미합니다.[20] 이 점도 징용이 강제 노동임을 간접적으로 증명합니다.

정충해와 같은 인물이 징용 영장이 없었다면 가족과 이별하면서 죽을 각오를 하고 그 먼 곳에 자발적으로 가지는 않았을 것입니다. 정충해는 징용영장을 받으면 거절할 수 없다는 점도 지적하고 있습니다. 정충해의 수기는 징용이 명백히 강제성을 띠고 있었다는 점을 보여 줍니다. 그리고 그의 징용 기간은 1년입니다. 정충해의 징용이 시작되었던 시기는 1944년 11월 말경이었습니다. 그리고 이때 정충해는 그의 징용이 3차임을 지적하고 있습니다. 징용 시작 3개월만에 3차 징용이 이루어졌다는 것은 징용이 평균적으로 한 달에 한 번 실시되었다는 것입니다.

정충해는 수기에서 "살아서 〔처자식을〕 다시 만날 가망은 희박했다"[21]라는 심경을 남겼는데 그것은 징용이 강제 연행임을 간접적으로 드러낸 것입니다. 게다가, 일본에서의 공습, 탄광으로의 동원 가능성 등은 정충해에게 강제 연행이 본인의 죽음으로 귀결될 수 있다는 공포감을 느끼게 했습니다. 이때 징용 현장이 사전에 지정되지 않았고 징용 기간이 명시되지 않았기 때문에 피징용자는 징용 과정에서 각종 저항을 했습니다. 저항이란 징용 영장을 받고도 출두하지 않거나, 노동력 수송 도중 탈출하거나, 징용 노동 현장에 가서 현장을 이탈하는 행위 등을 말합니다. 정충해는 수기의 다른 곳에서 다시 한번 강제 동원되었음을 서술하고 있습니다. "하지만 남의 나라와 남의 민족을 위해 강제적으로 동원되어 가는 몸인 이상, 약소 민족의 비애."[22]

정충해는 일본 본토는 미국 비행기의 공습으로 위험하고 탄광에서도 사상자가 많이 난다는 이유로 위험하다는 점을 말하면서, 어느 경우에도 강제 동원으로 자신의 생명이 매우 위태로워질 수 있다는 생각을 내비치고 있습니다. 만약 강제 동원이 아니라면 절대 가지 않을 것임을 짐작하게 하는 장면입니다. 한반도에서 징용이 실질적으로 시작되었던 1944년 9월에는 일본에 전황이 불리해지고 공습 위험 때문에 일본으로의 도항하려는 한인이 감소하고 있었습니다.

정충해를 제외한 다른 사람도 정충해와 비슷한 감정을 드러내고 있습니다. "또 다른 어떤 사람은 팔이 떨어질 만큼 손수건을 흔들면서 '잘 있어라, 부산항아. 꼭 다시 한번 보고 싶다. 다시 돌아올 때까지, 변하지 않은 모습으로 있어 줘'를 계속해서 소리치곤 했다."[23] 이것은 단순한 이별의 한 장면으로 볼 수도 있습니다. 그러나 정충해의 심경과 징용의 강제성을 동시에 떠올리면 그것이 단순한 이별의 장면이 아니라는 점을 이해할 수 있습니다.

3. 징용은 노예노동

이우연은 노예노동을 "일반적으로 경영 주체가 아니며, 도주를 막고자 일상생활에서 자유가 심각하게 제한되며, 노동의 보수가 없는 노동"으로 정의합니다.[24]

* 저자는 어떤 사람이 다른 사람에게 '복종할 자유'만 있다면 그를 노예라고 정의합니다. -저자 주

이우연과 저자의 차이는 궁극적으로는 노예노동을 어떻게 정의하는가 하는 문제로 귀착됩니다. 이우연의 노예노동에 대한 정의에서 핵심은 '자유가 심각하게 제한되고 노동에 대한 보수가 없다는 것'입니다. 저자는 어떤 사람이 다른 사람에게 '복종할 자유'만 있다면 그를 '노예'라고 정의합니다. 징용 당시에 한인 피징용자는 징용 현장을 떠나 다른 곳에서 일자리를 찾을 자유가 없었고 일본 정부에 복종할 자유만 있었습니다. 그 점에서 징용 노무자는 노예였습니다.

자유가 심각하게 제한되지 않아도 노예인 경우도 많습니다. 조선시대에 주인과 떨어져 살면서 직접적인 노동력이 아니라 그에 상응하는 금액을 상납하는 노비인 '외거노비'는 주인으로부터 상당한 자유를 받았지만, 여전히 노비이자 노예였습니다. 노예주가 노예에게 자유를 어느 정도 허용할 것인가는 노예주의 마음에 달려 있습니다. 한인 징용 노무자의 경우에 노예주라고 할 수 있는 일본 정부는 피징용자를 감시·감독할 인력과 자원이 턱없이 부족했기 때문에 징용 노무자가 마치 자유노동자처럼 행동하는 것을 완전히 막을 수는

없었습니다. 전쟁이라는 특수한 상황이 그렇게 만들었을 것입니다. 게다가, 일본 정부는 노동 현장에서 피징용자의 자유를 강력하게 억압할 때 나타날 수 있는 집단 폭동 또는 저항, 저생산성 등을 염려하지 않을 수 없었을 것입니다. 전쟁을 수행해야 하는 일본 정부로서는 그런 일을 용납하기 어려웠을 것입니다. 다른 한편, 징용 노무자 빼 가기에서 보듯이 일본 기업도 다른 일본 기업의 징용 노무자를 그대로 두지 않았습니다. 무엇보다도, 상당수 한인 징용 노무자가 '실제로' 징용 현장을 이탈할 수 있었던 것은 건설 현장의 날품팔이 일을 함으로써 노동강도 대비 더 많은 임금을 받았기 때문입니다.

노동에 대한 보수가 있다고 해서 노예노동이 아니라고 할 수도 없습니다. 노예가 허용되었던 미국에서 노예주들은 노예들에게 숙식을 제공했습니다. 숙식 제공에는 비용이 듭니다. 숙식을 제공하지 않는 대신에 최저수준의 임금을 주고 그 돈으로 기숙사에서 살도록 하거나 세를 얻어 살도록 하더라도 이직할 자유가 없다면 노예와 다름없습니다.

이우연[25]은 노예노동을 부정하면서 강제 동원이라는 개념 대신에 '노무 동원'이라는 개념이면 충분하다고 주장합니다. 그러나 군국 일본지배기 조선총독부가 사용했던 '모집, 관알선, 징용'이라는 방법의 공통점은 '강제 동원'입니다. 그러므로 강제성을 철저히 배제한 개념인 노무 동원이라는 개념은 당시 현실을 왜곡하는 것이라고 할 수 있습니다.

니시오카[26]는 징용된 한인에 대한 감시와 감독이 철저하지 못하여 마음만 먹으면 자유롭게 징용 현장을 빠져나왔다는 이유를 들어 조선인 징용공은 '자유노동자'였다고 주장합니다. 니시오카는, 이우연이 정의한 노예노동의 두 번째 조건을 다르게 표현한 것입니다. 하지만 니시오카의 자유노동 개념도 부적절합니다. 피징용자에게는 이직할 권리가 없었습니다. 일부 피징용자들이 징용 현장에서 이탈하여 다른 곳에서 일자리를 찾을 수 있었던 이유는 그들이 자유롭기 때문이 아니라 일본 정부와 고용주가 그것을 통제할 수 없었기 때문입니다. 징용 노무자 중에서 상당수는 징용 현장을 이탈하여 건설 현장 날품팔이 일을 하거나 다른 일본 기업에서 더 나은 조건으로 일했지만, 그런 수보다 더 많은 수의 노무자가 원래 배정받았던 징용 현장을 떠나지 않았습니다. 탄광 사고 등으로 사망률 또는 재해율이 높았던 곳에서도 말입니다. 이것은 징용 현장에서 식민지 피징용자에게 복종할 자유만이 허용되었다는 것을 입증합니다.

니시오카[27]도 모집, 관알선, 징용 등에 의한 노동력 동원을 '전시동원', 그런 노동자를 '전시노동자'라고 부를 것을 주장하고 있습니다. 전시노동자라면 전시의 모든 노동자를 의미하는데 그 개념에는 강제성이 개입될 여지가 전혀 없는 것입니다. 니시오카도 이우연과 동일한 왜곡을 범하고 있습니다. 그들의 주장과 달리, 조선총독부는 '징용'이라는 개념을 명시적으로 사용했습니다. 조선총독부 스스로 강제성이 개입되었음을 인정한 것입니다. 이우연, 니시오카 등은 조선총독부가 스스로 인정한 개념마저도 부정하고 있는 것입니다.

이우연과 니시오카의 주장처럼 일본 정부가 노동 현장에서 징용 노무자를 자유노동자로 허용할 생각이라면 징용 영장을 발부하여 강제구인할 필요가 없었을 것입니다. 당시 상당수 한반도 한인이 일본 노동시장에서 일자리를 갖기를 원했기 때문입니다. 그러나 일본 정부가 그런 과정을 거치지 않고 징용 영장을 발부하여 식민지 한인을 강제구인하여 노동자를 필요로 하는 일본 기업에 배분했던 것은 일본 노동시장 임금 구조가 탄광, 광산, 토건, 군수 공장, 기타 등에서 한인에게 불리하게 형성되었기 때문입니다. 그리고 임금 구조가 그렇게 된 것은 근본적으로는 일본 정부가 전쟁을 수행한다는 이유로 임금통제령, 가격정지령 등을 실행했기 때문입니다. 다른 한편, 일부 일본 회사들이나 공장들이 일본 정부가 왜곡한 임금 구조가 자신들에게 불리하게 작용한다는 점을 인식하고 가족수당과 같은 추가적인 임금을 지급했습니다. 그러나 모든 재화의 가격이 급격하게 상승하는 전쟁 인플레이션 상황에서 일본 기업들이나 공장들의 노력은 어느 정도 효과가 있었지만, 문제를 근본적으로 해결할 수는 없었을 것입니다. 게다가 일본 회사들이나 공장들의 임금 지불 능력이나 노동조건 개선 능력은 각기 달랐습니다. 그리고 한인 징용 노무자들의 일부는 일본 노동시장의 그런 문제점을 재빨리 파악하고 대응했습니다.

니시오카[28]의 책을 번역한 후기에서 이우연[29]도 노예노동을 부정하고 있습니다. 그 책에 수록된 정충해와 가네야마 쇼엔이 남긴 기록 어디에도 노예노동의 단서가 없다는 이유 때문입니다. 이영훈[30]도 "그들〔징용 노무자를 말함〕을 노예로 볼 수 없는 것은 군대로 끌려간 군인들이 노예가 아니었음과 마찬가지 논리이다"라고 지적하고 있습니다. 그러나 저자는 정충해의 수기에서 강제노동의 증거가 적지 않음을 앞에서 지적했습니다. 근본적으로는, 1910년부터 한반도 한인은 공식적으로는 피지배 계층 또는 민족이었기 때문입니다. 참정권도 없이 임금도 받지 않고 군대로 끌려간 군인들이 노예가 아니라는 주장은 받아들이기 어렵습니다.

유진룡[31]의 구술은 징용된 자가 저항을 포기하고 스스로 따라가도록 일본 순사와 면직원이 유도했음을 보여 줍니다. 그리고 일본은 징용을 집행할 때 매우 조심스럽고 저항이 일어나지 않도록 하는 데 유의하고 있었음 또한 보여 줍니다. 그러나 그는 구술에서 강제로 끌려갔음을 다음과 같이 분명히 하고 있습니다. "헐 수 읎이 끌려간 거지. 인저 강제로 끌려가는디 눈물이 앞을 가리는 거여."[32] 징용을 거부하면 1년 이하의 징역, 100엔 이하의 벌금이라고 했는데 전자는 말할 것도 없고 후자도 적은 금액이 결코 아니었습니다. 배급 중단, 가족에게 돌아갈 화 등도 여기에 포함해야 합니다. 이것이 일본이 한반도 한인 노동자를 징용으로 데려갈 수 있었던 법적, 경제적, 사회적 환경일 것입니다. 그러나 그것만이 전부는 아닐 것입니다. '일제가 자신들의 명령 및 지도를 따르지 않고 저항 또한 반항하는 조선인들을 지목하여 만든 용어'인 불령선인不逞鮮人 등과 같은 낙인찍기는 더 무서웠을 수 있습니다. 유진룡의 구술에 대하여 그가 일본으로 건너가는 과정을 이우연[33]은 "끌려가는 노예의 행렬은 아니었습니다"라고 주장하고 있습니다. 이우연은 어떤 장면을 노예가 끌려가는 장면이라고 할 수 있는가요? 이우연[34]은 유진룡이 징용으로 끌려가는 장면을 설명하면서 "그때까지 유진룡의 거부 의사도 분명했습니다. 거칠 것이 없었습니다. 양쪽 모두 집요했지만, 폭력은 나타나지 않았습니다. 어디까지가 자발이고 어디부터 강제일까요? 복잡합니다." 유진룡이 끌려갔음을 스스로 자백하는데도 이우연은 그의 행동이 자발과 강제의 중간 어디에 있다고 해석합니다. 다시 말하면, 이우연은, 앞의 인용문에서와 달리, 징용이 강제도 아니고 피징용자 스스로 한 것도 아니라고 주장을 하는 것입니다. 이우연은 자신의 주장이 앞의 인용문에서의 그의 주장과 모순된다는 점을 이해하지 못한 것일까요?

니시오카[35]는 1944년 11월 징용노동자로 사할린에 동원된 권희진과 관련한 기록을 제공합니다. 니시오카는 권희진이 대구에서 신체검사를 위해 처음 300명이 모였고, 그중 115명이 합격했지만, 출발일에 다시 소집했을 때는 85명만 남고, 나머지 30명은 도망갔다는 전말을 보고하고 있습니다. 그러나 그는 30명이 어떻게 처벌받았는지는 보고하지 않고 있습니다. 일본인 관리들은 그들 30명을 처벌했고 그 과정에서 여러 마찰과 갈등이 있었을 것을 추론할 수 있습니다.

샤브쉬나[36]는 징용과 관련하여 몇 가지 사실을 제공합니다. "다양한 계층의 주민들, 특히 노동자들은 노동력 동원〔징용을 말함, 이하 동일〕에 반대하는 항의운동에 참가했다. (…) 노동력 동원은 12살에서 40살까지의 여자들에게도 적용되었다. (…) 떠나는 사람들에 대한 전송이 어떻게 농민과 노동자, 사무직 근로자 및 여타 계층 대표들의 독특한 시위로 변화되었는지를 볼 수 있었다. 동원된 사람들은 대개 서울의 총독부 건물의 근처나 다른 지역의 광장에 모였다. 당국의 대표자들이 송별사를 했고 음악이 울려 퍼졌다. 경찰들이 정복이나 사복을 입고 광장을 에워쌌다. 그러한 것들에도 불구하고 떠나는 사람들의 가족들은 눈물을 감추지 않고 마치 죽은 이를 보내는 것처럼 통곡했다. 나는 자주—바로 눈앞에서—동원된 사람들을 강제 노역장으로 끌고 가고, 전송자들을 '비애국적인 행위'의 죄를 물어 감옥에 보내는 것을 목격했다. 일본에 강제로 끌려간 많은 사람들이 무단으로 도망쳐 집으로 돌아왔다. 하지만 환송자들도 모두 감옥에서 돌아온 것은 아니었다. 1944년 여름 서울에서 동원된 사람들이 봉기를 일으켰는데, 그것은 매우 잔악하게 진압되었다. 하지만 당시의 동요는 시골에까지 전해져 해방 이후 그들에 대한 이야기를 적지 않게 들었다."

앞 인용문의 의미는 다음과 같습니다. 첫째, 총독부가 피징용자를 끌고 갔다는 것입니다. 이때 '끌고 갔다'라는 의미가 육체를 실제로 끌고 간 것인가는 분명하지 않지만, 최소한 강제구인이 있었음은 분명해 보입니다. 둘째, 피징용자의 일부가 도망쳐서 고향 집으로 돌아왔다는 사실입니다. 그 점은 니시오카[37]에서도 확인할 수 있습니다. 셋째, 피징용자로 동원된 사람들이 봉기를 일으켰고 진압되었다는 사실은 권희진의 사례에서 30명이 도망갔다는 사실이 진실이라는 점을 증명합니다. 징용에 반대하는 항의운동이 발생했다는 사실도 30명의 도망이 진실일 가능성을 높입니다. 넷째, 권희진은 여자로 추정되기 때문에 여자들도 징용 대상이었다는 것입니다. 다섯째, 일본 경찰이 전송자들을 감옥에 보냈다는 것은 이해가 되지 않습니다. 아마도 징용공들의 도망을 대비하여 보증인을 잠시 감옥에 가두어 둔 것인지도 모르겠습니다. 여섯째, 1944년 여름 동원된 사람들이 봉기를 일으켰다는 사실은 다른 연구나 보고에서 찾아볼 수 없는 점입니다.

이우연,[38] 니시오카,[39] 김민철,[40] 정혜경[41] 등은 피징용자가 자유를 얼마나 누렸는가를 두고 다른 견해를 보이고 있습니다. 문제는 일본 정부가 피징용자에게 자유를 어느 정도 허용했는지는 이론의 문제가 아니고 실증의 문제라는 것입니다. 그것이 실증의 문제라면 네 연구자 모두 충분한 실증 자료를 제출하지 않고 자신들의 주장만을 하고 있습니다. 그러나 피징용자가 어느 정도 자유를 누렸는가와 상관없이 저자의 노예에 관한 정의에 의하면 징용 노무자가 노예였음은 분명합니다.

결론적으로, 일본은 피징용자의 신체를 구속했고 노동자로서 자유계약을 부정했기 때문에 한반도 노동자의 일본에서의 채용과 취업 등, 징용을 '사회주의'로 만들었습니다. 징용은 또한 일본 노동시장을 사회주의로 만들었습니다. 일본 노동시장에서의 모든 과정도 일본 정부의 강력한 통제하에 있었을 뿐만 아니라 일본으로 징용된 한인 노동자도 조선총독부의 강력한 통제하에 있었기 때문입니다.

3장

징용에서의 민족 간 임금차별

"저〔이우연〕는 조선인의 월수입이 일본인보다 적은 경우가 많이 있었지만, 민족차별은 아니라고 주장했습니다. (…) 당시 탄광이나 광산의 임금은 성과급이었고, 위 운탄부運炭夫의 10시간 노동에 따른 기본급에서 민족차별의 흔적을 찾아볼 수는 없습니다. (…) 따라서 임금에 있어서 민족차별이 없었다는 주장과 인도 금액에서 민족 간 차이가 있었다는 서술 사이에는 하등 모순이 없습니다."(이우연)[42]

---

* 저자는 두 가지 이유로 이우연의 주장은 설득력이 없다고 봅니다. 첫째, 징용으로 동원된 한인 노무자들과 일본인 노무자들 간의 임금에는 차별이 있었습니다. 이우연은 차별이 없었다고 주장하면서 여러 측면을 간과하거나 무시했습니다. 둘째, 이우연은 작업 배치상 차별이 있었음에도 불구하고 임금 차별 분석에서 그 점을 명시적으로 고려하지 않았습니다. -저자 주

1. 징용 노무자의 최고 임금과 건설 현장 날품팔이 노동자의 임금

노예노동과 관련한 임금차별 여부를 검토하기 전에, 1939년 모집 이후 일본 노동시장의 특징을 임금 구조를 중심으로 알아봅니다. 일본에서는 1939년 9월 18일 '가격정지령'에 의해 가격, 지대, 요금, 운임, 임금, 봉급 등의 인상은 모두 금지되었습니다. 가격 정지는 매년 갱신되었습니다.[43] 1940년 10월 19일에는 '임금통제령'이 시행되었습니다. 가격정지령과 임금통제령으로 가격, 임금 등이 매년 최고가격 또는 최고 임금으로 고정되었다고 추론할 수 있습니다. 한 가지 더 추론할 수 있는 것은 이 시기는 모든 재화의 가격이 빠르게 상승하고 있었기 때문에 일본 정부가 가격정지령을 발동할 시점의 가격을 장기간 고정해 둘 수는 없었을 것이라는 점입니다. 즉 진실은 매년 일정 시점에 모든 재화의 가격이 고정되었지만, 일정한 시간이 지난 후에 그 가격을 인상하여 고정했다는 것입니다. 그리고 일부 작업장에서는 그마저도 편법으로 임금을 올리지 않을 수 없었습니다. 다만 임금이 고정되지 않거나 노동강도가 낮은 일자리, 노동강도 대비 임금이 높은 일자리도 많았습니다. 가장 좋은 예가 건설 현장의 '날품팔이 일'입니다.

여기에 덧붙여, 기업 또는 사업장 소유 자산의 크기와 누적된 이윤, 경영 능력, 군수 담당자와의 관계, 편법, 뇌물 등으로 기업의 임금 지불 능력은 천차만별이었습니다. 예를 들어, 노동자를 고용하면 일본 정부의 보조금을 받을 수 있었는데 이때 서류를 조작하여 고용된 노동자의 수를 부풀리는 경우가 있습니다.[44] 물론 임금 지불 능력이 문제가 되는 것은 전시 상황이기 때문일 것입니다. 일부 공장이나 회사는 정부 보조금으로 연명하는 경우도 있었을 것입니다. 가격 규제를 회피하기 위하여 감독자인 정부 관료에게 뇌물을 바친 경우도 추정해 볼 수 있습니다.

코헨[45]은 일본 남자 일일 평균 임금은 1940년 3.08엔에서 1944년 5.67엔으로 상승했다고 서술하고 있습니다. 가격정지령과 임금통제령이 발효되고 있는 상황에서도 탄광과 같은 매우 힘든 작업 환경에서 노동하는 노무자를 위하여 기업은 각종 수당, 예를 들어 임시수당, 가족수당, 근속수당 등을 지급함으로써 정부의 임금통제를 벗어나 임금을 인상했습니다. 임금의 이런 상승은 당시 도쿄의 소비자물가지수의 상승보다 더 높았습니다. 도쿄 소비자물가지수는 1940년에 259.7(1937년 7월=100)에서 1944년에 321.4로 상승했습니다.[46] 일본 남자 일일 평균 임금의 상승이 도쿄 소비자물가지수의 상승보다 컸다는 것을 알 수 있습니다.

그럼에도 일본 남자 일일 평균 임금은 최고 임금으로 고정되었다고 추론할 수 있습니다. 기업이 노동자에게 실제로 지불한 임금은 정부가 고정한 임금에서 각종 수당이 추가된 것이기 때문입니다. 정부가 고정한 최고 임금에 기업 자신이 추가로 지불한 임금을 합산한 것은 기업이 '자발적으로 고정한' 최고 임금이라고 할 수 있습니다. 그리고 그런 최고 임금마저도 건설 현장의 날품팔이 노임보다 명백히 낮았습니다. 노동강도를 고려하면 그 차이는 큽니다. 무엇보다도 날품팔이 노동에서는 정부의 최고 임금 규제가 없었기 때문입니다. 그러나 날품팔이 노동에 대한 임금도 자유시장 임금보다는 낮았을 것입니다. 날품팔이 노동에 대한 임금도 앞에서 서술한 기업이 자발적으로 고정한 최고 임금의 영향을 받았을 뿐만 아니라 군국일본의 일본 시장에 대한 노동정책이 사회주의적이었기 때문이었습니다. 그러므로 '정부가 정한 최고임금(A) < 기업이 정한 최고임금(B)

< 날품팔이 임금(C) < 자유시장임금(D)'이라는 관계가 성립했을 것입니다. 일본 탄광으로 징용된 노무자는 'D-C' 또는 'D-B'만큼 군국 일본 정부에게 노예노동으로 수탈당했습니다. 여기에서 D는 '이론의 눈'으로만 볼 수 있습니다.

1944년 한반도 한인을 본격적으로 징용할 무렵에는 일본 노동시장의 임금 왜곡이 극에 달했다고 추론할 수 있습니다. 가네야마 쇼엔金山正捐은 1945년 3월에 요도시카단츄테츠鍛鑄鐵에 징용되었지만, 1945년 7월에 도망쳐 도쿄 함바飯場에서 자유노동자로 일했습니다. 토목공사나 광산 등지에서 동원된 노동자들의 숙식을 해결하기 위해 임시로 지은 간이 건물을 함바라고 합니다. 함바에서의 일이란 공사판 감독이 책임지고 관리하는 건설 현장의 날품팔이 일을 말합니다. 자유노동자라고 하지만 자유시장임금은 아닐 것입니다. 일본 정부에 의한 노동시장의 임금 왜곡은 임금통제가 없는 함바 노동자의 임금에게도 영향을 미치기 때문입니다. 그곳에서 그는 하루는 굴을 파는 곳에서 목재 운반 등의 가벼운 일을 하고 반나절 작업에 15엔, 다른 함바에서 방공호를 파고 1일 20엔을 받았습니다. 1945년 8월 7일 그는 건설 현장에서 측량을 보조해 주고 1일 20엔을 받았습니다. 그 임금은 정충해의 월 140엔('140/30=4.7엔/일'에서 '140/25=5.6엔/일'까지)에 비하면 비교도 할 수 없을 정도로 높았습니다.

이우연[47]은 1945년 일본 주우광업(주) 이내우伊奈牛광산의 월 임금을 124.79엔으로 보고하고 있습니다. 다른 한 가지 사실은 동일한 장소에서 1944년 평균 임금은 월 150엔이었습니다. 이내우 광산의 임금은 1944년에 정점을 찍고 1945년에는 1944년 대비 상당히 하락했습니다. 즉 1944년 이내우 광산의 월 평균 임금이 어느 때보다도 높았던 것은 사실이지만 건설 현장의 날품팔이 임금보다는 여전히 낮았다는 것입니다.

이우연[48]은 1944년 5월 에무카에江迎 탄광 임금 대장에서 조선인의 월 평균 수입이 100원, 일본인의 수입은 116원이었다고 보고하고 있습니다. 100원이라는 금액은 건설 현장의 날품팔이 일에 대한 대가보다 턱없이 작았고 정충해의 월급 140엔보다도 더 작았습니다. 탄광에서의 노동강도는 다른 노동 현장에서의 노동강도와 비교할 수 없을 만큼 높았습니다.

니시오카[49]는 1939~1945년 기간에 건설 현장의 날품팔이 일은 어디에나 있었다고 지적합니다. 가네야마 쇼엔이라는 일본 이름을 가진 한국인이 남긴 기록에 의하면 건설 현장에서 그가 했던 일은 방공호를 파는 일, 측량 보조, 목재 운반 등이었습니다. 건설 현장의 날품팔이 일이 1945년 3월 9~10일 도쿄 대공습으로 파괴된 도시를 재건하는 일과 관련이 있는지는 불분명합니다. 분명한 것은 도쿄 건설 현장의 날품팔이 일이 많았다는 것, 노동강도가 세지 않았다는 것 등과 함께 임금도 매우 높았다는 사실입니다.

가격정지령과 임금통제령으로 인하여 일본 노동시장은 이중구조 또는 다중구조가 되었습니다. 탄광, 광산 등과 같은 군수품을 생산하는 곳에서의 임금은 일본 정부의 규제를 강하게 받았습니다. 정충해가 취업했던 도요공업이 대표적인 곳입니다. 이것은 정부의 '간섭받는 시장hampered market'입니다. 다른 하나는 건설 현장의 날품팔이 일입니다. 그 일은 일본 정부의 임금통제를 받지 않았습니다. 그런 점에서 그곳을 '자유시장free market'이라고 할 수도 있습니다. 그러나 그 시장은 최고 임금 규제의 영향을 받는다는 점에서 '완전한' 의미의 자유시장은 아닙니다. 날품팔이 노동자의 임금은 군수품 생산 공장 노동자의 임금보다 훨씬 많았습니다. 다만 날품팔이 일의 성격상 직업적 안정성은 매우 낮았을 것입니다. 정부의 임금 규제를 받았던 노동시장에서는 노동 수요에 비해 노동 공급이 부족해서 '초과수요'가 발생했을 뿐만 아니라 지속되었습니다. 일본 정부는 모집, 관알선, 징용 등의 방법으로 그런 수요를 충족시키고자 했습니다. 그러나 그 일은 쉽지 않았을 것입니다. 군수품 생산공장의 인근에 노동강도는 낮고 임금이 매우 높은 시장이 공존하고 있었기 때문뿐만 아니라 한반도에서 동원한 한인의 일부는 그런 시장으로 어렵지 않게 이동했기 때문입니다. 그런 이동은 그런 이동이 없을 때와 비교하여 날품팔이 노동자의 임금을 낮추게 됩니다. 그런 결과가 일본 시장에서 목격되었던 날품팔이 노동자의 임금입니다. 그리고 탄광 등과 같은 군수품 생산 현장이라 하더라도 사업체 또는 공장마다 임금 지불 능력이 서로 다르기 때문에 기업 차원에서 인력을 빼가는 일을 막는 것도 쉽지 않았을 것입니다.

건설 현장의 날품팔이 노동시장과 일본 정부의 통제 또는 규제를 받는 석탄, 광산, 토건, 군수품 제조공장 등의 징용 노동시장은 적어도 '법적으로는' 분리되어 있었을 것입니다. 그러나 '실질적으로는' 상당히 연계되어 있었을 것입니다. 일본 정부 예산과 인력이 너무 부족하여 일본 정부가 그런 불법을 감시·감독할 여유가 없었을 것이기 때문입니다.

2. 민족 간 임금차별의 여러 가지 형태

노예노동을 주장하는 역사가는 '임금은 없거나 극히 소액에 불과하였다'라고 주장하고 있습니다. 이것이 노예노동 관련 두 번째 쟁점입니다. 이우연[50]은 1937~1945년에 일본 탄광에서 탄부와 광부로 취업했던 조선인과 일본인 간의 실질적인 임금 격차가 없었다는 자료를 제시하고 있습니다. 그는 임금 격차가 존재했다면 그것은 두 민족 노동자의 생산성의 차이에 기인했다고 지적합니다. 이우연[51]은 민족 간 임금차별이 없었기 때문에 노예노동이 존재하지 않았다는 입장을 취했다고 유추할 수 있습니다. 과연 이우연의 두 번째 주장은 옳은가요?

첫째, 이우연[52]은 1944년 5월 에무카에 탄광 평균 월수입에서 민족 간 차이가 났는데 그 이유가 가족수당에 있었다고 지적합니다. 그 탄광에서 월평균 수입으로 조선인은 100원, 일본인은 116원을 받았는데, 그 차이 중에서 8원이 초과 근로시간에 대한 수당의 차이고, 7원 가량은 가족수당에서 발생했다고 지적합니다. 가족수당에서 차이가 발생했던 것은 한반도 한인은 강제에 의해 단독으로 일본으로 갔기 때문에 가족과 함께 생활하지 못했지만, 일본인 노무자는 대부분 가족이 있었기 때문입니다. 이우연[53]은 일본 기업은 최고 임금이라는 규제를 회피하기 위하여 가족수당을 비롯하여 임시수당, 근속수당 등의 각종 수당을 지불했다고 지적합니다. 가족수당을 만든 동기가 무엇이든 그것은 일본인에 비해 한반도 한인 노무자를 차별하는 결과를 가져왔습니다. 한반도에 있는 가족까지를 대상으로 했다면 평균 7%(7원/100원)의 임금을 더 받을 수 있었는데 그렇게 하지 않았기 때문에 그만큼 차별받았습니다. 한반도와 일본에서 차별이 만연된 상황에서, 에무카에 탄광이 가족수당을 지급했던 것은 명시적으로는 차별이 없었던 것으로 볼 수 있지만 '실질적으로는' 차별이 있었습니다. 즉 탄광의 임금 대장으로는 가족수당을 지급한 것에 차별할 의도가 있었는가를 확인할 수 없지만 그런 지급은 결과적으로 차별을 가져왔다는 것입니다.

둘째, 이우연[54]은 전기 탄광 임금대장에서 '강제저축' 금액이 한인 평균 26원, 일본인 18원이었다고 지적합니다. 월평균 수입은 한인은 100원, 일본인은 116원으로 일본인이 많았는데 강제저축 금액은 일본인이 약 31%나 작았습니다. 월평균 수입 대비 강제저축의 비율은 한인 26%, 일본인 15.5%로서 한인이 훨씬 높았습니다. 강제저축을 하도록 하고 그에 대한 이자율을 시장이자율보다 낮게 준다면 그만큼 수탈하는 것입니다. 특히 전시 상황이라 물가가 폭등하는 상황에서는 그 수탈의 크기가 커집니다. 한인들에게 더 큰 강제저축을 요구했기 때문에 결과적으로 임금에서의 차별이 있었다고 할 수 있습니다.

셋째, 원화의 과대평가로 인해 결과적으로 임금차별이 있었습니다. 식민지기 내내 한반도 원화와 일본 엔화의 교환 비율은 '1:1'로 고정되었고, 그에 따라 원화가 과대평가되었습니다. 한인 노무자가 한반도 가족에게 송금하면 이 돈의 구매력이 낮아집니다. 정상 환율이 '원화:엔화=2:1'이라고 가정하면 100엔을 송금하면 200원이 되어야 구매력이 유지되는데 100원밖에 되지 않았기 때문에 그만큼 수탈을 당했다는 것입니다. 이 점은 1부 2장 4절에서 자세히 다루었습니다.

넷째, 일본은 메이지 정부 시절부터 공적부조를 제도화했습니다. 그리고 군국일본은 모집 시점부터 일본의 공적부조를 한인 징용 노무자에게도 적용한다고 선전·선동했습니다. 그러나 일본 정부는 실제로는 공적부조를 지불하지 않았습니다.[55] 물론 개별 사례에서 한인 노무자가 공적보험료를 내고 퇴사 시 또는 공적부조 조건에 맞는 경우에 일정 금액을 보험료로 지급받았던 사례도 있습니다.[56] 일본 사업자가 지불해야 할 공적부조를 제때 지불하지 않고 패전 이후 공탁을 한 예도 있습니다. 이것이 일본 법무국 공탁소가 보관하고 있는 문서에 표기된 내용입니다.[57] 그러나 제도 전체 관점에서 일본 정부는 일본인 노무자와 다르게 한인 노무자들에게 공적부조를 제대로 지불하지 않았습니다. 그 결과 공적부조라는 차원에서 일본인 노무자와 한인 노무자 간의 차별을 초래했습니다. 한인 징용 노무자에게 공적부조를 적용하겠다고 선전·선동을 한 일본 정부는 한인 노무자들을 속인 것입니다. 그런 공적부조에서의 차별은 실질적으로 임금의 차이를 가져왔을 것이지만 현재로서는 그 크기를 알 수 없습니다. 그러나 분명한 것은 공적부조가 한인에게 불리하게 적용되었다는 사실입니다.

마지막으로, 이우연[58]은 다음과 같은 점도 유의해야 할 것을 저자는 주장합니다. 그 기간 일본의 다수 회사, 공장, 광산 등이 한인 징용 노무자를 조선총독부로부터 배분받아서 작업에 투입했습니다. 그러나 그의 연구는 전체 한인 징용 노무자 임금의 아주 작은 일부일 뿐입니다. 즉 그의 연구의 결론이 당시 한인 징용 노무자 임금을 잘 대표할 수 있다고 보는 것은 상당히 무리라는 것입니다.

3. 작업 배치상의 차별과 수탈의 크기

1943년 일본 주요 탄광 사망률은 식민지 한인이 일본인보다 '두 배' 정도 높았습니다.[59] 사망률이 그렇게 높았다면 재해율도 높았을 것을 유추할 수 있습니다. 여기에서는 사망률에만 초점을 두겠습니다. 이우연[60]의 실증 분석에는 이러한 사망률의 차이를 고려하지 않고 명목임금 상의 차이만을 고려하여 차별이 없었다고 주장합니다. 사망률의 차이는 일본 기업의 임금 대장만으로 민족차별이 없었다고 주장하는 것을 어렵게 만듭니다. 작업 배치상의 민족차별이 없었다는 일본 쪽 자료가 추가로 발견되더라도 그것을 그대로 믿기는 어렵습니다. 일본 주요 탄광에서의 두 민족 노동자의 서로 다른 사망률이 그런 자료의 신뢰를 근본에서 부정하기 때문입니다.

이우연은 일본인과 한반도에서 징용된 한인 간에 작업 배치상 차별이 없었다고 주장합니다. 하지만 이우연[61]은 직종 분포에서 일본인과 한반도 한인 간에 큰 차이가 있었다는 점은 인정하고 있습니다. 이우연이 연구한 탄광에서의 작업 배치를 바탕으로 작업 배치상의 차별이 없었는지에 관해 알아봅시다.

탄광에서 수행되는 노동 과정은 다음과 같습니다. 굴진부에서 폭약을 설치하고 폭파하여 갱도를 뚫으면, 채탄부에서 발파된 돌과 석탄을 운반기구에 퍼 넣고, 지주부에서 새롭게 생긴 갱도에 지주를 세웁니다. 운탄부에서 채탄부가 퍼 넣은 운반기구가 가득 차면 탄광 밖으로 옮기고, 선탄부에서는 탄광 밖에서 돌과 석탄을 분류하는 작업을 합니다. 숙련도가 가장 많이 요구되는 업무는 굴진부와 지주부의 업무이고, 육체적으로 가장 힘든 일은 채탄부에서 합니다. 갱도가 무너져 내릴 때 사망할 위험이 가장 큰 업무는 막장에서 일하는 채탄부·굴진부·지주부의 업무입니다.

1943년에 일본인 노동자는 60%가, 한반도 한인 노동자는 92%가 갱 내부에서 일했습니다. 채탄부·굴진부·지주부에 투입된 일본인은 38%, 한반도 한인은 '70% 이상'이었습니다. 세 가지 작업에 투입된 노동자를 전체 일본인 노동자와 전체 한인 노동자의 비중으로 환산하면 22.8%, '64.4% 이상'이 됩니다. 이것은 가장 힘들고 사망 위험이 큰 작업에 한반도 한인이 일본인보다 '2.8배 이상' 투입되었음을 의미합니다. 탄광 노동에서 일본인보다 한반도 한인의 사망률이 두 배가량 많았던 것은 위험한 작업에 투입된 한인의 비율이 그만큼 높았기 때문으로 추론할 수 있습니다.

이우연[62]은 한반도 한인은 모두 근무 2년 이하의 노동자였지만 일본인의 경우는 2년 이하 근무자가 전체 일본인 노동자의 53.8%였다고 보고합니다. 일본인에 비해 한반도 한인 중에 미숙련 노동자의 비율이 높았다는 것입니다. 이우연[63]은 이런 숙련도의 차이로 인해 작업 배치상의 차이가 생겼을 뿐 차별은 없었다고 주장합니다. 하지만 굴진부와 지주부가 높은 숙련을 요구한다는 점을 고려하면 숙련도의 차이로 갱 내부 작업에 배치된 인력의 비율 차이를 설명하기 어렵습니다.

통상적으로 임금은 작업자의 숙련도, 작업의 난이도뿐만 아니라 작업자가 감당해야 할 재해 및 사망 위험까지 반영합니다. 한반도 한인 노동자가 재해 및 사망 위험이 큰 작업에 배치되었다면 그에 상응하는 임금을 받아야 합니다. 그런데도 탄광에서 일하는 한반도 한인보다 일본인이 16%를 더 많이 받았던 것은 탄광이 재해 및 사망 위험을 임금에 전혀 고려하지 않았음을 보여 주고 있습니다. 아니 오히려 재해 및 사망 위험이 낮았던 작업에 배치된 일본인에게 더 많은 임금을 주었습니다.

다른 한편, 일본 정부는 모집, 관알선, 징용 등의 정책을 시행할 때마다 일본인 노동자와 한인 노동자를 차별하지 않을 것을 규정하거나 지시했습니다.[64] 일본 정부의 규정 또는 지시 때문에 일본 탄광주 또는 공장주가 임금을 차별하는 일은 어려웠을 것으로 추정할 수 있습니다. 차별했더라도 그런 기록은 남겨 두지 않았을 것입니다. 그러나 작업 배치상의 민족차별은 매우 교묘하여 일본 정부 관료가 쉽게 간파하기가 어려웠을 수도 있습니다. 1923년 관동대지진 때 일본인들이 재일 한인을 무자비하게 학살한 것이나 재일 한인 유학생이 일본인으로부터 많은 차별과 멸시를 받았다는 진술은 탄광에서도 작업 배치에서 차별이 있었을 것을 예상할 수 있게 합니다. 그리고 앞의 '작업 배치상의 민족차별'이 그 점을 증명합니다.

이우연[65]은 임금의 차이를 분석할 때 작업 배치상의 위험요인을 전혀 고려하지 않았습니다. 탄광과 같은 곳에서는 위험요인이 너무도 중요한데도 말입니다. 만약 일본 탄광회사가 '의도적으로' 작업 배치상의 차별을 하지 않았다고 가정하면, 탄광회사가 위험요인을 반영하여 임금을 책정하지 않았음을 이우연[66]은 보여 줍니다. 이것은 일본인과 비교하여 한반도 한인은 그만큼 불리하게 대우받았다는 점을 의미합니다. 만약 일본 탄광회사가 '의도적으로' 작업 배치상의 차별을 했다고 가정하면, 이우연[67]은 명목임금의 분석만으로 민족 간 임금차별이 없었다고 주장할 수는 없습니다. 그는 작업 배치상의 차별을 명시적으로 고려하지 않았기 때문입니다.

민족 간 임금차별과 작업 배치상의 차별, 두 가지 요인을 종합하면, 군수품 제조공장 노동자, 건설 현장의 날품팔이 노동자 등과 비교하여 탄광 노동자는 너무 낮은 임금을 받은 것이 진실입니다. 이 경우에도 한반도 한인 노무자의 일부는 업종 또는 업체를 바꾸는 방법으로 대응한 것으로 보입니다. 두 가지 요인을 종합하면, 민족 간에 임금차별이 있었다는 것이 진실입니다. 한인 노무자가 의무 연한인 2년을 채우고 한반도로 돌아가는 방법을 택했던 것, 즉 암묵적인 노동계약을 더 이상 연장하지 않았던 것은 그런 이유 때문일 것이라고 저자는 추론합니다. 두 경우에 대한 자세한 설명은 아래에서 합니다. 이우연[68]의 분석은 이미 존재했던 임금차별을 간파하지 못하고 작업 배치상의 차별과 같은 '보이지 않는 차별'은 비합리적 방법으로 설명했습니다. 그런 설명이 실증연구에 의해 뒷받침된다면 문제가 없습니다. 그러나 그는 그렇게 하지 않았을 뿐만 아니라 그렇게 할 수도 없었을 것입니다. 그러므로, 현재로서는, 앞에서 지적한 일부 학자의 주장뿐만 아니라 이우연[69]도 틀렸음이 분명합니다.

민족 간 임금차별이 없었다는 이우연[70]의 주장을 전적으로 받아들이더라도, 그의 다른 연구[71]에서 말하는 징용 노무자의 노동이 노예노동이 아니라 자유노동이라는 주장은 틀린 것입니다. 노예에게 어느 정도의 대가를 줄지도 노예주의 권한이기 때문입니다. 그리고 이때 노예주는 징용 영장을 발부한 조선총독부, 궁극적으로는 군국 일본입니다.

민족 간 임금 차이가 생산성의 차이를 반영한 것이라는 이우연[72]의 주장을 전적으로 받아들이더라도 수탈은 여전히 존재했습니다. 이때 어느 정도의 수탈이 있었고 수탈자는 누구이고 피수탈자는 누구인가요? 크게 보아, 1940년대 일본 노동시장의 임금 구조는 '정부가 정한 최고임금 < 기업이 정한 최고임금 < 날품팔이 임금 < 자유시장임금'의 관계에 있다고 앞에서 저자는 지적했습니다.

수탈을 비교할 때는 노동강도를 고려해야 하지만 문제를 단순화하기 위해 이 점은 무시하기로 합니다. 수탈의 크기는 자유시장임금에서 기업이 정한 최고임금을 뺀 금액입니다. 두 임금이 기업별로 다르기 때문에 기업별로 수탈의 크기가 다를 수밖에 없습니다. 그리고 징용에서 수탈자는 일본 정부이고 피수탈자는 한인 징용 노무자입니다. 일본인 징용 노무자도 피수탈자가 되지 않을 수 없습니다. 이우연의 주장처럼 민족 간 임금차별이 없었다고 하더라도, 징용으로 수탈은 존재했고 징용 노무자는 '모두'가 피수탈자라는 것입니다. 일본 정부는 일본 기업이 정한 최고 임금으로 한반도 노무자와 일본 노무자를 동원해야 했는데 그런 임금은 자유시장 임금보다 낮아서 전쟁을 수행하기 위해서는 강제로 동원할 수밖에 없었을 것입니다. 이것이 징용이라는 강제 동원이 나오게 된 경제적 그리고 궁극적 배경입니다. 일반적으로 말해, 일본 정부는 일본 노동시장의 임금 구조를 왜곡했기 때문에 노동자를 강제 동원하지 않을 수 없었고 징용의 그런 강제성 때문에 수탈이 일어났습니다.

4. 한인 노무자가 강제 동원된 노동 현장을 떠났던 이유

일본 정부는 1939년에 가격정지령, 1940년에 임금통제령을 발령했습니다. 이런 임금 규제는 여러 부작용을 낳았습니다. 그런 부작용 중의 하나는 모집, 관알선, 징용 등으로 동원된 한인 노무자를 노동 현장에서 이탈하게 만들었다는 점입니다. 1939년 이후 일본 노동시장에서 한인 노무자의 상당수가 강제 동원된 노동 현장을 떠났던 이유는 무엇일까요?

1925년 10월부터 1938년까지 도항이 저지된 인원은 약 89만 명이었고, 1933~1938년에 도항이 저지된 인원은 약 74만 명이었습니다. 1930~1942년에 발견된 부정 도항자는 39,482명이고, 그중 식민지로 송환된 자는 33,535명이었습니다. 부정 도항자와 송환된 자는 많지 않기 때문에 이 논의에서 제외합니다. 1933~1938년에 도항이 저지된 74만 명은 준전시체제로 인한 인플레이션, 중일전쟁으로 인한 인력 부족 등으로 일본에서 임금이 급격히 상승하는 것을 간파하고 도항을 시도했던 식민지 한인으로 추론할 수 있습니다.[73] 물론 그들 모두가 노동자는 아닐 것입니다. 통계가 존재하는 1933~1937년에 110만 명이 도항을 신청했고 45만 명만 허가받았습니다. 도항 허가율은 약 41% 정도밖에 되지 않았습니다. 이때만 해도 가격, 임금 등에 대한 일본 정부의 통제가 미약했기 때문에 도항 신청이 그렇게 많았던 것은 시장에서 한반도 한인 노동자가 일본의 자유시장 임금이라는 인센티브에 반응한 결과였을 것으로 추론할 수 있습니다. 물론 일본의 자유시장 임금은 한반도 임금보다 매우 높았습니다. 그리고 도항 허가율이 낮았던 것은 1939년 모집이 시행되기 전까지 일본 정부가 한인들이 취업을 위하여 일본으로 도항하는 것을 상당히 제한하고 있었음을 의미합니다. 일본 정부는 일본어를 할 줄 모르는 농민 출신 저학력의 식민지 노동력을 좋아하지 않았던 것처럼 보입니다. 다양한 사회적 마찰이 발생했기 때문일 것입니다.

일본 노동시장에서는 1939년을 전후하여 전쟁 인플레이션, 전쟁으로 인한 노동 수요 증가, 전쟁에 병사 동원으로 인한 노동 공급의 감소 등으로 명목임금과 실질임금 상승 압력이 높았습니다. 그러나 일부 공장 또는 작업장에서는 임금이 자유시장임금보다 낮은 최고가격으로 규제되었기 때문에 허가를 받고 일본으로 도항한 식민지 한인 노동자를 채용할 수 없었을 것입니다. 탄광, 광산 등과 같이 노동강도가 높으면서 위험한 일일수록 도항 허가를 받고 도항한 식민지 노동자를 일본 내에서 구하는 것이 더 어려웠을 것입니다. 이것이 일본 정부가 식민지 인력 '강제동원계획'을 작성하고 실행했던 '근본적인' 이유일 것입니다. 그 무렵 일본 정부가 군국주의가 지배하는 조직인 점이 그런 계획을 촉진했을 것입니다.

1945년 3월 말 현재 관알선, 징용 등으로 동원된 노무자는 587,526명입니다. 이 수치도 일본 내무성 통계와는 작지 않은 차이가 있습니다. 그중 도망자는 222,225명입니다. 이는 전체 동원 노무자 중에서 약 37.8%를 차지합니다. 도망자가 22만 명이 넘는다는 것은 결코 무시할 수 없는 수치입니다. 가네야마 쇼엔이 작성한 경찰조서에서는 1945년 3월에 41명의 조선인이 피징용자로 일본으로 갔는데 8월 14일까지 그중 14명이 도주했다는 내용이 있습니다. 이것도 약 34.1%의 도망률을 보이고 있습니다.[74] 앞의 사례보다 더 심각한 것은 사할린에서 일본에 있는 광산이나 사업장으로 두 번 징용된 경우에 작업장을 탈출하는 노동자가 적지 않았다는 점입니다. 하나오카 광산으로 전출된 한인 노무자 389명 가운데 86명이 탈출하여 도망률이 22.1%였습니다. 규모는 알 수 없지만 그들 중 일부는 집단으로 탈출했다고 정혜경[75]은 지적합니다.

1944년 1월에 발표된 전문잡지 『사회정책시보』에서 오노 데츠시로는 도망의 원인으로 일곱 가지를 제시하고 있다고 니시오카[76]는 설명하고 있습니다. 니시오카[77]는 또한 한 탄광에서 조선인 노무자의 퇴직을 조사한 노동과학연구를 인용하여 '편승 도항자'와 '유혹'이 도망의 주요 이유라고 설명합니다. 편승 도항자란 모집이나 관알선을 이용하여 도항을 하되 일본에 도착한 후에는 다른 사업장으로 취업장을 옮기는 노동자를 말합니다. 편승 도항자가 발생하게 된 이유는 도항저지제의 폐지로 인해 일본으로 노동 이민을 갈 수 있는 방법이 모집, 관알선 등을 이용하는 길밖에 없었기 때문입니다. 게다가, 앞에서 보았듯이, 노동강도 대비 탄광에서의 임금은 너무 낮았습니다. 편승 도항의 경우에 도항 비용을 절약하기 위하여 모집이나 관알선을 이용했을 수도 있었을 것입니다. 인력을 필요로 하는 기관에서 도항 비용을 지급했기 때문에 모집과 관알선으로 일본에 가는 것을 '관비관허' 여행으로 불렀습니다. 유혹이란 식민지 노동자를 배정받지 못했거나 충분히 배정받지 못한 사업장에서 브로커를 이용하여 인력을 빼갔던 행위를 말합니다. 이때 브로커는 노동자 한 명당 30~50엔을 받았습니다. 브로커까지 존재했다는 사실은 그런 일의 규모가 작지 않았음을 추론케 합니다.

모집의 경우에 한인이 현지를 탈출한 비율은 1939년 2.2%, 1940년 18.7%, 1941년 34.1%, 1942년 38.3%, 1943년 39.9%로 시간이

지나면서 급증했습니다. 관알선의 경우에서 탈출율도 1942년 20.9%, 1943년 27.4%로 절대 낮지 않았습니다. 관알선에서 현지 통제가 더 엄격해졌음을 고려할 때 탈출율이 낮았다고 볼 수는 없습니다. 탈출이라고 하지만 모집, 관알선 등으로 강제 동원되었던 처음의 노동 현장을 이탈한 것이지 일본 내에서 노동했다는 사실은 변함이 없습니다. 일본에서 탈출하여 한반도로 귀향한 경우도 있었겠지만 많지 않았다고 추론하는 것은 1940년대 한반도 농업이 여러 해에 걸쳐 큰 자연재해를 입어 다수 농민이 작지 않은 어려움에 부닥쳤기 때문입니다.

우리는 '일본석탄통제회'의 자료를 통해 1939년 10월~1942년 10월 간 일본 지역별 석탄광업 한인 노무자 감소율을 알 수 있습니다. 3년 동안 노무자의 도주율은 일본 전체에서 35.6%이고, 1942년 10월 현재 46.4%만 남아 있었습니다. 후쿠오카 지역만 보면 노무자의 44.0%가 도주하고 41.7%만이 남아 있었습니다.[78]

일본석탄통제회는 한인 노무자의 도주를 막기 위하여 여러 대책을 마련했습니다. 생활양식의 변화에 따른 지도, 정신훈련의 강화, 위안과 오락 등의 복리시설을 구비하는 것과 동시에 매달 일정액을 회사에 예금할 것을 강제했습니다. 각 탄광은 도주하다가 잡혀온 노무자를 특별훈련소에 2개월간 격리 수용하고 작업 외의 외출을 금지하는 극단적인 조치를 취했습니다.[79] 또한 노무자의 모집 지역을 바꾸어 기존 노무자들 간의 연결을 끊고 한반도 내에 철강통제회훈련소를 두어 1개월 훈련 이후에 취업시키는 방법으로 고용 방식을 전환하는 경우도 있었습니다.[80] 노무자의 현장 이탈은 일본제국의 전쟁 수행을 어렵게 했던 여러 요인 중 하나였을 것입니다. 니시오카[81]는 노무자의 도주 또는 현장 이탈을 다루고는 있지만, 일본 관계 기관이 그 문제에 어떻게 대처했는지는 다루지 않고 있습니다.

이우연[82]은 그런 도주 또는 현장 이탈에 대하여 전혀 언급하지 않고 있습니다.

도주 또는 현장 이탈에는 일반적인 도일渡日 조선인의 협조가 있었습니다. 일반 도일 조선인이란 강제 동원이 시작되기 이전에 도일한 조선인으로서 노동자 생활을 하거나 자영업자로 생활하거나, 일본인 청부업자에 고용된 피고용자를 말합니다. 이들은 일본에서 강제 동원된 노무자와 다른 삶을 살았습니다. 그리고 이들은 전쟁 이후에 귀환 문제에서 있어서도 강제 동원된 노무자와 달랐습니다.[83]

1939년 이후 조선총독부는 본국 정부의 미곡 공출 요구와 노동력 강제 동원을 모두 만족시켜야 했습니다. 문제는 그런 상황은 상호 모순적이라는 것입니다. 1939년 대한발, 1942년 대한발, 1943년 대수해에도 불구하고 공출량은 1944 미곡연도에 정점에 도달했습니다. 연이은 자연재해가 있었음에도 식량 공출 정책이 무리하게 추진되었음을 알 수 있는 상황입니다. 여기에 조선총독부는 '농업요원제도'나 '농업생산책임제' 등과 같은 정책으로 경험 있는 농민을 한반도 농업에 붙들어 두도록 했습니다.

다른 한편, 한인들, 특히 농업에 종사했던 농민들은 1939년 이후 여러 해에 걸친 자연재해를 맞아 의식주 해결이 어려워지면서 군국일본이 시행하는 모집, 관알선 등에 눈을 돌리지 않을 수 없었을 것입니다. 모집, 관알선 등과 같은 강제 연행 방식으로만 도항이 허용되었기 때문에 편승 도항자가 발생했던 것입니다. 유혹은 편승 도항자를 자극하는 촉매제였을 것입니다. 편승 도항하여 일본 현지에서 최선의 길을 찾아보는 것이 좋다고 한반도 한인이 판단했기 때문일 것입니다.

다른 조건이 일정하다면, 편승 도항자가 발생한 근본적인 이유는 임금의 격차일 것이라고 저자는 주장합니다. 일본에 취업할 의사가 있는 한반도 한인이 도항할 방법은 모집, 관알선 등밖에는 없었고 그런 방법으로 취업한 탄광과 같은 곳은 노동강도에 비하여 임금이 매우 낮았기 때문입니다. 편승 도항자는 취업을 위하여 도항했던 한인 노동자라고 볼 수 있습니다. 1939년 이후 극심하고 지속된 자연재해 때문에 그 시기 한인들은 어떤 방법으로든 일본에 취업하는 것이 한 가지 방법이었을 것입니다. 유혹이 존재했던 이유는 일본 정부의 노동력 배분이 잘되지 못했기 때문이지만 노동 공급자로서는 임금 격차가 가장 중요한 원인이라는 점에서 편승 도항과 큰 차이가 없습니다. 편승 도항, 유혹 등이 실재했던 것은 모집, 관알선 등에는 일정 부분 강제성이 있었음을 증명하는 것으로 볼 수 있습니다.

모집, 관알선 등의 방법으로 도항 절차가 더 까다로워지면서 한반도 한인 노동자는 그런 방법들에 적응해야 했고, 노동강도에 비해 임금이 낮은 경우는 작업장을 옮기는 방법으로 대처했다고 추론할 수 있습니다. 한반도 한인은 노동 현장, 특히 탄광 현장에 도착했을 때 다른 곳에 비하여 노동의 대가가 너무 적은 것을 깨닫고 다른 사업장으로 이동하려 했을 것입니다. 브로커들이 이들의 작업장 이동을 도와주었습니다. 니시오카[84]는 한반도 노무자들이 지하 갱내에서 일하는 것을 '싫어했기' 때문에 모집을 이용하여 도항했지만 다른 일자리를 찾아 도주했다고 지적합니다. 그러나 노동강도가 낮으면서 높은 임금을 주는 일자리가 많은 상황에서 한인 노동자가 다른 일자리를 찾아 떠나는 것은 당연합니다. 배급이 매우 부실해지면서 노동강도가 매우 센 탄광에서의 노동은 더욱 기피의 대상이 되었을 것입니다. 노동자가 임금이라는 경제 인센티브에 따라 반응하는 일은 동서고금의 진리입니다. 게다가 머나먼 이국땅에서 가족 없이 혼자서 살아가는 한인 노동자들은 임금의 작은 차이에도 예민하게 반응했을 것을 추론할 수 있습니다.

노동시장은 별다른 규제가 없더라도 직무별 수요와 공급이 일치하지 않는 '미스매치mismatch' 현상이 심각한데 모집, 관알선, 징용 등과 같은 강제가 있을 때 그런 현상은 더 심각했을 것입니다. 이것은 편승 도항자, 유혹 등에 의한 직장 이동자가 발생한 것이 한반도 한인 노무자 탓이라기보다는 일본 정부의 '비시장적 방법'에 의한 노동자 동원 탓으로 보아야 한다는 것입니다. 물론 다른 요인이 일정하다고 가정할 때 말입니다.

함바에서의 자유노동 또는 건설 현장의 날품팔이 일, 탄광과 광산, 군수품 제조공장 등의 순으로 임금이 낮아지는 임금 구조는 한반도 노무자가 일본에서 직장이나 일터를 옮길 유인을 제공했습니다. 노동강도가 탄광과 광산에서 가장 높고 자유노동이 가장 낮았다고 보면, 탄광과 광산에서 노동강도 대비 임금은 더 낮을 것이므로 한인 노동자가 도망할 유인은 그만큼 컸을 것으로 추론할 수 있습니다. 물론 노동 현장을 떠나는 것이 불법이라는 점, 스스로 숙식을 해결해야 하는 데 따르는 어려움, 건설 현장의 일은 언제 끝날지도 모를 뿐만 아니라 그때마다 노동 장소를 이동해야 하는 번거로움 등은 한인 노무자가 도망할 유인을 낮추었을 것입니다.

5. 한인과 일본인의 임금에 대한 몇 가지 의문

••

한반도 한인과 일본인의 임금에 대해 남아 있는 몇 가지 의문을 풀어 봅시다. 첫째, 이우연[85]은 일본광산협회가 모집에 의해 한인 노무자를 일본 탄광으로 데려온 직후인 1940년 11월 실시한 반도인半島人(한반도 한인을 말함) 노무자에 관한 조사 보고를 이용하여 46개 탄광의 임금과 지출을 보여 줍니다. 한 가지 특징적인 것은 그들 탄광의 1개월 임금이 최저 40.00엔에서 최고 99.06엔이었고 평균 임금은 71.95엔이라는 점입니다. 46개 탄광 평균 임금을 기준으로 보면 최저는 너무 낮고 최고는 너무 높습니다. 왜 이렇게 탄광별 임금 편차가 심했을까요? 한반도 한인 노동자의 숙련도를 알 수 없기 때문에 탄광별 임금을 직접 비교하는 것은 무리입니다. 다만 모집에 의해 일본으로 도항한 한인 노동자가 대부분 미숙련이라고 가정하겠습니다. 탄광과 같은 특정 지역의 임금은 해당 지역의 노동 수요와 공급에 크게 영향을 받습니다. 1940년 11월 시점의 일본 특정 지역의 노동 수요와 공급은 그 지역에서 얼마나 많은 인원이 전쟁에 동원되었는가와 직접적인 관련이 있을 것입니다. 임금을 결정하는 두 번째 요인은 탄광 사업소 또는 회사의 임금 지불 능력입니다. 다른 요인도 있었을 것이지만 상대적으로 중요성이 작았을 것이기 때문에 여기에서는 무시합니다. 전쟁 인플레이션이 있었기 때문에 화폐·거시 요인도 고려해야 하지만 여기에서는 무시합니다. 그러나 두 요인에 의해 결정된 미숙련 노동자의 임금은 일부 탄광에서는 너무 낮았다고 할 수 있습니다. 이런 정보는 빠르게 식민지 한인 노동자들에게 확산되었을 것입니다. 이것이 식민지 한인의 '모집'에 대한 거부와 기피가 격렬해진 이유일 것이라고[86] 추론해 봅니다.

둘째, 이우연[87]은 한인 탄광부, 한반도의 다른 직종 노동자의 임금, 일본의 다른 직종의 노동자 임금을 비교하여 보여 줍니다. 그는 1940년에는 조선인 탄광부의 임금이 서울 남자 일부 직종 임금보다 2.4~5.2배 높았다는 사실을 지적합니다. 또한 1944년에는 조선인 탄광부의 임금이 일본 순사 초임 또는 일본 사무직 대졸 초임보다 2.2~3.7배 높았다는 사실도 지적합니다. 그러나 이런 비교는 무의미합니다. 노동시장의 지역적 특수성, 즉 특정 지역 노동시장에서의 수요와 공급의 차이, 고용주들의 임금 지불 능력, 작업의 위험성, 노동자의 기술 숙련도 등이 임금 결정에 미치는 영향을 통제하지 않은 상태에서의 비교는 아무런 의미가 없기 때문입니다. 게다가, 일본 순사는 공무원이고 사무직은 민간 화이트 칼라 노동자이기 때문에 단순 비교는 진정으로 무의미합니다. 이런 잘못된 비교는 일본으로 강제 동원된 한인 노무자들이 자발적으로 일본으로 갔다는 주장을 '암묵적으로' 뒷받침합니다. 그러나 저자는 징용이 결코 자발적이지 않았고 임금차별도 적지 않았음을 앞에서 지적했습니다. 모집, 관알선 등의 경우에도 강제성이 있었다는 점에서는 차이가 없습니다.

한반도에서 지속된 큰 자연재해로 일본에서 취업을 원한 한인들은 적지 않았지만 1939년부터는 일제와 조선총독부가 도항저지제를 강화하여 모집, 관알선, 징용 외의 도항을 허용하지 않았기 때문에, 한인 노무자들은 모집, 관알선, 징용 등의 방법이 싫다 하더라도 다른 방법은 없었습니다. 그것만이 일본에서 취업할 수 있는 유일한 길이었기 때문입니다. 게다가 일본 탄광에서의 노동강도와 위험 대비 낮은 임금 때문에 한인 노무자들은 일본에서 자신들이 직면한 노동조건과 주위 환경에 따라 본인들이 최적이라고 생각하는 각종 행동을 취했습니다. 그러나 그런 행동을 감행하는 것은 각종 불확실성과 무거운 벌칙을 감내해야 하는 어려운 일이기도 했습니다. 일본석탄통제회 조사에서 1939년 10월~1942년 10월간 도주율이 35~44%, 도주하지 않고 남아 있는 비율이 42~46%라는 사실은 그 점을 보여 줍니다.

6. 임금차별에는 수탈이 있었다

●●

이우연[88]은 민족 간 임금차별이 없었다고 주장했습니다. 그러나 저자는 앞에서 민족 간 임금차별은 분명히 존재했다고 주장합니다. 저자가 앞에서 지적한 임금차별은 수탈로 볼 수 있습니다. 수탈은 크게 두 가지로 나눌 수 있습니다. 하나는 민족 간 임금에서의 차별이고 다른 하나는 작업 배치상의 차별입니다. 첫 번째 경우는 가족수당, 강제저축 금액의 차별, 환율 과대평가에 의한 손실, 공적부조에 의한 차별 등에 의해 발생하는 차별입니다. 이 경우에 손실을 부담하는 쪽은 한반도 한인 노무자임이 분명합니다. 이득을 보는 쪽은 모두 다릅니다. 가족수당의 경우에는 일본 회사에 고용된 일본인 노무자들이, 강제저축의 경우에는 일본 정부와 일본 민간은행(은행원들 포함)이, 환율 과대평가의 경우에는 일본 정부와 일본 수출기업이, 공적부조는 일본 회사와 일본 정부가 이득을 보았습니다. 작업 배치상 차별의 경우에는 한인 노무자가 손실을 보았지만, 이득은 일본인 노무자의 몫이 되었습니다. 단적으로, 이런 차별은 민족 간 사망률의 차이로 나타났습니다.

앞에서 지적한 것이 수탈의 전부가 아닙니다. 다음과 같은 점도 검토의 대상입니다. 석탄과 같은 재화는 군인과 민간인이 함께 사용했습니다. 군국일본은 다른 재화들에 대해 그랬던 것처럼 전쟁을 목적으로 최고가격으로 탄광회사로부터 석탄을 구입했습니다. 이 점은 1939년 이전에도 그랬을 것입니다. 석탄의 '최고가격'은 자유시장가격보다 언제나 낮았습니다. 정부가 민간으로부터 재화를 구매할 때는 예산의 제약 때문에 언제나 최고가격이 자유시장가격보다 낮게 됩니다. 물론 정책과 제도에 따라 '최저가격'이 되는 경우도 없지는 않습니다. 그 경우에도 정부가 정하는 가격은 자유시장가격은 결코 아니라는 것입니다. 예외를 제외하면 말입니다.

전시 재정의 어려움으로 인하여 최고가격은 1945년으로 갈수록 자유시장가격보다 더 낮아졌을 것입니다. 석탄 가격이 자유시장에서 결정된다면 탄광 노동자의 임금도 자유시장에서 결정됩니다. 노동자의 임금은 최종 재화, 즉 석탄 가격의 함수이기 때문입니다. 그러나 석탄이 최고가격이 되면 석탄을 생산하는 노동자의 임금도 자동으로 그런 최고가격에 비례하여 최고 임금이 되지만 일본 정부는 1940년부터는 그런 임금마저도 직접적으로 최고 임금으로 고정했습니다. 최고 임금은 자유시장 임금보다 언제나 낮았습니다. 자유시장 임금과 최고 임금의 차이가 노동자의 손에서 일본 정부의 손으로 넘어갑니다. 그러나 그런 때에도 징용의 경우에는 일본 정부의 강제가 게재되기 때문에 둘 간의 차이는 '수탈'이고 바로 그 이유로 '조세'입니다. 오스트리아학파 경제학은 '명시적' 조세뿐만 아니라 정부가 민간으로부터 징수하는 어떤 형태의 것도 조세로 규정합니다. 이 점은 모집, 관알선 등에서도 차이가 없습니다.

한마디로, 1939~1945년에 일본 노동시장에서 발생했던 수탈의 크기를 경제적으로 계산하기는 쉽지 않습니다. 그럼에도 그것이 작지 않았을 것으로 추론할 수 있습니다. 모집, 관알선, 징용 등으로 일본에 강제 동원된 한반도 한인 노무자 중에서 탄광 사고로 사망한 한인 노무자들이 전쟁 기간에 가장 많은 조세를 일본 정부에 징수당했습니다. 가족을 동반하여 사할린으로 징용을 갔다가 다른 지역으로 홀로 징용을 간 사례에서 남겨진 가족은 혹독한 시련을 겪었습니다. 이것은 노무자 자신이 아니라 '노무자 가족'이 지불한 조세입니다. 다시 말하면, 강제 동원 때문에 발생했던 조세에서 조세납부자tax payer가 다른 경우가 많았습니다.

게다가 이우연[89]은 징용 노무자가 임금을 한 푼도 받지 못했다는 주장은 어불성설이라고 주장합니다. 이우연에 의하면 그런 주장을 하는 사람은 거짓말쟁이임이 틀림없습니다. 그러나 징용을 시행할 즈음의 일본 정부는 전선의 확대로 적자 재정, 통화인플레이션, 전쟁물자 과다 소모 등으로 전비 조달에 어려움을 겪을 것이고 그런 어려움은 다수의 군수품 생산공장이나 회사를 도산 또는 파산하게 했을 것입니다. 그리고 그런 회사들 또는 공장들이 임금을 지급하지 못했을 가능성은 적지 않습니다. 도산 또는 파산한 회사의 임금 체불은 전시에 더 심해지며, 파산하지 않았어도 민족 차별로 조선인 임금을 체불했을 수 있습니다. 그러므로 일부 징용 노무자가 임금을 전혀 받지 못했다는 주장은 개연성이 있습니다.

7. 일본으로의 전시동원계획은 사회주의

●●

> 니시오카[90]는 노동력 동원 실태를 정리하면서 "1. '조선인내지이송계획'은 그대로 내버려 둬도 조선으로부터 거대한 사람들의 흐름이 내지로 향하는 상황에서 전쟁 수행에 필요한 산업으로 조선의 노동력을 효율적으로 이송하려는 정책이었다. (…) 4. 조선의 노동력을 전쟁 수행에 필요한 산업에 효율적으로 이송하려는 전시동원계획은 그 계획과 관계없이 자신들이 바라는 직장에서 일하고 싶어 했던 많은 조선인 노동자들의 돈벌이 이주 때문에 성공하지 못했다. 이것이 실태다"라고 주장합니다.

* 니시오카는 군국일본의 (내지)전시동원계획(이하 계획)이 실패한 원인을 조선인 노동자들의 돈벌이 이주 때문이라고 분석했습니다. 그리고 그는 그런 분석이 마치 역사적 사실인 것처럼 주장했습니다. 그러나 돈벌이 이주가 존재했던 것은 역사적 사실이지만 원인 분석은 틀렸습니다. 높은 도망률, 육체를 유지할 수 없을 정도의 형편없는 배급, 탄광에서의 민족 간 임금 차별과 사망률 차이, 브로커의 존재, 편승 도항자와 유혹 등에서 볼 수 있는 일본 노동시장의 난맥상, 노예노동, 관동대학살, 한반도 노동시장의 대혼란, 격심한 인권유린과 인신 파괴 등은 역사적 사실로서 계획이 실패했음을 입증하는 증거입니다. 1940년대 한반도에서 연이은 큰 자연재해로 일본에서 일자리를 찾을 수밖에 없었던 한인 노무자들이 많았음에도 불구하고 계획이 실패했던 이유는 계획 자체가 사회주의였기 때문입니다. 이것이 정확한 원인 분석입니다. -저자 주

니시오카는 앞의 인용문 '1.'에서 (내지)노동력 동원계획이 세워진 동기를 서술하고 있습니다. 그는 일본 정부가 특별한 동기를 가졌다기보다는 이미 많은 사람이 식민지에서 일본으로 향하는 상황에서 그런 흐름을 좀 더 효율적으로 관리하기 위해서 이송계획을 세웠다고 주장합니다. 그러나 그의 주장은 설득력이 없습니다. 만약 그렇다면 군국일본은 74만 명의 식민지 한인의 도항을 불허할 이유가 없었습니다. 일본 정부가 굳이 이송계획을 세우지 않았더라도 자유로운 도항을 허용했다면 일본 내 노동 인력 수급은 큰 문제가 없었을 것입니다. 일본이 그렇게 하지 않았던 것은 74만 명의 한인이 일본 정부가 원하는 작업장에서 일하기 싫어했거나 역량 요건을 충족시키지 못했기 때문일 것입니다. 이 사례는 일본과 한반도의 노동시장이 통합되어 있지 않았다는 강력한 증거입니다.

모집이 시행되었던 1939년 10월 이전까지 식민지에서 일본으로

의 도항이 상당한 규제를 받았다는 점을 앞에서 지적했습니다. 그런 상황에서도 일본 노동시장은 큰 변화를 겪고 있었습니다. 첫째, 일본인의 군인·군속으로의 징집 때문에 일본 전역의 노동시장에서 일본인 노동 공급의 감소가 빠르게 진행되었습니다. 둘째, 전쟁 인플레이션으로 재화의 가격, 임금 등이 지속적으로 빠르게 상승했습니다. 셋째, 전쟁 특수로 탄광, 금속 광산, 토건, 군수품 공장 등에서 노동력 수요가 지속해서 증가했습니다. 이 세 요인은 일본인 노동자 또는 일본 거주 한인 노동자의 임금을 상승하게 했지만, 탄광, 금속 광산, 토건, 군수품 공장 등에서 그런 상승은 두드러졌을 것입니다. 넷째, 일본에서는 1939년 7월에 국민징용령이 시작되었는데, 그것이 일본 노동시장에 미친 영향은 부문별로 달랐을 것입니다. 정충해의 수기에는 군수품 공장에는 여자정신근로대로 일본 전국에서 동원된 일본인 미혼 여성들이 적지 않았고 그들은 식당에서 일하기도 했고 일부는 기능공이었다고 기록되어 있습니다. 1944년 8월 일본 정부는 '여자정신근로령'을 발포하여 12~40세의 일본 미혼여성을 일본 내 군수 공장으로 동원하였습니다. 다만 이 법이 식민지 한반도에는 시행되지 않았습니다.[91] 그러나 일본인 미혼 여성들이 탄광, 금속 광산, 토건, 일부 군수품 공장 등에서 남성이 하던 거칠고 힘든 일을 하기는 어려웠을 것입니다. 이 점은 이 네 부문에서만은 대체 인력, 그것도 젊고 건장한 남성 인력이 절실히 필요했다는 것을 의미합니다.

다수의 한반도 노동자가 일본에서 취업하길 원했던 것은 1940년대 한반도에 큰 자연재해가 잇달아 발생하면서 생존을 위하여 일본에서라도 일자리를 찾지 않으면 안 되었기 때문일 것입니다. 1930년대 후반에도 그런 현상이 있었지만 1940년대 상황보다는 어느 정도 약했습니다. 한인들은 전쟁을 혐오하는 염전厭戰 의식이 작지 않았음에도 불구하고 생존을 위하여 노동 수요가 증가하고 있었던 일본 노동시장에 취업하기를 원했다는 것입니다. 그러나 문제는 임금 구조에 있었습니다.

가격정지령, 임금통제령 등이 발효되지 않았다면, 그리고 일본으로의 도항이 엄격히 통제되지 않았다면, 일본 노동시장에서 취업 기회를 찾고자 하는 한반도 노동자의 거대한 흐름과 일본 노동시장 임금 구조가 전쟁에 필요한 인력을 효율적으로 각 부문에 배분했을 것입니다. 게다가 그 시기 한반도 농업에서 잠재실업자가 없다고 할 수 없었습니다. 그러나 일본 정부는 일본 내의 재화의 가격 구조와 노동시장의 임금 구조를 왜곡했고, 한인 노동자의 자유 도항을 허용하는 대신에 일본 정부와 총독부는 모집, 관알선, 징용 등의 방법으로 한인 노동력을 일본 기업에 직접 배분하는 방법을 사용했습니다. 즉 노동시장을 '사회주의'로 만들었습니다. 전쟁과 같은 특수상황에서도 자본주의가 사회주의보다 훨씬 우수한 자원 배분 방법입니다. 일부 전문가마저도 이 점을 믿기는 어렵겠지만 그 점이 진리임은 분명합니다. 군국일본은 자본주의 대신에 사회주의를 채택했기 때문에 전시동원계획에서 실패한 것입니다. 이것이 한마디로 요약한 일본 전시동원계획 실패 원인입니다.

이제부터 군국일본의 강제동원계획이 실패한 원인을 세분해 보겠습니다. 첫째, 1939년 10월부터 군국일본은 모집, 관알선, 징용 등의 방법으로 한인 노동자를 선발하여 노동자를 요구한 일본 기업에 배분했습니다. 모집에서부터 강제 동원이 이루어졌습니다. 이것은 1939년을 전후하여 일본 정부의 한인 노동력 동원의 강제성이 달라졌다는 의미입니다.

둘째, 일본 정부는 재화의 가격 구조, 임금 구조 등을 왜곡했기 때문에 한인 노무자는 위험을 무릅쓰고 그런 왜곡을 극복하거나 회피할 방법을 찾지 않을 수 없었을 것입니다. 경제행위를 할 때 인간은 누구나 경제 인센티브에 따라 행동하게 되는데 한반도 노무자도 결코 예외가 아니라는 것입니다. 특히 머나먼 타국 땅에서 멸시와 차별을 받아 가면서 돈을 벌기로 했다면 작은 임금의 차이도 무시할 수 없는 것입니다. 이 점은 편승 도항자, 유혹, 건설 현장의 날품팔이 노동 등에서 잘 드러났습니다. 니시오카는 그런 행동을 한인 노무자의 '일탈'로 지적하고 있지만, 그런 행동의 근본적인 원인은 군국일본의 경제 인센티브 구조 왜곡에 있었습니다. 앞에서 살펴본 가네야마 쇼엔이 징용 현장을 이탈한 것은 개인적인 이유 때문이라고 니시오카[92]는 지적합니다. 그러나 저자는 그런 개인적인 이유가 없지는 않겠지만 그것이 근본적인 이유는 아닐 수 있다고 주장합니다. 그는 임금 때문이라는 진정한 이유를 숨겼을 수도 있습니다. 가네야마가 후자가 전자보다 불리하다고 판단했을 수도 있다는 것입니다. 그는 전쟁이 끝나면 어쨌든 일본이 제공하는 배를 얻어 타고 한반도로 돌아가야 했기 때문입니다.

셋째, 이우연[93]은 탄광의 근속기간에서 일본인 노동자는 5년 이상(실증 분석 대상의 18.8%)도 많았지만, 식민지 한인은 2년(실증 분석 대상의 77%)이 대부분이고 길어야 3년을 넘기지 않았음을 보여 줍니다. 한인 노무자가 2년 이상의 근속으로 숙련도가 증가하면 임금도 그에 따라 인상되기 때문에 2년 이상 장기 근속할 인센티브는 작지 않았습니다. 그럼에도 한반도 한인 노무자 대부분이 계약 기간인 2년만 마치고 고향으로 돌아갔던 것은 2년 이상 근속하여 더 많은 임금을 받는 것보다 그런 선택이 우위에 있다고 판단했기 때문일 것입니다. 이것은 한반도 한인 노무자들의 높은 사망률과 재해율 때문일 것으로 추론할 수 있습니다. 혹은 일이 매우 힘들었음에도 불구하고, 배급이 너무 부실하여 고향으로 돌아가 노동강도가 낮은 일을 하고 저품질의 곡물을 혼합하여 배를 채우는 방법이 더 나은 선택이라고 생각했을 수도 있습니다.

넷째, 정충해는 수기에서 일본이 미국 전투기의 공습으로 위험할 뿐만 아니라 탄광도 매우 위험한 지역이라는 점을 밝히고 있습니다. 이것은 적어도 1944년 후반 무렵에는 일본에 취업하려는 한인 노무자가 많지 않았을 가능성을 제기합니다. 특히 탄광, 공습 지역 등이 그랬을 것입니다. 그런 사정 때문에 일본 정부는 강제 동원을 시행했던 것으로 추론할 수 있습니다. 게다가 정충해는 징용 전에 한반도에서 이미 직장을 잡고 5년간이나 취업하고 있었던 노동자입니다. 그는 한반도에 설립되었던 일본 기업에 직장을 가지고 있었는데 그것은 오늘날의 외국 기업에 취업하는 것처럼, 그가 당시에는 한반도 노동자로서는 엘리트였다고 볼 수 있습니다. 이것은 한반도 노동자의 전시 강제 동원이 잠재실업자만을 대상으로 하는 것은 아니었고 실제 취업자에도 영향을 주었음을 보여 줍니다.

다섯째, 징용은 노무자의 신체에 대한 권리를 완전히 부정하는 것으로 완전한 '사회주의'입니다. 사회주의는 어떤 제도보다 권리, 재산 등을 극심하게 파괴하고 바로 그 점 때문에 가장 비효율적일 수밖에 없습니다. 물론 모집, 관알선 등도 노동시장이 자유시장, 즉 자본주의일 때보다 사회주의적일 뿐만 아니라 바로 그 이유로 비효율적일 수밖에 없습니다.

여섯째, 니시오카는 한인 노무자가 돈벌이 이주를 통해 이득을 보았다고 '암묵적으로' 주장하고 있습니다. 그리고 그는 징용 노무자가 징용 현장에서 받았던 좋은 대우, 많은 자유 등을 강조하고 있습니다. 그러나 그는 식민지 노무자가 모집, 관알선, 징용 등으로 겪게 되었을 여러 어려움과 불편함, 심적인 불안, 가족과의 생이별, 생명에 대한 위협, 약소국의 비애, 동료들 간의 불필요한 갈등, 일본 기업과 제도와 지리에 익숙해지는 데 드는 비용 또는 만족도의 후

되, 일본인들의 차별과 멸시 등은 애써 외면했습니다. 고향에 두고 온 가족은 또 어떠했겠습니까? 무엇보다도 중요한 것은 강도 높은 노동과 너무 낮은 임금, 육체를 온전히 유지할 수 없을 정도의 부실한 배급, 멸시와 차별 등일 것입니다. 특히 징용 노무자들은 광산에서의 취업이 목숨을 건 취업이라는 점을 사전에 어느 정도 예상했는데 그것은 결코 기우가 아니었습니다. 그 점은 광산에서의 한인 징용 노무자들의 사망률이 높았던 것으로 잘 나타났기 때문입니다. 그리고 구술자들의 일부는 임금도 제대로 받지 못했다고 진술했습니다. 일본 정부가 일본 고용주들에게 한인 노무자들에게 최선의 대우를 할 것을 지시했다고 하지만 한인 노무자들이 겪었을 생명에 대한 위협, 부실 배급으로 인한 배고픔, 타지에서의 어려움, 불편함, 불안함, 외로움, 새로운 환경에의 적응, 차별과 멸시 등은 일본으로의 강제동원계획을 작성했던 일본 당국자는 도저히 상상할 수 없었을 것입니다. 임금에 대한 불만을 제외하고도 말입니다. 그것이 강제 동원이 내포했던 근본적인 한계라고 할 수 있습니다. 게다가, 한반도 노무자의 일본으로의 이주가 돈벌이를 목적으로 한 것은 너무도 당연합니다. 그런 노무자가 불법을 저지르거나 직장을 옮겼던 것은 일본 정부가 노동시장 인센티브 구조, 즉 임금 구조를 크게 왜곡했기 때문입니다. 다른 요인이 일정하다고 가정하면 말입니다.

일곱째, 일본은 임금통제령으로 탄광, 광산, 토건, 군수품 공장, 기타 등에서의 임금을 최고 임금으로 고정했습니다. 그런 최고 임금은 탄광 노무자에 대한 초과수요를 만들어 냅니다. 노동강도 대비, 탄광 노무자의 최고 임금이 토건 등, 다른 부문 노무자의 최고 임금보다 낮기 때문입니다. 물론 그것은 인위적인 것입니다. 인위적으로 창출된 초과수요는 노동을 사용하는 대가를 높일 수밖에 없습니다. 그 대가는 금전적인 것도 있고 비금전적인 것도 있고, 때로는 둘 모두일 수도 있습니다. 다른 사업체에서 노동자를 빼가기 위해 브로커에게 지불했던 노동자 한 명당 30~50엔의 금전이 그런 대가의 일부입니다. 당시 순사의 초임이 월 45엔, 상등병 이하 병사의 평균 임금이 월 10엔 이하인 점과 비교하면 그 금액은 적지 않았습니다. 한반도 한인 노무자도 새로운 직장으로 이동함에 따라 각종 금전적 또는 비금전적 비용을 지불하지 않으면 안 되었을 것입니다. 새로운 직장에 적응할 때까지는 생산성이 극대화되지 않는 경우가 대부분이기 때문입니다.

(내지)강제동원계획은 한반도 한인 노무자의 돈벌이 이주 때문에 실패한 것이 아닙니다. 그러므로 니시오카의 분석은 완전히 틀린 것입니다. 일본은 1939년 이전까지는 식민지 노동자의 일본 내 취업을 정책적으로 제한했습니다. 1939년 이후에도 한반도 노무자의 일본 내 취업을 제한했다는 점에서 둘 간의 차이는 없습니다. 그러나 1939년 이후에는 총독부의 강제가 직접 집행되고 그 강도가 높아졌다는 점에서 노동시장에 대한 조선총독부라는 '보이는 손'의 간섭이 더 강력해지고 많아졌습니다. 그리고 징용에서는 노무자의 신체라는 재산을 '완전히' 부정했기 때문에 노동자 선발과 배분이라는 관점에서는 '최악의' 제도였습니다. 군국일본의 (내지)강제동원계획은 실패할 수밖에 없었습니다. 일본 정부가 노동자의 인센티브 구조를 왜곡했고 조선총독부가 한인 노무자를 직접 선발하고 배급하는 방법으로 노동시장을 점점 더 자본주의로부터 멀어지게 하고 사회주의로 만들었기 때문입니다. 군국주의자들의 집합소였던 전쟁 시의 일본 정부와 조선총독부는 일본 노동시장의 인센티브 구조 왜곡과 자신들의 강제 동원이 사회주의이기 때문에 실패할 것이라는 점을 도저히 이해하지 못했을 것입니다. 이 점이 그들과 한반도 노무자들, 모두의 불행이었습니다.

4장

징용이 초래한 각종 부작용

징용은 위에서 살펴본 부작용 이외에도 다양한 부작용을 낳았습니다. 그 내용을 살펴봅시다. 징용이 한반도 노동시장에 미친 영향은 아래와 같습니다. 첫째, 일본으로 징용된 노무자가 공습 때문에 사망하거나 애초 약속된 징용 기간이 연장되는 것을 본 징용 대상자는 한반도의 중요 공장, 광산 등에 현원징용으로 취업했습니다. 은행, 회사 등과 같은 비군수산업 부문이나 현원징용이 되지 않는 부문에 종사하는 노무자들은 일본으로의 징용을 피하고자 한반도 군수산업 부문으로 이직했습니다. 이에 따라 한반도 비군수산업 부문은 '구인난'에 처하게 되었습니다. 둘째, 양복점, 제화점 등과 같은 곳은 정비 대상이 되면서 2/3가량이 '정비'되어 문을 닫았고, 정비 후 남은 양복점, 제화점 등마저도 노동자를 구하지 못해 휴업하는 경우가 속출했습니다. 당연히 임금은 크게 치솟았습니다. 셋째, 군수품 생산공장에서도 현원징용이 적용되지 않는 경우에는 기술자, 숙련노동자, 일반노동자 등이 다른 곳으로 징용되면서 생산에 적지 않은 어려움을 겪게 되었습니다. 넷째, 한반도 광산에서는 징용이 시행되지 않을 것을 예상하고 중요 광산에 취직했다가 한반도 광산 노무자도 징용

대상이 되면서 기술자, 광부 등이 대거 광산을 이탈한 경우도 있었습니다.[94]

징용이 노무자에게만 영향을 미쳤던 것은 아닙니다. 징용 시기 농민에게는 식량 공출이 강화되었을 뿐만 아니라 농민도 강제 동원의 대상이었기 때문에 노동과 농사를 꺼리는 현상, 즉 염노厭勞, 염농厭農 경향이 상승했습니다. 다시 말하면, 징용 기피 현상은 모든 계층에서 만연했습니다. 일부 지식층이나 유산자들은 중국, 만주 등으로 도피하거나, 주거지를 자주 옮겨서 총독부의 주거 조사를 어렵게 하거나, 거짓으로 입원하거나, 신체에 상처를 내거나, 각종 질병을 이유로 징용을 모면하려는 시도도 발견되었습니다. 징용을 피해 잠적하거나 징용 영장을 받은 후에도 도피하여 출두하지 않는 경우도 적지 않았습니다.

징용을 해외 징용과 한반도 내 징용으로 나누어 볼 때 한반도 내 징용에서는 상대적으로 탈출이 적었습니다. 그것은 한반도 노무자들이 총독부의 징용에 호응해서라기보다는 상대적으로 한반도 내 징용이 해외 징용보다 유리했기 때문일 것입니다. 다시 말하면, 한반도 내 징용도 악조건이었지만 해외로 징용당하는 것보다는 낫다는 체념에서 비롯된 것으로 볼 수 있습니다.[95]

강제 동원을 담당하는 읍·면의 직원이나 경찰관에 대한 협박, 폭행 등도 일어났습니다. 한인 청장년이 단체를 결성하여 징용에 저항한 사건도 일어났습니다. 1944년 7월 경상북도 경산에서 청장년 27명이 '결심대'라는 단체를 조직하여 돌멩이, 죽창, 철창 등을 들고 경찰에 저항한 사건이 있었습니다. 여기에는 항일 의도를 가진 경우도 있었습니다. 이에 일본은 징용령 위반자에 대하여 검거단속과 엄벌주의로 대응했습니다. 이는 경찰의 노동관계 사범 단속에서 알 수 있습니다. 1944년 상반기 노동관계 사범 단속 결과, 노무조정령 위반은 1,077건에 1,288명, 국민징용령 위반은 265건에 270명, 이외에도 임금통제령 위반은 313건에 339명이었습니다. 총독부는 1944년 10월(16~25일)에 일제히 단속을 벌였는데 국민징용령 위반자가 6,726명, 출두 명령 불응자는 16,440명으로 도합 23,166명에 달하였습니다.[96]

징용 대상자들은 여러 가지 방법으로 징용을 기피하거나 저항했습니다. 극심한 경우에 징용 대상자들은 일본 경찰관이나 강제 동원을 담당하는 읍·면의 직원을 협박하거나 폭행하기까지 했습니다. 이것은 징용이 강제임을 간접적으로 증명하는 증거이지만, 이우연,[97] 니시오카[98] 등은 징용에 대한 피징용자들의 그런 대응을 다루지 않습니다.

정혜경[99]은 '第86回 帝國議會說明資料-철공, 체신, 교통(昭和19년도)'에서 1939~1943년에 강제 동원된 한인의 수가 사할린은 16,113명, 남양군도는 5,931명이라고 지적합니다. 그러나 정혜경[100]은 1944년 상반기에도 한반도에서 사할린에 갔다는 사례가 있었다는 조사의 존재를 이유로 사할린, 남양군도 등으로 강제 동원된 한인 노무자의 수는 부정확하다고 주장합니다. 그리고 사할린으로 간 한인 노무자들의 일부는 가족을 동반했습니다. 사할린 한인 노무자 중 다수가 일본으로 '두 번 징용'되었습니다. 경제성을 이유로 일본 정부가 사할린 광산들을 정리했기 때문입니다. 사할린, 남양군도 등으로 간 한인 노무자의 강제 동원 문제도 심각한 문제지만 여기에서는 더 이상 다루지 않습니다.

정혜경[101]은 강제 동원의 한 형태로 여자정신근로대를 지적합니다. 일본에서 1944년 8월 여자정신근로령이 공포되고 곧이어 한반도에 적용되었습니다. 그러나 실제로는 8월 이전에 여자정신근로대 동원이 실시되었습니다. 여자정신근로대는 관알선, 모집, 지원 등으로 이루어졌지만 학교 또는 단체가 지원을 강요하거나 특정 학생을 지목하여 지원을 강요하는 방법을 택하기도 했습니다. 교장이나 담임 선생이 가정방문을 통해 지원을 독려하기도 했습니다. 이것은 전쟁 말기에는 한반도의 학교가 강제 동원의 전위대 역할을 했음을 보여 줍니다. 그리고 여자정신근로대로 일본 노동 현장에서 작업을 하다가 일본군위안부로 동원되는 경우도 있었습니다.[102]

이영훈[103]과 정혜경은 '여자정신근로령'에 대해 입장을 달리합니다. 이영훈은 1944년 8월 일본 정부가 '여자정신근로령'을 공포하여 12~40세의 일본 미혼여성을 일본 내 군수 공장으로 동원하였지만, 그 법이 식민지 한반도에는 시행되지 않았다고 지적합니다. 그러나 정혜경은 그 법이 한반도에서도 시행되었다고 주장합니다. 그럼에도 둘은 한인 여자정신근로대가 일본 군수 공장에서 근로한 사례는 있었다고 주장합니다.

정혜경[104]은 '조선농업보국청년대'(약칭 보국청년대)라는 이름으로 조선총독부가 한인 청년을 일본에 강제 동원한 경우를 보여 줍니다. 보국청년대란 1940년을 전후하여 1944년까지 인력이 부족한 일본 농가를 지원하기 위하여 만 18세 이상 30세 미만의 한인 청년으로 편성된 단체를 말합니다. 여기에 동원되었던 인원은 총 3,000여 명이고 동원된 기간은 길게는 60일, 짧게는 10일 정도였습니다. 조선총독부는 이들에게 임금을 주지 않았습니다. 다만 숙식은 한인 청년을 받는 일본 농가가 제공했고 총독부는 여비 정도를 부담했던 것으로 보입니다. 보국청년대로 파견되었던 노무자 중의 일부는 일본 현지에서 강제 동원되어 귀국할 때까지 일본 기업에서 일했습니다. 보국청년대를 강제 동원으로 보는 것은 이들을 모집할 당시에 징용을 면제해주는 조건을 내걸었기 때문입니다. 그들은 귀국 후에 일본이라는 지배 권력의 하층부에 편입되는 예도 있었습니다. 보국청년대는 일본 농가에 노동력을 무상으로 지원하고 이후 일본 지배 권력을 조력하는 단체로 양성하기 위한 집단으로 보입니다. 비록 그 수가 적고 노동 기간이 짧았지만 말입니다. 보국청년대로 강제 동원된 경우는 그런 동원이 '조세'의 일종으로 볼 수 있습니다.

1945년 1월에 일본 내 한인들에 의해 조직된 친일단체로서 '단일목적지향단'이 있었습니다. 이 단체는 전쟁의 마지막 시기에 한인 노무자들이 일본에서 빠져나가는 것을 막는 것이 목적이었습니다. 그리고 일본 내 한인 노무자의 이탈을 막기 위한 선전은 식민지 내에서도 전개되었습니다.[105] 단일목적지향단은 일본 전역에서 한인 노무자의 동원이 강제였음을 증명하는 단체로 볼 수 있습니다.

결론적으로, 징용이 초래한 각종 부작용은 그 크기를 측정하기 어려운 것이 많습니다. 그러나 그것이 경제성장이나 재화의 배분에 부정적인 영향을 주었을 것은 분명합니다.

5장

학도지원병제

> 정안기[106]는 "그렇게 학도지원은 당대 조선인 청년을 대표하는 대학생 엘리트들의 자발적인 선택이었습니다. 결코 '쇠사슬에 묶여서 끌려간 강제 동원'이나 '마구잡이식 포획'이 아니었습니다"라고 지적합니다.
>
> ---
>
> * 학도지원은 "'강요된', 자발적 선택"이라는 개념으로 이해해야 한다고 저자는 주장합니다. -저자 주

1. 학도지원은 "'강요된', 자발적 선택"

인력 또는 노동력의 강제 동원 이슈에서 가장 첨예한 것은 '학도지원' 문제일 것입니다. 정안기[107]의 주장은 이영재[108]가 학도지원이

'쇠사슬에 묶여서 끌려간 강제 동원'이나 '마구잡이식 포획'이었다고 한 주장을 부정하면서 나온 것입니다. 즉 정안기는 학도지원에 관한 한 이영재의 주장이 틀렸음을 주장하고 있습니다. 저자가 가지는 의문은 학도지원이 정안기의 주장처럼 당시 대학생의 순전히 '자발적인 선택'인가 하는 것입니다. 다른 한편, 이 기회에 이영재의 주장에 대해서도 진위를 검토해야 할 것입니다. 이영재의 주장에는 강제 동원이 있었는지에 대한 쟁점도 있지만 '쇠사슬에 묶여서 끌려간' 또는 '마구잡이식 포획', 즉 강제 동원 방법에 대한 쟁점도 포함되어 있습니다.

1943년 10월 일본 육군성은 전문학교와 대학의 법문계에 재학 중인 조선인 학도를 대상으로 학도지원병을 모집하는 규칙을 공표했습니다. 6,101명의 적격자 중에서 약 75%인 4,610명이 지원하고, 4,217명이 적성검사에 응해, 3,117명이 합격했고, 3,050명이 정식으로 입영했습니다.[109] 당시에 적격자들은 대부분 부잣집 자녀이고 엘리트에 해당했습니다. 전쟁 상황에서 입대하면 목숨을 잃을 가능성이 큰데 75%가 지원한 것을 어떻게 설명할 수 있을까요? 계속 공부를 하거나 졸업 후에 직장을 잡아 일을 하는 선택을 자유롭게 할 수 있는 상황이라면 자신의 목숨을 걸 사람이 얼마나 될까요?

75%의 지원율을 이해하기 위해서는 1943년 11월 20일에 지원이 마감된 당시 적격자들이 선택할 수 있는 대안으로 어떤 것들이 있었는지를 살펴봐야 합니다. 조선총독부는 1944년 4월부터 징병제를 시행한다고 1942년 5월에 선포하였습니다. 징병을 피해 도망 다니거나 해외로 이주하지 않는 한 징병의 대상이 되어 일반 병사로 끌려가거나 장교가 될 수 있는 학도지원병에 지원하는 대안만 있었습니다. 징병제가 시행되기 전에 일본이 패망하거나 징병제 시행이 연기될 수 있을 수 있으니 일단 입대하는 것을 피하고 보자는 사람

들도 있었겠지만, 할 수 없이 군대에 갈 수밖에 없다면 장교가 될 수 있는 학도지원병으로 가는 선택을 한 사람들이 많았을 것입니다. 주어진 대안에서 합리적인 선택을 한 것이라고 볼 수 있습니다. 하지만 이것을 두고 자발적 선택이라고 할 수는 없습니다. 강도가 가족을 인질로 잡고 '가족의 목숨을 내놓을래, 아니면 돈을 내놓을래'라는 두 가지 선택지를 주었을 때, 돈을 내놓은 사람을 두고 자발적으로 강도에게 돈을 준 사람이라고 주장하는 것과 같습니다.

정안기[110]의 주장을 읽다 보면 군국일본지배기가 작금의 대한민국처럼 자유롭고 억압과 압제가 없는 시기였던 것처럼 느껴집니다. 만약 군국일본지배기를 그렇게 가정하면 정안기의 주장은 반박의 여지가 없습니다. 학도지원은 명실상부하게 자발적이었고 학도지원병은 일제 또는 조선총독부가 제시한 인센티브를 추구했던 식민지의 똑똑한 유학생입니다. 그러나 당시의 현실은 식민지 한인은 피지배자였고, 불령선인이라는 개념에서 보듯이 반일 또는 항일은 즉각 무자비하게 탄압되었으며, 언론자유는 크게 억압되었습니다. 게다가, 조선총독부는 필요한 경우에는 선전·선동도 마다하지 않았습니다. 모든 정부는 선전·선동을 하지만 일본 정부 또는 조선총독부처럼 이민족을 지배하는 국가 또는 정부의 선전·선동은 민주 정부보다 더 크게, 더 자주, 더 길게 이루어집니다. 또 전쟁 수행을 목적으로 1939년 이후에는 선전·선동의 정도가 이전보다 훨씬 강력했습니다. 그러나 선전·선동만으로 소기의 목적을 달성하는 것은 쉽지 않기 때문에 공포에 의한 지배, 감시·감독의 일상화 등이 추가됩니다. 그리고 그런 수단들은 1939년 이후에 강화되었습니다. 그러므로 군국일본지배기를 해석하는 기본전제에서 정안기[111]가 틀렸다는 것입니다.

학도지원의 자발성이 문제가 되는 것은 학도지원병이 해방 후 대한민국의 요소요소에서 막중한 임무를 맡아 높은 지위에 올랐기 때문이기도 합니다. 문제는 그들이 자발적으로 학도지원을 했다면 친일적인 행동을 한 것이기 때문에 친일 청산의 문제가 발생합니다. 만약 그들의 선택이 비자발적 선택이라면 병영에서 획득한 지식이 해방 후에 가치가 있었을 것이기 때문에 한국 사회가 그런 그들의 지식을 활용하는 것은 아무런 문제를 일으키지 않습니다.

조선총독부는 학도지원병제를 공포한 10월 20일 이후 한반도 한인을 상대로 학도병 지원에 대한 선전·선동을 폭포수처럼 쏟아부었습니다. 임종국[112]은 1943년 10월 20일부터 11월 20일까지 총독부가 시행한 각종 선전·선동을 보여 줍니다. 그런 선전·선동은 '격려좌담회' 등과 같이 여러 형태를 하고 있습니다. 여기에는 조선총독부, 재선 일본군, 일본 경찰, 행정관서, 총력진영, 사회단체, 문화단체, 종교단체, 학교, 동창회, 유명 친일주의자 등이 총동원되었습니다. 고이쇼 구니아키小磯國昭 총독은 11월 10일에는 "미지원자의 존재는 곧 황민화가 덜 됐다는 증표"라고 했고 11월 19일 정무총감은 "조선의 장래의 영욕은 지원성적으로써 결정될 것"이라는 협박성 발언도 서슴지 않았습니다. 미지원자에 대해서 정무총감은 11월 21일 자 담화에서 '황민의 자격이 없으므로 징용해서 재연성하겠다'라고까지 했습니다. 이런 노력에도 불구하고 응모 마감일을 1주일 앞둔 시점인 1943년 11월 12일 정오 현재 지원율은 37.8%로서 매우 저조했습니다.

조선총독부의 선전·선동이 행해지고 있는 상태에서의 개인의 선택을 자세히 들여다볼 필요가 있습니다. 한반도 전체 인민에 거대한 선전·선동이라는 '조작'이 걸려 있는 상태에서의 선택이기 때문에 학도 지원이 '진정한 의미'의 자발적 선택으로 볼 수 없다고 저자는 주장합니다. 다시 말해, 학도 지원이 개인적인 차원에서는 자발적 선택인 것처럼 보이지만 사회 전체가 조작되고 있었다는 점에서 "'강요된', 자발적 선택"이라는 것입니다.

'강요된, 자발적 선택'은 다음과 같은 의미입니다. 거시적 측면에서는 선전·선동이 있고 여기에 '공포에 의한 지배'와 '감시·감독의 일상화'가 더해졌습니다. 그 후에 미시적·개인적 차원에서 협박과 강제가 동원됩니다. 그런 협박과 강제의 방법, 강도 등은 제각각입니다. 물론 강제 방법 등에서도 공통적인 것은 있습니다. 그것은 '강요'라는 것입니다. 다음 단계로는 개인이 선택합니다. 가장 손쉬운 선택은 학도 지원을 하는 것이지만 그런 선택은 지원자 자신이 모든 비용을 부담해야 합니다. 그러나 선택지는 그것만이 아닙니다. 미시적·개인적 차원에서는 본인이 도망갈 수도 있고, 가족이 집단으로 이민 갈 수도 있으며, 징병 대신에 징용으로 갈 수도 있습니다. 입대하고 탈영해서 숨어 사는 경우도 생각해 볼 수 있습니다. 지원병으로 합격하고 뇌물이나 권세를 이용하여 입영에서 빠지는 예도 있었습니다. 1943년부터 종전까지 중좌로서 제3사단 연대구區 사령부에 근무했던 고베 다쓰오神戸達雄는 종전 후 집필한 '병사 제조인의 수기'에서 군대 소집영장을 발부할 때 뇌물을 받고 그런 소집을 면제해 주는 장면을 자세하게 서술하고 있습니다.[113] 즉 미시적·개인적 차원에서는 모든 선택이 자발적인 것입니다. 그러나 그런 선택은 강제가 '전제'된 것입니다. '강요된 선택'이라고만 표현할 수도 있겠지만 '강요된, 자발적 선택'으로 표현하는 것이 선전·선동과 공포에 의한 지배와 감시·감독의 일상화 등이 인간의 행위에 미치는 영향을 고려하면 당시 사람들이 직면했던 모순적 상황과 선택을 더 잘 이해할 수 있기 때문입니다.

'강요된, 자발적 선택'이라는 개념은 자유로운 사회에서는 모순적입니다. 그러나 사회 전체가 선전·선동이라는 조작과 공포에 의한 지배와 일상적인 감시·감독 아래 있는 상태에서는 그런 모순적 행동이 언제나 일어납니다. 예를 들어, 북한에서 정부가 개최하는 큰 행사가 있을 때 다수의 일반인이 광장에 나와 큰 박수를 치거나 환영하는 꽃을 세차게 흔드는 행위는 '강요된, 자발적 선택'이라는 개념으로 설명하지 않으면 이해 불가능합니다. 조선총독부나 오늘날의 김정은 정권이나 그 점을 누구보다 잘 알고 있기 때문에 선전·선동을 강력하게 시행하는 것입니다. 공포에 의한 지배와 일상적인 감시·감독과 함께 말입니다. 그리고 강요된 선택이라는 점에서 학도지원이 '조세'임은 분명합니다. '순수한' 자발적 선택은 조세가 될 수 없습니다. 그리고 그렇게 많은 사람이 순수하게 자발적 선택을 했다고 보기도 어렵습니다. 학도 지원이 목숨을 담보해야 하는 상황이기 때문입니다. 게다가, 한인 학도는 그 시대의 엘리트라고 할 수 있기 때문에 강제력만으로 그들의 지원을 유도한다면 폭동과 같은 일이 발생하지 않는다고 보장할 수 없습니다. 그리고 선전·선동의 한계를 보완하기 위하여 공포에 의한 지배와 감시·감독은 1940년대에 들어 이전보다 한층 강화되었습니다. 일본이 실행한 선전·선동과 공포에 의한 지배와 감시·감독의 일상화는 특별한 정치체제에서만 실행할 수 있습니다. 그런 정치체제란 '지배-피지배' 정치체제일 수도 있고, 지금의 북한처럼 세습 독재 정치체제 또는 민주정을 가장한 독재 정치체제일 수도 있습니다.

일본은 1928년에 25세 이상의 남자를 대상으로 보통선거를 실시했습니다. 그리고 일본제국은 젊은 남성에게 국방의 의무를 부과했습니다. 그것은 국정 참가에 대한 대가로 볼 수 있습니다. 한반도 한인에게는 국정 참정권이 주어지지 않았지만 국방의 의무도 없었습니다.[114] 그런 상황에서 학도 지원병이 일본인과 동일하게 자발적으로 일본 국방을 수행한다는 것은 수긍하기 어려웠을 것입니다. 이것은 조선총독부의 선전·선동과 공포에 의한 지배와 감시·감독의 일상화 그리고 이광수 등과 같은 친일주의 지식인들의 설득이 개인의 선택에 얼마나 영향을 미쳤는가를 추측하게 합니다. 이 점은 다음 절에서 자세히 다룹니다.

앞에서 저자는 '지배-피지배'라는 틀을 기초로 학도지원이 선전·선동을 이용하여 '강요된, 자발적 선택'임을 주장했습니다. 여기에서는 학도지원의 구체적인 사례를 검토합니다. 일본인 가라시마 다케시辛島驍는 1965년 10월 일본 월간지 『문예춘추』에 실은 수기에서 그가 연희전문학교(연세대학교의 전신) 교장(1943년 6월경 부임)으로 있었을 때의 일을 회고하고 있습니다. 그는 '적격자 전원을 지원시킨다'라는 원칙을 총독부로부터 통고받았습니다. 미지원자는 그 이유를 엄중히 추궁당했습니다. 실제로 그는 연희전문으로 돌아가서 재선 일본군 사령부의 참모장과 헌병을 불러들여 연희전문 학생들이 학도 지원서를 작성하게 했습니다. 참모장은 연희전문 졸업예정자를 강당에 모아놓고 황국신민이면 누구나 황군에 지원해야 한다고 소리 높여 외쳤습니다. 학생들이 공개적으로 황국신민임을 부정하고 황군에 지원하지 않는 것이 가능하지 않았습니다. 그 당시에 한인은 피지배자로서 그런 행동을 감히 할 수 없었을 것입니다. 그리고 가라시마는 신체검사에 최종 합격한 졸업생 한인 김상필을 졸업식장에서 오토바이에 강제로 태워 끌고 갔습니다. 연희전문 졸업생 김상필은 그런 방법으로 일본 육군 비행학교에 입학했습니다.[115] 여태순[116]은 "훗날에 뒤탈을 없애기 위해 지원이라는 명칭을 붙여 강제로 선발한 것이지 결코 학도병들 스스로 지원한 것이 아니었다"라고 지적합니다. 여태순은 학도지원이 '강요된, 자발적 선택'임을 지적한 것입니다. 그리고 학도병에 지원하지 않은 학생들은 1943년 12월 5일 원산, 해주 등의 군수 공장에 징용되었습니다. 다시 말하면, 학도병지원 대상자에게는 학도병지원과 징용이라는 선택지밖에 없었습니다.

학도병지원에는 선전·선동의 광풍뿐 아니라 가족이나 면장, 군수, 서장 등과 같은 연고자들에 의한 압력도 낮지 않았습니다. 가족에게는 배급을 주지 않겠다거나 면허를 취소한다는 등의 협박도 했습니다. 아들이 경성에 있는 전문대에 진학한 경우는 하숙집으로 전보를 보내서 학병을 지원하라는 권유를 했을 수도 있습니다.[117] 조선총독부 관리들 또는 지방 관리들 등이 개인들에게 가했던 위해나 협박은 모두가 달랐습니다. 선전·선동 등에만 의존하여 한인 대학생 엘리트에게 '강요된, 자발적 선택'을 하도록 하기에는 총독부로서는 불안하지 않을 수 없었을 것입니다. 총독부는 그런 상황에서 한인 학도들의 선택이 틀리지 않다는 것을 보여 주는 방법을 고민했을 것입니다. 그렇게 해서 나온 것이 "가는 곳마다 찾는 곳마다 지원이요 출정이다. 심지어 혈서 지원까지 속출하였다"[118]라는 장면을 연출한 것입니다. 총독부가 출정식을 하고 혈서 지원까지 하도록 했던 것은 학도병지원 이후에도 입대를 위한 여러 절차가 남아 있었기 때문에 분위기를 고조시켜 지원 이후 절차를 잘 마무리되도록 하기 위한 것으로 이해할 수 있습니다.

이제 이영재의 주장을 검토해 봅니다. 확실히 그때의 학도병지원이 '쇠사슬에 묶여서 끌려간 강제 동원'이나 '마구잡이식 포획'이 아니었다는 정안기의 주장은 대체로 옳습니다. 그런 방법은 선전·선동을 무의미하게 만들고 학도 지원자의 강력한 반발을 불러옵니다. 사회안정유지법을 시행할 무렵 한반도의 분위기는 결코 일제와 총독부에 호의적이지 않았습니다. 그럼에도 극히 일부의 학도 지원자는 이영재가 주장하는 방법으로 강제 동원되었을 수 있습니다. 군국일본이 강제 동원이 가능한 상황이라고 판단했다면 이를 시행했을 가능성은 없지 않습니다. 즉 이영재가 말하는 그런 강압적인 방법은 자주 이용되었다고 보기는 어렵지만, 전혀 없었다고 보기도 어렵습니다. 연희전문 졸업생 김상필은 '납치'된 것이 분명합니다. 다만 그 과정에서 폭력이 어떻게 행사된 것인가는 분명하지 않습니다. 김상필이 일본에서 비행 훈련 도중 사망했기 때문입니다.

정안기는 "하지만 학도지원병은 지원자 모집, 적성검사, 입영자 확정이라는 일련의 까다로운 선발 과정을 거쳐야 했습니다"라고 지적하여 그런 절차가 마치 학도지원병의 자발적 선택임을 증명하는 것처럼 보이게 했습니다. 정부가 자국민을 징병할 때도 정안기가 말하는 절차와 유사한 절차를 거칩니다. 하물며 학도지원자의 경우에는 그중에서 일본군 간부후보를 선별해야 했기 때문에 여러 절차를 거치지 않을 수 없었을 것입니다. 또한 반일 민족주의적 감정을 가진 학도를 걸러내야 했기 때문에 아무런 절차 없이 지원자를 받아들일 수는 없었을 것입니다. 다시 말하면, 정안기의 주장이 학도지원이 당시 대학생들의 '자발적인 선택'을 증명하는 것은 아니라는 것입니다.

"당시는 전시기였으며, 젊은이들은 군대에 가든 공장에 가든 강요받은 분위기였습니다. 서명원(경성제국대학생)은 어느 쪽이든 선택은 자기의 몫이었음을 회고하였던 것입니다. 다시 말해 학도지원병제는 단순히 '지원을 가장한 동원'으로만 단정하기 힘든, 지원자들의 분별력 있는 판단과 욕망이 게재된 복잡한 과정이었습니다"라고 정안기[119]는 설명합니다. 여기에서 한 가지 지적할 것은 정안기가 당시 젊은이들이 강요를 받는 분위기였다는 점을 이해하고 있었음에도 젊은이의 자발적 선택만을 강조한다는 것입니다.

한마디로, 정안기의 주장은 틀린 것입니다. 한반도 전체 차원에서 행해지는 선전·선동과 공포에 의한 지배와 감시·감독의 일상화가 개인의 선택을 왜곡하고 조작한다는 점을 고려하지 않았기 때문입니다. 총독부 관리들 또는 재선 일본군인들 등이 개인적 차원에서는 학도지원이 자발적 선택인 것처럼 적당한 방법으로 위장했습니다. 학도지원이 개인의 자발적 선택인 것처럼 보이도록 교묘하게 위장되었다는 점을 정안기는 간파하지 못했습니다.

대부분의 학도지원병은 군국일본에 협력할 수도 있었고 저항할 수도 있었습니다. 일본 군부는 그들이 집단 저항하면 사태가 걷잡을 수 없을 것이라고 생각하여 1943년 10월에야 학도지원병을 모집했고 친일 협력을 끌어내기 위한 수단으로 일본군 장교가 될 수 있는 당근을 제시했습니다. 여기에 덧붙여, 일본 군부는 육군특별지원병을 학도지원병보다는 상대적으로 쉬운 방법으로 생각했다고 볼 수 있습니다. 전자를 후자보다 먼저 실시했던 사실이 그 점을 간접적으로 증명합니다.

조선총독부는 조선불온문서 임시취체령(1936. 8), '조선사상범 보호관찰령' 공포(1936. 12), '조선학생정신연맹' 결성(1939. 7), 『조선일보』·『동아일보』 폐간(1940. 8), '국민총력연맹' 조직(1940. 10), 조선사상범 예방구금령 공포(1941. 3), 학교총력대總力隊 결성(1941. 9), 조선어학회 기관지 『한글』 폐간(1942. 5), '조선연희전문학교' 접수(1942. 8), 친일단체 조선언론보국회報國會 결성(1945. 6), 친일단체 대의당大義黨 결성(1945. 6), '진단학회震檀學會' 해산(1943. 9) 등을 공표했습니다. 이 규정, 사건, 단체 결성 등은 선전·선동과 공포에 의한 지배를 위한 보조 장치였으며, 선전·선동과 공포에 의한 지배와 감시·감독의 일상화가 점점 더 강력해지고 있었다는 것을 의미합니다. 특히 군국일본지배기에 한반도에 친일단체는 다수였을 뿐만 아니라 언제나 존재했고 조선총독부의 선전·선동을 위한 도구로 이용되었습니다.

정안기[120]는 '조선검찰요보'(1944년 3월 작성)에서 학도지원 검사장에서 채집한 수검자들의 언동, '병적전시명부'에 나타난 학도지원병 지원 동기 등을 보여 줍니다. 학도지원병의 언동, 지원 동기 등은 순전히 개인적인 것입니다. 개인적인 동기 중에는 간부후보생이 되는 것은 무엇보다도 중요했던 것처럼 보입니다. 그러나 군국일본지배기에는 불령선인이 되지 않기 위해 언행을 극히 조심해야 했을 것이고 특히 학도지원병은 더욱더 그랬을 것입니다. 그 점을 고려한다면 정안기가 제시하는 두 자료를 액면 그대로 받아들여서는 안 될 것입니다.

2. 이광수, 최남선 등이 학도지원 선전·선동에서 이중적 태도가 가능했던 이유

●●

조선총독부는 이광수, 최남선, 윤치호, 김연수, 주요한, 민규식, 박흥식 등을 동원하여 학도병에 지원할 것을 선전·선동하도록 했습니다. 이광수, 최남선, 김연수 등은 일본, 만주국 등 해외 소재 대학에 유학하는 한인 대학생을 끌어모아 민족감정에 호소하여 학도병에 지원할 것을 강력히 호소했습니다. 민족감정이란 '조선 민족을 위해 전쟁에 나가라'는 것입니다. 그런 호소는 사실상 선전·선동으로 볼 수 있습니다.

왜 그런 호소가 선전·선동인가요? 학도병의 참전은 학도병 자신의 생명을 위태롭게 한다는 사실, 일본을 위한 전쟁에 식민지 한인이 참가할 이유가 없다는 사실, 일본의 패전이 가까워졌기 때문에 경거망동해서는 안 된다는 사실 등을 이광수, 최남선, 윤치호 등은 유학생들에게 감추었습니다. 그리고 이광수 등은 학도병의 전쟁 참전으로 얻을 수 있는 조선 민족의 이익만 강조했습니다. 그러나 그 이익은 매우 모호했고, 개인의 이익으로 만들 수 있는 것도 아니었습니다. 다시 말하면, 전쟁 참전의 진실은 한인이 '일본을 위하여 희생'하는 것인데 이광수 등은 '조선 민족의 이익'이라는 거짓말을 선전하여 참전을 선동한 것입니다. 그리고 군사기술의 습득도 학도병이 미래에 군인으로 살아가지 않는 한 개인에게 아무 의미가 없는 이익이라고 할 수 있습니다. 물론 그런 선전·선동의 배후에는 일본 정부와 조선총독부가 있었습니다.

해방 후 학도지원자들의 일부는 한국전쟁의 발발로 대한민국 군대를 창설하는 데 큰 역할을 했습니다. 이것은 학도지원자 개인에게도 출세의 지름길이 되었습니다. 결과적으로 학도지원자들의 참전은 국가와 개인에게 도움이 되었습니다. 그 점에서는 그것은 '의도하지 않은 결과'로 볼 수 있습니다. 그러나 이것은 당시 이광수 등이 말한 조선 민족의 이익과는 무관한 것입니다.

이광수, 최남선 등의 학도지원병 권유가 선전·선동인 다른 이유도 있습니다. 군국일본이 일본 대학생을 포함한 청년을 병력으로 동원했던 것은 물론 강제 사항이었습니다. 문제는 일본 청년을 징집하는 방법으로 한인 청년을 징집하면 어떤 상황이 닥칠지 예상할 수 없었다는 것입니다. 군대에 가면 각종 화기火器를 소유하거나 쉽게 사용할 수 있게 되는데 군국일본으로서는 그것처럼 위험한 일이 없었을 것입니다. 그런 위험성을 어느 정도 완화할 방법은 '입대를 자발적으로 지원하는 형식'을 취하는 것입니다. 그러므로 이광수, 최남선 등은 일본 정부를 대신하여 선전·선동을 한 것입니다.

이광수, 최남선 등의 학도지원병 권유가 선전·선동이었던 또 다른 이유는 그들이 일본이 그토록 싫어했던 민족의식, 애국 등을 강조했다는 것입니다. 정안기[121]는 이광수가 "어차피 가야 할 학도지원병이라면 자발적으로 가는 것이 장차 조선인의 발언권을 확보하여 각종 차별을 해소하는 길이며, 이 기회를 살려서 군사기술을 배우는 것이 민족의 실력을 양성하고 장래를 대비하는 일이라"고 갈파했다고 강조합니다. 보통 때였다면, 아무리 이광수, 최남선 등과 같은 친일주의자라고 하더라도 식민지 한인이 민족으로서 실력을 양성하고 장래를 대비해야 한다고 주장했다면 총독부가 그런 발언을 문제 삼아 불령선인으로 낙인찍고 탄압했을 것입니다. 민족을 위한다는 그들의 주장이 허용되었던 것은 조선총독부도 그들의 그런 발언이 선전·선동이라는 점을 잘 알았기 때문일 뿐만 아니라 선전·선동을 위해서는 그 정도의 양보는 필요하다고 일제가 판단했을 수 있을 것입니다.

총독을 비롯한 일본인들이 그런 선전·선동을 직접 하게 되면 오히려 역효과가 날 것을 일본 정부와 총독부는 예상했을 것입니다. 광주학생항일운동, 도쿄 유학생들의 2·8독립선언, 3·1운동에의 적극적인 참여 등을 볼 때 군국일본지배기에 학생들의 항일정신은 높았습니다. 조선총독부가 그 점을 몰랐을 리가 없습니다. 그러므로 이광수, 최남선 등의 선전·선동은 조선총독부의 요구로 이루어졌을 뿐만 아니라 앞에서 보았듯이 강요된 선택이었습니다.

그러면 선전·선동이 왜 그렇게 많은 사람에게 발각되지 않았는가요? 그 점은 오늘날 북한을 생각해보면 쉽게 이해가 갈 것입니다. 그리고 이광수, 최남선 등이 선전·선동 이전까지 민족주의자로서 좋은 평판을 가졌던 점도 당시 대학생과 그 가족이 그들의 선전·선동을 강하게 의심하지 않았던 이유라고 추론할 수 있습니다. 총독부는 이광수 등의 평판을 교묘히 이용한 것입니다.

일본 정부는 선전·선동만으로 식민지 대학생을 자원입대하게 만드는 일이 매우 어렵다는 점을 누구보다 잘 알았을 것이기 때문에 간부후보가 될 수 있도록 하는 인센티브를 제시했습니다. 그런 인센티브만 보면 학도병이 순전히 자발적으로 입영을 지원했다고도 볼 수 있을 것입니다. 정안기[122]도 그 점을 지적하고 있습니다. 그러나 그 점은 학도병지원의 전체 틀 속에서 해석될 필요가 있습니다.

학도병지원은 1943년 10월, 해군특별지원은 1943년 8월에 실시되었지만 1944년 4월부터 징병제가 예정되어 있었기 때문에 두 지원 제도는 징병제 실시 예정(1942년 5월 선포)의 영향을 받았을 것을 추론할 수 있습니다. 물론 1944년에 만 20세가 되는 청년이 징병 대상이 될 것이기 때문에 징병제의 영향이 모든 학도지원병과 해군특별지원병에게 미쳤던 것으로 볼 수는 없습니다. 그리고 징용의 실시도 학도병지원에 영향을 주었습니다. 학도병지원을 회피하면 징용으로 가야 했기 때문일 것입니다. 학도병지원을 기피했을 때 직면하게 되는 현실은 학도병지원에 버금가는 어려움이 있는 징병, 징용 등이기 때문에, 학도 입장에서는 학도병지원 기피가 결코 좋은 해법이 아닙니다.

한마디로, 학도지원병제는 지원병제라는 이름으로 포장했지만 진실은 징병이었고, 그것을 가능케 했던 것은 이광수 등의 선전·선동이었으며, 그런 선전·선동의 내용에는 식민지인의 정치적 권리 신장과 군사기술 습득, 즉 민족의 이익이 포함되어 있었습니다. 그렇기 때문에 일본군 입대자는 학도지원병제에서 실제로 '현물 조세'를 지불했습니다. 그리고 일본 정부는 학도지원병에게 일본 육군 간부후보가 되는 길을 인센티브로 제시했습니다. 즉 조선총독부는 민족적 이득과 개인적 이득을 동시에 제시하여 한인 유학생을 사로잡고자 했습니다. 재일교포 출신의 한국 근대사 연구자 강덕상[123]이 학도지원병을 '지원을 가장한 강제 동원'으로 규정할 때 그런 지적만을 볼 것이 아니라 저자가 앞에서 제시한 내용도 같이 볼 것을 제안합니다.

그러므로 이영재의 주장처럼 학도병지원은 조선총독부 또는 일본 정부에 의해 강요된 징병이고, 다만 그 방식으로 지원병이라는 형식을 취했다는 것이 진실에 가장 부합합니다. 여기에 덧붙여, 앞에서 언급한 기본전제인 선전·선동, 공포에 의한 지배, 감시·감독의 일상화 등은 역사적 사실입니다. 그러나 식민지 한인들, 조선총독부, 이광수, 최남선 등과 같은 친일주의자들의 행동 등에 대한 이해는 그런 기본전제를 토대로 저자가 해석한 것입니다. 그런 점에서 정안기[124]처럼 다른 해석은 언제나 가능합니다. 우리가 점검해야 할 것은 기본전제가 옳은지입니다.

명목상으로는, 지원병제의 기초 위에 1944년 4월 조선총독부는 한반도에서 징병제를 시행했습니다. 한반도에서 징병제는 퇴임을 앞둔 미나미南次郎 총독이 1944년부터 실시한다고 1942년 5월 9일 발표했습니다.[125] 총독부는 1942년 5월 '국민총력조선연맹'이라는 기구를 동원하여 징병제를 대대적으로 선전했습니다. 징병제를 시행한다는 이 발표는 지원병제에 의한 입영을 자극하는 촉매제 역할을 했을 것입니다.

그러면 이광수, 최남선 등과 같은 일본을 대신한 선전·선동가를 어떻게 이해할 것인가요? 수양동우회는 1913년 5월 샌프란시스코에서 결성된 흥사단의 한국지부였습니다. 군국일본은 1937년 6월 6일에 치안유지법 위반으로 수양동우회원 181명을 검거하고 49명을 기소했습니다. 그런 검거는 민족주의의 온상인 장로교회를 겨냥한 것이었습니다. 이광수, 주요한, 정인과 등은 수양동우회 사건의 주동자로 몰렸습니다. 이광수 이하 28명은 예심·보석 상태로 경성에서 사상전향회합을 갖고 황궁요배, 일본국가 합창, 황군 전몰장병

위령제 등을 지낸 후에 조선신궁에 참배하였고, 사상전향신고서思想轉向申告書를 작성하여 재판장에게 제출하였으며, 현금 2,888원을 각출하여 국방헌금을 했습니다. 그때가 1938년 11월 3일이었습니다. 그리고 이들은 1939년 12월 8일 경성지방법원에서 전원 무죄판결을, 1941년 11월 17일 경성고등법원 상고심에서도 증거불충분으로 무죄판결을 받았습니다. 이로써 그들은 무죄판결을 받았지만, 변절자가 되었다고 할 수 있습니다. 1938년 11월 이전의 이광수 등을 민족주의자로 분류한다면 그 이후에는 친일주의자로 분류해야 할 것입니다.

이광수 등은 학도지원자와 다르게 1938년 11월부터 '명시적으로' 강요된 선택을 할 수밖에 없었다고 하겠습니다.[126] 이광수 등과 육군특별지원병을 포함한 학도지원자들은 행위가 강제되었다는 점에서 동일하지만, 전자는 어떤 사건을 계기로 친일주의적 행위를 명시적으로 강요받았고, 후자는 그런 강제에도 불구하고 개인이 선택할 수 있는 길이 없었던 것은 아니라는 점에서 다른 것입니다. 이 사건 후에 드러났지만, 이광수 등에 있어서 사상전향이란 순수한 민족주의자에서 친일주의자가 되는 것을 말하는 것입니다. 사상전향자의 일부는 명목적으로는 친일주의자이지만 내면적으로는 민족주의자일 수도 있습니다. 사상전향 이후에 이광수를 본 사람들은 그가 진지하게 학도병지원을 권유했다면서도 애국과 민족주의에 티끌만큼의 위선도 없었다고 지적하고 있는데 그것은 그때 내선일체라는 일본의 선전·선동을 받아들여서 친일주의자이면서 민족주의자라는 이중적인 태도가 가능했기 때문일 것이라고 저자는 이해합니다. 샤브쉬나[127]는 조선총독부가 한인 지식인 집단을 순수 민족주의자에서 친일주의자로 전향하게 만드는 데 영향을 미쳤다고 지적하고 있습니다. 총독부는 수양동우회 사건을 통해 이광수 등의 행동을 직접적으로 통제하기 시작한 것입니다.

6장

육군특별지원병제와 징병제

1. 육군특별지원병제

"조선인의 지원병역〔육군특별지원병을 지칭함〕은 본인의 자발적 의지에 따른 병역부담으로 징병제의 의무병역과 명확히 구별되었습니다. (…) 육군특별지원병은 이들에게 향촌 사회의 신분차별로부터 탈출이자 입신출세의 지름길이었습니다. 그래서 이들은 혈서 지원과 함께 수년에 걸친 재수 지원도 마다하지 않았습니다."(정안기)[128]

"다시 말해 이들이 육군특별지원병이 되기를 결단한 것은 양반-상민의 신분차별이라는 전통사회의 질곡과 모순 때문이었습니다."(정안기)[129]

---

* 저자는 육군특별지원병제가 실질적으로는 강제였다고 주장합니다. 바로 그 이유로 미야타의 민족차별 탈출 주장이나 정안기의 신분차별 탈출 주장은 성립하지 않는다고 저자는 또한 주장합니다. -저자 주

육군특별지원병제에 의한 병력동원 수는 얼마인가요? 1938년 이후 1943년까지 육군특별지원병제에 의한 지원자는 803,317명이고, 그 중 입소자는 17,703명, 입영자는 17,350명입니다. 지원자는 1938년 2,946명, 1939년 12,348명, 1940년 84,443명, 1941년 144,745명, 1942년 254,273명, 1943년 304,562명이었습니다. 입소자는 육군 훈련을 받았던 인원을 말합니다. 1942년을 눈여겨볼 필요가 있습니다. 조선총독은 1944년 4월부터 징병제를 실시할 것을 1942년 5월에 미리 발표했습니다. 1942년과 1943년에 육군특별지원자들이 크게 증가한 것은 징병제 실시 발표가 영향을 미쳤을 것으로 볼 수 있습니다.[130]

육군특별지원병은 신체검사, 전과 여부, 공민권 결격사유 등을 점검받고 입영하기 이전에 먼저 지원병 훈련소에 입소했습니다. 그 과정은 6개월이었고 초기에는 세 곳의 훈련소(경기도 양주, 평양, 시흥 등)가 있었습니다. 지원병은 6개월 과정을 마치면 대부분 일본 군대에 입영했습니다. 6개월 과정은 지원병 예비과정이라고 할 수 있습니다. 지원병은 예비과정만큼 조세를 추가로 지불했습니다. 세 곳의 훈련소를 운영하는 비용도 조세로 충당되었을 것으로 추정됩니다. 6개월의 훈련 과정은, 넓은 의미에서, 교육으로서 지원병에게는 당근이었고 일본 정부는 황국신민화 과정으로 치부했을 것입니다.

미야타[131]는 "육군특별지원병제가 제국주의의 민족차별로부터 탈출을 욕망하는 조선 청년들을 국가권력의 폭력장치로 내부화해서 조선인의 민족의식을 말살하고 일본적인 감정을 내면화시키는 황민화 정책의 추진력으로 파악했습니다. 미야타의 주장은 한국 역사학계의 정설로 수용되는 가운데 35년이 지난 지금도 널리 인용되고 있는 실정입니다"라고 정안기는 지적합니다.[132]

정안기[133]는 지원자의 대부분이 출세 지향성이 강한 보통 이상의 생계를 영위하는 중농층 가계의 차남 이하였고, 이들이 육군특별지원병이 되고자 한 것은 "향촌 사회의 신분 차별로부터 탈출할 뿐만 아니라 입신출세를 원했기 때문"이라고 주장합니다. 다른 한편, 정안기[134]가 그다음 해에 발표한 글에서는 육군특별지원병이 되고자 한 것은 '신분 차별' 때문이라는 점을 강조합니다. 정안기는 1년 사이에 한인 청년이 육군특별지원병에 지원한 동기 중에서 '입신출세'라는 요인을 제외한 것입니다. 미야타[135]는 한반도 청년이 제국의 육군특별지원병이 되고자 한 것은 민족차별 때문이었고, 일본제국은 그 제도를 통해 황민화 정책을 추구하고자 했다고 주장합니다.

요약하면, 한반도 한인 청년이 육군특별지원병에 지원한 동기만을 보면, 미야타는 민족차별로부터의 탈출이라 하고, 정안기는 신분 차별로부터의 탈출이라 하는 것입니다. 정안기[136]의 주장에서 첫 번째 쟁점은 육군특별지원이 '자발적 선택'인가 하는 것입니다. 두 번째 쟁점은 육군특별지원병 지원이 민족차별이 아니라 신분 차별로부터의 탈출 방법인가 하는 것입니다. 군국일본지배기에 두 종류의 차별, 즉 민족차별과 신분 차별이 한반도에 동시에 존재했지만, 일본군에 지원하는 동기를 민족차별로부터의 탈출로 설명할 수 없습니다. 일본군에도 민족차별이 없었다고 볼 수는 없기 때문입니다. 즉 미야타의 주장은 틀린 것입니다. 그리고 신분 차별 때문에 육군특별병에 지원하게 되었다는 정안기의 주장은 현재로서는 실증하기 어렵습니다. 그 시기 신분 차별의 정도에 관한 연구가 충분하지 않기 때문입니다.

정안기의 주장에서 토론이 가능한 것은 육군특별지원이 자발적 선택인가 하는 것입니다. 저자는 이 점에 대해 의심합니다. 그 이유는 다음과 같습니다. 육군특별지원병제는 명목상으로는 지원병제이지만 실질적으로는 유형·무형의 강제가 있었음을 부정할 수는 없습니다. 군국일본이 사용했던 강제적인 방법이란 지방 유지, 경찰, 고등계 형사特高 등의 강력한 권유, 지원하지 않는 자를 비국민 '불량배'로 취급하는 분위기, 지원자를 '황국신민화 운동의 영웅'으로 선전하기 등을 말합니다. 그리고 국민협회國民協會, 동민회同民會, 시중회時中會 등과 같은 한인 정치세력의 동의와 협력이 있었는데 그런 정치세력은 조선총독부의 선전·선동을 전파하는 단체로 볼 수 있습니다. 그들은 육군특별지원병제를 징병제 시행과 연계해 한인의 참정권을 확보하는 정치적 포석으로 삼고자 했습니다.[137]

저자는 육군특별지원병제가 실질적으로는 강제였다고 주장합니다. 자발적 선택을 하면서 육군특별지원자가 어떤 환경에 있었는가도 중요할 것입니다. 1942년 전에 지원한 사람 중에는 정안기가 주장한 것처럼 신분 차별로부터의 탈출을 목적으로 한 사람이 많았을 것입니다. 하지만 지원자의 약 70%에 해당하는 1942년과 1943년에 지원한 사람들은 징병이 예고된 상황이었기 때문에, 학도지원병처럼 강제이면서 자발적 선택이 가능했던 '강요된, 자발적 선택'을 했을 것입니다. 1941년 12월에 일어난 태평양전쟁으로 군대에 가면 목숨을 잃을 가능성이 큰 상황에서 약 56만 명의 젊은이들이, 신분 차별로부터의 탈출과 입신출세를 위하여, 목숨을 거는 선택을 순전히 자발적으로 했을 것으로 보기는 어렵습니다. 학도지원병과 육군특별지원병, 모두가 '강요된, 자발적 선택'을 했다는 점에서 큰 차이가 없습니다.

2. 징병제

* 징병제로 징집된 인원은 209,279명으로 지원병과 징병제 징집 인원의 합인 232,679명의 약 89.9%입니다. 1938년부터 동원된 병력의 대부분은 명시적으로 징병제에 의해 강제 징집된 병력임을 알 수 있습니다. -저자 주

일본 정부는 1944년 4월부터 조선인을 대상으로 징병을 시행했습니다. 1945년 8월 현재 조선인 병력동원 수를 구분해 보면, 육군특별지원병 17,350명, 해군특별지원병 3,000명, 학도지원병 3,050명, 징병제에 의해 징집된 인원 209,279명 등으로 총 232,679명입니다. 이는 1944년 5월 인구조사에서 보고된 인구수 22,793,766명의 1.02%입니다. 징병제로 징집된 인원은 209,279명으로 지원병과 징병제에 의한 합인 232,679명의 약 89.9%입니다. 1938년부터 동원된 병력 대부분은 명시적으로 징병제에 따라 징집된 병력임을 알 수 있습니다.

징병제에 의한 징집은 전형적인 실물 형태의 '조세'라고 하겠습니다. 문제는 그것으로 끝나지 않습니다. 무엇보다도, 이들이 전쟁 중에 사망하거나 부상했다면 그만큼 노동 자원의 손실이 추가로 발생했다고 하겠습니다. 사망 또는 부상의 경우에 징병된 인력이 부담하는 '세금'은 훨씬 무거워집니다. 문제는 인간 생명의 가치는 화폐 단위로 표시할 수 없다는 점입니다.

게다가 식민지 한인이 전쟁 중에 일본군 또는 군속이 되었다가 2차 세계대전 종전으로 전범자가 되어 처벌된 경우도 국가가 없었기 때문에 발생한 비극 중의 하나입니다. 2차 세계대전 종전 후 연

합국 전범 재판에서 한인 B·C급 전범으로 유죄 판결을 받은 사람은 148명입니다. 그중 23명은 사형당했고 몇 명은 자살했습니다. 한인 B·C급 전범은 한일 양국에서 버려진 존재였습니다. 일본은 자국인 전범을 위해 법률까지 제정하면서 물심양면으로 지원했습니다. 그러나 일본은 한인 B·C급 전범의 일본 국적을 박탈했고 한국은 그들을 친일파로 매도했습니다.[138]

1940년대는 지원병이나 징병으로 한인이 일본 군인이 되었습니다. 군국일본지배기 중에서도 1940년대 이전에는 일본군 장교가 되기 위해 자원하여 일본군 육사에 입학하여 교육받고 일본 군인이 된 사람들도 있었습니다. 교육 이후에 그들은 여러 갈래의 인생 행로를 거쳤습니다. 김운태[139]는 징병2기(을축생)는 입대 도중에 해방을 맞아 귀향했지만 징병1기(갑자생)는 많은 인원이 전쟁에서 희생되었다고 주장하고 있지만 그 인원을 제시하지 않고 있습니다. 일본 후생노동성(1990년, 1993년 반환 명단, 당시 후생성)의 통계에 따르면 조선인 군인과 군속은 242,341명이었고, 이 중 9.2%인 22,182명이 사망 또는 행방불명으로 귀국하지 않았다고 합니다. 부상자의 수, 부상의 정도 등도 지금 우리는 잘 알지 못하고 있습니다.

4부

토지·임야조사사업과 소작제

1장

군국일본의 토지 수탈:
국망國亡했는데 국유는 무엇인가요?

"신용하 교수는 한반도 전체 면적의 43.0%, 임야 면적의 59.1%에 해당하는 955만 7,586정보를 조선총독부가 수탈했다고 주장합니다. '조선임야조사사업'과정에서 나오는 수치인데, 그 앞과 뒤를 살피지 않은 황당한 주장입니다. 역사학자라면 그 누구보다도 그 역사적 배경을 살피고, 사건의 전모를 파악하고자 합니다. 그의 태도는 역사학자라고 보기에는 생경하기 그지없습니다."(이우연)[1]

"신용하의 임야 수탈론은 한마디로 궤변입니다. 반일 종족주의에 사로잡힌 반反과학입니다. 우리 모두를 아프게 하는 병리 현상이기도 합니다."(이우연)[2]

이영훈[3]은 신용하가 조선총독부의 토지 불하에 대해서도 눈을 감았다고 주장합니다.

---

* 그러나 이영훈, 이우연 등은 "조선이라는 나라가 망했지만 그래도 나라

소유 토지는 있을 수 있다, 국유가 존재한다"는 궤변을 늘어놓고 있습니다. -저자 주

조선총독부는 토지조사사업(1910~1918년)과 임야조사사업(1917~1924년)을 통해 한반도의 토지와 임야를 수탈했는가요? 신용하[4]는 두 사업의 결과로 1919년 2월 현재 조선총독부가 토지 약 137,224정보, 임야 9,557,586정보를 소유하게 되었고, 그것은 한반도 전 국토의 약 50.5%였다고 지적합니다. 그리고 그는 총독부의 그런 광대한 양의 토지와 임야의 소유는 수탈의 결과였다고 지적합니다. 각종 국사 교과서는 신용하의 수탈론을 받아들여 두 사업이 한반도 농민의 수탈을 목적으로 시행되었을 뿐만 아니라 많은 양의 토지와 임야가 수탈되었음을 서술해 왔습니다.[5]

이 장에서의 쟁점은 토지와 임야에 대한 군국일본의 수탈이 있었는가 하는 것입니다. 아래에서 보겠지만, 신용하와 이영훈은 수탈한 토지의 양에 대해서도 약간의 의견 차이를 보이고 있습니다. 그러나 쟁점은 토지와 임야에 대한 수탈이 있었는가 하는 것이기 때문에 수탈의 양에 대한 두 역사가의 차이는 무시하기로 합니다.

이영훈[6]은 신용하의 주장을 비판하고 수탈은 '없었다'고 지적하고 있습니다. 이영훈[7]은 조선총독부가 확보한 토지가 1918년 12월 현재 127,304정보였고, 그런 토지 중에서 1924년까지 113,000여 정보를 한인 연고 소작인에게 불하했으며, 남은 토지도 이후 계속 불하했다고 지적합니다. 특히 불하는 법정 지가를 10년간 분할 상환하도록 한 것으로 한인에게는 유리한 조건이었다고 했습니다. 이영훈[8]은 신용하가 조선총독부의 토지 불하에 대해서도 눈을 감았다고 주장합니다.

이우연[9]은 임야조사사업과 특별연고삼림양여(1927~1934년)가 끝났을 때 국유가 5,741,050정보, 민유 10,592,452정보, 계 16,333,502정보가 되었다고 계산하고 '연고자가 없는 구舊국유림'(공식적으로는 1910년에 조선 왕조를 이어받은 대한제국이 멸망했지만, 편의상 조선 왕조라고 부르기로 하고, 여기에도 '국유림'이라는 개념은 문제가 있기 때문에 '구국유림'이라고 부르기로 합니다)을 최소한 보유했던 조선총독부는 수탈을 하지 않았다고 주장합니다. 그는 '국가'가 최소한의 국유림을 보유하는 것을 두고 수탈이라고 말할 수 없다고 주장합니다. 이우연의 주장이 지닌 문제점은 조선 왕조와 대한제국이 멸망했음에도 국가가 여전히 존재하는 것처럼 가정하고 있다는 사실입니다. 그는 아직까지도 그 점을 이해하지 못한 것처럼 보입니다.

조선총독부는 1917~1924년에 임야의 소유권을 정리하기 위한 임야조사사업을 시행했습니다. 이때 '연고자가 없는 구국유림'은 618만 정보, '연고자가 있는 구국유림'은 338만 정보, 합계 956만 정보이고, 그것은 한반도 전체 임야의 59.1%였습니다. 조선총독부는 이어서 1927~1934년에 특별연고삼림양여 사업을 시행했습니다. 그 사업은 연고자에게 해당 임야의 소유권을 양도하는 사업이었습니다. 이때 280만 정보의 연고자 있는 임야가 구국유림에서 민유로 이전되었다고 이우연[10]은 추정합니다.

1907년 7월 '국유미간지이용법'에 따라 아직 개간하지 않은 땅인 미간지는 국유로 귀속되었습니다. 모든 삼림·산야는 삼림법(1908년 1월)에 따라 사유임을 입증하지 못하는 한 국유로 한다는 방침도 이때 정해졌습니다. 토지는 국유지와 민유지로 구별하였고, 이 과정에서 기존의 역둔토는 모두 국유지가 되었습니다. 교통의 중심지에 설치된 역의 경비를 충당하려고 지급한 전답인 역토와 지방이나 중앙 관청의 경비를 충당하기 위해 각 관청에 지급한 토지인 관둔전을 합하여 '역둔토'라고 합니다. 이때 국유지와 사유지를 구분하는 기준도 대강이나마 정해졌습니다. 첫째, 광무사검에 의해 파악된 역둔토는 모두 국유지로 간주했습니다. 개략적인 추정에 의하면, 1907년 당시 전체 역둔토의 2/3가 사실상의 민유지였고, 나머지 1/3은 왕실 집안의 땅인 궁방이었습니다. 둘째, 종래 '무주한광처', '무주공산'으로 불리던 주인 없는 땅은 국유지로 편입되었습니다. 셋째, 삼림·산야에 대해 소유권을 주장하려는 자는 그것이 자신의 소유라는 점을 입증해야 했습니다. 이것이 두 조사사업이 시행되기 직전 통감부의 간섭으로 결정된 내용입니다.[11] 이때까지만 해도 한반도에서 형식적이나마 국가가 존재했기 때문에 국유, 국유지라고 하는 개념은 문제가 없습니다.

조선총독부는 1910년 9월 토지조사법을 공포하여 식민지 한반도의 토지조사사업을 개시했지만, 이 사업은 1912년 8월 토지조사령을 공포하면서 본격화되었습니다. 이때 총독부가 소유한 토지의 면적은 118,949정보였고, 1918년 사업을 종료했을 때는 127,304정보였습니다. 그사이에 중요한 변화가 있었습니다. 1910년 9월~1914년 3월에 신규 측량된 63,000여 정보의 토지가 총독부 소유로 등록되었고 같은 기간에 '혼탈입지처분'으로 58,000여 정보의 토지가 총독부 소유에서 빠져나갔습니다. 혼탈입지처분이란 민유지라는 증거가 명백한 총독부 소유 토지는 도장관의 재량으로 해당 토지를 소유자에게 지급했던 조치를 말합니다. 위의 계산은 이영훈[12]에서 인용한 것입니다.

토지조사사업과 임야조사사업에서 핵심 쟁점은 토지와 임야에 대한 '수탈'이 있었느냐는 것입니다. 신용하와 이영훈·이우연은 논쟁다운 논쟁을 하지 않았고 서로의 주장만 하는 것처럼 보입니다. 이영훈·이우연은 실제로 신용하의 주장에 대해 그런 점을 지적하고 있습니다. 토지조사사업에 대해서는 1997년에 김홍식 등이 『조선토지조사사업의 연구』라는 책으로 이영훈의 주장을 지지하는 연구를 종합한 바도 있습니다. 그러나 자세히 들여다보면 양쪽이 두 사업을 전혀 다르게 이해하고 있다는 점에서 논쟁을 끝낼 여지가 없는 것처럼 보입니다.

토지, 임야, 각종 재화 등을 소유하게 되는 방법은 '교환', '선물', '수탈' 세 가지입니다. 세 방법은 상호 배타적입니다. 신용하의 주장대로 137,224정보(이영훈의 경우 127,304정보)는 조선총독부가 누구에게도 대가를 지불하지 않고 자신의 것으로 만들었던 토지입니다. 그러므로 그것은 수탈한 것이 분명합니다. 임야도 같습니다. 신용하[13]는 그 점을 "일제 조선총독부는 종래에는 한국 토지를 전혀 소유하지 못했었다가 이른바 '조선토지조사사업'의 결과로 1919년 2월 하등의 대가를 지불함이 없이 약 13만 7,224정보의 농경지와 약 955만 7,586정보의 임야를 소유한 민법상의 배타적 소유권자가 되었습니다. 한국 전 국토의 50.4%에 달하는 방대한 면적의 토지를 어떠한 대가 지불도 없이 식민지 통치 권력으로 수탈한 것이었다"라고 지적합니다.

그러면 조선총독부는 토지와 임야를 어떻게 수탈했는가요? 가장 먼저 통감부는 '국유미간지이용법'(1907년)과 '삼림법'(1908년)을 통해 미간지이거나 사유지임을 입증하지 못한 임야는 조선 왕조 국가 소유로 편입하도록 조치했습니다. 두 법은 토지와 임야에서 국유의 범위를 명확히 한 것입니다. 조선 왕조 왕실 소유 부동산이 국유로 편입된 과정은 다음과 같습니다. 1908년 6월 9일 이토 통감은 메이지 유신의 예에 따라서 제실유帝室有 토지는 일단 그 소유권을 국가로 옮길 것을 주장했습니다.[14] 이때 국가는 대한제국이었습니다. 통감부는 1908년 6월 25일 칙령 제39호 '궁내부소관급경선궁소속재산의 이속과 제실채무의 정리에 관한 건'을 공포하고 조선 왕실 소유 부동산을 모두 국유로 편입했습니다. 왕실의 일부 사유재산만이 예외로 인정되었습니다.[15] 조선총독부는 이제 대한제국을 강제병합함으로써 대한제국이라는 국가와 조선 왕실이 소유한 토지와 임야를 자신의 것으로 만들었습니다. 이 때 국가가 멸망했기 때문에 조선총독부가 소유한 토지와 임야는 '구국유지'와 '구국유림'으로 표기하는 것이 정확한 것입니다.

그럼에도 총독부는 '국유지'라는 명목을 붙여 당시나 지금이나 사람들을 속인 것입니다. 엄격히 말해, 당시 조선이라는 국가가 없었기 때문에, 1910년부터 국유지는 이론적으로나 실제로나 존재할 수 없었습니다. 총독부가 국유지라고 한 것은 '일본국유' 또는 '조선총독부유有'라고 하는 것이 정확한 표현일 것입니다. 총독부가 국유지라고 한 것은 당시 조선사람들을 속여 그들의 저항을 줄이기 위한 것으로 저자는 추정합니다. 신용하[16]는 이 점을 잘 알았기 때문에 '조선총독부 소유지' 또는 '국유지로 참칭'했다고 지적하고 있습니다. 그러나 이영훈[17]은 여전히 국유지라는 개념을 사용하고 있습니다. 이우연[18]도 같은 오류를 범하고 있습니다. 신용하[19]와 이영훈[20] 간의 쟁점은 바로 이것입니다. 조선토지조사사업의 연구[21]에 참여했던 다수의 연구자도 이영훈과 비슷한 잘못을 범하고 있습니다. 김재호[22]를 한 예로 들 수 있습니다.

이우연[23]은 "임야조사사업 이후 이들 임야는 총독부가 경영할 산림으로서 국유로 보존됩니다. 어느 나라나 국토 보전이나 재정수입을 위해 국가가 경영하는 국유림이 있습니다. 그것을 두고 수탈이라고 말할 수는 없습니다"라고 주장합니다. 이우연은 이미 조선 왕조라는 국가가 패망하여 없어진 시기임에도 '국가', '국유', '국유림' 등의 개념을 쓰고 있습니다. 그의 주장은 여기에서 이미 오류가 발생한 것입니다. 당시 한반도 내에 국가는 일본밖에 없었기 때문에 그가 국가라고 말할 때 일본을 지칭하는 것으로밖에 볼 수 없습니다. 그리고 그는 일본이라는 국가가 국유림을 보유할 수 있는 정당한 이유도 제시하지 못하고 있습니다. 이어서 이우연[24]은 “신용하의 임야 수탈론은 한마디로 궤변입니다. 반일 종족주의에 사로잡힌 반反과학입니다. 우리 모두를 아프게 하는 병리 현상이기도 합니다”라고 신용하를 비판합니다. 그러나 그는 자신의 주장이 어디에 문제가 있는지 이해하지 못하고 있는 것으로 보입니다.

그러면 조선총독부는 누구로부터 그런 토지를 수탈했습니까? 사실 이 점은 지금의 쟁점과 별개의 것입니다. 물론 다루어야 할 가치가 충분한 것은 분명합니다. 조선총독부는 토지조사를 한다는 명목으로 각종 법령을 공포하고, 명목적으로는 왕조 정부 소유이지만 실질적으로는 민간이 소유했던 토지, 대한제국 정부가 소유했던 토지, 왕실이 소유했던 토지 등을 ‘국유지’라는 명목으로 자신의 소유지로 만들었습니다. 조선 왕조 정부와 황실이 징세를 통해 민간의 재산을 수탈했다면 그 재산은 궁극적으로는 민간 소유자의 것입니다. 토지와 같은 재화의 소유권은 당장의 소유자보다 더 과거로 올라가 살펴볼 필요가 있습니다. 조선 왕조 시대에는 노비제가 토지의 형성 또는 토지로부터 나오는 수확물에 기여했기 때문에 앞에서 서술했던 토지의 소유자라도 그 토지의 정당한 소유자는 노비이거나 그 후손이 될 수 있습니다. 여기에는 토지 소유권의 정당성 문제가 발생합니다. 다만 피수탈자가 누구인지는 토지 수탈이라는 쟁점에서는 그다지 중요하지 않습니다. 수탈이 있었다는 사실이 중요합니다.

조선총독부는 토지조사사업 이후에 그렇게 수탈한 토지를 불하라는 방법으로 연고 소작인에게 대가를 받고 판매했습니다. 그 금액이 어느 정도인지는 알 수 없지만 작지 않았던 것은 분명해 보입니다. 그러나 그 점은 중요하지 않습니다. 중요한 것은 조선총독부는 국유지라고 이름 붙인 토지를 한 푼의 대가도 지불하지 않고 자신의 것으로 만든 후 한인에게 대가를 받고 팔았던 것입니다. 수탈이라는 관점에서만 평가한다면 이영훈이 완전히 틀린 것입니다. 신용하는 조선총독부가 소유한 토지가 정당한 것이 아니라고 봤기 때문에 굳이 '불하'를 다루지 않은 것으로 보입니다. 임야의 경우, 특별연고삼림양여를 통해 조선총독부유有 임야를 민유로 이전해 준 것을 신용하가 몰랐거나 은폐했다고 이우연[25]은 주장하고 있지만, 임야가 조선총독부유가 되었을 때 이미 수탈이 일어났다고 보는 신용하로서는 그런 이전은 중요한 사항이 아니었을 것입니다.

이영훈[26]은 "본서의 序章에서 우리는 일제의 조선 지배의 목적이 '영구병합'이었다고 지적하였다. '영구병합'이라는 고차원의 엄청난 수탈을 행하기 위해 '사업'〔토지조사사업을 말함〕 수준에서는 저차원의 폭력적 수탈을 행하지 않을 수도 있는 관계, 요컨대 비수탈의 구조화된 수탈성"이라고 주장합니다. 고차원의 수탈과 저차원의 수탈 간의 관계에서 저차원의 수탈이 없을 수 있다고 주장하는 것입니다. 그러나 저차원의 수탈이 있을 수도 있습니다. 토지조사사업은 그런 예 중의 하나입니다. 즉 영구 병합이라는 고차원의 수탈은 이미 시행되었을 뿐만 아니라 실증이 필요하지 않습니다. 그러나 저차원의 수탈, 즉 사업 수준에서의 수탈은 실증의 문제입니다. 저차원의 수탈의 예로 공출, 강제저축, 일본 정부 발행의 국채 강제 매입 등을 들 수 있습니다. 다른 수탈도 적지 않습니다. 이 점은 이 책의 곳곳에서 다룹니다.

토지의 소유권 문제를 제외하면, 토지조사사업이 토지거래에 수반되는 불확실성과 위험을 크게 낮추었다는 점에서 일본인 토지

거래자뿐만 아니라 한인 토지거래자들도 그 사업으로 적지 않은 이득을 보았습니다. 특히 이 사업이 한반도 금융 산업에 미친 영향은 매우 컸을 것입니다. 재산권을 명확하게 하여 토지를 담보로 맡기고 자금을 빌릴 수 있게 되었기 때문입니다. 토지조사사업 이전에도 토지담보부 대출이 가능했을 것이지만 거래비용이 높았기 때문에 그렇게 번성하지 않았을 것입니다. 그럼에도 전강수[27]는 그런 사업을 '고차원의 수탈 전략'이라고 지적합니다. 그리고 전강수[28]는 이어서 "실제로 토지조사사업 이후 조선에서는 일본인 대지주를 중추로 한 식민지 지주제가 급속하게 확대됐습니다. 1920년대 산미증식계획 실시 이후 조선인 토지 소유자들이 소유 토지를 상실하고 몰락하는 한편, 일본인 대지주들이 토지를 집중해가는 과정에" 대해 수탈 전략의 예로 제시하고 있습니다. 그러나 1920년대 총독부의 산미증식계획은 수리조합사업을 연결고리로 하여 이루어진 것이기 때문에 토지조사사업과 직접적인 관련이 없습니다.

정리해 봅시다. 조선총독부가 민간인 소유가 명백했던 토지나 임야를 조사사업을 통해 수탈한 것이 아니라는 점에 대해서는 이영훈이나 신용하가 이견이 없는 것으로 보입니다. 저자도 이에 대해서는 이견이 없습니다. 이견은 조선총독부가 대가를 지불하지 않고 국유지라는 이름으로 대규모 토지와 임야를 소유하게 된 것이 수탈이냐에 있습니다. 토지와 임야의 수탈 여부에 대해서는 두 가지 관점에서 설명할 수 있습니다. 첫째, 토지와 임야를 소유하게 되는 과정과 관련이 있습니다. 앞에서 저자는 토지와 임야를 조선총독부 소유로 만든 것이 수탈이라고 지적한 바 있습니다. 둘째, 일본의 한반도 지배가 합법적이지 않기 때문입니다. 이태진[29]은 제물포조약(1882년), 의정서(1904년), 1차일한협약(1904년), 2차일한협약(1905년), 한일협약(1907년), 한국병합조약(1910년) 등에서 왕조정부 또는 대한 제국정부는 그런 조약들을 전혀 비준하지 않았다고 지적하고 "한국 병합은 성립하지 않았다"라는 말로 결론을 내리고 있습니다. 이태진은 지배 과정의 절차적 흠결을 지적한 것입니다. 즉 "병합은 합법적이었을 뿐만 아니라 조선인 자신들이 원하는 것이었다"라는 군국 일본의 선전·선동이 터무니없음을 그는 입증한 것입니다. 그러므로 저자는 이영훈, 이우연 등이 완전히 틀렸다고 주장합니다.

2장

소작제:
농지 임대차 시장에서의 생산구조

●●

"지주제가 강고하게 유지되었습니다. (…) 토지에 비해 인구가 넘쳐나다 보니 소작농에게 불리한 지주제가 강고하게 존속하고 있었다는, (…) 지주제의 문제는 해방 후에 이루어진 농지개혁을 통해 해소됩니다."(김낙년)[30]

신용하[31]는 소작제와 고율 소작료를 동시에 전제하고 소작제가 생산성을 증대시키는 데는 치명적인 결함을 가진 제도였다고 주장합니다.

이영훈,[32] 김낙년[33] 등은 조선민사령, 조선형사령 등을 일본이 식민지 한반도에 이식한 근대 제도라고 주장합니다.

---

* 대부분의 역사학자가 소작제를 잘못 이해하고 있습니다. 김낙년, 이영훈, 신용하 등도 예외는 아닙니다. 이송순·정병욱[34]이 '기생지주제'라는 개념으로 지주를 이유 없이 비난하는 주장에서도 그 점을 잘 알 수 있습니다.

물론 농지를 많이 소유했던 지주일수록 일본 지배에 어느 정도 협조했을 것이지만 그것은 소작제도 자체의 문제라기보다는 일본의 식민 지배가 문제였다고 하겠습니다. -저자 주

1. 소작제가 발생하는 궁극적 원인

식민지기 농민의 빈곤을 다루고자 한다면 농민 중에서 수적으로 가장 많은 소작농이 빈곤한 이유에 집중해야 할 것입니다. 조선 왕조 이래로 소작제가 농업에서 무엇보다 중요한 제도임에도 불구하고 누구도 소작제를 제대로 이해하지 못한 것 같습니다. 김낙년도 그런 연구자 중의 한 명이고 『반일종족주의』를 집필한 역사학자들도 김낙년과 대동소이합니다. 『반일종족주의』, 『반일종족주의와의 투쟁』 등의 어디에서도 위 문장을 제외하고 소작제를 깊이 있게 다루지 않고 있기 때문입니다. 신용하[35] 등과 같은 역사학자들도 소작제를 강력하게 비난하고 있습니다. 소작제를 이해하는 일은 조선 왕조 말기뿐만 아니라 군국일본지배기 농업과 농업 중심의 경제를 이해하는 일에 더없이 중요합니다.

과거 농업이 중심 산업일 때 한반도에서 농지의 중요성은 아무리 강조해도 지나치지 않습니다. 군국일본지배기에 농사를 위해 소, 각종 농기구, 저수지, 정미 공장 등과 같은 '자본재'가 이용되었지만, 농지가 가장 중요한 자본재임은 의심의 여지가 없습니다. 그런 자본재에 대한 임대차 시장이 한반도에서 오랜 기간 발달해 왔던 것은 당연한 일입니다. 농지의 소유가 불평등하지 않더라도 농지를 임대차하고자 하는 농민이 생겨나는 것은 너무 자연스러운 일이기 때문

입니다. 게다가, 한반도에서 농지의 소유가 불평등해지면서 농지를 임대차하고자 하는 농민도 증가할 수밖에 없었습니다.

무엇보다, 농업에서 농지 임대차, 즉 소작제는 노동자를 고용함으로써 발생하는 '감독 문제supervision problem' 때문에 생겨납니다. 즉 농지 소유자가 노동자를 고용하여 농사를 지으면 너무 많은 감독비용이 든다는 것입니다. 그런 비용을 줄이면서 경작자가 경제적 유인을 잃지 않게 할 수 있는 제도가 바로 '소작제'입니다. 농지의 소유가 불평등하게 된 환경에서 소작제는 최선의 제도입니다. 공업에서는 그런 문제가 크지 않기 때문에 노동자를 고용하여 일정한 시간과 장소에서 일정한 작업 규칙에 따라 동일한 규격의 재화를 생산합니다.

농지가 소작지에서 자작지로 바뀌어 농지를 보유한 사람이 직접 농사하면 소작제에 비해 경제적 인센티브가 증가하고, 노동 감독 문제가 발생하지 않고, 농지 소유주와 소작인 간의 거래비용은 없어집니다. 그 대신 천재지변에 따른 위험은 토지의 소유자가 모두 부담해야 합니다. 농지가 소작제에서 자작제로 바뀌면 편익과 비용이 공존하지만. 비용에 비해 편익이 더 커진 결과로 생산성은 향상합니다. 하지만 소유한 토지의 규모가 직접 농사지을 정도를 넘는 지주는 노동자를 고용해서 농사를 지을 것인가, 아니면 소작을 줄 것인가를 결정해야 합니다. 소작이 많았던 이유는 지주가 보유한 토지가 많았고, 노동자를 고용해서 농사를 짓는 것보다 소작을 주는 것이 유리했기 때문입니다.

앞에서 서술한 내용이 농지 임대차 시장이 발생하는 근본적인 원인이고 소작료는 농지 임대차에 대한 대가입니다. 만약 농민이 농지와 노동력을 모두 평등하게 보유하고 농지의 면적이 농사를 유지하는 데 필요한 임계점을 넘으면 농지 임대차 시장은 발생·존속하지 않을 것입니다. 그러나 한반도에서는 유사 이래로 농지와 노동력이 평등하게 보유된 경우는 흔하지 않았습니다. 특히 전제군주제에서 농지 소유의 불평등은 극심했다고 할 수 있습니다. 더 일반적으로 말하면, 농지와 노동력의 분포가 비례하지 않으면 언제나 농지 임대차 시장은 발달할 수밖에 없습니다.

지주는 농지를 대량으로 보유하지만, 그에 비해 노동력을 충분하게 보유하고 있지 못하기 때문에 농지를 빌려주고 그 대가를 받기를 원합니다. 소작인은 지주와 정반대의 상황에 있습니다. 즉 소작인은 노동력은 있지만 농지를 충분하게 혹은 전혀 보유하고 있지 못하기 때문에 농지를 빌려 농사를 지어야 할 수밖에 없을 뿐만 아니라 그렇게 하는 것이 최선입니다. 농업 이외의 다른 산업에서 종사할 기회가 적을수록 특히 그렇습니다. 이것이 군국일본지배기 농지 임대차 시장이 발달한 근본적인 원인입니다. 이 점은 그 이전에도 크게 다르지 않습니다. 농지 소유가 불평등하더라도 그 정도가 심하지 않다면 큰 문제가 없을 것입니다. 문제는 농업이 중심 산업인 국가 또는 지역에서는 농지의 소유가 불평등한 정도가 작지 않다는 것입니다. 군국일본지배기에도 농지 소유의 불평등 정도는 높았을 뿐만 아니라 시간이 갈수록 그런 불평등이 커졌습니다.

전용덕[36]은 농지 소유 불평등이 만들어지게 된 역사적 과정을 다음과 같이 설명합니다. 군국일본지배기 초기 농지 소유 불평등은 조선시대 농지 소유가 매우 불평등한 데서 연유했습니다. 이어서 전용덕은 조선시대 농지 소유가 불평등하게 된 여러 원인을 분석합니다. 정약용은 18세기 말~19세기 초, 전라도 지방의 경우에 총 농가 호수 중에 지주가 5%, 자작농이 25%, 순소작농 및 자소작농이 74%에 달했다고 지적했습니다. 1907년 탁지부는 한 조사에서 전국에서 자작농민은 30%, 소작농민은 70%에 달했다고 보고했습니다.[37] 이것은 조선 왕조 말엽의 토지 소유 불평등이 얼마나 심각했는가를 보여 줍니다. 그리고 이것은 약 1세기 동안 자작농과 소작농의 비율이 크게 변하지 않았다는 것을 또한 의미합니다. 조선 왕조의 경우에 군주정 자체, 신분제, 각종 규제적인 경제·사회정책 등이 농지 소유 불평등의 가장 중요한 원인이었습니다. 왕조 말엽에 있었던 대원군의 당백전 과다 발행과 고종 통치기의 각종 주화의 과다 발행이 왕조 말엽 경제를 붕괴시켜 농지 소유의 불평등을 악화시켰을 것입니다.

농지 소유의 불평등이란 결국 농지라는 자본재의 소유가 불평등하다는 것을 의미합니다. 그리고 농업에서 농지가 자본재 중에서 가장 중요하다는 점은 너무도 명백합니다. 생산성이 자본재의 크기에 의해 결정되기 때문에 자본재 소유가 불평등하다는 것은 생산성과 그에 따른 소득이 불평등해질 수밖에 없다는 것을 의미합니다. 그리고 소득의 불평등은 부의 불평등으로 이어지기 쉽습니다. 부의 불평등은 다시 소득의 불평등으로 이어지는 '악순환'이 일어납니다. 이것이 조선 왕조부터 농지개혁 이전까지 농지를 소유하지 못한 농민들, 더 일반적으로 농업 종사자들이 가난했던 근본적인 원인입니다. 농업에서는 자연재해도 생산성에 큰 영향을 미칩니다. 자연재해는 소득 불평등을 악화시키고 그런 악화가 다시 농지 소유의 불평등으로 이어지기 쉽습니다.

소작제에서 핵심은 소작료이고 소작료는 자본재인 농지를 소작인이 임차하여 사용하는 '대가'라는 점을 강조할 필요가 있습니다. 농기구와 같은 다른 자본재에 대한 대가도 소작료에 포함하는 경우를 볼 수 있지만, 두 소작료는 개념상 다른 것입니다. 소작제는 농지의 임대차 시장에서 '지주-소작인' 관계를 지배하는 '생산구조production structure'이면서 가장 중요한 것입니다. 그리고 자본재를 소유한 사람은 지주이기 때문에 소작제라는 생산구조를 지배하는 자는 지주입니다. 오늘날 상공업에서 주식회사, 복합기업, 하도급 등의 생산구조가 이용되듯이 말입니다. 다만 생산구조라는 관점에서 농업과 상공업의 차이는 전자에서는 소작제가, 후자에서는 회사 체제가 지배적이라는 점입니다.

지주는 마름舍音(농지관리인)을 두기도 합니다. 농지 임대차는 생산 행위와 관련이 있을 뿐만 아니라 수확량에 따라 소작료의 크기가 달라지기 때문에 지주도 소작인의 농업경영에 관심을 가질 수밖에 없습니다. 예를 들어, 종자의 선택, 비료의 투입량, 농우와 농기구의 사용, 수확량의 측정 등에 대해서는 소작인뿐만 아니라 지주도 관심을 두지 않을 수 없습니다. 일반적으로 소작료의 수납·보관·판매, 소작인의 감독과 소작지 관리, 조세 납부 등에 상당한 노력과 시간이 들어가기 때문에 지주는 그를 도와주는 사람을 둘 수도 있습니다. 농지의 소재지에 거주하지 않는 부재不在지주와 같이 소작인의 농업생산 과정을 쉽게 감독하거나 점검할 수 없는 경우에는 특히 그러합니다. 부재지주가 아니더라도 지주가 소작인의 생산 과정을 감독하고 확인하기 어려울 때도 있습니다. 마름은 지주와 소작인의 중간에서 둘 간의 의사소통을 매개하고 원활하게 하는 역할을 맡습니다.

마름은 지주의 농업경영을 조력하는 자로서 지주가 고용한 사람입니다. 바로 그 이유로 지주는 마름의 노동에 대한 대가를 지불해야 합니다. 지주가 마름에게 지불하는 대가는 일반적으로 소작료의 1/100~5/100였습니다.[38] 그러나 역사적 현실에서는 소작인이 마름에게 향응 또는 선물을 제공하는 예도 있었고 마름이 소작인에게 뇌물을 강요한 예도 없지 않았습니다. 그럼에도 마름이 기본적으로 지주의 농업경영을 조력하는 자로서 지주의 생산성을 높이기 위해서 존재했음을 부정할 수는 없습니다. 그리고 소작인이 마름에게 뇌물을 제공하는 행위는 농지의 소유가 극도로 불평등해지면서 농지 임대차에서 소작인들이 경쟁하는 방법이었을 수 있습니다. 마름에게 제공하는 그런 뇌물은 소작농이 농지 임차료인 소작료율을 올리지 않으면서 농지 임차권을 획득하는 방법의 하나가 될 수도 있었을 것입니다.

소작제의 핵심이라 할 수 있는 소작료율은 이렇게 결정됩니다. 연간 수확량이 일정하다고 가정하면, 소작료율은 소작 농지의 공급과 수요에 의해 결정됩니다. 그리고 소작 농지의 공급과 수요가 변함에 따라 소작료율도 상승하거나 하락합니다. 군국일본지배 초기에 소작료율이 높았던 것은 소작 농지의 공급에 비해 수요가 많았기 때문입니다. 1950년대 농지개혁 이후에 소작료율이 서서히 하락했던 것은 소작 농지의 수요에 비해 공급이 많아졌기 때문입니다. 즉 소작료율도 경제원리에 의해 달라진다는 점에서 결코 예외가 아닙니다.

소작료는 소작 농지의 수요와 공급에 따라 결정되지만, 역사적 현실에서 소작료 지불 방법은 크게 세 가지였습니다. 첫째는 정조법(定租, 賭只, 定賭, 賭地法)입니다. 이 방법은 그 해의 생산량과 관계없이 일정한 소작료를 내는 방법입니다. 둘째는 집조법(執粗, 執穗, 看穗, 看坪法)입니다. 이 방법은 벼의 성숙기에 농작 상태를 바탕으로 수확고를 예상하여 소작료를 정하는 방법입니다. 셋째는 타조법(打作, 竝作, 束分)입니다. 이 방법은 미리 정한 비율로 실제 수확한 것을 분배하는 것입니다. 소작료 지불 방법이 여러 가지인 이유는 농지 임대차 시장의 환경이 모두 다르기 때문일 것입니다. 농지개혁 이전까지 한반도에서는 타조법이 논농사에서 가장 지배적이었던 방법입니다. 타조법에서는 쌀 생산량이 늘어나면 지주도 증대된 생산물의 일부를 가져갑니다.

소작제에서 가장 중요한 관심 사항은 소작료·소작료율이지만 그것만이 문제가 되는 것은 아닙니다. 그것보다 덜 중요하지만, 지주와 소작인, 모두에게 영향을 주는 것이 적지 않습니다. 그것들은 지세를 포함한 각종 공조·공과금, 종자 대금을 누가 부담할 것인가, 짚 등의 농사 부산물을 누가 가져갈 것인가, 농사 방법을 지주가 강제할 것인가, 소작인에게 잡역雜役을 부담시킬 것인가 등의 문제입니다. 그 이외에도 곡물의 품질 검사 수수료와 품질 검사를 얼마나 엄격히 할지, 지주와 마름 댁의 수리, 관혼상제 시 노동력 제공, 소작료 징수를 위한 임시 고용인 향응 접대비, 두량임斗量賃 지불, 소작료 양정量定 시에 표준 근량 이상 또는 고봉으로 거두는 것, 소작료 납부를 지체할 때 과태료를 부과하는 것, 이모작에 대한 소작료 징수, 집조소작지에서 소작료를 과다하게 산정하는 것, 재해 시에 소작료 감면 관행을 지키지 않는 것 등과 소작료의 운반비, 금비대, 수리조합비, 토지개량비 등을 관행 이상으로 소작인에게 부담시키는 것 등입니다. 앞에서 두량임은 곡물의 양을 측정하는 사람에게 지불하는 노임을, 양정은 양을 측정하여 정하는 것을, 금비대는 화학비료 구매 비용을 의미합니다. 군국일본지배기의 경우에 앞에서 나열한 것들에 관한 연구가 충분하지 않기 때문에 소작료율의 현실을 정확하게 알 수는 없습니다. 다만 군국일본지배기에 소작지의 공급에 비해 수요가 증가하면서 소작료는 장기적으로 상승할 수밖에 없었을 것입니다.

소작제는 농업에서만 발달하고 상공업에서는 흔하지 않습니다. 공업에서는 노동자의 생산성을 비교적 쉽게 측정할 수 있기 때문에 노동자를 '고용'하는 방법이 고용주에게 유리하지만, 농업에서는 노동자의 생산성을 측정하는 일이 쉽지 않을 뿐만 아니라 노동력의 투입이 농번기와 농한기에 크게 다르기 때문에 일정 시간을 고용하는 것이 노동 생산성을 높이는 방법으로 적절하지 않기 때문입니다. 소작제는 농사의 결과물만을 지주와 소작인이 나누어 가짐으로써 농지의 소유가 불평등한 경우에 농업에서 생산성을 극대화하는 방법으로 가장 흔하게 이용되는 방법입니다. 일반적으로 말하면, 농지의 소유가 불평등하지 않더라도 농지라는 자본재를 소유한 사람이 노동력 부족으로 농사를 직접 지을 수 없을 때는 소작제가 자연스럽게 발생할 수밖에 없습니다. 그러므로 소작제는 농업에서 이용되는 가장 일반적인 생산구조입니다. 그러나 소작은 자작보다 생산성이 낮고 그 결과로 경제에 미치는 긍정적 영향 또한 소작이 자작보다 작을 수밖에 없습니다.

주식회사, 복합기업, 하도급 등과 같은 생산구조가 상공업에서 이용되듯이, 소작제는 농업에서 이용되는 생산구조입니다. 그러므로 많은 농업 연구자들이 소작제 자체를 '착취'나 '수탈'의 도구나 수단으로 묘사하는 것, 지주제를 '식민지지주제'[39]라고 비판한 개념, 지주제를 '반봉건적' 경제 제도로 비판하는 것[40] 등은 모두 틀린 것입니다. 그러나 저자는 일부 지주가 소작제를 '악용'하여 착취나 수탈을 한 사례가 있음을 부정하는 것은 아닙니다. 그 경우에는 소작제가 문제가 아니라 지주 자체가 문제이거나 소작 환경이 문제입니다. 그리고 군국일본지배기에 노비가 실질적으로 남아 있었을 뿐만 아니라 그런 노비가 소작제와 관련이 있었다면 그 경우에는 착취 또는 수탈이 존재했을 수 있습니다. 그 경우에는 소작제가 아니라 신분제가 수탈을 불러오는 것입니다.

소작제 자체는 문제가 아닙니다. 그러나 소작농이 너무 많은 것, 즉 부의 불평등이 문제인 것은 분명합니다. 무엇보다도 소작 농지에 대한 수요가 증가하면 소작료율이 상승하지 않을 수 없습니다. 소작료율 상승은 소작농의 삶을 어렵게 할 뿐만 아니라 저축을 어렵게 함으로써 소작농의 미래도 암울하게 하고 경제성장에도 부정적인 영향을 미칩니다. 소작농이 광공업에서 일자리를 구할 수 있다면 소작 농지에 대한 수요를 낮추어 소작료율 상승을 억제할 수 있습니다. 그러나 1937년 이전까지 군국일본이 한반도에서 공업화를 추진하지 않았을 뿐만 아니라 산미증식계획 등과 같은 정책으로 한인 농민들이 농업에 더 집중하도록 만들었기 때문에 소작료율 상승을 억제하는 일은 쉽지 않았습니다. 군국일본지배기 소작농이 빈곤했던 중요한 원인들 중의 하나는 바로 이것입니다.

2. 소작농 증대의 다른 원인

군국일본지배기 농지 소유 방식은 자소작농, 소작농, 농업노동자, 화전민 등의 비중이 증가하는 방향으로 변했습니다. 자소작농은 자신의 땅도 있지만 소작도 하는 농부를 말합니다. 1913년에는 전체 농가 호수에서 자소작농이 32.4%, 소작농이 41.7%였는데 1942년에는 자소작농이 23.9%, 소작농이 53.8%가 되었습니다. 소작농에는 농업노동자와 화전민 4.9%가 포함되어 있습니다. 소작농만을 놓고 보아도 비율이 많이 늘어난 것이고 농업노동자와 화전민을 포함하면 그 비율은 더 커집니다. 그와 반대로, 자소작농의 비중은 크게 줄었습니다. 한마디로, 군국일본지배기 농지 소유 방식에서 소작농의 비중이 가장 높았고 지속해서 증가했습니다.

농업이 경제의 중심인 한반도에서 소작농의 비중이 높았을 뿐만 아니라 지속해서 증가했던 것은 그만큼 가난한 농민이 많았다는 것을 의미합니다. 군국일본지배기 소작농의 비중이 높아지면서, 일반적으로, 소작료율이 상승하고 소작농의 물질적 삶은 어려워질 수밖에 없었습니다.

군국일본지배기 농민, 그중에서도 소작농의 물질적 삶이 어려웠던 원인은 다음과 같습니다. 조선 왕조 시대 형성된 농지 소유 불평등에서 일차적인 원인을 찾을 수 있습니다. 그리고 그 시기 농지 소유 불평등은 신분제, 부정부패, 왕조 초기의 각종 규제적인 제도 등 여러 원인에 의해 만들어졌습니다. 게다가, 조선 왕조 말엽의 정치·경제 위기는 농지 소유 불평등을 심화시켰을 것입니다.

군국일본지배기 소작농의 비중은 지속해서 증가했습니다. 즉 소작농 전체의 물질적 삶이 악화되었다는 것입니다. 일제와 조선총독부는 농지 소유 불평등에 어떤 영향을 미쳤는가요? 첫째, 인구 증가가 농지 소유의 불평등을 초래했다는 주장이 있습니다. 인구 증가가 소작농 증가의 원인이지만 1928년 조선총독부 조사에서 보듯이 인구 증가가 소작농 증가의 '전적인' 원인으로 볼 수는 없습니다.[41] 게다가, 아래에서 보겠지만 다른 원인도 분명 존재했습니다. 그러므로 이영훈[42]이 "인구가 증가하여 기존의 자작농이나 자소작농으로부터 토지를 분여받지 못한 농가가 분가分家한 결과일 수도 있다"라고 설명한 것은 불완전합니다.

인구 증가가 소작농의 증가에 기여한 바를 자세히 들여다봅니다. 확실히 연말 상주인구는 1910년 약 1,313만 명에서 1943년 약 2,583만 명으로 2배가량 증가했습니다.[43] 이 수치에는 비조선인은 제외되어 있습니다. 군국일본지배기 농가 호수는 1910년 2,336,000호에서 1943년 3,046,000호로 증가했습니다. 즉 농가 호수는 710,000호가 늘어서 약 30.4% 증가했습니다. 물론 농가 호수가 그 이전 연도보다 일시적으로 감소했던 기간(1921~1924년, 1936~1939년, 1943~1944년)이 있었지만, 전반적인 추세는 상승이었습니다. 그럼에도 농가 호수의 증가율은 인구 증가율보다는 훨씬 낮았습니다. 그 이유는 대략 세 가지로 추정합니다. 첫째, 영유아 사망률이 줄어서 농가당 가족 수가 늘어났기 때문입니다. 둘째, 비농업으로 흡수된 인구가 있었기 때문입니다. 셋째, 아래에서 보겠지만 일본과 만주로의 이민도 한반도 농가 호수 증가를 억제했기 때문입니다. 자료가 존재하는 1916~1932년 농가 호수 증가를 분해해 보면, 소작농가 호수는 많이 늘어났지만, 지주 호수는 조금 증가했고, 자소작농가 호수는 크게 줄었고, 자작농가 호수는 비교적 조금 감소했습니다. 다시 말하면, 소작농가 호수의 증가는 대부분 자소작농가 호수의 감소에 의한 것임을 보여 줍니다. 소득 불평등 심화의 결과, 자소작농가가 소작농가로 내려앉았거나 자작 농지를 팔고 농업을 그만두었을 것으로 추정할 수 있습니다.[44] 다만 후자의 경우는 자작 농지보다 소작 농지가 더 많은 농민이었을 것입니다. 그리고 1920년대 수리조합사업으로 한인 중소 지주 또는 자소작농가의 일부가 토지를 팔았습니다. 이것은 군국일본지배기 인구의 증가가 소작농의 증가를 초래했다는 주장은 틀리지는 않지만, 설명력이 낮다는 것을 의미합니다. 특히 1945년 해방 당시 일본과 만주에 살던 식민지 한인의 수가 각각 약 100만 명과 약 150만 명에 달하였다는 점을 고려하면 인구 압력이 소작농 비율의 증가에 미친 영향이 그렇게 크지 않았을 것으로 추정할 수 있습니다.[45]

1915~1942년에 농지 소유의 불평등을 심화시키고 소작농의 비율이 증가한 원인 중의 하나가 세 차례의 경기변동이라고 저자는 주장합니다. 화폐공급의 증대로 인한 경기변동은 다른 조건이 일정하다면 소득분배를 악화시킵니다. 일반적으로 소득이 높은 계층이 낮은 계층보다 경기변동으로 인한 피해를 많이 봅니다. 소득이 낮은 계층의 이런 불리함이 토지 소유에도 영향을 주었을 것입니다. 특히 1932년 이후에는 화폐공급이 폭증하고 물가가 크게 올라 소득이 낮

은 자소작농과 소작농들이 큰 피해를 보았습니다. 그리고 1932년 이전에도 화폐공급의 증대로 인한 경기변동은 무시할 수 없습니다. 다만 그 정도가 1932년 이후에 심해졌다는 것입니다. 무엇보다도, 군국일본지배기 세 차례의 경기변동은 소득분배와 토지와 같은 부의 소유의 불평등을 악화시켰을 것입니다. 특히 세 차례의 경기변동 중에서 1932년 이후 한반도 공업화가 어느 정도 진전되면서 경기변동의 부정적 영향이 가장 컸을 것입니다. 다만 조선총독부가 1940년대에는 강제저축을 실행했기 때문에 경기변동의 영향이 다소 진정되었을 것으로 추론할 수 있습니다. 그러나 강제저축으로 인한 피해가 지주보다는 저축할 여유가 없었던 소작농에게 더 컸기 때문에 강제저축도 소득분배 악화의 원인이 되었을 겁니다. 소득분배의 악화는 토지 소유에도 영향을 주고 그 결과로 소작농의 비율을 증가하게 했을 것입니다.

1928~1929년 한반도에서는 흉작이 심각했습니다. 1928~1933년의 대공황, 일본 경제의 위기, 1940년대에 있었던 세 번의 큰 자연재해(1939년을 포함하면 네 번임), 한반도에서의 세 차례의 경기변동 등은 한반도 경제와 농업을 강타했습니다. 이 다섯 가지 요인은 농지 소유 불평등을 악화시켰을 것입니다. 여기에 더해 1920년대 한반도 경제성장을 위한다는 명분으로 시작된 산미증식계획은 한반도 중소지주 또는 자소작농에게 타격을 가했을 것입니다. 이는 모두 농지 소유 불평등을 심화했을 것입니다. 게다가, 1937년부터 시작된 전쟁 사회주의, 1939년 소작료통제령, 1941년 임시농지가격통제령 등으로 농업에 관한 극심한 간섭주의가 시행되었습니다.

전쟁 사회주의에서 총독부가 군수회사들에 자원을 집중적으로 배분하고 전쟁으로 자원이 낭비·소모되기 때문에, 한반도 경제 내에서 군수와 관련이 없는 부문들에서 휴·폐업의 증대 그리고 실업자들의 증대 현상이 나타났을 것이고, 그로 인해 일자리를 잃은 사람들이 소작농, 농업노동자 등이 되었을 것입니다. 이런 전업은 소작이 유망하기 때문이라기보다 다른 대안이 없기 때문에 할 수 없이 선택한, 생존을 위한 몸부림으로 볼 수 있습니다. 그리고 군수 부문에서 자원이 과다하게 소비되거나 소모되면 농지 소유자들에게 배분되어야 할 자원도 줄어들 것이기 때문에 그들도 어려움에 처하게 됩니다. 이것은 지주와 소작인의 관계가 보통 때와 같지 않다는 것을 의미합니다. 전쟁 사회주의로 분업의 범위가 축소되어 생산성이 하락하는 것도 경제의 불평등을 악화시켜 소작농, 농업노동자 등의 비율을 높였을 것입니다.

3. 소작농의 빈곤에 대한 조선총독부의 대응

(1) 산미증식계획

부의 불평등이 증대하여 화전민과 농업노동자를 포함한 소작농이 증가하는 것은 결코 바람직하지 않다는 점을 일제와 총독부도 잘 알고 있었을 것입니다. 일제와 총독부는 가난한 농민을 위하여 어떤 대책을 세웠는가요? 3·1운동 이후 일제는 한반도 경제성장을 위한 제도 또는 정책을 설치하거나 시행했습니다. 그중의 하나가 산미증식계획입니다. 그러나 산미증식계획은 소작농만을 위한 것으로 보기 어렵습니다. 게다가, 산미증식계획의 핵심인 수리조합사업은 일부 농민에게는 비용만 추가하고 이익은 거의 없었습니다.

대부분의 수리조합 지역에서 지주들은 수리조합비의 50%를 소작농에게 직접 부담시키거나 수리조합비와 쌀 생산 증가를 이유로 소작료율을 50%에서 60%로 인상했습니다. 심할 때는 수리조합비의 80% 또는 전액을 소작농에게 부담시키기도 했습니다.[46] 수리조합사업이 사업에 참여하는 농가에게 비용과 이익을 동시에 주었기 때문에 산미증식계획이 소작농의 물질적 삶을 향상시켰는지 여부는 구체적인 연구가 필요합니다. 다만 수리조합사업에 의하여 쌀 생산이 증가하였더라도 쌀의 가격이 크게 하락하는 상황에서 순익이 컸는지는 의문입니다.

소작농의 물질적 어려움을 해결할 방법은 공업화였습니다. 그 길만이 사실 유일한 길이었습니다. 도시 또는 도시 근교의 공업지대에서 농민 잠재실업자를 흡수함으로써 소작농의 수도 줄이고 공업에서 소득을 창출하여 농가 전체의 소득을 올릴 수 있기 때문입니다. 그런 경우에도 농업 잠재실업자가 많으면 공업화의 과실이 비숙련 노동자에게 돌아가는 데는 상당한 시간이 필요합니다. 그러나 군국일본은 한인들이 일본인들의 경쟁자가 된다는 이유, 1920년대 일본이 경제 위기에 봉착했다는 이유 등으로 한반도의 공업화를 허용하지 않았습니다. 오히려 총독부는 그 반대의 길인 산미증식계획을 통한 농업 집중 정책으로 갔습니다. 그런 정책은 소작농을 포함한 농민 전체의 물질적 삶을 오히려 어렵게 했습니다. 계획은 한인 지주들에게도 부정적인 영향을 주었습니다. 즉 총독부는 한인 소작농 또는 농민 일반의 삶은 안중에 없었고 일본인들의 이익에만 관심을 가졌습니다.

군국일본은 산미증식계획의 목적이 한인들의 물질적 삶을 개선하는 것이라고 선전·선동했습니다. 그러나 그것은 표방된 목적일 뿐입니다. 실질적으로 그것은 일본인 토건업자들, 일본인 지주들(주로 회사나 농장 형태의 지주들), 총독부 관료들, 일본인 기술자들, 일본인 노동자들 등 특별이익집단의 이익, 즉 사익을 돌보기 위한 것입니다. 그마저도 1930년 일본이 한반도산 쌀의 수입을 통제하고 1933년 미곡통제법을 제정하여 미곡공판장에서의 가격을 공정가격을 기준으로 수출에 수반되는 제반 비용을 뺀 가격을 매매가격으로 결정함으로써 한인 농민의 소득을 증대시킬 목적의 산미증식계획은 파탄이 나게 됩니다. 이 점에 대해서는 5부 4장 1절에서 더 다룹니다.

(2) 자작농지 설정사업

조선총독부는 1932년 10월부터 자작농지 설정사업을 시작했습니다. 소작농들이 조선간이생명보험적립금에서 자금을 빌려 땅을 사도록 하고 장기간에 걸친 원리금 상환 후에 땅의 소유권을 갖도록 하는 사업입니다. 이 사업에 참여할 수 있는 소작농은 총독부에서 선정했는데 “농촌의 중견 인물이 될 소질을 가진 지조 견실하고 근로애호의 정신에 불타는 농민”을 대상으로 했습니다. 뒤에서 보겠지만 자작농지 설정사업(이하 ‘사업’)은 금융조합도 1927년부터 시행했지만 1932년부터 본격적으로 시행했습니다. 1941년까지 조선총독부와 금융조합이 실시한 사업의 누계는 호수로는 58,603호, 금액으로는 28,306천 원입니다.[47] 이는 당시 소작농이 연간 5~6만 호씩 늘어난 것에 비하면 매우 빈약한 것입니다.

조선총독부는 1932년 자작농지 설정용 자금을 농가 1호당 평균 660원(최고 1,000원 이하), 연 6%(5.4%)의 저리로 각 도道에 빌려주고 각 도는 농가에 연 3.5%, 1년 거치 24년 원리금 균등 상환 조건으로 빌려주게 했습니다. 그 대신 총독부는 각 도에 상환조건에 따라 연 2.4%~3.0%의 금리로 보조금을 지급했습니다. 다시 말하면, 조선총독부는 조선간이생명보험을 통해 자금을 모으고, 그 자금을 각 도에 대부할 때의 금리, 각 도가 농가에 대부할 때의 금리 등을 총독부가 고정했습니다. 금리를 고정함에 따라 드는 비용은 총독부 재정으로 보조금을 주는 방식으로 충당했습니다. 그리고 총독부는 농가에 자작농지의 설정에 따르는 부동산 취득세와 소유권 이전·등기에 따른 등록세를 면제해 주었습니다.

농가가 자작농지 구입을 위해 지불했던 금리, 즉 농지구입자금 금리인 연 3.5%는 식민지 한반도와 일본을 통틀어 가장 낮았을 뿐만 아니라 최고가격이었습니다. 조선은행 대출금리는 1932년 연 8.8%(1935년 연 7.3%)였고 일본은행의 1933년 7월 대출금리는 연 3.65%였습니다. 조선간이생명보험적립금 예금금리 연 6%도 예금금리로서는 한반도 내에서는 가장 낮았을 뿐만 아니라 최고가격이었습니다.

총독부는 이 사업의 명시적 목적을 '소작농을 구하여 농촌의 갱생을 도모한다'라고 하였으나 실질적인 목적은 소작쟁의로 야기될 수 있는 식민 지배체제의 불안정을 제거하는 것이었습니다. 다른 말로 하면, 사업은 극히 일부 소작농이지만 소작농을 친일주의자들로 만들기 위한 사업이라고 할 수 있습니다. 그러므로 자작농지 설정사업은 '소작쟁의완화책', '농민회유책' 등으로서 지배체제 안정화 시책의 일환이었습니다. 조선총독부는 소작쟁의가 본격화되는 1920년대 후반에 자작농지 설정사업을 모색하기 시작하여 1927년에 사업의 시안을 마련했습니다. 그러나 이때의 설정사업은 계획으로만 그치고 실제 시행은 연기되었습니다. 총독부는 '지배체제 안정'을 위하여 자작농지 설정사업의 필요성을 인정했지만, 막대한 자금을 마련하는 것이 쉽지 않았기 때문일 것입니다.

조선총독부는 1932년에는 자작농지 설정계획을 작성하고 본격적인 시행에 들어갑니다. 그리고 자작농지 설정사업의 다른 하나의 축인 금융조합은 그 사업을 이미 1927년부터 시행하고 있었지만, 이를 본격적으로 추진한 것은 1933년부터입니다. 1933년은 조선금융조합연합회가 결성된 해인데, 조선금융조합연합회는 총독부가 금융조합을 포함한 한반도 내 민간 금융기관들을 지배하기 위하여 설치한 기구였습니다. 다시 말하면, 금융조합이 자작농지 설정사업을 본격적으로 추진하게 된 것은 조선총독부의 지시에 따른 것이라고 추론할 수 있습니다. 금융조합 중에서도 농촌 금융조합은 농촌 사정에 밝았을 뿐만 아니라 총독부는 조선금융조합연합회를 통해 사실상 그런 금융조합을 통제할 수 있었기 때문입니다.

금융조합이 일본 대장성 예금부의 자금을 차입하여 농민에게 대출한 자금은 대부조건과 기간 등에 있어서 농민에게 매우 유리했던 것은 분명합니다. 금융조합이 대장성 예금부로부터 특별 차입한 금액은 1922년 4,685천 원에서 1928년에는 14,930천 원으로 크게 증가했습니다.[48] 이때만 해도 금융조합만이 특별저리 융자를 하는 사업을 했기 때문에 총독부의 지시나 통제는 크지 않았다고 보여집니다. 다만 대장성 예금부의 통제나 지시는 없지 않았을 것입니다. 한마디로, 일본 대장성 예금부는 증가하는 예금을 1927~1932년 기간 금융조합의 특별저리에 의한 자작농지 설정사업에 쓰도록 했습니다. 두 기관의 이해가 맞아떨어졌다는 것입니다.

이제 의문은 왜 자작농지 설정사업이 1932~1933년경에 조선총독부와 금융조합에 의해 본격화되었는지입니다. 이는 소작쟁의가 추세를 벗어나서 1930~1931년에 폭증했고, 조선총독은 소작농의 불만을 무마할 필요가 있다고 판단했기 때문입니다. 이것이 자작농지 설정사업이 개시된 직접적인 원인입니다. 거시·화폐 환경도 중요합니다. 1932년부터 식민지 통화공급이 크게 증대하기 시작했기 때문에 1932~1933년경에 조선총독부와 금융조합의 자작농지 설정사업이 본격화될 수 있었습니다. 조선총독부는 1927년부터 자작농지 설정사업의 필요성은 인정했지만 충분한 자금을 확보할 수 없었기 때문에 사업을 본격화될 수 없었습니다. 하지만 1932년부터 통화공급이 증가하면서 예금도 큰 폭으로 증대하였기 때문에 조선총독부와 금융조합이 자작농지 설정사업을 본격화했다고 저자는 주장합니다.

자작농지 설정사업은 경제규제의 일종입니다. 자작농지 설정으로 대상 농민은 상당한 보조금을 받게 됩니다. 세금의 면제도 보조금의 일종입니다. 한마디로, 경제규제는 공익이 아니라 특별이익집단의 '사익'을 위하여 발효된다고 스티글러,[49] 펠츠만[50] 등은 지적합니다. 자작농지 설정사업도 경제규제의 포획이론을 잘 적용할 수 있는 것입니다.

자작농지 설정사업에서 공익과 사익은 각각 무엇인가요? 1930~1931년 소작쟁의가 폭증하자 조선총독부는 식민 지배체제의 안정이 위협받는다고 판단했을 것입니다. 총독부는 사업을 통해 소작농의 불만을 완화하고 소작농들을 친일주의자로 만들고 그들을 통해 한반도 농촌을 안정시키려 했을 것입니다.

보조금의 수혜자는 일차적으로는 보조금을 받는 농민입니다. 이들이 보조금을 받아 자작농이나 자소작농이 되면 사실상 계층 상승이 이루어집니다. 민주정에서는 이익집단이 정부의 지원을 받고 표를 제공하지만, 식민 지배에서는 소작농이 총독부의 지원을 받고 친일주의자가 되어 총독부의 지시를 잘 따르거나 총독부가 시행하는 정책에 협조합니다. 이것이 총독부가 보조금 수혜자들에게 요구한 것일 것입니다. 이 점이 민주정에서의 경제규제와 식민 지배에서의 자작농지 설정사업이라는 규제가 다른 점 중의 하나일 수 있습니다. 총독부는 소작농의 지원을 받아 지배체제의 안정을 확보할 수 있습니다. 그 점에서 총독을 포함한 총독부 관리들도 보조금의 수혜자입니다. 식민 지배체제의 안정은 총독과 총독부 관리의 입장에서는 군국일본의 공익이기도 합니다. 그들의 존재 이유가 그것이기 때문일 것입니다. 게다가, 1927~1932년 대장성 예금부 자금으로 시행된 자작농지 설정사업은 일본 대장성의 이해와도 일치했습니다. 일본에 경제 위기가 와서 대장성 예금부에 예금이 폭증했기 때문입니다.

자작농지 설정사업이 통상의 경제규제와 다른 점 한 가지는 분명합니다. 통상의 규제는 이익집단이 정부를 이용하여 이익을 얻어냅니다. 그리고 이때 규제는 공익을 위하여 발효되는 것으로 공표됩니다. 그러나 자작농지 설정사업은 조선총독부가 이익집단을 만들고 그 집단을 식민 지배에 이용하기 위하여 규제를 만들고 보조금을 주었던 사업입니다. 이때 조선총독부는 일본 정부의 도움을 받았습니다. 일본 대장성 예금부 자금이 그것입니다. 총독부는 자작농지 설정사업에 참여하는 한인 농민을 친일주의자들로 만들 수 있었을 것이고, 사업에 참여하는 한인 농민은 보조금을 받고 계층 상승도 할 수 있었을 것입니다. 조선총독부는 식민 지배의 안정이라는 일본 정부의 공익을 위하여 이익집단을 만들고 소작농에게 보조금을 주었습니다. 통상의 경제규제와 다른 점은 화폐공급의 증대가 있다는 것입니다. 일본 대장성 예금부의 예금이 한반도 소작농에게 특별저리로 융자되면서 한반도 화폐공급은 증대하기 때문입니다. 한마디로, 자작농 설정사업은 통상의 경제규제와 약간 다른 점이 있지만 본질에서 두 가지가 큰 차이가 없어 보입니다.

종합하면, 자작농지 설정사업은 일본 민간을 희생하여 소수의 한반도 한인 자작농지 설정 대상 농가에 혜택을 준 정책입니다. 자작농지 설정사업이 적어도 조선총독부 그리고 더 나아가 군국일본 정부에게는 식민 지배체제의 안정이라는 이득을 가져다주었습니다. 그러나 자작농지 설정사업이 식민 지배의 안정에 어느 정도 기여했는지를 보여 주는 연구는 없습니다. 총독부는 자작농지 설정사업을 통해 식민 지배체제에 대한 한인 협력자를 다수 확보할 수 있었을 것입니다. 그리고 그들이 이웃 농민에게 미친 영향을 무시할 수 없기 때문입니다. 일본 정부는 대장성 예금을 자작농지 설정사업에 배분함으로써 자신이 가진 금융 자원을 식민 지배 목적에 맞게 운영할 수 있었습니다. 그러나 일본 민간은 그만큼 손해를 보았음이 분명합니다. 그리고 자작농지 설정사업은 한반도 경제에 긍정적인 영향보다 부정적인 영향을 더 많이 주었을 것입니다. 1932년 이후 한반도 통화공급의 극적인 증대가 식민지 경제를 악화시킨 상황에서 자작농지 설정사업을 위한 대장성 예금부의 일본 자금 유입으로 한반도 통화공급을 더 증대하게 만들어 식민지 경제를 더 나쁘게 만들었기 때문일 것입니다. 1927~1932년 금융조합에 의한 자작농지 설정을 위한 특별 대부도 그 기간 통화공급을 증대하게 만들었다는 점에서 이때의 통화공급 증대는 리플레이션reflation이라고 하겠습니다. 리플레이션이란 통화공급이 줄어들 때 중앙은행(이 경우에는 대장성 예금부)이 인위적으로 통화공급을 늘림으로써 인플레이션을 일시적으로 연기하는 것을 말합니다. 그러나 현실에서 리플레이션을 구분하는 일은 쉽지 않습니다. 자작농지 설정사업은 총독부 또는 군국일본 정부가 자신의 이익을 위하여 식민지 경제에 폐해를 끼친 정책의 대표적인 예로 볼 수 있습니다. 한반도 전역의 농지가 증가하지 않는 한 자작농지 설정사업은 '제로섬 게임'의 특성을 가지기 때문입니다. 게다가 사업의 다른 폐해, 예를 들어 리플레이션도 작지 않았을 것입니다. 그러므로 자작농지 설정사업의 본질을 한반도 한인 전체를 위한 것으로 이해하는 설명이나 복지 프로그램의 일종으로 보는 주장은 전적으로 틀린 것이라고 저자는 주장합니다.

4. 소작제에 대한 기존 학자들의 오해

조선총독부는 소작 관계를 지배하는 경제·경영 환경의 변화에 대응하고 자신의 목적을 위하여 지주와 소작인 간의 관계에 깊숙이 간섭하고 규제했기 때문에 지주들과 소작인들도 그런 상황에 대응해야 했습니다. 그 결과로 농지 임대차 시장은 새로운 균형점을 찾아 끊임없이 이동하지 않을 수 없었습니다. 그 궤적이 군국일본지배기 농업 부문의 40여 년의 역사라고 하겠습니다.

문영주·송규진[51]은 "조선총독부는 지주의 소작농에 대한 과도한 수탈이 빈곤과 소작쟁의의 증가 원인이라고 인식"했다고 주장하고 있지만 정밀한 검토가 필요합니다. 이어서 그들은 "그 대책으로 '조선소작조정령'(1932. 12)과 '조선농지령'(1934. 4)을 공포"했다고 주장합니다. 소작농의 빈곤과 소작쟁의 증가의 원인과 대책이라는 관점에서 문영주·송규진을 검토할 필요가 있지만 '지주의 소작농에 대한 과도한 수탈이 빈곤과 소작쟁의 증가의 원인'이라는 조선총독부의 원인 진단이 정확한 것으로 볼 수는 없습니다. 토지 소유의 과도한 불평등이 '지주-소작 관계'에서 소작인을 불리하게 만들었기 때문에 소작인을 빈곤으로 몰아넣고 소작쟁의를 증가하게 했다고 저자는 주장합니다. 다른 한편, 소작쟁의 증가에는 조선총독부의 소작 관련 정책도 한몫했습니다. 궁극적으로, 문영주·송규진은 소작제 자체에 대해 잘못된 편견을 가지고 있는 것입니다.

군국일본지배기에는 많은 요인이 소작료 결정에 영향을 미쳤습니다. 토지 소유 불평등 정도, 인구의 증가, 해외로의 이주, 농업을 제외한 산업들의 발달 정도, 통화공급의 지속적 증대와 통화 인플레이션, 경기변동, 농지령과 같이 소작제에 영향을 미치는 제도와 정책, 소작쟁의, 자연재해, 자작농지 설정사업, 1937년 이후 전쟁 사회주의, 징용 또는 징병, 금융 산업의 발달 정도, 금융 부문의 차별, 사설철도를 포함한 철도 부설에 따른 토지 또는 농지의 감소, 도로 축조에 따른 토지 또는 농지의 감소, 일본인 토지 소유 증대 등입니다. 다른 조건이 같다면, 앞에서 나열한 요인들은 농지 소유의 변화를 거쳐 소작료율을 상승 또는 하락하게 했습니다.

소작제는 농지 임대차 시장의 생산구조입니다. 우리는 이 점을 모든 시대에 적용해야 합니다. 그러나 김낙년,[52] 이영훈 등은 군국일본지배기 소작제가 마치 지주에 의한 소작농 착취기구인 것처럼 주장하고 있습니다. 그럼에도 김낙년 등은 아래에서 보는 신용하 등의 연구자보다는 더 모호한 입장입니다. 신용하[53]는 군국일본지배기 농업 부문에서 지주제도가 '반半봉건적 생산양식'이라고 전제합니다. 그러나 그런 설명은 전적으로 틀린 것입니다. 소작제는 언제 어디서나 존재할 수 있고 존재했던 것으로 농업이라는 산업에서의 생산구조 또는 생산양식입니다. 물론 시대 또는 장소에 따라 토지 소유의 불평등이 달라지기 때문에 소작제가 생산구조로 기능하는 데는 시대별로 또는 장소별로 상당한 차이가 있었습니다. 심지어는 지주에 따라 달라질 수도 있습니다. 그러나 그 점이 생산구조로서의 소작제의 본질을 훼손하는 것은 아닙니다. 그러므로 소작제가 농지 임대차 시장의 생산구조라는 경제이론을 부정하거나 도입하지 않는 분석이나 연구는 기본에서 모두 틀렸습니다. 김준보,[54] 신용하[55] 등이 좋은 예이지만 소작제도를 다룬 거의 모든 연구가 본질에서는 앞의 연구들과 큰 차이가 없습니다.

특히 신용하[56]는 소작제와 고율 소작료를 동시에 전제하고 소작제가 생산성을 증대시키는 데 치명적인 결함을 가진 제도였다고 주장합니다. 그러나 소작료율이 올라 생산성을 증대시키는 데 상당한 제약이 발생했던 것이지 소작제 자체에 문제가 있는 것은 아닙니다. 그리고 조선총독부의 금융 제도와 정책을 포함하여 화폐 제도와 정책이 군국일본지배기 한인의 토지 소유의 불평등을 악화시켰고, 그것이 높은 소작료율을 초래했다는 점을 이해할 필요가 있습니다. 수리조합사업도 토지 소유의 불평등을 악화시켰습니다. 그럼에도 자작제가 소작제보다 생산성이 높은 것을 저자가 부정하는 것은 아닙니다.

이영훈,[57] 김낙년[58] 등은 조선민사령(1912년), 조선형사령 등을 일본이 식민지 한반도에 이식한 근대 제도라고 주장합니다. 그러나 농지 임대차를 규율하는 법률은 조선민사령에서 출발했지만, 조선농지령(1934년), 조선소작조정령(1932년) 등으로, 그다음에는 소작료통제령, 농지가격통제령 등으로 개정되었을 뿐만 아니라 그 개정은 점점 더 '개악'되었다고 저자는 주장합니다. 이것은 농지 임대차 시장을 규율하는 법률이 시장친화적 제도에서 출발해서 그런 제도에서 점점 멀어졌다는 것을 의미합니다. 그런 의미는 이영훈, 김낙년 등의 주장이 군국일본지배 초기에서는 옳지만, 조선농지령 이후에는 틀렸음을 또한 시사합니다. 이 점에 대한 자세한 설명은 전용덕[59]을 참조하기 바랍니다.

5부

식민지 근대화론 그리고 경제성장을 위한 제도 또는 정책

1장

근대화의 한반도 내 기원

* 근대화의 시작을 초기 개화파의 형성 시점으로 본다면 그 때부터 한반도 근대화를 이해하기 위해서 근대화에 대한 정의가 필요합니다. 정윤재[1]는 단위 민족의 정치적 독립, 공업화, 민주정 등, 세 가지를 근대화의 조건으로 규정합니다. 정윤재의 주장에 대한 설명은 3장에서 합니다. 대원군, 고종, 민비 등은 정치적 독립에 실패했을 뿐만 아니라 제국을 설립함으로써 군주정보다는 민주정으로부터 더 멀어졌다는 의미에서 근대화에 실패한 국가 지도자들이라는 비난을 면치 못할 것입니다. 그리고 정치적 독립에 실패하고서는 어떤 정치체제도 의미가 없습니다. 게다가, 그들은 당백전, 청전, 당오전, 백동화 등을 과다 발행하였을 뿐만 아니라 새로운 화폐 제도 확립에도 실패함으로써 왕조 말기의 경제를 무너뜨렸고 그런 붕괴는 근대화의 한 가지 조건인 공업화의 싹을 짓밟아 버렸습니다. -저자 주

한반도 내에 근대화의 역사적 기원이 없었다고 말할 수는 없을 것입니다. 17, 18세기 북학파를 비롯한 실학파 일부 학자들이 조선 중세

사회를 비판하고 근대사회를 지향하는 정책 방안들을 제의했습니다. 그리고 1874년 무렵에는 근대화를 추진하는 정치세력으로 초기 개화파가 형성되었습니다. 그러나, 그들을 제외하면 조선 내부에서는 준비된 것이 거의 없었습니다. 그런 상태에서 개항이 강요되면서 1876년에 조·일수호조규가 체결되고 끝 무렵의 조선 왕조와 그 이후의 대한제국은, 자의 반 타의 반으로, 서양문명을 받아들이는 출발점에 서게 되었습니다.

초기 개화파들은 개항 후 근대국가를 건설하기 위한 여러 방책을 강구해 나갔습니다. 왕조 정부는 통리기무아문(근대 행정 기구)의 설치(1880년), 영선사領選使(병기 제조 학습 유학생 사절단) 파견(1880년), 신사유람단紳士遊覽團(일본 국정 시찰단) 파견(1881년), 별기군別技軍(신식 육군) 창설(1881년), 대외적 균세정책 실시(1882년), 해방책海防策 수립(1882년), 해관海關 설치(1883년), 원산학사元山學舍(최초의 근대 학교)와 동문학同文學(최초의 영어학교) 설립(1883년), 『한성순보漢城旬報』(최초의 근대 신문) 창간(1883년), 근대 우편 제도 창설(1883년), 치도국治道局 설치와 서울 시내 도로 확장 정리(1883년), 한성 시내의 근대 경찰제도 창설(1883년), 복식服飾 제도 개혁(1883년), 해외 유학생 파견(1882~1884년), 농무목축시험장農務牧畜試驗場(근대 농업 시험장) 설치(1884년), 26개 근대 상공업 기업체 설립(1880~1884년) 등을 실행했습니다.[2]

초기 개화파는 1884년 12월 4일 갑신정변을 일으켜 정권을 장악하고 근대국가 건설을 위한 대대적인 개혁정책을 추구했습니다. 하지만 청나라 군대의 개입으로 정변은 삼일천하로 끝났습니다. 청일전쟁으로 일본군이 서울을 점령하면서 시작한 1894년의 갑오개혁 정부가 군국기무처를 설치하여 대대적인 근대 개혁정책을 단행했습니다. 하지만 1896년 고종이 일본군과 친일 내각이 장악한 경복궁을 탈출하여 러시아 공사관으로 피신한 아관파천으로 친일 내각이 붕괴하면서 갑오개혁이 파기되었습니다. 하지만 갑신정변 이래 근대사회와 근대국가 건설을 위한 노력은 지속되었습니다. 정부 조직과 기구는 근대화되고, 다수의 근대 학교들, 수십 개의 근대 상공업 기업체, 3개의 증기선 운수회사, 10여 개의 근대 신문과 다수의 근대잡지, 서양식 병원, 철도와 전기의 보급, 전국적 은행의 설립 등이 그것입니다.

일본의 영향 없이 조선인의 노력만으로도 정윤재가 규정한 근대화를 달성할 수 있었겠느냐는 장담할 수 없습니다. 다만 조선인의 노력만으로도 공업화만은 가능했을 수도 있습니다. 그러나 일본의 한반도 식민 지배는 한반도의 공업화를 어렵게 했습니다. 3·1운동 이후 군국일본은 한반도의 공업화를 억제하고 산미증식계획과 같은 농업 몰입 정책을 펼쳤습니다. 물론 이때의 공업화는 정상적인 공업화를 말하는 것이지 전쟁 사회주의 또는 군수공업화를 말하는 것은 아닙니다.

한반도의 근대화에서 미국 선교사들과 그들의 후원 단체인 '선교회'가 큰 역할을 했습니다. 그들은 이화여전, 세브란스의전 등을 설립하여 한반도에서 부족한 고등교육기관을 보충해주었을 뿐만 아니라 여러 가지 탄압과 억제에도 불구하고 서양식 교육을 포함한 서양문명의 핵심인 자유와 평등과 같은 근대정신을 한반도에 전파하고자 노력했습니다. 한반도 근대화에 있어서 개화파만큼 미국 선교사들과 선교회도 중요한 역할을 했습니다.

개항 이후 러일전쟁 전까지 조선 왕조와 대한제국 정부, 개화파와 같은 선각자들, 독립협회, 만민공동회 같은 민족 단체는 자신의 힘과 노력으로 근대화에 매진했습니다. 미국 선교사들과 선교회도 한반도 근대화에 도움을 주었습니다. 일본이 한반도 지역을 근대화했다는 주장을 검토하고자 한다면 1884~1902년까지의 한반도 한인들의 그런 노력을 이해하고 포함해야 합니다. 근대화에 대한 정윤재의 정의에 의하면 대원군, 고종, 민비 등은 정치적 독립을 지키는데 실패했을 뿐만 아니라 제국을 설립함으로써 민주정으로부터 더 멀어졌다는 의미에서 근대화에 실패한 국가 지도자들이라는 비난을 면치 못할 것입니다. 게다가, 정치적으로 독립된 국가를 유지하지 못하면 민주정은 불가능한 일입니다. 무엇보다도, 그들은 당백전, 청전, 당오전, 백동화 등을 과다 발행하였을 뿐만 아니라 새로운 화폐제도 확립에도 실패함으로써 왕조 말기의 경제를 무너뜨렸고, 그런 붕괴는 근대화의 한 가지 조건인 공업화의 싹을 짓밟아 버렸습니다. 공업화를 위해서는 많은 자본이 필요한데 경제가 무너졌다는 것은 축적된 자본이 없어졌다는 것을 의미하기 때문입니다. 다른 말로 하면, 공업화를 위한 자본을 축적하는 데는 긴 시간이 필요할 것이기 때문입니다.

2장

1920년대 군국일본의 식민지 경제성장을 위한 제도 또는 정책

1. 3·1운동이 식민지 경제성장을 위한 제도 또는 정책에 미친 영향

* 1920년대에는 식민지에 경제성장이 필요하더라도 공업화는 안 된다는 생각이 일본제국 내 정·재계에 널리 퍼져 있었습니다. '식민지 근대화=공업화'는 이때 이미 부정되었습니다. 산미증식계획, 철도건설12년계획 등은 그렇게 해서 마련되었습니다. -저자 주

---

* 산미증식계획, 철도건설12년계획 등은 식민지 경제성장을 위한다는 명분을 내걸고 조선총독부가 추진했습니다. 식민지 경제성장은 '공익'입니다. 그러나 일본인 청부업자들은 조선총독부를 포획하여 각종 이익을 누렸습니다. 조선총독부는 두 계획을 스스로 식민지 경제성장을 잘 추진하고 있다는 선전·선동의 수단으로 이용했습니다. 따라서 두 계획으로 식민지 한인들은 물질적으로 풍요로워질 수 없었을 뿐만 아니라 두 계획을 실행하는 과정에서 한인들이 취한 몫은 매우 작았습니다. 그리고 1920년대 군국일본은 다른 경제성장 정책도 시행했는데 그것들도 전술한 두 계획과 큰 차이가 없습니다. -저자 주

3·1운동 직후 일제는 독립운동의 재발을 방지하기 위한 대책을 마련하기 시작했습니다. 1921년 4월 미즈노 렌타로 정무총감은 '조선 통치상의 5대 정책'이라는 제목의 글을 발표했습니다. 5대 정책이란 치안의 유지, 교육의 보급 개선, 산업의 개발, 교통과 위생의 정비, 지방제도의 개혁 등이었습니다. 5대 정책은 일본이 조선에 대한 투자를 통해 조선인들의 물질적 삶을 개선해 독립운동을 포기하게 만든다는 방향을 제시한 것으로 이해할 수 있습니다. 이것은 20세기 초에 한반도 농촌을 경제적으로 개발하고 공익을 위한다는 명목으로 군국일본이 스스로 만든 제도 또는 정책으로서, 21세기 일부 한국 역사학자들이 주장하는 식민지 근대화론의 원형으로 볼 수도 있습니다.

그러나 일본의 대對한반도 투자는 그 목적이 조선인들의 독립운동을 미리 방지하는 것일 뿐만 아니라 미국과 같은 서양 열강이 조선의 그런 독립운동에 협력하지 않도록 하는 데 있었기 때문에 일제는 경제성장을 위한 실제의 경제 제도 또는 정책보다는 선전·선동을 훨씬 더 중요시했습니다. 일제는 두 가지 선전·선동 방법을 채택했습니다. 첫째, 외국인들에게 일본의 식민 지배를 평가하도록 하여 잡지 등에 게재하고 강연도 열었습니다. 일제의 나쁜 점을 비판하는 사람이라도 일제가 근대화를 추진했다든지, 사회간접자본을 정비하는 투자를 했다는 점에서만은 긍정적으로 평가했습니다. 둘째, 해외에 이주한 조선인들을 조국(조선을 말함)에 초대하여 그들을 선전·선동에 이용했습니다. 그들은 대부분 철도, 도로 등이 정비되고 근대적인 건물이 많이 늘어서 있는 경성을 보여 주자 매우 감격했고 심지어 일부 사람은 일본을 오해하고 있었다고 참회하기까지 했습니다. 일제는 당연히 그들을 선전·선동에 이용했습니다.[3]

3·1운동과 같은 대규모 정치 운동이 식민 지배에 큰 위협이 됨

을 간파한 일제는, 1920년대에 한편으로는 식민지 경제를 개발할 수 있는 제도를 설치하거나 정책을 시행하고 다른 한편으로는 식민지 근대화론을 선전·선동했습니다. 도리우미[4]는 일본인이 주장하는 식민지 근대화론이 일본이나 한반도에서 강고하게 퍼질 수 있었던 근본적인 이유는 3·1운동이 매우 강력했기 때문이라고 주장하고, 3·1운동 이후 한반도에 퍼지게 된 식민지 근대화론은 선전·선동일 뿐이라고 지적하고 있습니다. 일본이 식민지 근대화를 위해 투자하고 그런 투자를 자신의 업적으로 선전했지만, 한반도 한인에게는 실제로 돌아가는 혜택이 매우 적었기 때문에 선동이라는 것입니다.

3·1운동 이후 일제가 한반도에 투자하기 위하여 전문가들 또는 지식인들의 의견을 청취할 목적으로 1921년 9월에 '산업조사위원회'(약칭 산조위)를 결성했습니다. 대단한 기대와 함께 개최된 산조위지만 이 위원회에서 결정한 경제정책은 철도건설, 산미증식계획과 그를 위한 수리조합사업이었고, 그런 사업은 대부분 대규모 토목공사로 귀결되었습니다. 이것은 한반도에 거주하는 일본인 토건업자들에게 이익이 돌아가는 것이고, 한인에게 돌아가는 이익은 거의 없었거나 아주 작았으며 일부 한인 지주들에게는 비용만 추가되었습니다.

메이지 유신에서 유신 지도자들은 부국강병을 유신의 목표로 내걸고 식산흥업을 그런 목표의 실행 방안으로 채택했습니다. 그러나 1920년대 일본 정계와 재계 지도자들은 세 가지 이유로 한반도의 공업화를 반대했습니다. 첫째, 한반도에서 공업이 발달하면 일본의 경쟁 상대가 되므로 곤란하기 때문이라는 것입니다. 둘째, 한반도가 일본 공업제품의 소비시장이어야 했기 때문입니다. 특히 일본 국내 공업은 당시 불황이었기 때문에 소비시장이 필요했습니다. 셋째, 일본에서 1918년 쌀 소동이 발생하고부터 한반도가 쌀을 저렴하게 공급해야 했기 때문입니다. 즉 '식민지 근대화=공업화'라는 공식은 이때 이미 부정되었습니다.

1941년 경성상공회의소 25주년 기념 좌담회 석상에서 회장 다가와 쓰네지로田川常次郎는 시모오카 추지下岡忠治 정무총감과 담판했을 때 이야기를 다음과 같이 회상했습니다. "우리는 '산미증식도 좋고, 원시산물을 증식하는 일도 매우 좋지만, 농공을 병행하여야만 국가 경제가 발달할 수 있을 것입니다. 어째서 산미증식의 자금만 받아 오고, 공업을 진흥하는 방법을 강구하지 않습니까?'라고 시모오카 씨에게 이야기했던 적이 있었습니다. 그때 시모오카 씨의 이야기에 따르면, '과연 그것은 자네 말대로다. 국가 경제는 농공병진으로 가야 하는 것이다. 우리도 그것을 잘 알고 있지만, 내지〔일본을 지칭함〕의 모든 회합, 혹은 내각에서 조선에 공업을 일으키자고 하면 어떻게 해서든지 이를 반대한다. 내지에서는 요즈음 공장이 있지만 일을 쉬는 경우가 많다. 그러므로 조선에서 이러한 공장에 원료를 보내어 생산품을 만든 뒤 다시 조선으로 들여보내는 것이 방침이다. 그러니까 조선의 공업 자금이나 원조에 관한 이야기를 해도 전혀 먹혀들지 않는다."[5]

한반도의 공업 발전을 억제하면서도 일제가 한반도 경제 또는 한인의 물질적 복지를 위해 노력했다는 선전·선동을 할 수 있을 뿐만 아니라 일본인이 이득을 취할 수 있는 분야는 토목공사였다고 도리우미[6]는 지적합니다. 그러나 아래에서 보겠지만 그런 경우는 토목공사만이 아니었습니다. 일제가 식민지 근대화에 포함했던 제도 또는 정책으로 산미증식계획, 그에 따른 수리조합사업, 철도건설12년 계획에 의한 각종 토목공사 등을 가장 먼저 꼽을 수 있습니다. 도리우미[7]는 두 계획을 실증 분석하고 두 계획이 선전·선동을 위한 수단에 지나지 않는다고 주장하고 있습니다. 저자는 그런 그의 분석과 주장을 '경제규제의 포획이론'으로 해석함으로써 두 가지 계획이 근대화를 위한 선전·선동에 지나지 않는다는 도리우미의 주장을 거듭 확인합니다. 또한 저자는 조선사설철도보조법, 한반도 주식시장의 설립과 운영, 사철매수, 북부조선 철도망 건설, 비료 가격 정책 등도 그런 시각으로 이해해야 한다고 주장합니다.

1920년대 초에 주장되기 시작한 일제의 식민지 근대화론은 중일전쟁 이후에도 계속되었습니다. 이 점은 오늘날 일본 우익이 그런 식민지 근대화론을 믿게 하는 데 일조를 했습니다. 1937년 9월 중일전쟁을 시작하자 일제는 '조선중앙정보위원회'를 설치하여 선전·선동을 본격적으로 실시했습니다. 이때 일제는 일본의 식민 지배 정책이 외국의 착취적인 식민 지배 정책과 같다는 오해를 없애고 일본의 통치가 공정함을 알리고자 했습니다. 여기에서 일제는 다음과 같은 거짓 선전·선동을 하게 되었습니다. "(…) 서양은 식민지에서 착취를 하는 나쁜 나라들이며, 일본은 착취를 하지 않고 투자를 하는 유일한 나라라고 하게 된 것이다."[8] 그리고 조선중앙정보위원회의 지도, 감독 아래 그런 거짓 선전·선동은 서적, 신문, 잡지, 라디오, 강연회 등을 통해 널리 퍼지게 되었습니다. 그런 거짓 선전·선동이 반복되면서 많은 사람이 그것을 진실이라고 믿게 되었고, 그 거짓말을 일본 우익은 아직도 계속 믿고 사용하고 있다고 도리우미[9]는 지적합니다.

2. 토목공사와 일본인 청부업자들

* 예를 들어, 철도건설이 한반도의 교통을 발달하게 하는 것, 즉 공익으로 볼 수 있지만 사업 금액을 부풀려 일본인 토건업자들이 부당한 이득을 취한 것은 그런 사업이 '특별이익집단'에 의해 포획된 것으로 볼 수 있습니다. 총독부 재정 중에서도 토목 관련 지출은 교통 등의 발달이라는 명분으로 지출되지만, 실제로는 청부업자들의 이익을 위하여 지출된다는 측면에서 경제규제의 포획이론이 잘 적용되는 사례입니다. -저자 주

(1) 토목 관련 지출의 크기

'경제규제의 포획이론'이란 정부가 특정 이익집단에 포획되어 그들의 이익 증진을 위해 규제를 만든다는 이론입니다. 물론 정부는 공익을 내걸어야 그런 규제를 발효시킬 수 있습니다. 여기에서는 지배기구인 조선총독부가 민주정의 정부 기능을 한다고 볼 수 있습니다. 일본인 청부업자들은 수리조합사업뿐 아니라 한반도 내 총독부가 시행하는 모든 토목 관련 사업에 관여했습니다. 토목 관련 사업은 조선총독부는 공익을 표방하고 일본인 청부업자들은 총독부 재정을 자신들의 이익으로 포획할 수 있는 것이기 때문에 경제규제의 포획이론이 가장 잘 적용될 수 있는 사례입니다.

1910~1939년에 총독부가 토목 관련 비용으로 지출한 금액은 총계 10억 7,384만 7,821엔입니다. 그 금액은 영선비, 토목비, 철도건설 및 개량비 등을 합산한 총 9억 8,780만 8,330엔과 사방사업비, 토지개량비 등을 합산한 총 8,603만 9,491엔을 합한 금액입니다. 영선비란 건축물 등을 새로 짓거나 수리 또는 관리하는 업무에 들어가는

비용을 말하고, 사방사업비란 산사태나 토양의 침식을 방지하기 위해 실시하는 사방공사에 드는 비용을 말합니다. 총독부가 지출한 토목 관련 비용 총액은 같은 기간 세출 총계의 약 19.3%입니다.[10] 그러나 토목 관련 지출은 도·부·면이라는 각 단계의 지방 재정에도 있습니다. 김재호[11]는 지방 재정에서 사회간접자본 형성에 공헌한 금액을 파악하여 앞의 금액과 비교하면 약 15%가 된다고 지적하고 있습니다. 1911~1942년에 총독부의 사회간접자본 투자액 단순 합계는 19억 1,979만 3천 엔이고, 이 중 약 63%를 조선토목건축협회가 총독부와 계약한 금액으로 치면 그 금액은 약 12억 엔이고, 1910~1935년까지는 약 5억 엔이 됩니다. 작지 않은 금액이 일본인 청부업자들을 통해 한반도 사회간접자본 형성에 지출되었습니다.

'조선청부업연감'(1935년)에는 205명의 청부업자와 공사 실적 약 1만 건 정도가 기록되어 있습니다. 총공사 계약금액은 약 5억 4천만 엔이고, 청부업자의 평균 계약금액은 약 264만 엔입니다. 계약금액의 크기별로 청부업자의 수를 보면 2천만 엔 이상 청부업자는 5명, 1천만 엔이 넘는 청부업자는 7명입니다. 자본금 규모로 보면 3백만 엔 이상 업자는 3명, 2백만 엔 이상 업자는 5명, 1백만 엔 이상 업자는 9명입니다. 그리고 110명가량이 자본금 1만 엔 이하의 사업자입니다.[12] 자본금 규모가 큰 청부업자가 영세 사업자보다 총독부의 토목공사에 더 많은 관심과 노력을 기울였을 것을 추론할 수 있습니다. 청부업자의 창업은 1900~1904년부터 증가하기 시작하여 1920~1929년에 절정에 달했습니다. 1920년대 창업은 84명이었습니다. 1920년대 조선총독부가 작성한 한반도 경제성장 제도 또는 정책에 맞춰 일본인 청부업자들도 늘어나고 있었음을 알 수 있습니다.

청부업자는 1905년부터 증가하기 시작하여 1920~1924년, 1925~1929년에 큰 폭으로 증가했습니다. 이렇게 많은 일본인 청부업자가 사업체를 설립하고 활발한 활동을 한 것은 총독부가 지출한 토목 관련 비용을 포함한 사회간접투자액의 규모가 컸기 때문입니다. 그런 투자는 종국에는 일본인 청부업자들에게 포획되었습니다. 총독부가 제도적으로 한인 청부업자가 사업체를 설립하고 활동하는 것을 차단했기 때문입니다.

(2) 청부업자들의 부당이득

문제는 총독부가 '직접' 발주하는 토목공사를 맡은 청부업자들이 비숙련 노동자가 받는 임금을 조작함으로써 공사 금액을 부풀렸다는 점입니다. 일본인 토건업자들은 사실상 '부당이득'을 챙긴 것입니다. 도리우미[13]는 총독부가 직접 발주하는 영선비, 토목비, 철도건설 및 개량비 등에서 토건업자의 이익을 위하여 조선총독부 통계연보를 이용하여 조선인 노동자의 임금을 실제보다 높임으로써 폭리를 취할 수 있도록 했음을 보여 줍니다. 영선비, 토목비, 철도건설 및 개량비 등으로 시행되는 공사에서 가장 중요한 비용이 비숙련 노동자의 임금입니다. 조선총독부가 발표했던 '조선총독부 통계연보'에 나오는 임금은 총독부가 청부업자에게 공사 견적서를 작성할 때 이용토록 했던 임금 가이드라인으로 볼 수 있습니다. 사실상 청부업자가 큰 이익을 낼 수 있었던 이유는 청부업자가 총독부에 공사 금액 견적을 낼 때 총독부가 작성한 임금 가이드라인을 이용하여 비숙련 한인 노동자들의 임금을 실제보다 높게 책정할 수 있었기 때문입니다. 이것은 총독부가 청부업자들의 폭리를 조장한 것입니다. 여기에 더해 도리우미는 일본인 청부업자가 조선인 노동자의 임금을 잘 지급하지 않았고 심지어 임금을 떼어먹고 도주하는 예도 적지 않았음을 국사편찬위원회 데이터베이스를 이용하여 보여 줍니다. 그와 함께, 도리우미는 청부업자들끼리 입찰 담합을 한 경우도 적지 않았음을 보여 줍니다.

수리조합사업과 달리 조선총독부가 직접 발주하는 영선비, 토목비, 철도건설 및 개량비 등에서 왜곡과 조작이 있었습니다. 도리우미[14]는 1920년대 중반부터 1930년대 말까지 비숙련 노동자의 임금을 검토했습니다. 조선총독부 통계연보에서 1925~1938년에 노동자 1일 임금은 대략 1엔입니다. 이때 일본인 노동자의 1일 임금은 그 2배인 약 2엔입니다. 그러나 1924~1936년에 『동아일보』에 게재된 조선인 노동자의 1일 임금은 평균 약 50전입니다. 그 수치는 평균값이고 최고는 1일 68전(1924년 4월 9일), 최저는 1일 30전(1932년 7월)입니다. 이런 신문 기사에도 불구하고 조선총독부 통계연보는 조선인 노동자의 임금을 1일 약 1엔으로 기록하고 있습니다. 조선토목건축협회가 작성한 '조선 공사용 각종 노동자 실상조'는 조선인 보통 인부의 1일 임금이 평균 81.5전, 전 조선인 노동자의 평균은 1엔 60전으로 기록하고 있습니다.[15] 어느 쪽이 옳은가요? 두 자료의 통계 수치를 비교하는 것만으로는 어느 쪽인 옳은 것인가를 알 수 없습니다.

박경식 편[16]은 1932년 일본 오사카시 거주 재일조선인의 평균 임금이 1엔 34전이었음을 지적합니다. 다만 그 수치는 숙련노동자와 비숙련 노동자가 받는 임금의 평균값입니다. 그러면 비숙련 노동자는 1일 평균 1엔 34전보다 낮은 금액을 받았을 것입니다. 지금 그 액수는 알 수 없으므로 그 점은 무시하기로 합니다. 도리우미[17]는 다른 문헌을 추가로 검토하고 『동아일보』의 기사에 게재된 한인 노동자의 1일 임금 약 50전이 정확한 것이고 '조선총독부 통계연보'와 '조선 공사용 각종 노동자 실상조'에 나오는 한인 노동자의 1일 임금 1엔이라는 수치는 조작된 것임을 지적합니다. 오사카시의 조사는 상당히 신뢰할 만하기 때문에 이를 기준으로 보면 『동아일보』 기사에 나오는 평균 임금인 1일 50전이 정확하다고 볼 수 있다는 것입니다. 그렇게 되면 한인 노동자 1일 임금은 약 50전, 오사카 거주 한인 임금은 약 1엔 34전, 재선 일본인 임금은 2엔입니다. 재선 일본인의 1일 임금은 대략 한인 1일 임금의 2배이기 때문입니다.

만약 조선총독부 통계연보에서 발표한 1일 1엔의 임금이 현실을 잘 반영한 것이고 오사카 거주 한인의 임금이 1일 1엔 34전이라면 굳이 한반도 한인이 일자리를 찾기 위해 일본으로 밀항하지는 않았을 것입니다. 오사카 거주 한인 임금은 한반도 내에서의 한인 노동자의 임금이 1일 1엔보다는 1일 50전이 더 타당하다는 것을 추론케 합니다. 밀항에는 불확실성과 위험이 적지 않았는데 두 지역 임금의 큰 차이만이 밀항을 감행할 인센티브가 되기 때문입니다. 그런 점을 감안하면 조선인 노동자의 1일 임금은 50전이었다고 보는 것이 더 정확하고 현실적이라는 것입니다. 그리고 조선총독부가 현실을 무시하고 한인 노동자의 1일 임금을 그렇게 높게 발표한 이유는 재선 일본인 청부업자에게 토목공사의 금액을 부풀리기 위한 지침을 준 것으로 볼 수 있다고 도리우미[18]는 주장합니다.

'조선총독부 통계연보', '조선 공사용 각종 노동자 실상조' 등에서 비숙련 노동자의 임금은 『동아일보』에 게재된 노동자 임금의 최저 약 1.63배, 최고 3.2배나 많습니다. 조선총독부는 토목 사업을 청부업자들에게 발주하면서 비숙련 노동자의 임금을 실제보다 부풀리는 방법으로 입찰할 수 있도록 임금 지침을 만들었습니다. 철도건설이라는 공익을 핑계로 조선총독부가 일본인 토건업자에게 부당 이익을 취할 수 있도록 임금 가이드라인을 만들었던 것입니다. 하지만 철도건설에 동원된 한인 비숙련 노동자들은 고작 1일에 50전이라는 임금밖에 받지 못했습니다.

게다가, 일본인 청부업자들은 한인 비숙련 노동자들의 임금을 떼먹는 방법으로 불법을 저질렀을 뿐만 아니라 입찰 담합을 통해 일감을 나누는 방식으로 조선총독부의 지시, 감독, 통제 등을 회피했습니다. 그리고 도리우미가 지적하는 청부업자의 부당이득은 총독부가 직접 발주하는 경우에만 해당하고 총독부 직영 공사나 토목공사라 하더라도 수리조합사업은 해당하지 않습니다.

3. 수리조합사업과 일본인 청부업자들

> * 조선총독부는 산미증식을 통한 한인 농민들의 물질적 복지를 향상시킨다는 목적으로 수리조합사업을 시작했습니다. 그러나 그 사업은 일본인 특별이익집단의 이익, 즉 사익을 위하여 포획된 것입니다. 수리조합사업은 경제규제의 포획이론이 적용될 수 있는 전형적인 사례입니다. -저자 주

(1) 수리조합사업 관련 현황

조선총독부는 경종법개선과 토지개량사업을 2대 지주로 하여 30개년에 걸친 '산미증식계획'을 입안했습니다. 경종법이란 수확량을 늘리기 위한 경작 및 영농 방법을 말합니다. 처음 15개년간의 '제1기 계획'을 1920년에 시작했습니다. 제1기 계획에서는 토지개량을 위한 기본조사(1920~1929년), 토지개량사업, 경종법개선사업이 핵심 사업이었습니다. 그 셋 중 토지개량사업이 중심이고, 그 내용이 수리조합사업입니다.[19]

총독부는 한반도에서 1920~1925년 '산미증식계획', 1926~1929년 '산미증식갱신계획', 1930~1938년 농공병진 정책의 채택과 산미증식의 중요성 축소, 1939년 전시하 '신증미계획'을 잇달아 세우고 일본의 필요에 따라 산미증식의 중요성을 여러 번 변경했습니다. 1930년 무렵에는 산미증식계획을 더 이상 실시할 수 없었습니다. 일본 내에서도 쌀의 공급이 수요보다 많아졌을 뿐만 아니라 대공황으로 쌀에 대한 수요가 극심하게 감소하여 한반도산 미곡의 일본으로의 수출이 제한되면서 식민지 한반도 농업과 경제도 극도의 위기를 맞았기 때문입니다.

총독부는 수리조합사업(이하 '사업')을 수리조합이라는 반관반민의 조직이 주도하게 했습니다. 농사 개량 사업과 토지개량 사업이 모두 관청의 지시, 감시, 명령 등에 의해 이루어졌다는 점에서 사업은 순수하게 자발적인 것으로 볼 수 없습니다. 특히 관개 개선을 목적으로 하는 수리조합사업에서 조합의 설립과 폐지, 운영 등은 조선총독부의 인가와 감독을 받았습니다. 한마디로, 산미증식계획 그 자체가 총독부의 명령, 통제, 지시, 감독 등에 의해 실현되었다는 점에서 '강력한' 간섭주의 체제라고 할 수 있습니다.

수리조합사업에는 시설공사비, 조합비, 재해복구비 등이 소요되었습니다. 그 비용은 평균 산출이 어렵습니다. 수원水源, 공사의 규모, 조합의 규모, 조합의 설치 연도 등에 따라 비용이 모두 다르기 때문입니다. 게다가, 재해복구비는 그 성격상 일정하지 않았습니다. 다만 1922~1931년에 일본인 조합장이 설치한 저수지를 수원으로 하는 대규모 수리조합은 일반적으로 비용이 많이 들었습니다. 사업은 1922~1931년과 1937~1945년으로 구분할 수 있지만 문제가 되는 것은 1922~1931년에 시행된 수리조합사업입니다. 따라서 여기에서는 그 기간의 사업을 중점적으로 분석합니다.

수리조합사업 규모는 1941년까지 총계 2억 1,593만 4,000엔이었고, 사업이 활발하게 이루어지던 시기인 1928~1935년의 총독부 예산이 연 2억~2억 5천만 엔인 점을 고려하면 수리조합사업 공사비 총액은 총독부 1년 예산과 맞먹는 수준입니다. 대규모 수리조합의 하나인 부평수리조합의 총공사비는 1923~1941년에 389만 2,651엔이었습니다. 11회에 걸쳐 공사가 이루어졌기 때문에 1회당 공사비 평균은 35만 4,000엔입니다.

수리조합사업에는 총독부 보조금이 지급되었습니다. 보조금은 사업의 규모와 성격 등에 따라 모두 달랐습니다. 부평수리조합의 경우에, 총독부 보조금은 1920~1930년대에 걸쳐 조합 설립, 개량, 보강 공사에 대하여 답 20%, 전 25%, 잡종지 30%, 수해복구공사 50%였습니다. 다만 1935년, 1943년 등은 예외입니다. 예외를 제외하면, 1944년도까지 공사비 검정액에 대한 평균 보조율은 29% 수준이었습니다.[20] 그 보조금은 총독부 세출 중에서 토지개량사업비 항목에서 오는 것입니다. 이때 총독부알선 저리자금도 공급되었습니다. 보조금, 저리자금의 규모는 사업이나 총독부의 계획에 따라 달랐습니다. 1920~1939년 기간에 토지개량사업비는 총 7,159만 8,294엔이었는데, 1926년부터 본격적으로 증가했지만 1938년부터 크게 줄었습니다. 이 사업이 1938년 이전에 사실상 실패했기 때문입니다. 그런 실패는 궁극적으로는 1930~1938년 총독부의 농공병진정책의 채택과 산미증식의 중요성 축소에 기인합니다. 사방사업비도 1922~1939년에 총 1,444만 1,197엔이 지출되었습니다. 사방사업은 산 등의 경사면에서 토사가 붕괴하여 떨어지는 것을 방지하는 공사를 말합니다. 사방사업비가 토지개량사업비와 직접 관련이 없는 경우에도 일본인 청부업자에게 지불된다는 점에서 둘은 큰 차이가 없습니다.

수리조합은 1908~1945년 기간에 639개가 창설되었고, 이에 따라 늘어난 몽리면적이 328,950정보입니다.[21] 수리조합은 1922~1931년에 162개, 1937~1945년에 434개가 창설되었습니다. 2차 산미증식계획 기간인 1926~1934년에서 수리조합의 창설은 1932~1933년에 정점을 찍었습니다. 그리고 전기에는 규모가 큰 조합이면서 일본인 위주였고, 후기에는 작은 조합이면서 한인 위주였다는 특징이 있습니다. 수리조합사업으로 늘어난 몽리면적이 1만 정보를 초과한 연도는 1920년, 1922~1923년, 1925~1926년, 1928~1930년, 1941~1944년 등입니다. 1941년도 말 현재 '수조몽리면적/답면적'은 한반도 전체가 16.7%였고, 그 비율이 높았던 지역은 전북(25.9%), 황해(32.3%), 평남(46.5%), 평북(30.4%), 함남(37.5%), 함북(33.2%) 등이었습니다. 다른 지역은 전체와 비교해 그 수치가 낮았습니다.[22]

수리조합에 가입한 조합원들이 감당하는 수리조합비는 객관적으로 계산한 것처럼 보이지만 실제로는 예상 항목들도 들어가 있었기 때문에 완전히 객관적이라고 말할 수 없는 측면이 있습니다. 그리고 예상이 틀리면 조합비의 객관적 계산에도 문제가 발생합니다.[23] 조합비의 '사전적' 측면입니다. 비용 항목에서도 쉽게 이해할 수 없는 부분이 있었습니다. 예를 들어 논산수리조합의 경우에 경상비가 조합비의 18.5~24.3%로서 작지 않았습니다. 조합비를 내지 못하고 농지를 매각하는 상황이 발생한 것을 보면 사업으로 얻는 이득보다는 지출한 비용이 더 많았다는 것을 추론할 수 있습니다. 물론 비용에 조합비만 있는 것은 아니고, 농지 매각도 조합비 때문만은 아닐 것입니다.

1930년 143개의 수리조합 근무자로서 유급 직원은 856명이며, 이는 수리조합당 평균 5.98명, 약 6명입니다. 월급의 합계는 71,802엔이고 연간 수입으로 환산하면 약 86만 엔입니다. 1인당 월급 평균은 83엔 88전, 연간으로는 1인당 1,006엔이 됩니다. 조선총독부는 '농가경제개황조사'(1940년)라는 자료에서 비교적 중간 정도에 속하는 자작농과 소작농 1,919호를 선정하여 1933년 현재 농가의 연간 총수입을 제시하고 있습니다. 각호의 가족 수는 평균 6.5명, 농업 종사자는 평균 3.8명입니다. 한반도 전체에서 농가 1호당 수입은 평균 472엔, 가족 1명당 73엔, 1호당 현금 수입은 206엔입니다. 영농 지출에 평균 194엔을 지불했기 때문에, 농가 1호당 순수입은 278엔 정도였습니다. 영농 지출을 빼고 1인당 순수입은 1일 18전 정도였습니다. 이런 상황은 1933년보다 1930년에 더 나빴을 것입니다. 1933년 전후 한인 노동자의 1일 임금은 40~50전이었는데 농민 1인당 순수입 1일 18전은 그 금액의 50%를 넘지 않았다는 것입니다. 즉 당시 농민 1인당 순수입은 비숙련 노동자의 1일 임금보다 훨씬 낮았습니다. 1933년 전후 조사한 호수의 절반 이상이 부채가 있었고 평균 부채는 1인당 212엔이었습니다.[24] 1인당 연간 73엔 수입으로 생활하는 한인 농가와 비교하면 일본인 수리조합 근무자의 연간 1인당 1,000엔 정도의 수입은 도저히 이해하기 힘든 큰 수치입니다. 이것이 경상비가 조합비에서 큰 비중을 차지하게 된 이유일 것입니다. 더 큰 문제는 관개시설의 건설과 유지에서 그런 고급 일자리는 필요없다는 점입니다. 수리조합장이나 유급 직원은 총독부 또는 재선 일본 공적기관 공무원의 낙하산 인사라고 볼 수 있을 뿐만 아니라 그들에게 지급한 임금은 터무니없이 많은 금액입니다.[25]

문제는 수리조합이 설치되면 조합의 가입은 총독부에 의해 강제되었다는 점입니다. 수리시설로부터 물을 받아 농사를 짓는 농가는 수리조합에 의무적으로 가입해야 했습니다. 조선총독부는 수리조합의 설립과 운영에 대해 엄격하게 감독하고 통제했습니다. 조합의 설립과 폐지는 조선총독부의 인가를 받아야 했습니다. 도지사가

조합장을 임명하고 조합 운영과 관련한 주요 사안은 총독이나 도지사의 인가를 받게 했습니다. 조합 설립을 위해서는 조합원이 될 사람의 1/2 이상, 조합구역이 될 토지의 2/3 이상에 상당하는 토지 소유자의 동의를 받아야 했습니다. 그리고 이 과정에서 한인 농민들은 수리조합원이 될 것을 강요받았습니다. 수리조합비는 의무적으로 납부해야 했습니다. 수리조합비는 본질적으로 조세와 같았습니다. 그래서 '수세'라는 말이 사용되었을 것입니다.

전강수[26]는 사업의 경제성을 일목요연하게 보여 줍니다. 그는 '수리조합비/순 증산액' 비율을 계산하여 제시합니다. 그 비율이 100%를 초과한다는 것은 조합원들이 사업으로 얻는 수익으로 수리조합비를 감당할 수 없었다는 것을 의미합니다. 100% 이하일 때만 사업의 경제성이 있다고 볼 수 있습니다. 여기에서 순 증산액이란 사업으로 증대한 미곡을 금액으로 평가한 것을 절반으로 나눈 값입니다. 사업으로 인한 연간 증산액의 50%를 지주가 소작료로 받는다고 가정한 것입니다. 자작농도 지주와 대동소이한 것으로 간주하였습니다. 순증산액 계산은 조선총독부가 발간하던 '토지개량사업요람'에서 계산하던 방식입니다. 그는 1926~1934년의 한반도 전 지역과 도별 수리조합비/순 증산액 수치를 제시합니다. 그에 의하면 한반도 전 지역에서 1930~1931년에는 100%를 넘었고 다른 기간에는 100%를 넘지 않았습니다. 1930~1931년은 대공황의 영향을 받았기 때문이고 다른 기간은 어쨌든 100% 이하로서 사업이 성공했다고 볼 수 있습니다. 그러나 문제는 도별로 나누어 보면 매년 3개 도 이상에서 적어도 그 비율이 100%를 초과했다는 것입니다. 한마디로, 한반도 전역에서는 1930~1931년 기간만 제외하면 사업이 성공한 것으로 볼 수 있지만 지역별로 보면 100% 초과하는 지역이 매년 3개 도 이상으로 나타났습니다. 1930~1931년만을 제외하면, 총독부는 한반도 전역에서 사업이 성공한 것으로 평가할 수 있지만 각 도 관점에서는 사업이 실패한 지역이 있었다는 것을 의미합니다. 이것이 수리조합사업의 경제성을 요약한 것입니다.

하지만 순 증산액 계산은 조선총독부가 발간하던 '토지개량사업요람'에서 사용하던 계산 방식에 의한 것이기 때문에 정책 시행자인 총독부에게 유리하도록 과다하게 책정되었을 가능성이 작지 않습니다. 총독부가 수리조합사업을 강력하게 통제하면서 사업의 성공을 선전·선동할 목적으로 그렇게 했을 가능성을 배제하기 어렵기 때문입니다. 즉 사업 실패가 1930~1931년만이 아닐 뿐만 아니라 지역별로도 사업 실패가 전강수[27]가 계산한 사례보다 더 많았을 수 있다는 것입니다.

(2) 수리조합사업의 결과

수리조합사업으로 쌀 생산이 증가했을 수 있지만 농민의 경제적 삶이 좋아졌을지는 의문입니다. 1부 2장의 〈표 2〉에서 그 점을 확인할 수 있습니다. 1924년 기준으로 쌀 생산은 1928년까지 증가했을 뿐만 아니라 1931~1933년에도 상당한 증가가 있었음을 표는 말해 줍니다. 그러나 총수입액은 1924년 기준으로 1926년에 증가했고, 1927~1928년은 약간 증가했으며, 1929년부터 많이 감소했습니다. 다만 총수입액에는 수리조합사업 이외의 다른 요인들, 즉 대공황, 일본 경제의 불황, 한반도 경제의 경기변동, 1930~1933년 일본의 쌀 수입 금지 등도 영향을 미쳤을 것입니다. 그런 영향은 무엇보다도 1930~1933년의 쌀 가격의 하락을 초래하여 총수입액의 감소를 가져왔습니다. 여기서 쌀 생산의 증가에 따른 영농비용의 상승은 고려하지 않은 것입니다.

전강수[28]는 수리조합사업이 한인 중소 지주들의 몰락을 가져왔다고 지적합니다. 일본인 회사·농장에 비해 한인 중소 지주들은 수리조합사업으로 얻은 혜택은 작고 비용은 많이 지출했기 때문입니다. 〈표 3〉은 전라북도 5개 수리조합 내 일본인 소유 회사·농장의 토지 면적이 1925~1931년에 두 배 이상 증가했다는 점을 보여 줍니다. 그와 대조적으로, 조선인이 소유한 토지 면적은 같은 기간에 56% 수준으로 감소했습니다. 1925~1931년에 전체 면적은 증가하지 않았는데 회사농장의 면적은 많이 늘어났고 조선인 소유 토지 면적은 많이 줄었기 때문입니다. 이것이 수리조합사업의 두 번째 결과입니다.

그러나 전강수의 주장은 농가당 조합비의 크기, 조합비가 가계 수입과 비용에서 차지하는 비중, 수리조합사업으로 인하여 가계가 진 부채 등을 분명히 하지 않은 상태에서 수리조합사업이 토지 소유에 미친 영향을 직접 증명한 것이 아니기 때문에 그의 주장이 '완전하게' 증명되었다고 말할 수는 없습니다. 그럼에도 다른 요인이 일정하다면, 수리조합사업이 소유 변동에 영향을 준 것은 명백해 보입니다.[29]

표 3 전라북도 5개 수리조합 내 토지 소유 상황 변화[30]

단위: 명, 정보

연도	조선인		일본인		회사·농장		계	
	인원	면적	인원	면적	인원	면적	인원	면적
1920	3,491	4,104	417	7,883	25	2,694	3,993	14,681
1925	3,441	6,335	647	9,626	32	3,164	4,120	19,125
1931	2,960	3,545	828	8,999	71	7,292	3,859	19,836

일본인 대지주 중 일부는 강 주변 저습지나 상습 침수지를 저가로 대량 매입하고 수리시설을 설치해서 비옥한 농지로 개선하는 방법으로 농장을 개척했습니다.[31] 이 경우에는 수리조합이 농장 경영에 작지 않은 도움이 되었을 것입니다. 그러나 조선인이 소유한 논은 양답良畓으로서 이미 논에 물을 공급하는 데 문제가 없었기 때문에 수리조합사업의 대상이 될 필요가 없는 것이 많았습니다. 『동아일보』 사설(1931년 8월 12일 자)에서는 조선인 토지 소유자의 수리조합에 대한 반대가 일어나는 원인을 거기에서 찾고 있었습니다. 사설은 수리조합이 기성 양답을 몽리구역 내로 끌어들이는 구체적인 이유로 다음의 세 가지를 제시하고 있습니다. "첫째는 수리조합의 설계자(황무지의 점유자인 동시에 대개는 일본인으로 된)인 대지주가 그 수세〔수리조합비의 다른 이름〕의 일부를 다른 사람에게 전가하여 자가自家의 부담을 경감하려는 것, 둘째는 몽리구역을 확장해야 보조금이 많아지는 것, 셋째는 양답에 수세를 부과함으로써 그 지가를 하락시키고 저가低價를 틈타서 토지 겸병을 실행하는 것 등이다."[32] 수리조합사업은 소작료에도 영향을 미쳤습니다. 소작료율은 사업 이전에는 50%였으나 60%로 인상되었습니다. 수리조합비 부담과 수확 증가 때문으로 추정됩니다. 소작인이 수리조합비의 80% 내지 전액을 부담하기도 했다고 전강수[33]는 지적합니다.

일본인 대지주들도 1928~1931년에는 큰 폭의 쌀값 하락이 예상되었기 때문에 수리조합에 찬성할 만한 입장은 아니었던 것으로 보입니다. 한인 지주들은 지속해서 수리조합사업을 반대했지만, 사업의 주도권은 일본인 토목청부업자와 일본인 대지주에게 있었습니다. 토지 등급 사정이나 수리조합비 등급별 부과액 책정은 조합 실권자인 일본인 대지주에게 유리하게 되었습니다. 우량 전답을 소유했던 조선인 토지 소유자들은 상대적으로 무거운 조합비를 부담했고 열등지를 소유했던 일본인 대지주는 오히려 가벼운 조합비를 부담하는 일이 적지 않았습니다. 이때 적지 않은 조합비를 조합원이 부담하는 상황과 1920년대 말 쌀값이 지속해서 하락하는 상황에 직면하여 한인 지주들(자작농 또는 자소작농)은 농업경영에 어려움을 겪으면서 토지를 팔지 않을 수 없었을 것입니다. 이때 일본인 회사·농장은 한인 토지를 매입하는 방법으로 토지 소유를 늘려 나갔습니다. 그리고 조선인 중소 토지 소유자들이 주축이 된 수리조합비 납부 거부 또는 납부 연기 운동이 촉발되고 한반도 전역으로 퍼져 나갔습니다. 그러나 그런 일은 허사였습니다. 조선총독부가 수리조합 사업을 강제했기 때문입니다.

1927~1929년에는 일본 내에서 불황이 발생했습니다. 1930~1931년은 미국과 유럽의 대공황이 일본 경제를 강타한 기간이었습니다. 그런 일본 경제는 한반도 경제에 즉각 영향을 미쳤을 것입니다. 화폐·거시경제 측면에서의 설명입니다. 일본이 한반도로부터 수입한 쌀의 양은 1927년 5,903천 석, 1928년 7,068천 석, 1929년 5,377천 석, 1930년 5,167천 석, 1931년 7,992천 석, 1932년 7,198천 석, 1933년 7,531천 석, 1934년 8,952천 석 등입니다. 쌀 수입이 현저하게 감소한 연도는 1927년, 1929~1930년 등입니다.[34] 그 시기 한반도 농가 경제는 극심한 어려움에 부닥쳤습니다.

1928년과 1929년에 흉년으로 쌀 생산량은 크게 줄었습니다. 그런데도 쌀 가격이 크게 하락한 것은 1927~1929년에 일본에서 발생한 불황 때문이었습니다. 그 때문에 일본이 식민지 한반도로부터 수입한 쌀의 양도 1930년에 가장 낮았습니다. 1930년은 풍작으로 쌀 생산량이 그 어느 때보다 많은 해였습니다. 1931년 쌀 가격은 1928년 이후 가장 낮았습니다. 그것은 1930년 풍작, 일본 자체에서 발생한 불황, 미국과 유럽의 대공황 때문이었습니다.

그런 상황에서 상당한 비용이 들어가는 수리조합사업을 시작한다는 것은 한인 지주와 일본인 지주 모두가 무리라고 판단했을 수 있습니다. 그러나 한인 지주는 사업을 반대했지만, 일본인 지주는 찬성했습니다. 왜 두 집단은 사업에 대해 서로 다른 입장을 가졌는가요? 한 가지 설명은 일본인 지주가 한인 지주보다 금융기관에 대한 접근성이 좋았다는 것입니다. 박수현[35]은 식민지 권력, 일본인 대지주들, 일본인들이 독점하고 있는 금융기관 간의 긴밀한 유대관계하에 수리조합사업이 추진되었기 때문에 한인 지주는 몰락할 수밖에 없었을 뿐만 아니라 항쟁하게 되었다고 지적합니다. 그럼에도 자금을 빌리면 이자를 지불해야 한다는 점에서 궁극적으로는 사업에 대한 전망이나 기대가 다르기 때문에 다른 태도를 보인 것입니다. 도리우미[36]는 일본인 청부업자가 수리시설을 설치하면서 갖게 되는 이익의 일부를 일본인 지주에게 나누어 주는 방법으로 수리조합사업을 찬성하도록 회유했다고 추론합니다. 사실상 일본인 청부업자와 일본인 지주 간의 유착이 일어났다는 것입니다.

그러면 일본인 청부업자는 사업으로 어떻게 상당한 이익을 내고 그것을 나눌 수 있었는가요? 첫째, 수리조합사업 공사 금액이 청부업자에게 유리하게 높게 결정되었기 때문입니다. 또는 처음에는 공사 금액이 많지 않았지만 여러 번의 계획 수정과 추가 공사로 공사 금액이 많이 증가했습니다. 여기에는 기술적인 문제가 많기 때문에 증가 원인에 대해서는 생략합니다. 둘째, 관리비와 창립비 등이 적지 않았기 때문입니다. 조합 관리비가 너무 많았다는 점은 앞 절에서 제시했습니다. 무엇보다도, 창립비야말로 사업에서 토건업자와 일본인 지주를 연결하는 강력한 고리라고 할 수 있습니다. 수리조합의 설립에 창립비가 많이 들었다는 사실은 상상하기 쉽지 않습니다. 지주들이 스스로 판단해서 수리조합 창설을 결정하면 되기 때문입니다. 셋째, 총독부의 보조금과 저리자금 알선은 일본인 청부업자가 사업으로 상당한 이익을 낼 수 있는 수단이 되었을 것입니다. 그리고 그것의 일부를 일본인 지주들을 지원하는 방식을 채택함으로써 일본인 지주들을 안심시킬 수 있었을 것입니다.

(3) 일본인 청부업자들에게 포획된 수리조합사업

수리조합사업의 공익적 목적은 산미증식을 통한 한인들의 물질적 복지를 향상시키는 것이지만 그 사업은 특별이익집단의 이익, 즉 사익을 위하여 포획된 것입니다. 여기에서 제일 중요한 이익집단은 일본인 토건업자들이고 그다음으로는 일본인 대지주들입니다. 수리조합사업은 경제규제의 포획이론이 적용될 수 있는 좋은 사례입니다.

수리조합사업에서 각 이익집단은 이해를 달리했습니다. 일본인 지주들이나 한인 지주들, 모두가 처음에는 사업에 부정적이었습니다. 1920년대에 쌀 가격이 지속해서 하락했고 1920년대 말과 1930년대 초에도 쌀 가격이 하락할 것이라 예상되었기 때문에 지주들은 사업에 부정적이었습니다. 그러나 일본인 토건업자들은 사업에 적극적이었습니다. 그리하여 일본인 토건업자들이 사업으로 받을 수 있는 총독부의 보조금과 저리대출, 그리고 사업에서 발생할 수 있는 예상 이익의 일부를 일본인 대지주들에게 나누어 주는 방법으로 일본인 대지주들을 수리조합사업에 끌어들였습니다. 한인 지주들, 특히 양답을 가진 지주들은 수리조합사업을 긍정적으로 평가하지 않았습니다. 해당 사업을 하지 않아 수리조합비를 내지 않아도 논에 물을 대는 데 문제가 없었을 뿐만 아니라 수리조합사업에 들어가면 손해가 예상되기 때문입니다.

직접적으로는 대공황의 여파로 1931~1933년 일본에서의 미곡 가격이 군국일본지배기간 중에 역대 두 번째로 낮았습니다. 식민지에서의 백미 100근斤의 가격은 1926년 35.14원, 1927년 35.52원, 1928년 27.61원, 1929년 28.47원, 1930년 24.34원, 1931년 15.25원, 1932년 19.32원, 1933년 19.14원, 1934년 31.96원 등입니다. 백미의 가격은 1928년부터 크게 하락하기 시작하여 1931년에 최저점을 찍었는데 그 가격은 1927년의 약 43% 수준이었습니다. 식민지 쌀 가격만을 보면 1928년부터 1933년까지, 짧게는 1931년부터 1933년까지 비정상적으로 낮았음을 알 수 있습니다.[37] 게다가 쌀 다음으로 중요한 농가 수입원인 누에고치의 가격은 1927~1934년 기간에 쌀 가격보다 하락 폭이 컸습니다. 쌀과 누에고치 가격의 이런 하락은 한반도에서 농가(지주, 소작농 모두), 농업, 전체 경제에 작지 않은 타격을 가했을 것입니다.

수리조합사업으로 이익을 본 집단은 일본인 토건업자들, 일본인 대지주들, 총독부 관리들 등이고, 손해를 본 집단은 일부 한인 지주들과 일부 자소작농, 소작농들입니다. 총독부 관리들은 높은 연봉을 받고 수리조합에 취업하거나 토건업체를 설립함으로써 승자에 속하게 됩니다. 한인 지주들에는 양답을 소유했던 중소 지주들 또는 자소작농이 포함되는데, 이들은 사업으로 이득은 적고 비용만 지불했습니다. 사업 이전에도 상당수 한인 농가들은 적자였기 때문에 호당 부채가 적지 않았습니다. 사업으로 쌀 생산량이 증가했을 것이지만 소작료율과 영농비용도 상승했기 때문에 소작농의 상황도 나빠졌을 가능성이 커 보입니다.

수리조합사업은 일본인 토건업자들의 주도로 일본인 대지주들과 총독부 관료들 등이 유착 관계를 맺었던 사업입니다. 그러나 토건업자들과 일본인 대지주들의 유착 관계를 밝히는 일은 매우 어렵습니다. 그들이 그런 과정을 기록으로 남겼을 리도 만무합니다. 다만 다수의 일본인 청부업자가 조선총독부를 포함한 관공서 출신이라는 사실을 유착 관계를 입증하는 증거로 보아도 무방할 것입니다.[38] 그들은 대부분 토목공사와 관련이 있는 관청에서 일했을 뿐만 아니라 청부업자가 되어 토목기사의 능력을 발휘하면 큰 이익을 낼 수 있는 일이라는 것을 알아차리고 청부업계에 신속하게 진입했을 것입니다. 토건업자들과 총독부 관료들의 유착 관계는 너무 쉽고 자연스럽게 이루어집니다. 일본인 대지주들을 포함한 일본인 토건업자들은 일본제국 의회, 일본 정부, 조선총독부 등이 수리조합채를 발행하여 사업을 시작할 수 있도록 엄청난 노력을 기울였습니다.[39] 총독부는 수리조합사업을 한인들의 물질적 복지, 즉 공익을 위한다는 명분으로 시작했지만, 그 사업으로 이익을 보는 개인이나 민간 집단이 총독부 재정을 포획하여 사익을 추구한 것으로 보아야 한다고 도리우미[40]는 지적합니다. 그런 일이 가능했던 것은 수리조합비는 세금은 아니었지만, 강제집행이 가능한 것이기 때문입니다. 여기에 총독부는 재정 지출로 수리조합사업에 보조금을 주고 장기저리대출도 주선해 주었기 때문에 일본인 토건업자는 수리조합사업에 적극적일 수밖에 없습니다. 다시 말하면 수리조합사업은 자소작농들을 포함한 한인 지주들을 강탈하여 일본인 토목청부업자들과 일본인 지주들이 이익을 나누어 먹는 사업이었고, 그런 과정에서 일본인 관료들을 포함한 일본인들이 높은 임금을 받고 수리조합 직원으로 채용되었을 뿐만 아니라 수리사업 대행기관도 수수료를 챙길 수 있었습니다. 게다가, 1928년 이후에는 미국 대공황의 여파로 일본도 국내 경제 사정이 매우 어려워졌기 때문에 일본 정치인들은 일본인이 한반도에서 일자리를 얻는 일이 매우 바람직하다고 판단했을 것입니다.

도리우미[41]는 1920년대에 식민지를 위한다는 명목으로 행해진 많은 토목공사에서 실제로 큰 이익을 취했던 집단은 일본인 청부업자들이라고 지적합니다. 즉 그런 토목공사는 명목적으로는 한반도 한인들을 위한 것이었지만 실제로는 일본인 토건업자들, 일본인 지주들, 일본인 전직 관료들 또는 노동자들(일부는 일본에서 건너온 사람입니다), 수리조합사업 대행기관(일본 공적기관) 등에게 보조금을 주었던 정책입니다. 이것이야말로 1920년대식 식민지 경제성장 정책 또는 근대화 정책의 실상입니다.

1920년대 수리조합사업은 산미증식계획의 중추이고 그런 계획은 1920년대 일본인이 실시하고자 했던 식민지 경제성장 정책 중의 하나입니다. 그러나 수리조합사업은, 다른 요인이 일정하다면, 일부 한인 중소 지주와 자소작농들에게 이득보다 큰 비용을 부담하게 했습니다. 이것은 수리조합사업이 한인 중소 지주들과 자소작농 중의 일부에게는 불리하게 작용했다는 것을 의미합니다. 이것은 산미증식계획이 농민의 물질적 삶을 위한다는 공익이 얼마나 허구인가를 잘 보여 줍니다.

(4) 일본인에게는 이익, 한인에게는 손실인 수리조합사업

일본에서 쌀의 공급이 수요보다 많아지면서 일본 내부에서는 식민지 한반도의 미곡을 대량 수입하는 것을 어떻게 통제할 것인가를 두고 격렬한 논쟁을 벌였습니다. 그 결과 일본은 1933년에 미곡통제법, 1936년에 미곡자치관리법을 제정하고 식민지 한반도의 대對일본 미곡 수출을 제한했습니다. 이 시기에 조선총독부는 한편으로는 구제금융을 통해 식민지 농업의 위기를 해소하려고 노력했고 다른 한편으로는 공업을 촉진하는 정책, 즉 농공병진 정책을 채택했습니다. 그럼에도 이 시기 농업 중심의 산업정책의 기조가 바뀐 것은 아니었습니다. 적어도 1937년 식민지의 전쟁 사회주의가 시행되기 이전까지 말입니다. 한마디로, 농공병진 정책은 일본 국내 농업을 위하여 한반도 산업정책을 농업과 공업의 병진으로 변경한 것이지만 실제로 농업 중심의 정책은 크게 변하지 않았다는 것입니다. 안타까운 점은 일제가 공업의 중요성을 이때라도 제대로 알아차리고 '공업화=근대화'에 정책의 초점을 맞추었다면 그 이후의 한반도 경제 상황과 그런 정책에 대한 평가는 크게 달라졌을 것입니다.

수리조합사업에서 쌀의 증산이라는 대의명분은 '공익'이었지만 조선인 농민들이 수리조합비를 내게 하여 공사비를 부담시키고 일본인 청부업자들이 토목공사를 통해 상당한 이익을 만들어 일본인 지주들에게 그 이익의 일부를 나누어 준 것은 '사익'을 위한 것이었습니다. 사업을 통해 일본인 청부업자들이 수리조합 조합장이 되거나 청부업자들과 일본인 지주들이 유착하여 이익을 나누는 것입니다. 그리고 수리조합은 일본인 관료의 재취직처로 기능했을 뿐만 아니라 관료에게 높은 임금을 지급함으로써 한인 농민에게는 불리하지만, 수리조합이나 일본인 청부업자들에게는 유리한 결정을 하도록 만들었습니다. 그리고 청부업자들은 사업을 대행하는 기관인 조선토지개량회사 또는 동양척식주식회사 토지개량부 등에게 상당한 수수료를 지불했습니다. 이것은 수리조합에게는 이득은 거의 없고 사실상 비용만 드는 행위입니다.

문제는 수리조합에 참여하는 지주들과 청부업자들, 즉 개인 간의 계약으로 이루어지는 수리조합사업은 조선총독부 발주 사업처럼 공사 대금을 조작할 방법은 없었다는 점입니다. 그래서 총독부는 수리조합사업에 참여하는 것을 강제함으로써 청부업자들 또는 조합이 공사비를 포함한 수리조합비를 부풀릴 수 있도록 한 것입니다. 회당 공사 규모가 작더라도 여러 번 공사를 실행하는 방법으로 총공사 규모를 실제보다 크게 만들 수도 있었을 것입니다. 당시의 한인 농민들, 한인 지주들 등의 토목 관련 기술 지식의 빈약함도 공사비 팽창을 막는 일을 어렵게 했을 것으로 추정해 봅니다.

수리조합사업은 엄청난 자본을 투입했던 사업입니다. 여기에는 시설공사비, 조합비, 재해복구비 등이 포함되었습니다. 자본의 투입은 경제성장을 촉진하는 중요한 요인 중의 하나입니다. 그러나 1920~1934년에 수리조합사업에 의한 자본 투입은 한반도에 경제성장을 초래했다고 보기 어렵습니다. 첫째, 사업이 불필요한 농민도 적지 않았는데 그 경우에 자본 투입은 자원만 낭비했습니다. 만약 사업을 강제하지 않았다면 그런 자원 낭비는 일어나지 않았다고 장담할 수는 없지만 최소화되었을 것입니다. 여기에는 조선총독부의 강제가 있었습니다. 둘째, 낭비되었던 자원을 다른 부문, 예를 들어 공업에 투자하는 길을 총독부가 허용했다면 결과는 상당히 달라졌을 것입니다. 이 일은 일제와 총독부가, 이미 알고 있었다는 점에서 문제가 더 크다고 볼 수 있습니다. 셋째, 사업으로 농업에 투자된 자본은 농업의 중요성을 과다하게 만들고 공업의 중요성을 과소하게 만드는 데 적지 않은 역할을 했습니다. 이는 희소한 자본의 투자가 효율적이지 않았음을 의미합니다. 넷째, 자본 투자를 자본의 소유주인 농민 각자에게 맡겼다면 그런 잘못된 투자를 크게 줄일 수 있었을 것입니다. 다섯째, 수리조합사업, 즉 산미증식계획은 비록 말로는 계획이라고 하지만 강제된 것이기 때문에 그 계획이 가져올 결과인 경제성장은 '강제 성장compulsory growth'의 일종입니다. 강제 성장은 통상 말하는 경제성장, 즉 '사회적social' 성장이 아닙니다. 강제 성장은 경제주체들이 자유롭게 선택한 경제성장만큼 사회 전체를 유익하게 하지 않습니다. 무엇보다, 정상적인 경제성장과 비교하여 강제 성장은 소득을 더 불평등하게 만듭니다. 수리조합사업의 경우에 한인 지주들 또는 자소작농들인 수리조합원의 소득은 상대적으로 낮아지고, 일본인 지주들과 일본인 토건업자들의 소득은 상대적으로 높아졌습니다. 소작농의 소득도 평균적으로 낮아졌습니다. 그리고 소득 불평등의 악화는 평균 저축률의 하락을 초래하여 한반도 경제성장에 부정적인 영향을 미칩니다. 다시 말해, 자본 투자가 경제성장의 중요한 요인임이 분명하지만 그런 투자는 어디까지나 자발적이어야 한다는 것입니다. 수리조합사업에 의한 자본투자는 비자발적인 것이 적지 않습니다. 그런 투자 전체가 비자발적인 것이 아니지만 말입니다. 그리고 그런 투자가 일본인 토목청부업자가 총독부 재정을 포획한 결과라는 점도 중요합니다. 무엇보다도, 그런 자본 투자는 이미 과다한 농업을 더 과잉되게 만들었다는 관점에서 한반도 경제에 부정적이었습니다.

4. 조선사설철도보조법과 포획이론

●●

정안기[42]는 조선사설철도보조법(1921년)의 제정의 목적으로 조선총독부가 공표한 '조선의 교통 및 개발을 촉진하는 것'을 큰 의심 없이 받아들이고 있습니다. 조선총독부가 경제규제를 발효시킬 때 공익을 내세우게 되는 데 정안기는 그런 공익을 별다른 의심 없이 믿고 있습니다.

*** 조선사설철도보조법도 보조금이라는 경제규제가 특별이익집단의 이익**

> 을 위해 포획된 법이라는 점을 너무 잘 보여 줍니다. 조선사설철도보조법은 식민지 경제성장 또는 근대화를 위한다는 명분으로 제정되었지만, 그 실질적인 목적은 조선총독부가 일본인 토건업자들과 일본인 사설철도 운영자들에게 보조금을 주기 위한 것입니다. -저자 주

일제는 일본 민간인들이 한반도에 설치할 사설철도에 보조금을 주는 법을 제정했습니다. 1921년 4월 제정된 조선사설철도보조법(약칭 '조선사철보조법')은 사설철도를 부설하고 운영하는 자에게 연 8%의 보조금을 지급한다는 것이 주된 내용입니다. 일본은행의 상업어음 할인금리는 연 8.03%(1919년 11월)에서 1925년 4월에 연 7.30%, 1930년 10월에 연 5.11%, 1933년 7월에는 연 3.65%까지 인하되었습니다. 예를 들어, 페이퍼 컴퍼니를 세우고 상업어음을 할인받으면 그것만으로도 1930년 10월부터는 연 2.89%, 1933년 7월부터는 연 5.35%의 이윤이 발생합니다. 이것은 후년으로 갈수록 연 8%라는 보조금이 작지 않았음을 의미합니다. 보조금 지급 기간은 1923년 3월부터 15년으로 연장되었습니다. 보조금액은 250만 원(1921년 4월)에서 점차 증대하여 500만 원(1930. 5~1939. 3)이 되었습니다. 그런 보조금을 제외하고도 총독부는 여러 가지 보조금을 추가로 제공했습니다. 1941년 말 현재 사설철도 회사는 18개, 개업선로연장 1,931km였고, 그중 총독부에서 보조금을 받는 회사는 12개였습니다.

조선사철보조법을 만들 때 일제는 그 법이 '조선의 교통 및 개발을 촉진하는 것'임을 천명했습니다. 철도보조금을 주게 되는 이유가 '공익'이라는 것입니다. 그러나 저자는 보조금과 같은 경제규제가 '사익'을 위하여 발효된다고 주장합니다. 이때 사익이란 사설철도업자에게 주는 보조금을 말합니다. 사설철도업자는 철도건설을 위하여 청부업자와 공사 계약을 할 것이기 때문에 청부업자도 이익집단

이 될 수밖에 없습니다. 특히 1920년대 일본이 불황이었을 뿐만 아니라 일본에서는 철도 부설이 그 이전에 이미 완료되었기 때문에 사설철도 업자에게 보조금을 주는 것은 사설철도 업자, 토건업자 등에게 엄청난 이익을 주는 것입니다. 사설철도업체, 토건업체 등은 일본인 주주로 구성되어 있기 때문에 사철 보조금은 사실상 일본인에게 귀착되었습니다.

한마디로, 조선사철보조법이 제정될 당시에 총독부는 그 법을 사회간접자본 구축이라는 식민지 근대화를 위한 정책으로 내세웠지만 실제로 그것은 식민지 근대화를 선전·선동하는 것일 뿐이고 일본인 사설철도업자들과 일본인 청부업자들에게 이익을 주기 위한 법입니다. 조선사철보조법에 의한 보조금은 이익집단에 의해 포획된 것입니다. 총독부는 사설철도건설에 공익을 내세우는 방법으로 조선사설철도보조금법을 제정했습니다.

5. 조선총독부가 한반도 주식시장의 주가를 조작한 이유

●●

* 한반도 주식시장 발전 과정은 조선총독부의 강력한 통제 아래에서 진행되었습니다. 그런 과정은 한인 자본가들이나 투자자들에게 직접금융을 최대한 억제하기 위한 과정으로 이해할 수 있습니다. 1943년 8월부터 총독부는 군수 기업들을 지원하고 그들 중 일부의 주가를 조작함으로써 주식시장이 무너지는 것을 방지하고자 했습니다. 주식시장은 경제주체들에게 강력한 '신호 기능'을 하기 때문에 그런 방지는 총독부가 행했던 모든 선전·선동을 성공시키기 위하여 필수라고 총독부 관리들은 판단한 것으로 보입니다. 총독부가 주식시장 붕괴를 방지하고자 했던 것은 일본인 투자

자들과 일본인 군수 기업들에 의해 포획되었기 때문입니다. -저자 주

(1) 주식 상장 기능이 없는, 기형奇形의 경성주식현물취인시장

1878년에 도쿄와 오사카에 주식거래소를 설립하여 주식회사에 의한 직접금융 조달 방법을 제도화하기 시작했다는 사실에서, 메이지 지도자들이 주식회사에 의한 직접금융 조달이 산업화에 무엇보다 중요하다는 점을 잘 알고 있었다고 추론할 수 있습니다. 그럼에도 메이지 지도자들의 일부였거나 번벌藩閥에 속했던 조선 총독들은 한반도에서는 1920년에서야 주식 현물 거래만을 인가했고, 1931년에서야 주식 발행시장을 허용함으로써 한반도 주식시장을 정상화했습니다. 그러나 그런 정상화는 여전히 매우 '제한적'이었습니다. 조선총독부는 왜 1931년이 되어서야 불완전하게 정상화된 주식시장을 허용했을까요?

한반도에서 주식의 매매는 일본인의 한반도 거주가 본격화되면서부터 시작되었습니다. 1911년부터는 경성의 주식중개업자 20여 명이 조합을 결성하여 조직적인 주식거래를 시작하고 거래소의 설립·인가를 총독부에 청원했습니다. 그러나 1910년대에 조선총독부는 주식 발행시장뿐 아니라 주식 유통시장이라고 할 수 있는 거래소 설립마저도 허가하지 않았습니다. 1910년대에 증권거래소 설립 신청 횟수는 대략 7번이나 되었습니다. 거래소 설립에 대한 총독부의 정책은 1910년에 제정된 조선회사령과 궤를 같이 했습니다. 그러나 조선회사령을 1920년에 폐지하는 상황에서, 총독부가 '경성주식현물취인시장'(이하 경취)의 인가를 불허하는 일은 어려웠을 것이고

1920년 1월 자본금 300만 원으로 경취를 인가했습니다.[43] 그러나 그렇게 허가된 경취는 청산거래와 차금거래를 할 수 없도록 한다는 조건으로 인가된 것이기 때문에 '주식현물시장'이었습니다.

주식 상장 기능을 없앴다는 점은 경취가 회사의 직접금융에는 거의 도움을 주지 않았다는 것을 의미합니다. 그럼에도 1920년대 회사 설립에 필요한 자본금을 모집하는 경우에 '공모'가 아닌 '사모', '일반인'이 아닌 '연고자'의 모집 형태를 허용하여 직접금융에 의한 자본의 모집이 완전히 차단되지는 않았습니다. 그러나 그 한계는 분명했습니다. 그리고 경취의 설립마저도 3·1운동의 영향을 받았을 것이라 추론할 수 있습니다.

조선회사령을 폐지한 1920년부터 총독부는 한반도 한인 소유 회사들이 직접금융을 통해 자금을 모으는 일을 실질적으로 어렵게 만듦으로써 사실상 회사의 설립과 생존을 어렵게 만들었습니다. 이 점은 대규모 회사의 설립에 더 크게 작용했을 것입니다. 이것이 조선총독부가 경취를 인가한 실질적인 의도일 뿐만 아니라 그 점은 군국일본지배기 전 기간에 유효했을 것이라고 저자는 추론합니다.

주식시장의 발달과 통신의 발달은 궤를 같이합니다. 그러나 그런 일은 일본에서는 일어났지만 한반도에서는 그렇지 않았습니다. 인구 10만 명당 통신 기관 수를 보면, 일본에서는 우편 사업을 시작한 1871년에 0.541개였지만 1872년 3.465개, 1873년 4.453개, 1874년 9.538개로 큰 폭으로 증가했습니다. 그러나 한반도에서는 그 수가 1905년(통신 기관 피탈 연도) 3.628개, 1939년 5.368개였습니다. 군국일본지배 말기에도 인구 10만 명당 통신 기관의 수에 있어서, 한반도는 일본의 1874년 수준에도 크게 미치지 못하고 있었습니다. 그리고 일본은 1920년대 말부터 다시 1874년의 수준을 넘어 그 수가 증가하였지만 한반도에서는 1939년 이후에도 큰 증가는 없었습니다.[44]

통신 기관 수의 증가가 통신의 발달을 보여 주는 주요 지표의 한 가지로 본다면 일본에 비해 한반도에서 통신의 발달은 매우 저조했고 그 점은 일본이 의도한 결과라는 것입니다. 즉 조선총독부는 식민 지배 전 기간에 걸쳐서 통신의 성장을 억제하는 방법으로 주식시장의 발달을 통제했습니다.

(2) 한인 대규모 회사의 상장 억제

일제는 경취 허가 후 11년이 지난 1931년에야 주식 발행시장으로서 '조선신탁회사'와 주식 유통시장으로서 '조선취인소'의 설립을 인가했습니다. 그리고 조선취인소는 경취와 1899년 설립된 '인천미두취인소'를 통합하여 설립되었습니다. 이제 주식시장은 불완전하지만 정상화되었습니다. 1931년에 만주사변이 발발하고 1932년에 만주국이 설립되면서 일본 정부는 만주 정부를 군국일본 경제로 편입했는데 그런 편입은 한반도 주식시장을 정상화할 것을 요구했기 때문일 것입니다.

조선신탁회사는 회사의 성격상 총독부의 직접적인 통제를 받았을 뿐만 아니라 실제로 주식 상장에는 큰 역할을 할 수 없었습니다. 이것은 1931년 이후에도 한반도 주식시장은, 상장에 관한 한 그 발달이 매우 지지부진했다는 것을 의미합니다. 게다가 일제는 100만원 이상의 기업을 상장할 때는 총독부의 허가를 받도록 했습니다. 상장을 위해서는 다른 조건도 만족시켜야 했습니다. 그것은 회사 설립 후 정기총회를 2회 이상 개최하고, 총독부가 실적과 전망에 대해 견실하다고 인정해야 하며, 거래소심사위원회를 통과해야 한다는 것입니다. 다른 요인이 일정하다면, 한인에 의한 대규모 기업 또는 회사가 거의 설립되지 않았던 것은 바로 이 때문이라고 저자는 주장합니다. 그러나 '일반 공모'로 중소 규모의 기업 상장과 유통은 그런대로 지속되었습니다. 이것은 1931년부터 한반도에서도 그 이전보다 덜 불완전한 형태의 주식시장 체제를 갖추었음을 의미합니다. 그 결과로 조선취인소의 주식거래량은 폭발적으로 증가했습니다. 또 조선취인소에서 미두 거래가 제외되고 중일전쟁으로 경제가 활성화되면서 1939년부터는 주식 실물거래의 증가도 두드러졌습니다. 다른 요인들도 한반도 주식시장을 성장하게 했습니다. 주식 실물거래란 현물주식을 조선취인소에서 맡겨 회사는 상장심사를 우회하고 투자자들은 현물주식을 위탁하여 사고파는 거래를 말합니다.

한마디로, 한반도 주식시장의 정상화는 1931년에야 이루어졌습니다. 그럼에도 그런 정상화는 여전히 불완전한 것이었습니다. 또 그런 정상화는 한반도 공업화를 보조하기에는 너무 늦었다는 것을 의미합니다. 이것은 총독부가 한인들이 회사를 설립할 때 이용할 수 있는 직접금융을 크게 제한했다는 것을 의미합니다. 일본 회사들은 일본에서 상장하면 되었기 때문입니다.

(3) 조선증권취인소의 사회주의화 그리고 군수기업 지원과 주가조작

일본 국내의 일본인들은 2차 세계대전의 전황을 전혀 모르고 있었으며, 한인들은 1945년 8월 14일까지도 일본의 확실한 패전을 몰랐다고 김용덕[45]은 지적합니다. 이것은 일제와 총독부가 얼마나 선전·선동을 교묘하게 했는가를 입증하는 증거로 볼 수 있습니다. 1940년대에 일제는 여러 목적의 선전·선동을 했지만, 이 절에서는 주식시장과 관련한 부분만을 다룹니다. 총독부가 한반도 주식시장에서 어떤 일을 했기에 선전·선동에서 그렇게 성공할 수 있었을까요?

1940년 6월부터 1941년 11월까지 연합군의 대일 무역 공세가 강화되면서 주식시장의 거래액은 유지되었지만, 주가는 급락했습니다.[46] 주식시장의 붕괴를 막기 위하여 조선총독부는 주식가격통제령(1941. 7)을 공포하고 조선취인소는 대책을 수립했습니다. 그러나 1941년 12월 8일 일본이 진주만을 공습하자 한반도 주식의 주당 평균 가격은 상승하고, 평균 거래량은 증가했습니다. 한반도 주식시장은 1941년 12월 8일부터 1943년 2월까지 1년여간 활황이었습니다. 일본이 1942년 6월 4~7일 미드웨이 해전에서 패했음에도 불구하고 말입니다. 한반도 주식시장에서 급등한 주식은 석유, 가스, 전기 등 전력 사업 관련주와 해운, 기계, 고주파, 제련, 시멘트 등 전기 또는 군수 관련 주식이었습니다. 1942년 주식시장의 활황은 전쟁 특수를 기대한 결과였습니다. 그러나 그런 상황은 오래 가지 못했습니다.

1년여의 활황 이후에, 1943년 3월부터 7월까지 5개월간 한반도 주식시장은 '개점휴업' 상태였습니다. 1943년 3월에는 월별 거래고가 전월에 비해 절반 이하 수준으로 떨어졌습니다. 그런 상황은 1943년 초에 일본이 2차 세계대전에서 완전히 수세에 몰렸기 때문일 것입니다. 일본이 태평양 지역 전투에서 계속 패배했기 때문에 전황에 대한 조선총독부의 선전·선동에도 불구하고 주식시장은 별다른 반응을 보이지 않았습니다. 총독부는 이런 상황을 타개한다는 명분을 내걸고 1943년 7월에 '조선증권취인소령'을 공포하고 '조선증권취인소'(약칭 조증취)를 설립했습니다. 그러나 조증취는 조선총독부의 직접적인 통제를 받는 공적 기관이 되면서 사실상 '사회주의' 취인소가 되었습니다.

총독부가 이제 조증취를 통해 신규 상장과 상장폐지를 할 수 있는 권한을 보유하게 되면서 먼저 회사들을 선별하여 지원하게 됩니다. 총독부는 시국時局중점주(4개사), 금융주(7개사), 철도·운수업주(8개사), 전기업주(5개사), 광업주(5개사), 화학·제조공업주(18개사) 등을 지원하고 관리했습니다. 여기에서 관리했다는 것은 주가의 변동 폭을 줄이고 주가가 하락하는 것을 막았다는 것을 의미합니다. 다시 말하면, 총독부가 개별 주가를 '조작'했다는 것입니다.

예를 들어 조선철도는 배당률 8%이고 1942년에도 63원으로 고가였으나 1943년 8월에는 70원에 도달했습니다. 신주 발행에도 성공했고 가격이 일정 수준에서 유지되었던 것은 선박의 파괴로 인하여 철도에 의한 수송수요가 증대했을 뿐만 아니라 총독부가 보조금을 지속해서 지급했기 때문입니다. 철도주가 총독부에 의해 시국 중점주로 관리되었을 뿐만 아니라 식산은행 등에 의한 융자로 신주 인수가 가능했습니다.

다른 예로는 소림광업을 들 수 있습니다. 시국주식인 소림광업은 조증취 설립 이후에 1944년 12월까지 주가가 70원 이상으로 유지되었을 뿐만 아니라 주가의 변동 폭도 작았습니다. 1943년 8월 이후 주가가 그렇게 된 것은 총독부가 주가를 조작했기 때문입니다. 여기에는 여러 요인들이 작용했지만 시국주식은 하락하지 않을 것이란 선전·선동도 한몫했습니다.

1943년 8월부터 1944년 11~12월까지 주가가 거의 변화가 없거나 조금씩 상승했던 것은 주가조작의 결과였습니다. 주가조작은 어떻게 이루어졌나요? 이에 대해서는 총독부 내부 문서가 있어야 합니다. 그러므로 주가조작에 대한 설명은 저자의 직관에 의한 것입니다. 조선철도를 예를 들어 설명합니다. 1943년 현재 조선철도의 1대 주주는 동양척식주식회사라는 기관투자자였고, 大川合名, 조선저축은행, 일본징병보험, 조선신탁, 三稜鑛業, 朝鐵공제조합, 大正생명보험, 조선은행, 대만증권, 横松은행, 조선상업은행, 동일은행, 조선실업회사, 일본교육생명, 慶和공제조합, 조철자동차흥업 등입니다. 이들이 보유한 주식은 총 690,178주로서 전체 주식 1,090,000주의 약 63%를 차지했습니다. 이것은 조선철도주식이 일본과 한반도의 기관투자자들에 의해 소유되었고, 그런 기관투자자들은 총독부의 통제하에 있었다는 것을 의미합니다. 특히 1942년 6월 조선금융단이 설립되면서 은행을 포함한 한반도의 모든 금융기관은 조선금융단 이사장인 조선총독의 통제를 받지 않을 수 없었습니다. 그 이외에도 공제조합, 일본 또는 대만의 금융기관들, 주식회사들이 조선철도 주식을 사들여 보유했습니다. 그리고 총독부가 조선철도를 지원하거나 주가를 조작하더라도 그 혜택은 모두 앞에서 서술한 기관투자자들에게 돌아가고 그런 기관투자자들은 직간접으로 일본과 관련이 있었습니다.

종목의 소유자라는 관점에서, 다른 실물거래 종목도 조선철도와 대동소이했습니다. 경성전기는 1941년 현재 46만 주의 발행 주식 중에서 기관투자자들이 보유한 주식 수가 136,888주로서 전체의 30%였습니다. 그들은 제일생명, 대교본점, 조선신탁, 조선상업은행, 조선저축은행, 고진주식회사, 동경저축은행, 동일은행 등입니다. 다시 한번 말하지만, 1940년대에는 한반도 내의 은행을 포함한 모든 금융기관은 조선총독부의 통제하에 있었습니다.

조선총독부는 전쟁 관련 주식, 소위 시국 중점주, 금융주, 철도·운수업주, 전기업주, 광업주, 화학·제조공업주 중에서 대표 종목을 추출하여 보조금을 지원하고 주가를 조작했습니다. 주가조작이 가능했던 것은 대주주에 속하는 집단이 일본과 한반도의 기관투자자들이었기 때문입니다. 총독부는 전쟁과 전쟁을 뒷받침하는 경제를 위하여 보조금 지원과 주가조작이 필수적이라고 판단했던 것으로 추정됩니다. 이것이 총독부가 조선취인소를 폐지하고 조증취를 설립한 근본적인 이유일 것입니다. 그리고 총독부는 한반도 주식시장을 통제하기 위하여 조증취를 운영하는 방법도 규정했습니다.

총독부는 한반도 주식시장 전체를 통제하는 일도 중요시하였을 것이라고 저자는 직관합니다. 주식시장 자체가 재선 일본인들과 한인들에게 '신호' 역할을 했을 것이기 때문입니다. 주식시장을 관리하고 조작함으로써, 즉 한반도 주식시장을 실제보다 더 좋게 보이게 만듦으로써 일본이 전쟁에서 불리하다는 생각을 재선 일본인들과 한인들이 갖지 못하도록 할 수 있었을 것입니다. 1943년 8월에 조증취를 설립하고 조선총독부가 주식시장을 지원하고 조작하기 시작하자 주식 거래액은 역대 가장 낮은 수준으로 떨어졌지만—단기 청산 거래가 허용되지 않았기 때문에—평균 주가는 주당 가격이 63~65원 수준에서 안정되었을 뿐만 아니라 1941년 8월 평균 주가인 55원을 웃돌았습니다.[47] 전쟁이 불리해지는 상황에서 총독부의 지원과 주가 조작이 없었다면 그런 일은 가능하지 않았을 것입니다. 그리고 일본 정부 발행의 국채, 지방채, 사채, 주식 등, 유가증권 전반을 조선총독부가 통제할 필요성이 있었기 때문에 일본 정부 발행의 국채도 조증취에서 거래한다는 규정을 만든 것으로 볼 수 있습니다.

1943년 8월 이후 주식시장은 1942년 주식시장에 비해 활황이었고 주가는 안정적이었습니다. 그런 상태는 조선총독부의 지원과 인위적인 조작의 결과였음을 부정할 수 없습니다. 무엇보다도, 1943년 8월 이후의 한반도 주식시장은 총독부의 선전·선동이라는 덫에 걸려 있었습니다. 총독부의 선전·선동이란 한반도 주식시장이 총독부의 각종 지원과 주가조작에 의해 안정화되고 있으며 그런 안정화는 군국일본이 2차 세계대전에서 결코 밀리고 있지 않다는 신호를 좁게는 한인들과 재선 일본인들, 넓게는 재선 외국인들과 외국인들에게 보내는 것입니다. 중일전쟁을 시작하면서 총독부의 선전·선동은 본격화되었습니다. 그 이후에도 총독부의 선전·선동은 계속되었지만 학도지원병제를 도입할 때 그런 선전·선동은 폭증했습니다. 만약 주식시장을 조작하지 않고 붕괴한 상태로 그냥 두었다면 총독부의 다른 선전·선동은 아무런 효과가 없었을 것입니다. 즉 주식시장 조작이 모든 선전·선동을 위한 기초라는 것을 총독부는 아주 잘 이해하고 있었다고 저자는 직관합니다. 그리고 주식시장을 안정화시켜 군수회사나 공장이 주식시장을 통해 자금을 마련할 수 있도록 함으로써 그런 회사나 공장의 가동을 도와주고 그 결과 일본의 전쟁을 돕는 일을 할 수 있었을 것입니다. 이런 지원과 조작은 그 자금이 총독부 재정에서 왔을 것이기 때문에 그런 지원과 조작을 받았던 재선 일본 기업들과 그런 기업에 투자한 일본 투자자들에게는 이득을 주었지만, 한인들은 그만큼 손해를 보았습니다.

지금과 마찬가지로, 그때도 한반도 주식시장의 움직임은 한인들과 재선 일본인들에게 전쟁에 대한 중요한 신호였을 것입니다. 다만 매스미디어가 잘 발달하지 않은 상황에서는 도시와 도시 주변의 한인들과 재선 일본인들 그리고 은행 등과 같은 공적 기관에 근무했던 사람들이 이런 신호에 민감했을 것입니다. 그리고 그들은 당시 여론 주도층이라고 할 수 있습니다.

공업회사 또는 농사회사를 설립하는 일에는 주식시장 발달이 필수적이라는 점을 총독부 관리들이 모를 리가 없었을 것입니다. 그러나 일본인 지배자들은 한인에게 농사회사의 설립을 허가하지 않았고, 주식시장의 발달을 억제함으로써 공업회사 설립을 제한했습니다. 특히 대규모 회사 또는 공장의 설립은 총독부에 의해 강력하게 억제되었습니다. 한반도 주식시장에 대한 규제로 일제가 주식시장을 통해 한인 기업가들 또는 투자자들이 직접금융으로 자금을 모집하는 것을 억제했다고 볼 수 있습니다.

총독부의 한반도 주식시장 발전 억제 정책은 네 가지 의미가 있습니다. 첫째, 그런 정책은 한인에 의한 기업의 설립과 번영에 부정적인 영향을 주었습니다. 둘째, 그것은 한반도 경제성장에도 부정적인 영향을 주었습니다. 셋째, 주식시장에 관한 한, 명목상으로는 일제가 식민지의 경제성장을 위하여 노력한다는 모습을 보여 줄 수 있었습니다. 넷째, 총독부는 실제로는 직접금융을 통해 기업을 설립하는 일을 억제함으로써 한인 경쟁자들을 한반도 시장에서 배제했습니다. 그리고 그런 배제는 재선 일본인 기업들 특히 대기업들에게 유리하게 작용했습니다.

한반도 주식시장 발달 과정은, 1920년대 일본인이 주장한 식민지 경제성장을 위한 제도와 정책을 넘어서, 일제가 한인 회사, 특히 대규모 회사 설립을 억제하면서 일본이 2차 세계대전에 참여하는 일본 회사들을 돕고, 선전·선동을 위한 기초 수단으로 이용했음을 보여 줍니다. 총독부가 주식시장을 지원하고 조작함으로써 전쟁 참여 기업에 보조금을 준 것인데 그것은 총독부가 그런 기업들에 '포획'된 것으로 볼 수 있습니다.

총독부는 군수 기업을 지원하고 주가를 조작함으로써 다른 선전·선동의 기초를 마련했고 그것은 일본 제국과 총독부의 식민 지배를 돕는 것입니다. 총독부 재정의 포획을 통해 일본인 투자자들, 일본 정부, 총독부 등은 승자가 되었고 총독부로부터 세금을 징수당했던 한인들, 한인 회사 설립자들과 잠재 설립자들, 재선 일본인의 일부 등은 패자가 되었습니다.

6. 비료의 가격 정책과 총독부의 판매지역분할

산미증식계획이 농민의 물질적 삶을 개선했는가요? 1934년부터 조선총독부의 토지개량사업은 사실상 중단되고 농사개량사업이 그 시점부터 활발하게 전개되었습니다. 비료 소비 총액에서 자급비료의 비율이 1916년에 97.6%에서 1936년 60.2%로 크게 줄었습니다. 그와 반대로, 화학비료의 비율은 1916년 0.3%에서 1936년에 27.9%로 크게 늘었습니다. 1916~1936년 기간에 서울 소비자 물가지수가 약 2.283배 상승하였지만, 비료 소비 총액은 약 12.461배 증가하였기 때문에 농사에 화학비료 투입량이 증가한 것은 사실일 것입니다.[48] 이렇게 화학비료의 투입이 많이 늘어난 것은 1920년대 후반에 일본으로부터 화학비료의 수입이 증가했고, 1930년에 조선질소주식회사 흥남공장이 설립되면서 화학비료의 한반도 내 생산이 증대했기 때문입니다. 화학비료 투입의 증대는 쌀 생산량의 증가를 초래한 요인일 것입니다. 그런 증대는 한인 농민들의 영농방식에 대한 조선총독부의 통제와 지시도 한몫했습니다.

허수열[49]은 화학비료의 가격 정책을 분석하고 있습니다. 비료의 소비가 늘어나면 농업의 생산성이 비례하여 상승할 것입니다. 문제는 화학비료의 가격 정책에 있습니다. 화학비료인 질소비료의 가격은 매우 높았습니다. 조선질소주식회사(약칭 조선질소)가 판매하는 질소비료의 가격이 한 포대에 5엔 20전인데 일본이나 대만에서의 판매가격은 4엔 80전입니다. 조선질소가 한 포대에 3엔, 1톤에 71엔의 가격을 매겨도 이윤을 남길 수 있기 때문에, 1할 정도의 가격 인하 가능성이 있다고 오자키尾崎技師는 지적했습니다.[50] 실제로 조선질소가 판매했던 가격은 1톤당 110원을 상회했습니다. 즉 그런 가격은 조선질소에게 큰 이윤을 안겨 주었습니다.

『동양경제신보』 1935년 8월 10일 자에는 질소비료 판매가격이 1톤당 70원이면 1톤당 29원의 이윤이 생기고 이윤율은 약 24%라는 기사가 있습니다. 이때의 가격은 연간 45만 톤을 생산한다고 가정했을 때의 것입니다. 1톤당 110원을 판매가격으로 산정했을 때는 이윤율이 약 6할이었습니다. 조선질소는 가격을 인하할 요인이 적지 않았음에도 불구하고 미쓰이三井물산의 판매를 돕기 위하여 한반도 내 판매가격을 높게 유지했습니다. 그리고 조선질소는 재고를 수출하는 방법으로 한반도 내에서 높은 판매가격을 유지하기 위하여 노력했습니다.

식민지 한반도에서 어떻게 높은 질소비료 가격이 형성되었는가요? 식민지 한반도 비료 시장을 분할하는 방법으로 가격을 책정했기 때문입니다. 식민지 서북지방은 미쓰이계의 미쓰이물산이 질소비료를 판매할 수 있는 권한을 가지고, 식민지 중·남부 지방은 조선질소가 판매할 수 있는 권한을 갖는 것으로 식민지 시장을 '분할' 했습니다. 미쓰이물산은 질소비료를 일본에서 생산해 한반도로 수출하는 회사입니다. 일본 국내의 질소비료 생산비는 조선질소의 생산비보다 비쌌고, 일본에서 거리도 한반도 중남부 지방보다는 서북지방이 더 멀어서 수송비가 더 들었기 때문에 미쓰이물산의 비료 판매가격은 조선질소보다 높지 않을 수 없었습니다. 그 때문에 비료 판매가격은 미쓰이물산이 설정하도록 하고 그 대신에 조선질소는 소비량이 훨씬 많은 중·남부 지방에 판매할 수 있도록 했습니다. 두 회사가 한반도 시장을 분할하여 판매하기로 한 것입니다. 1927~1940년에 동경에 비해 경성에서 도매시세가 높게 형성되었습니다.[51] 일본 내에서는 그런 시장 분할이 허용되지 않았지만, 한반도에서는 그렇지 않았기 때문입니다. 시장분할은 두 일본 공업회사에 이윤을 안겨 주기 위한 것이었지만 조선질소에 특히 그런 혜택이 작지 않았습니다.

그러나 허수열[52]의 주장은 아직도 가설 수준으로밖에 볼 수 없습니다. 그가 조선총독부가 그런 시장 분할을 허용했다는 직접적인 증거를 제시하지 않았기 때문입니다. 그러나 저자는 그의 주장이 충분히 설득력 있다고 판단하기 때문에 그의 주장을 요약했습니다. 만약 그의 주장을 받아들이면 질소비료를 많이 사용하는 농가나 농민은 그렇지 않은 농가나 농민에 비해 불리하다고 할 수 있습니다. 우리는 이것을 '수탈'이라고 해야 할 것입니다. 이것은 조선총독부가 질소비료 소비자인 농민들을 위하여 반독점정책을 수행해야 할 것을 거꾸로 질소비료 판매가격에 있어서 생산자들 간의 '담합'을 허용한 경우입니다.

한마디로, 조선총독부는 반독점정책을 역이용하여 생산자들을 유리하게 하는 판매가격과 그에 필요한 '판매지역분할'을 허용했던 것입니다. 그 결과로 질소비료를 이용하는 농민들, 즉 질소비료 소비자들은 독점 생산자들과 조선총독부의 먹잇감이 되었습니다. 조선총독부의 질소비료 가격 정책은 질소비료 소비자인 한인 농민들을 희생하여 일본계 질소비료 생산자들에게 이익을 주기 위한 것이었습니다. 여기에는 조선질소도 포함되어야 합니다. 이 점이 일본계 농사회사 또는 농장에도 적용되었는가는 분석이 필요합니다. 시간이 지나면서 질소비료 사용이 증가했던 것은 산미증식계획과도 연동되어 있었습니다. 1920년대 일본인 지배자들이 내세웠던 한반도 경제성장을 위한 제도 또는 정책이 이름뿐이라는 것이 조선총독부의 질소비료 가격정책에서도 잘 드러납니다.

7. 결론

조선총독부는 1914년 무렵에 총독부 발주 철도공사에서 토목건축청부업에 '기술주임제도'를 도입하고, 입찰방식에 관한 법령과 그 개정을 통하여 한인이 토건업자가 되는 것을 제도적으로 차단했습니다. 철도공사 이외의 토목공사와 건축공사는 이 제도와 큰 관계가 없었지만, 조선총독부 발주공사에 철도공사가 압도적 비중을 차지하고 있는 상황에서 기술주임제도는 한반도 청부업계에서 한인 청부업자를 배제하는 역할을 톡톡히 했을 것입니다. 그리고 일본인 청부업자들과 총독부 관리들의 관계도 매우 밀접했습니다. 그럼에도 한인들이 토목건축청부업에 진출하는 것을 완전히 막지는 못했지만, 소수에 불과했을 것으로 추정할 수 있습니다. 청부업계가 일본인 중심으로 이루어지고 조선총독부가 관할하는 이권이 커지면서 청부업자들과 조선총독부 관리들의 관계는 유착되지 않을 수 없었습니다.[53] 도리우미[54]는 다음과 같이 요약합니다. "조선총독부는 표면적으로는 식민지 조선을 위한 일반적인 토목정책을 수행한다면서 실제로는 조선인 청부업자를 배제하고 일본인 청부업자의 이익을 유도하고 있었다." 이것은 조선총독부가 발주하는 토목공사 자체가 특별이익집단인 일본인 청부업자들에 의해 포획된 것임을 보여 줍니다.

3·1운동 이후 1920년대 식민 지배자인 군국일본은 한반도의 경제성장 또는 근대화를 정책 목표로 내걸었습니다. 그러나 당시 가장 중요한 산업인 농업에서 총독부는 한반도에 농사회사를 설립하는 것을 일본인들에게는 허가했지만, 한인들에게 허가하지 않았습니다. 농업경영에서 어떤 문제가 발생했을 때 농사회사를 가진 지주들은 개인 지주들보다 여러 면에서 대응 능력이 뛰어났을 것입니다. 다른

조건이 일정하다면, 이것은 농사회사를 소유한 일본인 지주들이 한인 개인 지주들보다 농업경영 측면에서 우수할 수밖에 없었다는 것을 의미합니다.

3·1운동 이후 1920년대에 군국일본은 한반도의 경제성장을 위한 정책을 몇 가지 시행했는데 그 내용만을 보면 21세기 일부 한국 역사학자들이 주장하는 식민지 근대화론과 크게 다르지 않습니다. 그러나 그것들은 '식민지 근대화=공업화'라는 등식과는 거리가 멀었습니다. 1920년대 군국일본이 한인들을 위한다는 명분으로 시행한 경제성장 정책이나 제도는 실제로는 일본인 청부업자들, 일본인 지주들, 전·현직 총독부 관료들, 일본인 노동자 또는 기술자들, 재선 일본 공식 기관 등을 위한 것이었습니다. 그리고 총독부는 그런 정책이나 제도가 한인을 위한 것, 즉 공익을 위한 것이라고 선전·선동했습니다.

산미증식계획은 강제성을 띠고 있었고, 수리조합사업은 사업 자체가 강제로 시작되고 운영되었습니다. 이 경우에 경제성장이 일어난다고 하더라도 그것은 통상적인 경제성장이 아닙니다. 그것은 '강제 성장'이라고 합니다. 다만 강제성이 부분적이었다는 점에서 '부분적인' 강제 성장이라고 하는 것이 옳을 것입니다. 강제 성장은 성장이 일어나더라도 소득 불평등을 '악화'시킨다는 점에서 문제가 있습니다.

3장

21세기 한국 역사가들의 식민지 근대화론

1. 근대화란?

"1912년 조선총독부는 조선민사령을 발표하여 일본에서 시행 중인 민법을 그의 신영토 조선에도 시행하였습니다. (…) 한국인은 점차 자유인으로 변모해 갔습니다. (…) 형사재판제도가 (…) 근대화하는 것은 1912년에 공포된 조선형사령에 의하였습니다. (…) 저는 한국사에서 개인의 탄생은, 그를 통한 근대의 출발은 1912년의 조선민사령과 조선형사령에 의해서라고 생각하고 있습니다. 두 법령은 어디까지나 일본의 법으로서 식민지 조선에 이식된 것입니다."(이영훈)[55]

"요컨대 식민지기 조선사회의 변화는 분야에 따라 양상이 달랐습니다. 경제는 일본과 거의 동일한 제도적 환경에서 1인당 소득이 지속적으로 늘어나는 근대적 경제성장이 시동되었습니다. 그에 비해 정치는 장기적으로는 일본의 한 지방처럼 조선을 완전히 통합하려고 했지만, 당장에는 동화주의의 진전이 가장 더딘 분야였습니다. 사회 분야에서 변화의 정도는 경제와 정치 중간쯤에 위치하였습니다. (…) 대한제국 시대까지 조선인은 정치적으로 무권리였습니다. 하루아침에 근대국가의 주권자로 설 수는 없었습니다. 그런 시각에서 식민지기에 걸쳐 조선인의 정치적 권리와 기회가 느린 속도나마 향상되고 있었음에도 유의할 필요가 있습니다."(김낙년)[56]

* 이영훈,[57] 김낙년[58] 등의 근대화론에서 근대화라는 개념부터 모호합니다. 정윤재는 '근대화=경제성장'이라는 의미로 근대화라는 개념을 좁게 정의하지 말아야 한다고 지적합니다. 그럼에도 그들은 그렇게 정의하고 있는 것처럼 보입니다. -저자 주

(1) 정윤재가 정의한 근대화

이영훈, 김낙년 등과 같은 경제사학자는 '식민지 근대화론'을 주장합니다. 그들은 일제가 식민지 한반도를 지배하면서 한반도를 근대화했다고 주장하고 있습니다. 그러나 두 연구자는 근대화가 무엇인가를 규정하고 있지만 서로 다를 뿐만 아니라 다소 모호한 점도 있습니다. 무엇보다, 김낙년이 근대화가 무엇인가를 구체적으로 규정하지 않고 있기 때문입니다. 그는 '근대화=경제성장'이라는 등식과 함께 정치적으로는 '동화주의', 사회적으로는 1912년의 민법 시행과 초·중등 교육의 지속적인 확대 등을 염두에 두고 있는 것으로 보입니다.[59]

식민지기에 한반도가 근대화되었는가를 논의하려면 먼저 근대화라는 개념을 명확하게 규정할 필요가 있습니다. 신용하,[60] 박지향[61] 등도 근대성을 정의했지만, 정윤재와 대동소이하고 정윤재의 정

의가 훨씬 간결하기 때문에 이 책에서는 정윤재의 정의를 채택합니다. 정윤재[62]는 유럽의 경험을 기초로 근대화를 규정합니다. "근대화의 이러한 유럽적 경험을 중시해 근대성modernity을 규정할 경우 그것은 단위민족의 정치적 독립, 공업화, 그리고 민주정을 핵심 내용으로 하는 개념입니다. 그리고 그것은 종교적·문화적·정치적 대격변을 기본배경으로 종교적 율법과 교회 세력에 억압됐던 개인의 삶이 크게 변하고 향상되는 역사적 발전development의 주요 국면에 해당되는 것이었다."

정윤재가 지적하는 대격변을 근대화의 '전제조건'으로 보는 것이 정확할 것입니다. 서양에서는 정치와 종교의 분리가 근대화에서 매우 중요한 '전제조건'이기 때문입니다. 그러나 일본에서 메이지 유신 지도자들은 유신의 성공을 위하여 천황제를 정치에 이용했습니다. 천황제를 일본 토착 신앙으로 간주한다면 메이지 유신은 정교분리가 아니라 정치와 종교를 통합한 것입니다. 그리고 군국일본은 한반도에서 토착 종교를 포함한 각종 종교를 탄압하고 일본 전통 종교이자 유사종교인 천황제를 믿을 것을 강요했습니다. 정치와 종교의 관계에 관한 한 군국일본은 한반도에서 근대화의 전제조건 하나를 근대 이전 시대로 되돌렸다고 할 수 있습니다.

정윤재의 근대화 개념에서 가장 중요한 것은 단위 민족의 정치적 독립일 것입니다. 그것이 다른 두 가지 조건의 기초이기 때문입니다. 불행히도 일본이 한반도를 식민 지배하면서 그런 행위 자체가 한민족의 정치적 독립을 전적으로 부정하였습니다. 조선 왕조 말엽과 대한제국 기간에도 일본은 한민족이 민족국가를 설립하려는 시도를 번번이 방해하거나 짓밟았습니다. 식민 지배를 염두에 두었기 때문입니다. 식민 지배 이후에도 민족주의자들을 탄압한 사실은 너무도 잘 알려진 일입니다. 게다가, 3·1운동에서는 많은 한반도 한인들이 자주독립을 외쳤지만, 그 운동은 일본군의 총칼 아래 무자비하게 짓밟혔습니다.

정윤재가 규정한 근대화의 조건인 단위 민족의 '정치적 독립'에 대해서 마쓰모토[63]의 지적은 시사하는 바가 작지 않습니다. "그렇다고 할지라도 그 '근대세계'에서 국민국가의 형성은 중요한 과제로 되어 있었으므로, 식민지 피지배라는 문제를 해결하는 것은 조선인에게 가장 긴요한 문제가 되지 않을 수 없었다. 단, 식민지 종주국인 일본도 구미 선진국과의 격차라는 점에서 실은 은밀하게 조선인과 같은 세계관이 공유되고 있었다.(각주 15, 조선인의 결점을 찾아내어 침소봉대로 깎아내리는 이른바 '조선사회정체성론'적인 발상은 이 세계관에서 유래한다) 때문에 일본 '제국'은 '근대' 그 자체를 식민 지배의 통합원리로 채용할 수가 없었다. 궁여지책으로 일본은 특수 일본적인 근대의 산물인 천황제를 끄집어내어서, '제국'이면서 '제국' 내의 타민족을 '국민'(=천황의 신민)화함으로써 이 난제를 극복하고자 했던 것이다." 마쓰모토의 지적은 단위 민족의 정치적 독립이라는 근대화의 한 가지 조건이 군국일본지배기에는 군국일본이 가진 근본적인 한계로 일본이 스스로 그런 조건을 채용할 수 없었다는 것입니다. 마쓰모토[64]는 한인의 참정권이 비록 느리지만 확대되고 있었다는 박섭[65]의 주장이 가진 근본적인 문제점을 지적한 것입니다. 박섭의 주장은 아래에서 자세히 다룹니다. 이어서 마쓰모토[66]는 "결과적으로 일본 '제국'이 제국임을 스스로 방기하고 피지배 민족을 '국민'화하는 것을 목표로 삼았던 것이 오히려 '제국'으로서의 통합을 강력한 것으로 만들었다는 역설이 성립한다"라고 지적합니다. 이것은 군국일본의 그런 정책이 한반도 지배를 오랫동안 가능케 했음을 마쓰모토가 지적한 것입니다.

단위 민족의 정치적 독립은 근대화의 가장 중요한 조건입니다.

그런 조건이라는 관점에서 볼 때, 안중근, 윤봉길, 유관순, 안창호, 3·1운동 대표들과 참가자들, 임시정부 요원들, 독립군 자금을 모으는 데 참여했던 해외 동포들, 기타 독립운동가들 또는 민족주의자들 등은 근대화의 밀알이 되었다고 이해할 수 있습니다. 그리고 구한말 정치적 독립에 실패했던 대원군, 고종, 민비, 을사오적 등과 같은 왕을 포함한 주요 정치가들은 근대화를 무너뜨린 인사들로 이해해야 합니다.

정윤재의 경우에 민주정도 근대화를 위한 중요한 요소입니다. 메이지 유신 이후부터 종전까지 일본은 형식적으로는 천황이라는 변형된 형태의 군주정이었지만, 실질적으로는 군사독재국가였으며, 2차 세계대전 이후에야 민주정을 채택했지만, 실질적인 민주정 국가로 볼 수는 없습니다. 즉 메이지 유신 이후 1945년까지 일본은 자기 스스로도 민주정을 실현하지 못했습니다. 한반도에서도 민주정을 시행하지 못한 것은 모두가 알고 있는 사실입니다.

정윤재가 정의한 근대화의 세 번째 조건은 공업화입니다. 〈표 4〉는 주요 산업의 시점별 부가가치와 총부가가치를 보여 줍니다. 1911년에 농·축·임·수산업이 총부가가치의 67.8%(농·축·임업만은 66.9%)이고 제조업과 광업의 합은 5.0%(제조업만은 4.4%)입니다. 기타 주요 산업 중에서 그 비중이 큰 것은 도소매 및 음식 숙박업으로서 총부가가치의 10.4%입니다. 1940년에 농·축·임·수산업이 총부가가치의 42.0%(농·축·임업만은 39.1%)이고 제조업과 광업의 합은 17.4%(제조업만은 13.7%)입니다. 1930년대는 전기·가스·수도가 약 3.8~5.1%로서 다소 높았습니다. 기타 주요 산업 중에서 1940년에 그 비중이 큰 것은 도소매 및 음식 숙박업으로서 총부가가치의 12.5%입니다. 1911~1940년에 제조업은 9.3%포인트 상승했고 농·축·임업은 24.9%포인트나 하락했습니다.

표 4 주요 산업의 부가가치, 총부가가치, 그 비율[67]

단위: 백만원, %

연도	구분	농·축·임·수산	광업·제조업			총부가가치(1), (2)
			광업	제조업	소계	
1911	금액	347.5	3.2	22.5	25.7	512.4
	%	67.8	0.6	4.4	5.0	100.0
1916	금액	421.6	8.1	38.1	46.2	659.3
	%	63.9	1.2	5.8	7.0	100.0
1921	금액	915.7	7.7	101.3	109.0	1559.0
	%	58.7	0.5	6.5	7.0	100.0
1926	금액	1050.5	11.4	125.4	136.8	1803.6
	%	58.2	0.6	7.0	7.6	100.0
1931	금액	633.9	12.4	74.7	87.1	1329.4
	%	47.7	0.9	5.6	6.6	100.0
1935	금액	1098.6	46.9	185.2	232.1	2181.3
	%	50.3	2.2	8.5	10.6	100.0
1936	금액	1034.1	57.8	224.6	282.4	2302.3
	%	44.9	2.5	9.8	12.3	100.0
1937	금액	1405.1	77.1	287.9	365.0	2951.0
	%	47.6	2.6	9.8	12.4	100.0
1938	금액	1376.5	108.8	360.0	468.8	3192.4
	%	43.1	3.4	11.3	14.7	100.0
1939	금액	1455.0	139.1	482.6	621.7	3627.9
	%	40.1	3.8	13.3	17.1	100.0
1940	금액	1893.4	168.7	619.5	788.2	4509.3
	%	42.0	3.7	13.7	17.5	100.0

(1) 사사오입하였기 때문에 총부가가치가 100.0%를 넘는 경우도 있습니다.

(2) 총부가가치에 순생산물세를 합산한 것이 국내 총생산(시장가격)입니다.

표에서 유도할 수 있는 몇 가지 특징은 다음과 같습니다. 첫째, 1911~1940년 기간에 제조업의 비중이 크게 늘었을 뿐만 아니라 농·축·임업의 비중은 크게 줄었지만 1940년에도 한반도는 여전히 농업 중심 지역이었습니다. 다만 제조업과 전기·가스·수도업의 비중이 상당히 증가했기 때문에 공업지역으로 어느 정도 발돋움하고 있었다고 볼 수 있습니다. 즉 한반도는 농업 중심 지역이면서 제조업은 일부 성장했지만 여전히 빈약한 상태라고 할 수 있습니다. 둘째, 그런 공업화마저도 제조업 중에는 군수공업이 가장 큰 비중을 차지했을 것이기 때문에 통상의 공업화라고 할 수 없습니다. 셋째, 총부가가치에서 제조업의 비중은 1925~1933년에 이전 추세를 벗어나 차츰 상승했지만, 1920년대와 1930년대 전반까지는 총독부의 경제성장 전략, 즉 농업 중심 전략의 영향으로 큰 변화가 없었습니다. 다른 한편, 전기·가스·수도는 1931년, 1937~1940년에 부가가치의 비중이 상당히 높았습니다. 넷째, 도소매 및 음식·숙박업의 비중이 높았지만 다른 서비스업종도 그 비중이 컸다고 할 수 있습니다. 이것은 한반도가 농업 다음으로 상업이 중요했다는 의미입니다. 다섯째, 각종 서비스업 중에서 농업과 관련한 것을 함께 고려한다면 1940년에 한반도는 여전히 농업 중심 지역이라고 말해도 무리가 없습니다. 1911년보다 그 비중이 크게 작아졌지만 말입니다.

한마디로, 일본 정부의 정책은 한반도를 농업 중심 경제로 만들었지만 일본 민간 자본의 유입은 군수공업화를 진전시켰습니다. 전쟁으로 인한 군수공업화는 전쟁 사회주의로서 정상적인 공업화라고 주장할 수는 없기 때문에 제조업은 빈약했을 뿐만 아니라 만주국에 일부 공업을 양보했기 때문에 그런 공업화의 진전마저도 느렸습니다. 게다가, 그런 공업시설은 북쪽 지역에 집중되었기 때문에 해방 이후 남한의 공업화에는 큰 도움이 되지 않았습니다.

이영훈,[68] 김낙년[69] 등은 '근대화=경제성장'으로 암묵적으로 규정하고 있기 때문에 그들이 말하는 근대화는 정윤재의 근대화 개념 규정 중 어느 것과도 일치하지 않습니다. 게다가, 정윤재는 근대화를 경제성장으로 규정해서는 안 된다고 강조합니다. 그럼에도 이영훈, 김낙년 등은 일본이 식민지에 조선민사령, 조선형사령 등의 제도를 이식한 것은 식민지 한반도 공업화를 포함한 개인들 간의 경제적 거래를 위한 제도적 기초가 되었다고 주장하는 것으로 볼 수 있습니다. 물론 그런 제도는 공업화에만 필요한 것이 아니기 때문에, 그들의 지적처럼, 그 중요성을 저평가해서는 안 됩니다. 이영훈, 김낙년 등은 일본이 인간의 삶을 위한 제도적 기초를 만드는 쉽지 않은 일을 했기 때문에 한반도 근대화에 공헌한 것이라고 주장한 것입니다.

그러나 일본제국은 보안법(1907. 7), 광무신문지법(1907. 7), 출판법(1909. 2), 집회취체법(1910. 8) 등 인권과 언론·집회·결사의 자유를 박탈했던 법률을 제정·시행했습니다. 보안법은 한반도 강제 병합 이후 치안유지법(1925)으로 대체되었고 1949년에는 국가보안법으로 되살아났습니다. 집회와 시위에 관한 법률은 제정된 지 94년 만인 2014년에 '한정 위헌'이 되었습니다. 1936년에 제정된 조선사상범보호관찰령은 1973년 좌익수형수 전향공작전담반 운영지침으로 이어졌습니다. 조선사상범 예방구금령(1941)은 사회안전법(1975. 7)으로 부활했습니다. 앞에서 나열한 각종 법규나 정책은 통감부 또는 총독부가 식민지 한인을 통제하고 탄압하기 위하여 제정한 악법 중의 일부입니다. 한마디로, 군국일본이 식민 지배를 전후하여 근대화에 도움이 되는 법규, 규정 또는 제도만을 제정한 것이 아니라는 점을 지적할 필요가 있습니다.[70]

군국일본지배 초기에는 경무총감부령으로 기생단속령, 창기단속령, 정치집회 및 옥외집회취체령, 대서업취체규칙, 탕옥영업취체규칙, 이발업취체규칙, 축견취체규칙, 인력거취체규칙, 하차취체규칙, 마차취체규칙, 기부금품모집취체규칙, 신용고지업취체규칙, 시가지건축취체규칙, 우유영업취체규칙, 삼림령, 고물상취체령, 총포화약취체령, 도로취체규칙, 숙박 및 거주규칙, 경찰범처벌규칙 등 무수히 많은 법령을 제정하여 한반도는 온통 법령으로 가득하여 "숨을 크게 쉬는 데도 법령이 정하는 허가를 받아야 할 정도"라고 강덕상[71]은 지적하고 있습니다. 이 시기 만들어진 법령은 '이현령비현령' 하는 것이 많았고 그 집행을 함부로 했으니 이때의 상태를 '삼천리가 대감옥이요 이천만 조선인이 모두 죄인'이 되었다고 『동아일보』(1920년 8월 31일 자)는 탄식하고 있습니다. 게다가, 헌병경찰제도도 식민지 한반도인을 탄압하고 억압하는 데는 더할 나위 없이 강력한 제도였습니다.

종합하면, 일본은 이영훈과 김낙년이 주장하는 한반도의 근대화(=경제성장)에 도움이 되는 법규, 규정, 제도만을 도입한 것이 아니라, 중국 문명에서 서양문명으로 교체하는 데 있어서 중요한 가치로 여기는 자유를 억압하고 제한하는 무수히 많은 법규, 규정, 제도 등을 도입했습니다. 평등에 대해서도 같은 말을 할 수 있습니다. 문명 교체를 말하지 않더라도 식민 지배를 위한 각종 법규, 규정, 제도 등은 한인에게 더할 나위 없이 혹독한 것이 많았습니다.

(2) 박섭의 실증 분석

박섭[72]은 정윤재의 근대화 개념을 응용하여 일본이 식민지의 근대화를 이루도록 했다고 주장합니다. 박섭은 민주정의 발전을 식민지 한인의 참정권 확대라는 대용변수proxy variable로, 자본주의의 발전을 소비 증가라는 대용변수로 측정했습니다.

첫째, 박섭[73]은 지방제도의 개정에 의한 의원의 선출 또는 지명, 상원에 해당하는 귀족원과 하원에 해당하는 중의원의 선출과 국회 파견 등을 들어 한인의 참정권이 비록 느리지만 확대되었다고 주장합니다. 그러나 그런 제도는 군국일본의 한인 지배 목적을 달성하기 위한 것이고 참정권의 실질적인 확대로 보기 어렵습니다. 1945년에 가까워지면서 한민족 말살 정책을 획책했던 점도 그 점을 증명한다고 볼 수 있습니다. 한반도에서 실시된 지방제도와 지방분권은 진정한 의미의 지방자치를 구현한 것으로 보기 어렵습니다. 한마디로, 한인의 참정권이 느리게나마 확대되었다는 박섭의 주장은 틀린 것입니다. 메이지 유신부터 1945년까지 군국일본과 조선총독부는 군부 또는 군벌 중심의 군사독재국가였고 군국주의를 이념으로 삼았습니다. 이것은 군국일본이 한반도를 지배했던 기간에 민주정에 관한 한 한반도에 이식하거나 건네줄 것이 없었다는 것을 의미합니다. 민주정에 관해 조선총독부가 한반도에서 실행했던 것은 식민 지배를 위하여 도입한 것으로 '가짜' 민주정으로 볼 수 있습니다. 즉 박섭은 근본에서 틀렸다는 것입니다.

둘째, 박섭[74]은 길인성[75]의 연구를 인용하여 1912~1938년에 1인당 소비지출의 연평균 증가율이 0.97%였기 때문에 평균 소비지출도 증가했고 이는 자본주의가 진전한 결과라는 것입니다. 그러나 1937년 이후에 전쟁으로 소비지출이 극도로 억제되었기 때문에 1940년 이후 기간을 포함하면 소비지출의 연평균 증가율은 0.97%보다 상당히 작아질 것입니다. 이것은 군국일본지배기에 경제적으로 개인의 삶의 질이 크게 변했다고 보기는 어렵다는 것을 시사합니다. 비록 소비지출의 연평균 증가율이 영(0)보다 컸다고 하더라도 말입니다.

박섭[76]은 이어서 "식민지의 특질은 식민지에 거주하고 있는 이민족에 의한 식민지민의 조직적 차별이다"라고 주장합니다. 좋은 지적입니다. 그러나 박섭은 그런 차별이 식민지의 경제성장에 어떤 영향을 미쳤는가를 다루지 않습니다. 그 점에서 그는 이영훈, 김낙년 등의 식민지 근대화론자와 큰 차이가 없습니다. 다만 조직적 차별이 한반도 한인의 가치관에 미친 영향만을 지적함으로써 차별이 초래한 비물질적 측면의 영향을 지적하고 있습니다. 그러므로 이영훈, 김낙년 등의 식민지 근대화론의 문제점을 극복하고자 한 박섭의 시도는 실패했습니다.

(3) 근대정신 확산 관점의 근대화

이영훈 등이 주장하는 근대화를 서양문명의 교체라는 관점에서 볼 수도 있습니다. 서양은 16세기 과학혁명, 17~18세기 시민혁명, 18~19세기 산업혁명으로 대전환을 이루고 근대국가로 탄생했습니다. 근대화란 그런 세 가지가 모두 포함되어야 한다는 점에서 보면 근대화를 근대정신의 실현으로도 볼 수 있습니다. 다른 한편, 서양의 몇몇 국가는 19세기 중반과 20세기 전반에 제국주의를 추구했습니다. 제국주의 시기에 그런 근대정신은 사실상 '야만 정신'으로 크게 후퇴했습니다.

근대정신을 "인간의 이성에 대한 신뢰를 토대로 다양성과 자유를 존중하는 태도"라고 정의할 수 있습니다. 그리고 이것은 18세기 중엽 무렵 서양, 특히 영국에서 확산되기 시작한 고전적 자유주의classical liberalism의 출발점이기도 합니다. 그리고 인간의 이성과 개인의 자유를 중시하는 정신은 경험주의에 입각한 과학발전으로 나타나게 됩니다.[77] 즉 과학을 토대로 하는 공업화는 근대정신에 기초하고 있다는 것입니다.

근대화를 근대정신의 구현이라는 관점에서 정의하면 근대화라는 개념을 가장 넓게 규정하는 것입니다. 일본이 식민지 한반도의 근대화에 기여했는가 하는 의문—이와 함께 '얼마나' 기여했는가 하는 의문—은 서양의 근대정신을 식민지 한인에게 얼마나 잘 전달해 주었는가 하는 의문으로 환원할 수 있습니다. 그런 의문은 다시 두 가지로 나눌 수 있습니다. 첫째, 메이지 유신 이후 일본이 이성에 대한 신뢰를 가졌는가 그리고 다양성과 자유를 존중했는가 하는 의문입니다. 둘째, 일본이 이성에 대한 신뢰, 다양성, 자유 등의 중요성을 식민지 한인에게 전파했는가 하는 의문입니다. 두 가지 의문은 다시 일본이 서양문명을 받아들이는 과정에서 이성에 대한 신뢰, 다양성, 자유 등과 고전적 자유주의의 중요성 등을 이해하고 받아들였는가 하는 의문으로 환원할 수 있습니다.

그러나 일본 하급 무사 집단으로부터 촉발된 서양문명의 대대적인 일본 이식은 불행하게도 그런 요소들을 빠뜨린 상태로 진행되었습니다. 일본의 근대화를 주창한 메이지 유신의 하급 무사들은 서양문명을 촉발했거나 서양문명의 기초가 되었던 인간의 이성, 다양성, 자유, 고전적 자유주의 등을 간과하거나, 무시하거나, 잘못 받아들이거나, 그 중요성을 제대로 인식하지 못했습니다. 그리고 대외적으로 팽창과 침략을 해야 하는 상황에서 그런 것들은 중요한 가치가 될 수도 없었습니다. 메이지 유신을 이끌었던 일본의 하급 무사들이자 당시로서 선각자들은 일본이 오로지 부국강병을 통해 다른 국가에 비해 자신의 우위를 입증하는 것으로 충분하다고 생각했던 것으로 보입니다. 그런 일본이 식민지 한인들에게 인간의 이성, 다양성,

자유, 고전적 자유주의 등을 존중하는 태도나 철학을 전파해 주기를 기대하는 것은 애초에 불가능했습니다.

지배자인 일본인이 식민지 한인에게 전해 준 근대화는 긍정적인 측면에서는 조선민사령, 조선형사령 등과 같은 법 제도의 이식과 얼마간의 경제성장이었지만, 부정적인 측면은 공업화의 포기와 함께 학살, 탄압, 수탈, 차별, 배급과 암시장의 발달, 강제 동원과 징집, 선전·선동, 공포에 의한 지배, 감시·감독의 일상화, 일본인 업자와 조선총독부 관리 간의 유착, 총독부 재정의 일본인 이해집단에 의한 포획, 일본을 제외한 국가들로의 유학 제한과 자유무역 기회의 봉쇄 등과 같은 것이었습니다.

그럼에도 군국일본지배기에 인간의 이성, 다양성, 자유, 고전적 자유주의 같은 근대정신이 한인들 사이에 완전히 차단되지는 않았습니다. 그리고 그 과정에서 서양 선교사들과 그 관련자들과 민족 선각자들과 학생들의 노력이 큰 기여를 했습니다.

2. 식민지기 경제성장률 재추계의 필요성

> "1910~1940년간 인구가 연 1.3%, 총생산이 연 3.6%, 따라서 1인당 생산이 연 2.3%씩 증가했음을 보여 주는데 (…)"라고 차명수[78]는 지적합니다.
>
> "세계경제와 각국의 1인당 GDP 증가율을 비교하면, 조선은 1912~1939년에 연평균 2.3% 증가하여 세계경제의 평균수준(0.9%)을 크게 넘어선 것을 알 수 있습니다."(김낙년)[79]

* 근대화를 공업화로 정의하면 1인당 연 생산 증가율이라는 수치보다는 공업화 정도를 나타내는 수치가 중요합니다. 그럼에도 그 당시 경제성장의 정도를 추정해 보는 일은 여러 이유로 의의가 작지 않습니다. 그러나 김낙년 등이 추계한 연 총생산 증가율이나 연 1인당 생산 증가율은 재추계가 필요합니다. -저자 주

(1) 재추계의 필요성(1)

이영훈, 김낙년 등은 '근대화'가 이루어졌기 때문에 경제성장률이 높았다고 주장하고 있는 것 같습니다. 그러나 '근대화=공업화'라는 등식에 비추어 보면 그들의 주장은 다소 모호합니다. 그럼에도 군국일본지배기 경제성장의 정도를 추정해 보는 일은 여러 이유로 의의가 작지 않습니다. 차명수는 총생산이 연 3.6%씩 증가했고 김낙년은 그런 증가가 같은 시기 세계 경제의 평균 수준인 0.9%를 크게 넘어선 것이라고 강조합니다. 먼저 지적해야 할 것은 국가 간 경제성장률 비교는 의미가 없다는 것입니다. 각국의 환경이 모두 다르기 때문입니다. 그러므로 연 3.6% 증가가 다른 나라와 비교하여 높거나 낮다는 평가는 아무런 의미가 없습니다.

차명수,[80] 김낙년[81] 등의 주장에서 가장 중요한 점은 총생산이 연 3.6%, 1인당 생산이 연 2.3%씩 증가했다는 것입니다. 물론 그 수치는 추계한 것입니다. 저자는 아래와 같은 이유로 이런 추계가 맞지 않을 수 있기 때문에 다시 추계해야 한다고 주장합니다.

첫째, 김낙년, 차명수, 주익종 등은 식민지 근대화론을 주장할

때 식민 지배 초기에 군국일본이 한반도에 설치한 제도 또는 시행한 정책이 한반도 경제에 아무런 부정적인 영향을 주지 않고 긍정적인 영향만을 주었다고 주장합니다. 그러나 현실은 결코 그렇지 않았습니다. 특히 금융 정책, 그중에서도 인위적인 금리 인하 정책은 통화 공급의 증대를 가져왔고 이는 세 차례의 경기변동, 인플레이션, 자본소비, 소득과 부의 불평등의 악화, 계산의 문제 등의 충격을 한반도 경제에 주었습니다. 또 그들은 모든 거래는 자율거래이기 때문에 수탈은 없었다고 주장합니다. 그러나 현실에서 수탈은 광범위하게 존재했기 때문에 수탈이 없었다는 사실을 전제로 성장률을 추계하면 그 추계는 실제보다 과다하게 추계될 것이 틀림없습니다. 그리고 차별과 수탈이 존재하면 그런 차별과 수탈을 회피하기 위해 상당한 노력을 기울이게 되는데 그런 노력은 성장률을 낮춥니다. 당시 한인들도 예외가 아닐 것입니다. 그리고 차별과 수탈이 없어도 규제가 많아지면 그것을 회피하기 위하여 경제주체가 뇌물과 같은 비용을 지불한다는 것이 통설입니다. 식민지기도 예외가 아닐 것입니다. 신문과 같은 매스 미디어에 잘 나오지 않는 각종 비용도 적지 않았을 것이라고 저자는 추론합니다. 그리고 차별과 수탈은 경제성장의 과실 분배에도 영향을 미치지만 그 점은 다음 절에서 다룹니다.

둘째, 도리우미[82]는 조선총독부 통계연보의 노동자 1일 임금 수치가 문제가 있기 때문에 차명수의 1인당 연 생산 증가율도 재추계가 필요하다고 주장합니다. 그는 아마도 차명수도 조선총독부 통계연보의 임금 자료를 이용했을 것으로 추론하기 때문입니다. 도리우미[83]는 다른 문헌을 추가로 검토하고 『동아일보』의 기사에 게재된 비숙련 비농업 한인 노동자의 1일 임금 약 50전이 정확한 것이고 '조선총독부 통계연보'와 조선토목건축협회가 조사한 '조선 공사용 각종 노동자 실상조'에 나오는 한인 노동자의 1일 임금 1엔이라는 수치는 조작된 것이라고 주장합니다. 물론 일본인 노동자의 1일 임금은 한인의 2배인 2엔입니다. 조선총독부가 노동자의 1일 임금을 그렇게 높게 발표한 이유는 재선 일본인 청부업자에게 토목공사의 금액을 부풀리기 위한 지침을 준 것으로 볼 수 있다고 도리우미[84]는 주장합니다. 그는 그런 증거 이외에도 자신의 주장을 증명할 수 있는 다른 증거를 제시하고 있습니다. 이 점은 5부 2장에서 자세히 다루었습니다.

셋째, 조선총독부의 대對일본재정수지를 정확하게 계산하여 재추계해야 합니다. 저자가 계산한 조선총독부의 대일본재정수지는 아래의 〈표 5〉와 같습니다. 저자는 1910~1942년에 조선총독부의 대일본재정수지를 구하고 연간 평균치를 계산하여 62,631~73,795천 원이라는 순전출액 수치를 얻었습니다. 군국일본지배기 간접전출액을 포함하면 최종 순 전출액은 〈표 5〉의 'E'와 'D'로서 2,066,838~2,435,231천 원이었습니다. 전입액과 전출액을 비교하면 계산 방식에 따라 전출액이 전입액보다 4~6배나 컸습니다. 군국일본지배기 순 전출액은 재정을 통한 '수탈'입니다. 이것들을 세출의 연간 평균치인 260,315천 원으로 나눈 백분비는 약 24.1~28.3%입니다. 다시 말하면, 일본 정부는 조선총독부 재정을 통해 1910~1942년의 연간 평균 세출액의 약 1/4을 매년 수탈했다는 것입니다. 1944~1945년도 계산에 포함하면 순 전출액은 저자가 계산한 순 전출액보다 더 커질 것이 추정됩니다. 다만 지금으로서는 그 부분을 메꾸기 쉽지 않습니다.

그러나 위의 표에서 제시한 수치는 몇 가지 문제점을 가지고 있기 때문에 아래 사항을 고려하여 해석해야 합니다. ① 1910~1945년에 물가상승률은 해마다 달랐기 때문에 명목 가치를 계산하는 방법은 부정확할 수밖에 없습니다. 실질 가치로 환산해야 할 필요가 있

표 5 조선총독부의 대對일본재정수지[85]

단위: 천 원

전입액			전출액		
항목	연도	금액(합계)	항목	연도	금액(합계)
일반회계보충금(1)	1910~1943	410,408	임시군사비특별회계전출액(2)	1936~1943	592,518
				1944~1945	1,134,286
				소계	1,726,804
금자금특별회계보충금(1)	1939~1943	58,580	일반회계전출액(은급부담금)(2)	1931~1943	89,805
				1944~1945	23,105(3)
				소계	112,910
-	-	-	일반회계전출액(공채원리금상환)	1912~1918	35,164
-	-	-	국채정리기금특별회계전출금(2)	1919~1943	606,232
				1944~1945	191,345
				소계	797,577
중간합계		468,988	중간합계		2,672,455
순전출액(A)=(전출액 중간합계-전입액 중간합계)					2,203,467
순전출액(B)=(전출액 중간합계-전입액 중간합계)					1,835,074(4)
간접 전입액			간접 전출액		
			산업경제비 중에서 사철보조, 제철보조, 금 및 광물 증산 장려비(5)	1915~1942	212,113
			평양광업소관계비	1910~1921	19,561
			간접전출액 합계(C)		231,764
최종 순전출액(D)=A+C					2,435,231
최종 순전출액(E)=B+C					2,066,838

(1) 1944~1945년은 종전으로 미지출된 것이기 때문에 제외하였습니다.

(2) 1944~1945년은 예산액입니다. 예산액은 결산액보다 언제나 컸습니다.

(3) 1945년 은급부담금 자료가 없기 때문에 1944년의 총세출 대비 구성비인 0.4%로 추산한 수치인 12,468천원을 1944년 금액에 합산한 것입니다.

(4) 조선관계공채원리금상환비로 전출된 금액(837,381천 원)을 제외한 순전출액입니다.

(5) 사철보조는 1915~1940년, 제철보조는 1922~1940년, 금 및 광물증산장려비(1937~1942년)에는 산금장려비, 광물증산장려비, 석탄증산장려비 등이 포함된 것입니다.

습니다. ② 전입액과 전출액의 명목 가치를 직접 비교하는 것도 문제가 있습니다. 전입액은 1943년에, 전출액은 1945년에 종료되는 경우가 있기 때문입니다. 1910년에서 1945년으로 갈수록 물가상승률이 평균적으로 높아지는 점 또한 고려해야 합니다. ③ 간접 전출액을 계산할 때 일부 항목을 여기에 포함해야 하지만 그렇게 하지 않았습니다. 가장 대표적인 예가 조선총독부 교육비 지출입니다. 교육비는 총독부 재정에서 지급되었지만 그 혜택은 일본인이 상대적으로 많이 받아 갔기 때문입니다. 그러므로 표에서 저자가 간접전출액에 포함한 것은 실제보다는 작은 수치임이 분명합니다. ④ 조선총독부특별회계는 일정한 절차를 거쳐 결산이 이루어졌습니다. 그러나 1944년과 1945년에는 철도, 통신 등이 모두 군용으로만 사용되었지만, 결산은 이루어지지 않았습니다. 그 기간의 회계만큼 부정확한 부분이 있을 것입니다. ⑤ 1944~1945년은 태평양 전쟁으로 인해 전입액보다는 전출액이 더 클 것으로 추정되기 때문에 1944~1945년 결산액을 고려하면 순 전출액과 순 전입액의 격차는 저자가 계산한 수치보다 더 커질 공산이 있습니다. ⑥ 일본 정부와 총독부는 특별회계 내에서 특별회계를 실시했습니다. 여기에 그런 특별회계를 완전히 포함하려고 노력했지만 다시 한번 점검이 필요합니다. 그렇게 할 때만이 대일본재정수지는 정확해질 것입니다. ⑦ 오스트리아학파 경제학은 비공식적인 것이라도 실질적으로 조세라면 조세에 포함해야 한다고 주장합니다. 예를 들어, 징병은 노동 서비스라는 형태로 바치는 '현물' 조세입니다. 그리고 대일본재정수지를 계산할 때 실질적인 조세와 준조세를 포함하면 적자가 되는 것은 필연입니다. 그리고 그 크기도 저자가 계산한 것보다 훨씬 클 것입니다.

앞에서 언급한 점들을 모두 고려하면 저자가 계산한 수탈의 크기는 솔직히 아직 부정확하다는 지적을 면할 수 없습니다. 그럼에도 대일본재정수지는 전출액이 전입액보다 컸고 그 규모도 작지 않았던 것은 분명하다는 것이 저자의 주장입니다. 그러므로 군국일본지배기 일본 정부가 식민지 한반도 재정을 통해 지원했다는 주장은 전혀 근거가 없습니다. 만약 저자의 주장이 옳다면 이 때문에도 연 총생산 증가율은 재추계가 필요합니다.

넷째, 김재호[86]는 국민소득 추계를 위하여 정부 서비스 생산자의 세출 면에 한정하였습니다. 이런 방법은 조선총독부가 지속한 적자 재정을 반영하지 않은 것입니다. 게다가 앞에서 지적했듯이 총독부의 대일본재정수지는 적자로서 최종 순 전출액이 1910~1942년 기간의 연간 평균 세출액의 약 25% 내외였습니다. 순 전출액은 국민소득 추계에서 빼는 것이 옳을 것입니다. 그것은 한인들로부터 세금을 징수하여 일본 정부로 보낸 것이기 때문입니다. 또한 자국 정부의 지출과 조선총독부라는 지배기구의 지출은 명백히 다른 것입니다. 예를 들어 민족주의자들을 이유 없이 탄압하는 데 드는 비용이 여기에 속할 것입니다. 김재호는 이 점을 고려하지 않은 것처럼 보입니다. 이 점을 조선총독부 재정에서 구분하는 일은 쉽지 않지만 구분해야 함은 명백합니다.

다섯째, 추계기간의 문제입니다. 성장률을 추계할 때 사용한 기간이 1910~1940년이라는 것입니다. 실제로는 1945년 8월에 식민 지배가 종료되었기 때문에 1941~1945년도 추계에 포함되어야 합니다. 1940년대는 무역이 어려워지면서 한반도 경제가 점차 '자급자족' 경제로 빠져들었습니다. 자급자족 경제로 전환하면 생산성이 극도로 낮아지기 때문에 1941년 이후를 포함하면 경제성장률은 추정치보다 상당히 낮을 것이라 예상됩니다. 1941~1945년에 2차 세계대전으로 자원의 소모가 극심하고 분업 체계가 붕괴하면서 그때까지 축적되었던 자본이 상당 부분 소비되었다는 점을 고려하면 연 생산 증가율은 3.6%보다 훨씬 작을 것입니다. 이 기간에 극심한 물자 부족, 배급 중단, 암시장의 발달, 노동력 부족, 물물교환 경제로의 전환과 자급자족 경제로의 후퇴와 그로 인한 생산성의 급속한 하락, 극심한 물가상승, 경기변동, 자본소비 등의 문제가 심각했다는 점을 우리는 알고 있습니다. 여기에 더해 1945년 엄청나게 늘어난 화폐공급은 해방 이후 몇 년 동안 모든 재화의 급격한 가격 상승, 경기변동, 소득불평등 악화, 경제계산의 문제, 자본소비 등과 같은 해악을 초래했습니다. 화폐 공급 폭증의 그런 영향을 추계에 모두 반영할 수 없다 하더라도 김낙년 등은 이 점에 대해서도 언급이 필요하다고 저자는 주장합니다.

이선배[87]는 "그러면서도, 자료가 완전하게 보존되어 있는 1941년, 42년, 43년, 44년도는 왜 GNI 계산에서 제외시켰는지 모르겠다. (…) 더구나 강점기 마지막 해인 45년도는 40~50%대의 마이너스 성장이 주지의 사실인데 이것까지 포함시키면 식민지기 35년간의 연간 1.3%대의 인구 증가율을 감안한 실질 GNI 평균성장률은 1%대에도 미치지 못할 것이다. (…) (일본이) 전전 수준의 GNI로 회복하는 데 10년이라는 세월이 소요되었다. (…) 일본은 비록 패전국이었지만 경제적 여건이 한국하고는 비교될 수 없을 정도로 좋은 편이었다. 기술도 기술자도 풍족하였고, 1950~1953년 한국전쟁 특수덕까지 톡톡히 보았기 때문이다. (…) 조선반도의 1인당 GNI는 식민지기 내내 일본의 3분지 1 수준이었음을 감안하면, (…) 1946년도 실질 GNI는 1인당 36.3원〔엔을 지칭함〕이다. 이미 역사적으로 검증된 사실이지만 50달러 내외이며, 항상 세계 최빈국이라는 명예롭지 못한 딱지가 붙어 다녔다. 이 지구상에 이렇게 가난한 근대화된 나라가 있을 수 있겠는가. 물론 없다. 정복자에게 피가 다 빨려 말라 배틀어진 식민지는 전근대적 상태 그 이외에는 아무 것도 아니었다"

라고 주장합니다. 이선배의 지적을 잘 검토해 볼 필요가 있습니다.

여섯째, 경제 현상을 설명할 때 구체적인 통계 수치는 그만큼 신뢰를 줍니다. 그러나 김낙년 편[88]은 추계에 필요한 각종 중간 부문 자료가 없는 경우에는 전제, 추정, 가정 등을 했음을 고백하고 있습니다. 자료의 한계를 극복하는 방법이라는 점에서 한편으로는 수긍이 갑니다. 그러나 재추계로 새로운 수치를 얻더라도 그렇게 해서 만들어진 자료라는 점을 적시하여 그 신뢰성이 매우 제한적이라는 점을 강조할 필요가 있다고 저자는 주장합니다.

(2) 재추계의 필요성(2)

경제성장률 추계 관점에서 전쟁 사회주의를 조명해 봅니다. 예를 들어, 전쟁 기간 군용 비행기의 생산은 현대의 경제성장률 작성 방법에서는 생산물의 증가로 인한 국내 총생산의 증가로 간주되지만, 당시의 민생을 위한 경제성장에는 전혀 기여하지 않습니다. 그리고 그 생산물을 생산하는 자본재도 전쟁 이후 그것이 민간이 요구하는 생산물을 생산하는 자본재로 전용할 수 없을 것이기 때문에 쓸모가 없었을 것입니다. 몇몇 산업을 앞에서 지적한 관점에서 검토해 봅니다.

조선造船공업도 항공기공업과 매우 유사합니다. 한반도 조선공업은 기범선, 목선, 소수의 소형 철강선을 중심으로 진행되었습니다. 문제는 조선에 들어가는 엔진, 장비 등은 일본의 공장에 의존했기 때문에 한반도에서는 선체만을 생산하는 수준이었습니다.

식료품공업은 통조림(죽순, 쇠고기, 토마토, 정어리 등), 일본 청주와 맥주, 된장과 간장 등을 생산하여 군수용으로 납품하고 민수용으로도 판매했습니다. 그러나 1940년대 들어서면 미곡, 콩 등의 생산량이 크게 줄면서 민수용 식품공업은 축소되었을 것으로 추정됩니다. 이것이 공업 전체 생산액에서 식료품공업의 비중이 작아진 이유 중의 하나일 것입니다. 다른 한 가지 이유는 전쟁 목적으로 식료품을 생산하는 것을 제외한 민수용 식료품공업은 극도로 축소되었기 때문일 것입니다.

액체연료공업은 수입 원유를 정제하여 배급하고, 갈탄褐炭을 저온 건류乾溜 방식으로 액화液化한 후 휘발유, 경유, 중유 등의 인조석유를 만들었습니다. 한반도 내 일본 투자 기업들은 무수주정, 고구마 등으로부터 뷰탄올, 송근유松根油, 송탄유松炭油, 피마자기름, 미강유米糠油 등을 생산했습니다. 액체연료공업은 한반도 한인과 재선 일본인 모두에게 거의 쓸모가 없었다고 하겠습니다.

방적과 직포織布 가공업의 경우에, 군천막, 군피복, 군장갑, 군양말 등의 원료를 생산하고 염색하여 재봉공장에서 가공합니다. 회사들은 민간용과 군수용을 모두 생산하거나 가공했기 때문에 큰 문제가 없었을 것이지만 군수용은 한반도 경제에는 도움이 되지 않습니다. 군화, 벨트 등의 피혁제품 가공업의 경우에도 방적과 직포 가공업과 상황이 매우 비슷합니다. 다만 방적·직포 가공업과 피혁제품 가공업의 경우에 민수용이 거의 생산되지 않았기 때문에 당시 민간의 삶에 미친 영향은 아주 적었을 것입니다.

시멘트의 경우에, 1944년 현재 생산량 120만 톤, 한반도 내 수요 95만 2천 톤, 수출 24만 8천 톤이었습니다. 수출 24만 8천 톤은 일본군의 군사작전을 위하여 만주, 중국, 남방 등으로 반출되었습니다. 시멘트 생산시설을 재사용할 수 있다고 가정하더라도, 1944년 현재 20%보다 훨씬 많은 양(국내 수요에도 군용이 포함되었기 때문에)의 시멘트가 과다하게 채굴되었으리라 추정해 봅니다.

제철공업의 경우에, 일본군의 요청으로 1943년부터 소형용광로 또는 전기용광로에 의한 제철사업이 시작되었습니다. 그 결과로 1944년에 보통선 82만 2천 톤을 생산하고 그것은 일본제국 전체 생산량 375만 1천 톤의 약 14.3%였습니다. 경금속 분야의 경우에, 특히 항공기 제작의 기초 원료인 알루미늄·마그네슘 등의 생산에는 일본보다 한반도가 경쟁력이 있었습니다. 경금속공업은 다량의 전기가 필요한데 한반도 북부지방에서 풍부한 수력에 의한 전기 생산이 가능했을 뿐만 아니라 임금도 매우 낮아서 값싼 전기를 이용할 수 있었기 때문입니다. 1944년 12월 8일 자 총독부 고시 제1352호에 의거 군수회사로 지정된 회사는 전부 31개 업체이고 그중 7개 사가 경금속업체였습니다. 조선경금속, 조선住友경금속(이상 알루미늄업체), 일본마그네슘금속, 三菱마그네슘공업, 조선神鋼금속, 조선경금속, 朝日경금속 등이 군수회사로 지정된 경금속업체였습니다.[89] 그만큼 군수 생산에서 경금속공업이 중요했다는 것입니다. 이것은 알루미늄과 마그네슘이라는 공업용 원료의 과잉 생산과 고갈이라는 폐해를 한반도에 남겼을 것을 추정해 봅니다. 그것들은 한반도 보통 사람들의 경제적 삶에 영향을 준 것이 아니었습니다.

병기공업의 경우에, 인천육군공창이 1939년에 착공되었습니다. 일본인 경영의 민간 하청업체들이 소총, 총검, 소총탄환, 포탄, 군도, 차량, 피혁, 마 제품, 주정舟艇, 무전기 등을 생산했습니다. 이것들도 한반도 공업생산의 증가로 추계되었겠지만 한반도 사람들의 경제적 삶에는 아무런 의미가 없습니다.

앞에서 나열한 공업은 당시의 부가가치 증가에 기여했을 것이지만 한인의 물질적 복지에 기여한 바는 거의 없거나 아주 작았다고 할 수 있습니다. 1937년 이후 한반도의 공업화를 군수공업화라는 개념보다는 '전쟁 사회주의'로 개념화하는 것이 정확하다는 결론을 내린다면, 바로 그 때문에 경제성장률 재추계도 필요합니다. 그리고 1937

년 이전, 특히 1926~1936년 생산도 전쟁 사회주의에 연결된 것이라면 부가가치 재추계가 필요합니다. 전쟁 사회주의에는 경제성장 과실 분배 불평등화 문제도 있습니다. 이는 다음 절에서 다룹니다.

3. 식민지 한인에 대한 경제성장 과실 분배

●●

군국일본지배기에 경제가 성장했더라도 그 과실을 누가 누렸는가도 중요한 이슈입니다. 이 시기에 한반도 한인들의 삶은 크게 나아지지 않았습니다. 그렇다면 추정한 경제성장률이 맞지 않거나, 성장의 과실을 대부분 재선 일본인, 일본 기업과 정부가 누렸을 것이기 때문입니다. 한반도 인민의 삶이 얼마나 나아졌는지를 먼저 살펴봅니다.

한반도 한인들은 1910~1945년에 전체적으로는 점점 빈곤해졌습니다. 전체 농가 중에서 소작농(농업노동자와 화전민을 포함)의 비율이 1942년까지 지속해서 상승했음이 그 점을 보여 줍니다. 한반도에서 소작농의 비율은 1913년 41.7%에서 1942년 58.7%로 많이 증가했습니다. 뒤의 수치에는 농업노동자와 화전민까지 포함한 것입니다. 순수 소작농의 비율도 1942년 53.8%까지 증가했습니다. 이것은 부의 불평등이 상당히 심화되었음을 의미합니다. 다만 1910년대 후반과 1920년대 전반에는 소작농의 비율이 다소간 낮아졌던 연도도 있었기 때문에 1923년 이후에만 부의 불평등이 지속해서 악화했다고 말할 수 있습니다. 그런 악화는 연 1인당 생산의 증가가 부의 불평등을 완화하는 데 큰 도움이 되지 않았음을 의미합니다.

걸인·궁민·세민을 합하여 빈민이라고 하며 빈민은 대부분 농촌 지역의 몰락한 농가 출신으로 일자리를 찾아 도시로 이주했던 사람입니다. 걸인은 거지를, 궁민은 생활이 어렵고 궁한 사람을, 세민은 수입이 적어 몹시 가난한 사람을 의미합니다. 한반도 전체 인구에서 빈민의 비율은 1926년 10.9%, 1930년 20.2%, 1931년 25.3%였습니다. 그 비율은 1931년에 정점에 도달했을 것으로 추정되고 그 이후 지속해서 낮아졌지만 1937년까지 크게 낮아지지는 않았습니다. 1931년 빈민의 비율이 약 25%에 달했는데 그 수치는 당시 한반도 경제가 얼마나 나쁜 상태였는가를 잘 보여 줍니다. 빈민의 비율이 5년 만에 14.4%포인트나 상승했다는 점도 중요합니다. 특기할 점은 이 비율을 오늘날의 실업률로 바꾸면 25%보다 훨씬 높을 것이라는 점입니다.

전체 노동자 중에서 다수였던 비농업 부문 비숙련 노동자의 실질임금이 1910년보다 낮았던 연도가 대부분이고 그마저도 1935년부터는 전쟁의 영향으로 크게 하락했습니다. 1910~1944년의 연평균 국민소득 증가에도 불구하고 비농업 부문 비숙련 노동자의 물질적 삶은 나빠졌습니다. 실질 임금은 1910년을 1.000으로 하면 1944년에는 0.747로 크게 낮아졌습니다. 이 기간에 비농업 부문 비숙련 노동자의 물질적 삶은, 예외 연도를 제외하면, 작지 않게 후퇴했고 1940년대에는 이전보다 더 나빠졌습니다.

한마디로, 앞에서 나열한 내용들로 볼 때, 군국일본지배기 총생산이 연 3.6%씩 증가했다는 수치는 추계치가 과다했을 가능성을 의심하지 않을 수 없습니다.

경제규제의 포획이론에서도 제시한 바와 같이 정부 예산으로 집행된 사업들은 대부분 일본인 청부업자들, 일본 회사들 또는 기업들, 일본인 투자자들에게 혜택이 돌아갔습니다. 그런 점은 총독부가 시행하는 토목사업이 특히 그랬습니다. 그와 반대로, 그런 사업에서 노동자로 일한 한인 비숙련 노동자들은 1일 50전의 저임금을 받았을 뿐만 아니라 그런 임금마저 청부업자들에게 떼이기까지 했습니다. 도리우미[90]는 산미증식계획을 위한 수리조합사업, 철도건설계획 등은 토목이 중심이고 한반도 토목업은 일본인 토건업자들 또는 청부업자들이 대부분을 차지했다고 지적합니다. 이 점은 군국일본 지배기 내내 그랬습니다. 이런 상황에서 총독부가 수리조합사업, 철도건설계획 등에 재정을 투입하면 그 대부분은 일본인 토건업자들이 차지하고 한인 미숙련 노동자들은 저임금 때문에 그 혜택이 적었다고 할 수 있습니다. 도, 부, 읍 등에서 시행했던 사회간접자본 투자도 여기에 포함해야 합니다. 또 조선총독부가 지출한 토목비용이 한인을 기준으로 '공익'인가도 점검해 보아야 할 것입니다. 한인 지주들이 수리조합사업을 반대하는데도 일본인 지주들과 토건업자들이 담합하여 수리조합사업을 시작하여 총독부의 보조금을 획득하고 저리자금 융자를 받을 수 있었던 경우에 수리조합사업은 순전히 일본인 토건업자들의 이익을 위한 것이지 공익으로 볼 수는 없습니다. 심지어 한인 중소 지주가 수리조합사업으로 토지를 팔지 않으면 안 되는 상황에까지 처한 것은 수리조합사업이 얼마나 재선 일본인을 위한 것인가를 잘 보여 줍니다.

한반도에 사는 일본인과 한인의 저축액을 보면 경제성장의 과실의 대부분을 재선 일본인이 가져갔을 것으로 추정할 수 있습니다. 〈표 6〉은 일본인과 조선인의 우편저금 잔고를 보여 줍니다. 1928년 현재 우편저금 총액은 30,787,503엔이고, 그중 86.01%를 일본인이, 13.99%를 조선인이 보유하고 있습니다. '저축=투자'라는 등식이 성립하기 때문에 1928년 현재 한반도 투자액에서 일본인 보유 비중이 약 86%입니다. '저축=투자'는 그를 통해 생산요소들의 생산성을 끌어올림으로써 경제성장을 촉진합니다. 만약 우편 저축이 당시 저

표 6 1928년 재조선 일본인과 조선인의 인구와 우편저금 잔고[91]

	일본인		조선인		합계
인구	469,043명	2.45%	18,667,334명	97.55%	19,136,377명
우편저금액	26,481,546엔	86.01%	4,305,957엔	13.99%	30,787,503엔
1인당 저금액	56.46엔		0.23엔		
조선인 기준 저금액 비율	244.76		1		
1인당 추정 은행 예금 잔고	442.87엔		1.80엔		

축의 모든 것이라고 가정하면, 저축을 통해 경제성장을 촉진한 것은 대부분 일본인이고 그 과실도 일본인들에게 돌아갔다고 추론할 수 있습니다. 표는 조선인이 재선 일본인에 비해 얼마나 금융자산이 없고 가난했는지를 보여 주기도 하지만, 경제성장의 과실의 대부분을 재선 일본인들이 누렸을 것이라는 점을 시사하기도 합니다.

앞에서 논의한 조선총독부의 대對일본재정수지상에서의 대규모 순유출도 성장의 과실을 한반도 한인이 누리지 못하게 한 것입니다. 한반도에서 창출한 가치에서 거둔 세금의 상당 부분을 한반도에 재투자 또는 사용하지 않고 일본으로 가져가 일본인들이 누리게 했기 때문입니다. 1937년 이후 일본이 전쟁 사회주의를 추구한 기간에 시행한 공출을 통한 수탈도 한반도 한인의 삶을 어렵게 했습니다. 김낙년 등은 1937년 이전에는 기본적으로 수탈이 없었다고 가정했을 뿐만 아니라 총독부 재정을 포획한 것과 재정을 통한 자원의 순유출 등을 경제성장률 계산에 반영하지 않았습니다. 그 때문에 실제 경제성장률은 그들이 추계한 경제성장률보다 낮았을 것이고, 한반도 한인의 생활 수준도 그만큼 낮아졌을 것입니다. 특히 전쟁 사회주의 기간에 한반도에서 군수물자를 만들기 위해 투자한 것과 생산한 것도 경제성장률 계산에 반영되었을 것입니다. 하지만 생산된 군수물자를 전쟁에서 소모했다고 해서 한반도 한인들의 삶이 나아지지는 않기 때문에 김낙년 등이 추계한 경제성장률에서 한인들의 몫은 과장된 것이라고 추론할 수 있습니다.

〈표 7〉은 두 시점 간 한반도 공업 부문의 민족별 자산을 추계한 것입니다. 공업 부문 전체 자산은 1941년 말에 조선인은 약 8.5%, 일본인은 약 91.5%였고, 1945년 8월에는 조선인은 약 7.4%, 일본인은 92.6%였습니다. 그러나 이 추계는 두 가지 문제점이 있습니다. 첫째, 추계 과정에서 비현실적 가정이 도입되었다는 점입니다. 둘째, 정부 부문의 공업자산은 제외되었다는 점입니다. 이 두 가지 약점 때문에 상기 추계치는 정확성이 떨어진다고 할 수 있습니다. 그럼에도 허수열[92]은 공업 부문의 자산에서 조선인 소유가 군국일본지배기 말에 10%를 넘지 않았을 것으로 추정하고 있습니다. 즉 군국일본지배기 말 무렵의 공업화는 사실상 일본 대기업 또는 재벌기업이 주도했고 그 결과 군국일본지배기 말 공업자산이라는 측면에서 '조선의 공업=일본인 공업'이라는 등식이 성립한다고 허수열[93]은 지적합니다.

공업화가 본격화하기 직전인 1926년 조선인의 공장생산액 8천

표 7 공업 부문의 민족별 자산 추계[94]

단위: 천 엔, %

구분	1941년 말			1945년 8월		
	일본인	조선인	합계	일본인	조선인	합계
공업회사	2,049,241	102,462	2,151,703	32,928,930	1,646,447	34,575,377
개인공장	97,311	97,311	194,622	1,056,300	1,056,300	2,112,600
합계	2,146,552	199,773	2,346,325	3,985,230	2,702,747	36,687,977
비중	91.5	8.5	100.0	92.6	7.4	100.0

주: 정부부문의 공업투자 혹은 공업자산은 제외

3백만 엔, 가내공업생산액 1억 9천만 엔, 합계 2억 7천 3백만 엔으로서 그 액수는 그해 전체 공업생산액의 48.7%였습니다.[95] 여기에서 가내공업이란 조선총독부가 작성한 통계의 기준으로서 종업원 수 4인 이하의 제조공장을 의미하는데, 그것에는 된장이나 간장 등과 같은 제품의 자가 소비를 위한 생산도 포함합니다. 그러나 자가소비를 위한 생산은 생산으로 볼 수 없기 때문에 가내공업생산액은 과장된 것이라고 할 수 있습니다. 그리고 1928년 이전 공업생산에서 조선인의 비중이 대략 절반에 이르지만 그중에서 가내공업생산이 약 70% 정도로 그 생산이 영세성을 면치 못했음을 알 수 있습니다.

1939년의 민족별 공업생산액의 비중을 보기로 합니다.[96] 전체 공업생산액에서, 가내공업 생산액은 조선인 17.1%, 일본인 3.1%, 일본 대자본 소유 공장생산액 21.8%, 재선 일본인 소유 공장생산액 33.9%, 조선인 공장생산액 20.1%, 관영 공장생산액은 4.1%를 차지했습니다. 1939년 현재 전체 공업생산액에서, 일본인은 62.9%(관영공장은 일본인으로 분류하였습니다), 조선인은 37.2%였습니다. 이것은 공업생산액을 기준으로 일본인과 한반도 한인의 기여를 추정한 것입니다. 일본 대기업의 공업생산액에서의 비중은 1926년에 3.3%였지만 1939년에는 21.8%로 많이 늘어났습니다.

1926년 전체 공업생산액에서 한반도 한인과 일본인의 비율은 비슷했습니다. 관영공장과 총독부 부문의 공업생산을 포함하면 그 시점에 일본인의 비율이 더 높을 것으로 추정할 수 있습니다. 1939년 전체 공업생산액에서, 일본인은 62.9%(관영공장은 일본인으로 분류하였습니다), 조선인은 37.2%였습니다. 13년 동안에 일본인의 공업생산액 비중이 상당히 증가했음을 알 수 있습니다. 그리고 이 시기 다른 하나의 특징은 한인의 가내공업 생산이 공장공업 생산으로 진전하여 점점 더 공업생산이 고도화되고 있었다는 것입니다. 다만 여기에서 민족별 공장생산액의 비중은 몇 가지 가정하에 추정된 것입니다. 그러나 앞에서 지적한 공업생산액에서 일본인의 비중이 높은 점, 한반도 가내공업생산이 고도화되고 있었다는 점 등은 분명한 것처럼 보입니다.

군국일본지배기 한인의 가내공업 생산이 공장공업 생산으로 진전하여 점점 더 공업생산이 고도화되었음에도 공업생산에서 일본인의 비중이 한인의 비중보다 높았던 것은 크게 다섯 가지 이유 때문입니다.

첫째, 한반도 내 일본인의 공업생산은 대기업 또는 재벌기업 위주였습니다. 그 때문에 한인 중소상공업기업은 일본 대기업 또는 재벌기업과 경쟁하지 않으면 안 되었습니다. 적어도 1937년 이후에는 명백히 그렇습니다.

둘째, 1937년 총력전 체제로 들어가면서 조선총독부의 허가 없이는 공산품 생산공장을 세우거나 운영할 수 없었습니다. 그런 허가 또는 운영 과정에서 전쟁의 특수성을 이유로 한인에게는 군수공업 생산이 거의 허가되지 않았습니다. 삼양사를 설립한 김연수, 김성수 등처럼 일부 한인이 대규모 공장을 설립하여 운영했지만 예외였습니다. 이들은 또한 허가권을 가진 조선총독부의 요구를 들어주어야만 했습니다. 군수용 공산품 생산은 일본 대기업 또는 재벌기업이 중심이었고, 한인 소유 대규모 공장 또는 기업은 아주 소수였습니다.

셋째, 조선총독부는 금융 자원의 배분에서도 일본인과 한인을 차별했습니다. 공식 금융기관의 금리는 최고가격으로 고정되었기 때문에 금융 자원만 배분받으면 상당한 보조금을 받는 것이나 다름없었습니다. 그러나 조선총독부는 조선금융단을 설립하고 금융을 직접 통제하는 방법으로 공식 금융기관들의 자원 배분에 간섭했고 1937년 이후에는 그런 금융 자원은 전쟁을 수행할 목적으로 재선 일본 대기업 또는 재벌에게만 배분되었습니다.

넷째, 주식시장에서 한인 기업가들이 대규모의 자본을 모을 수 있는 길은 제도적으로 제한되었습니다. 반면 주식시장에 대한 총독부의 통제는 재선 일본기업, 특히 대기업에는 영향을 미치지 않았습니다. 일본 기업가들은 일본 내에서 주식을 발행하는 방법으로 직접 금융 자금을 획득할 수 있었기 때문입니다. 주식시장에서의 한인에 대한 차별은 공업생산에서 한인의 역할을 억제했습니다.

다섯째, 한반도 한인은 자본 축적의 역사가 짧았을 뿐만 아니라 대중의 자본 축적은 너무 지지부진하고 느려서 대규모 자본이 필요한 대기업을 설립하고 운영하는 데는 무리가 있었습니다. 그리고 일반 대중의 자본 축적이 지지부진했던 이유는 한반도 경제의 성장이 더뎠기 때문입니다. 그리고 그렇게 된 궁극적 원인 중의 하나는 한반도에서 조선총독부가 시행한 각종 경제 제도 또는 정책이 성장을 저해했거나 각종 차별 또는 수탈로 그 과실을 일본인이 누렸기 때문입니다.

종합하면, 군국일본지배기에 한반도 경제가 세계 평균 대비 더 크게 성장했다고 제시한 추계치는 과대 추계되었을 가능성이 크고 성장의 과실 중에 한반도 한인이 누린 부분이 크지 않아 대중의 생활수준이 별로 나아지지 않았을 것으로 추정할 수 있습니다. 공업에서 일본인 투자가 다대多大하였으므로 그 과실을 일본인이 누리는 것은 당연하지만, 조선총독부의 농업 중심의 정책, 농사회사를 포함한 한인 대규모 회사 설립의 억제, 한인 중소상공업 기업의 일본 대기업과의 치열한 경쟁, 한인에 대한 금융 자원 배분에서의 차별, 1937년 이후 전쟁 사회주의의 심화와 그로 인한 한인 중소상공업의 어려움과 실업의 증대, 부의 불평등 악화, 앞에서 열거한 요인들과 관련된 한인 저축 여력의 감소 등은 성장의 과실 중에서 한인의 몫을 줄였을 것입니다. 비료 가격을 인위적으로 높게 책정할 것을 총독부가 허용한 것, 수리조합사업, 산미증식계획 등으로 농민의 소득과 부가 감소했습니다. 게다가 교육에서의 차별은 한인들이 계층 상승을 통해 성장의 과실을 누릴 수 있는 기회도 강력하게 억제되었습니다. 조선총독부는 경제체제로서 간섭주의 또는 사회주의 또는 그 둘의 혼합 등을 채택했는데 그런 체제는 경제적 불평을 악화시키고 그런 악화는 다시 경제성장을 억제합니다. 앞에서 나열한 것들 이외에도 한인에게 돌아가는 몫을 작게 만들었던 요인은 적지 않지만 생략합니다. 김낙년 등이 주장하듯이, 경제성장과 그로 인한 생활수준 향상을 근대화라고 정의한다면 위에서 제시한 이유를 바탕으로 저자는 한반도 한인들이 그 시기에 근대화를 경험하지 못했다고 주장합니다.

4. 차명수의 근대화론에 대한 비판

(1) 차명수가 제시한 경제성장의 세 가지 원인에 대한 비판

"1910~1940년간 인구가 연 1.3%, 총생산이 연 3.6%, 따라서 1인당 생산이 연 2.3%씩 증가했음을 보여 주는데 (…)"라고 차명수[97]는 지적합니다. 차명수[98]는 이런 경제성장의 원인으로 크게 세 가지를 제시합니다. 첫째, 일본이 식민 지배를 통해 정치적 위험을 줄여 자본 투자를 증대시킨 점, 선진 생산기술의 전파를 막는 각종 장벽을 철폐한 점, 자유무역 체제를 도입한 점, 일본인 기술자와 숙련노동자가 유입된 점 등입니다. 둘째, 각종 근대적 제도의

> 도입이 경제성장에 기여했습니다. 즉 근대적 토지 소유권 도입, 재정·통화제도 확립, 철도, 도로, 항만, 교통, 통신 설비를 확충했습니다. 셋째, 세율 인상을 통한 세수 확대, 보충금 등의 경상이전과 사업공채의 발행으로 공공투자의 확대를 통해 경제성장에 기여했습니다.
>
> ---
>
> * 그러나 차명수의 주장은 정밀한 검토가 필요합니다. -저자 주

차명수의 주장에 대해 가장 먼저 지적해야 할 것은 불환지폐제하에서는 자본유입이 단순히 신용의 증대인 경우가 적지 않다는 점입니다. 신용이 증대하면 '단순 인플레이션simple inflation'이 일어납니다. 자본유입과 신용의 증대를 구별하는 일은 정말로 쉽지 않습니다. 그 점에서 일본으로부터의 자본유입 전부가 경제성장에 기여했다는 주장은 틀린 것입니다. 게다가 일본으로부터 자본이 유입된 사실을 언급하고자 한다면 군국일본이 한반도 주식시장의 발달을 억제한 점도 동시에 지적할 필요가 있습니다. 조선총독부는 직접금융을 가능케 하는 주식시장을 8·15까지도 억압하여 정상적으로 발달하지 못하도록 했습니다. 이것은 한인 기업가가 공식적으로 자금을 모금하는 일을 방해했기 때문에 한인 소유 회사의 설립과 성장을 상당히 억제했습니다. 특히 대규모 회사 또는 공장의 설립을 위하여 자금을 모집할 때는 총독부의 허가를 받도록 했습니다. 그런 억제는 한반도 지역의 경제성장에도 부정적인 영향을 미쳤을 것입니다.

자유무역 체제의 도입이 경제성장에 긍정적인 영향을 주었다고 차명수는 지적합니다. 군국일본은 1918년 일본에서 쌀 부족으로 인한 쌀 소동이 일어났을 때 한반도 쌀 시장을 염두에 두지 않고 마구

잡이로 쌀을 일본으로 수입하여 한반도 쌀 가격을 폭등하게 했습니다. 1930년 이후에 일본 내 쌀 생산이 증가하자 한반도산 쌀의 수입을 통제함으로써 한반도 농가들을 위기로 몰아넣었습니다. 이것을 자유무역 체제로 볼 수는 없습니다.

다른 한편, 엔과 원의 교환 비율을 '1:1'로 식민 지배 기간 내내 고정한 것은 엔의 과소평가와 원의 과대평가를 가져왔습니다. 구조적으로, 무역수지 적자가 지속되도록 만들었을 뿐만 아니라 그런 적자를 금의 수출로 해결함으로써 금이라는 자원의 고갈을 초래했습니다. 그리고 그런 정책은 한반도에서 공업과 공업품 대체재의 발달을 억제했습니다. 당시의 무역은 자유무역 체제가 아니라 식민 지배자인 일본에 종속된 것이라고 하는 것이 옳습니다. 그럼에도 식민 지배 이전과 비교하여 식민 지배 기간에 무역이 자유화된 것은 사실입니다. 그런 자유화가 경제성장을 촉진했겠지만 식민 지배 기간에 일본 자신의 이익을 위하여 한반도 성장 정책 또는 제도를 입안하고 성장으로 얻은 과실의 상당 부분을 일본인 청부업자들, 일본인들, 재선 일본인 관료들, 일본인 노동자들과 기술자들, 일본인 투자자들이 가져감으로써 한반도 한인들에게 돌아갔던 몫은 거의 없었거나 아주 작았다고 할 수 있습니다.

차명수는 선진 생산기술의 전파를 막는 각종 장벽 철폐, 일본인 기술자와 숙련노동자의 유입 등도 한반도 경제성장의 원인으로 지목합니다. 3·1운동 이후 식민지 경제성장 또는 근대화를 위한 제도, 정책, 투자 등이 필요하다는 점에 대해 조선총독부, 일본 정부, 일본 재계 등에서 공감대가 있었습니다. 그러나 자신들의 이익을 위하여 한반도의 공업화는 안 된다는 견해가 지배적이었습니다. 물론 공업화가 정말로 필요하다는 소수 견해가 없었던 것은 아니지만 말입니다. 그리고 1930년대 중반 이후에 농공병진으로 정책을 수정하면서도 실질적으로는 농업 중심 정책을 중단하지 않았습니다. 게다가 한반도 학생 수에서도 농업학교가 가장 많았고, 그다음이 상업학교, 공업학교 등의 순서였습니다. 이것은 공업 부문 한인 기술자와 숙련노동자의 양성을 억제하는 것이었고 일본인 기술자와 숙련노동자에게는 유리한 것입니다. 즉 차명수가 한반도 경제성장의 원인으로 지목한 내용이 옳다고 하더라도 일제와 조선총독부가 한반도 공업화를 반대하고 농업 중심 정책을 지속했기 때문에, 기술 전파를 막는 각종 장벽 철폐, 일본인 기술자와 숙련노동자의 유입 등이 식민 지배기 한반도 경제성장에 미친 영향은 매우 제한적일 수밖에 없었습니다. 또 일본인 기술자와 숙련노동자의 유입이 자유로웠다고 하더라도 그들의 생산성보다 높은 임금을 지급했다면 그만큼 수탈이 일어났다고 볼 수 있습니다. 그런 수탈은 증거가 충분하지는 않지만 전혀 없는 것은 아닙니다.

차명수는 각종 근대적 제도의 도입도 경제성장에 기여했다고 지적합니다. 근대적 제도란 근대적 토지 소유권 도입, 재정·통화제도 확립, 철도, 도로, 항만, 교통, 통신 설비의 확충 등을 지칭합니다. 토지 소유권은 조선 왕조 말엽에 이미 '1물1권'이 성립했다고 법제사 연구자는 지적합니다. 통화제도와 정책은 '개악'이었습니다. 일제는 한반도의 화폐를 상품화폐에서 불환지폐로 강제로 바꾸었기 때문입니다. 조선총독부의 대對일본 재정수지는 엄청난 적자였습니다. 재정수지만 보면 한반도 한인은 수탈당했음을 알 수 있습니다. 철도의 부설과 도로의 신설 과정에서 토지 소유자는 토지를 강탈당했고 부역을 강제당했습니다. 그리고 그 과정에서 일본인 토목업자와 청부업자들이 과도한 이익을 보았다는 점은 앞에서 살펴보았습니다.

차명수는 세율 인상을 통한 세수 확대, 보충금 등의 경상이전과 사업공채의 발행으로 확보한 자금을 공공투자에 확대하여 경제성장에 기여했다고 주장합니다. 그러나 오스트리아학파 경제학은 정부가 낸 결과의 대부분은 민간으로부터 이전해 온 것이라고 지적합니다. 실제로는 조선총독부가 지출하여 일자리 '1개'를 증대시킨다면 세금 자체, 세금 징수 비용, 세금 회피 비용 등으로 민간에서 일자리는 '1개 이상' 사라집니다. 비록 사라진 일자리는 눈으로 목격할 수 없지만 말입니다. 결국 차명수의 주장은 성립하지 않습니다. 공공투자의 확대에 대해서도 그것이 일본인 이익집단에 의해 포획되었다면, 그 이익은 대부분 일본인 이익집단에 돌아가고 한인에게 가는 몫은 작아질 수밖에 없습니다. 경제성장의 과실을 일본인뿐만 아니라 한인도 가지게 되었다는 주장은 이 경우에는 성립하지 않습니다. 게다가 그런 공공투자에는 임금의 조작으로 부당이득이 발생했음을 지적할 필요가 있습니다. 그 위에, 전쟁 사회주의의 결정적인 문제점은 한인 보통 사람은 쌀과 소고기를 원했지만 총독부는 총, 탄환 등 전쟁물자를 만들었을 뿐만 아니라 징용, 징병, 지원병 등 인력을 강제 동원했다는 것입니다.

차명수는 일본이 식민 지배를 통해 정치적 위험을 줄여 자본 투자를 증대시켰다고 주장하고 있습니다. 강화도조약 이후에 일본은 청일전쟁, 러일전쟁 등으로 조선 왕조와 대한제국에서 정치적 위험을 크게 증대시켰습니다. 전쟁터인 한반도에서 전쟁 비용이라는 명목으로 불환지폐를 대량으로 발행하여 한반도 경제를 초토화하고 불환지폐 발행에 따르는 시뇨리지(화폐주조차익)를 취득했습니다. 그런 시뇨리지는 그 크기만큼 한반도 민간을 가난하게 만듭니다. 그러나 지금 그 크기를 추정하는 것은 쉽지 않습니다. 시뇨리지 이외에도 조선은 두 전쟁의 전쟁터가 됨으로써 전쟁의 피해를 모두 감내해야 했습니다. 이 피해는 지금도 추정하기 어렵지만 작은 것은 아닐 것입니다. 그러나 1910년 이후에는 식민 지배가 공식적으로 확립되면서 그런 정치적 위험은 많이 감소했습니다. 그리고 한반도에 '지배 네트워크'를 만들기 위하여 군국일본은 선별적으로 일본인 투자자들에게 투자를 허용했지만, 한인 투자자들에게는 그런 투자 기회마저 부문에 따라 거의 봉쇄했습니다. 일본인 투자자들의 투자가 불가능하여 한인 투자자들이 필요한 부문들에서만 그런 투자가 허용되었습니다. 다시 말하면, 일본이 식민 지배 야욕을 위하여 정치적 위험을 고조시켰고 식민 지배 이후에 그런 위험은 자연스럽게 대폭 줄어들었습니다. 이 경우에 정치적 위험의 감소가 자본 투자를 증대시킨다는 그의 주장은 옳지만 정치적 위험 감소 그 자체를 일본인 지배자들의 공으로 돌릴 수는 없을 것입니다. 더욱이 그런 자본 투자를 선별적으로 허용했다는 점에서 차명수의 주장은 액면 그대로 받아들이기 어렵습니다.

(2) 차명수의 소득분배론에 대한 비판

차명수[99]는 1920년대, 특히 1920년대 후반의 소득분배가 급격히 불평등해졌다는 점을 지적합니다. 그는 그런 불평등화의 원인으로 1920년대 후반과 1930년대 초반의 농산물 가격 폭락을 지적하고 그런 폭락의 원인으로 세계 농업공황을 지목합니다. 그는 "이는 식민지 조선에서의 소득분배 악화를 식민 지배 정책의 결과라고 주장할 수 없음을 의미한다"면서, "조선인과 일본인 1인당 소득격차를 근거로 식민지기의 경제성장이 일본인만을 위한 것이었다고 주장하는 것은 설득력이 없다"고 주장합니다.[100]

＊차명수는 소득 불평등의 원인으로 세계 농업공황을 지목합니다. 그러나

그것만이 그 시기 소득분배 불평등의 원인은 아닙니다. 그는 한반도에 대한 식민 지배 과정에서 총독부가 재선 일본인에게 유리하고 한반도 한인에게 불리하게 작용했던 정책 또는 제도를 적지 않게 시행했다는 점을 간과하거나 무시하고 있습니다. -저자 주

식민지기의 조선총독부와 일본 정부의 정책이 철저하게 일본 본토의 일본인과 재선 일본인, 일본 기업의 이익과 군국 정부의 목적을 우선시했음을 앞에서 여러 번 제시했습니다. 한반도는 일본 본국의 핵심 이익을 보호하고, 변동성과 위험을 줄이는 완충 도구로 활용되었습니다. 예를 들어, 일본에서 쌀이 부족하면 한반도에서 쌀을 대거 수입해 갔고, 일본에서 쌀이 남아돌면 수입을 금지했습니다. 그것이 한반도 한인의 삶에 미치는 영향은 거의 고려되지 않았습니다. 일본에서 인력이 크게 부족하지 않을 때는 도항저지제로 한반도 한인이 일본에서 일자리를 찾는 것을 막았다가 전쟁 사회주의로 일본에서 일손이 부족해지자 모집, 관알선, 징용, 징병 등의 방법으로 한반도 한인을 일본에서 강제로 일하게 하거나 전쟁의 도구로 악용했습니다. 1940년대 이후 흥남 등지에 공장을 세운 것도 한반도의 생활 수준 향상이 아니라 효과적인 전쟁 수행을 위한 것이었습니다. 그 결과 식민지 기간의 경제성장의 과실 중에서 한반도 한인이 누린 것은 상당히 미약합니다.

농업에 과도한 자원이 투입되도록 했던 것, 즉 농업 중심의 산업정책은 일본을 위한 것이고 한반도를 위한 것이 아니었습니다. 군국일본은 1920년대와 1930년대 초반에 한반도가 공업화되는 것을 원치 않았습니다. 1920년대는 1차 세계대전의 후유증과 관동대지진 등의 발생 때문에, 1930년대 초에는 대공황의 영향으로 일본 경제가 위기였을 뿐만 아니라 한반도 공업화 자체가 경쟁자를 키우는 것이

었기 때문입니다. 그러나 공업화 없이 지속적인 경제성장을 달성하여 소득을 일정 수준 이상으로 끌어올릴 수는 없다는 것이 최근 경제학계의 암묵적 합의입니다. 대만 경제의 성장에 크게 기여했던 대만총독부 민정장관은 그 점을 지적했지만, 당시 일본의 정치계, 재계 등에서는 그런 주장을 일축했습니다. 일본 농업의 상황에 따라 1930년대 초반 한반도 미곡의 수입을 금지했던 정책은 한반도 주력 산업인 농업과 농민에게 큰 타격을 가했습니다. 대對일본 농산물 수출이 감소하자 대일본 수입도 그에 비례하여 감소했습니다. 그런 감소는 필연적으로 정미소에서의 노동, 항구에서의 수출입 화물을 올리고 내리는 일, 화물을 두량斗量하는 일, 화물을 포장하는 일, 화물의 도시 간 또는 도시 내로 운송하는 일 등과 같은 비숙련 일자리를 크게 감소시켰고 그와 비례하여 비농업 부문 비숙련 노동자들의 임금을 끌어내렸습니다.

차명수는 한반도 한인과 재선 일본인 간의 소득격차는 당연한 것이라고 지적합니다. 한반도 한인은 농민과 비농업 비숙련 노동자가 주축이었고 재선 일본인은 지주, 자본가, 화이트 칼라 노동자, 비농업 숙련노동자 등으로 구성되었기 때문에 "조선인과 일본인 1인당 소득격차를 근거로 식민지기의 경제성장이 일본인만을 위한 것이었다고 주장하는 것은 설득력이 없다"[101]라고 주장합니다. 그러나 그의 주장은 인구의 그런 계층의 소득에는 일본 정부와 조선총독부의 각종 차별적인 제도 또는 정책이 영향을 미친 점, 조선총독부가 시행한 각종 제도 또는 정책이 불평등을 악화시킨 점 등을 무시하거나 도외시한 것이기 때문에 틀렸습니다.

특히 한반도 노동시장과 교육시장에서는 그런 차별적인 제도 또는 정책이 너무 많아서 일일이 열거하기 어렵습니다. 한 가지만 예를 들면, 식민지기 재선 일본인은 숙련노동자가, 한인은 비농업 비숙련 노동자가 주축이었습니다. 그리고 같은 숙련노동자라도 재선 일본인은 책임 있는 자리에 임명됨으로써 높은 임금을 받았습니다. 문제는 숙련노동자가 되려면 학력을 높이거나 직무훈련을 통해야 했는데, 두 가지 길 모두 총독부나 현장 책임자들에 의해 한인에게는 매우 제한되었습니다. 더 나쁜 것은, 예를 들어 철도국의 경우에 고위 사무직은 처음부터 일본인에게만 허용되었다는 점입니다. 철로 부설 초기에는 그런 허용이 합리적일 수도 있지만 그 이후에도 철도 당국이 그런 직무를 수행할 한인들을 의도적으로 양성하지 않았던 것은 직무훈련에서의 차별이 분명했습니다.

1920년대 조선총독부가 시행한 토목(건축도 일부 포함) 사업은 공익을 위한다는 명분을 내걸고 시행되었지만, 그 이익의 큰 몫은 이익집단인 일본인 토건업자들에게 돌아갔습니다. 어떤 경우에는 총독부가 부당이득을 허용하기도 했습니다. 즉 조선총독부가 자신의 예산으로 집행한 토목 사업은 사실상 일본인 이익집단에 의해 포획된 것입니다. 그 사업에 투입된 비용만 1910~1939년간 총독부 연평균 총지출의 20%를 능가하는 수준입니다. 게다가, 일본인 토건업자들은 비숙련 노동자의 임금을 떼먹거나 입찰 담합을 통해 이익을 부풀리는 방법으로 부당이득을 취했습니다.[102] 이 점은 그 시기 경제성장의 과실이 일본인에게 대부분 돌아갔고 한인들에게는 아주 작은 몫만 있었다는 사실을 입증합니다.

토지 소유의 경우에, 1910년에 일본인의 비중이 2.8%였으나 1935년에는 18.6%까지 증가하게 되었을 뿐만 아니라, 1942년 전체 공업자산의 95%가 일본인 소유였다는 점을 들어 그것이 한반도의 경제성장과 공업화가 일본인만을 위한 것이었음을 허수열[103]은 주장합니다. 그러나 차명수[104]는 일본으로부터 대량의 자본유입이 그런 결과를 가져왔기 때문에 당연한 것이고, 그렇기 때문에 허수열의 주장은 근거가 없다고 지적합니다. 군국일본지배기 일본으로부터 대량의 자본유입이 있었다는 차명수의 지적이 일부 옳지만, 불환지폐제에서 자본유입은 단순한 신용의 증대인 경우가 적지 않다는 점도 지적할 필요가 있습니다. 한반도의 경제성장과 공업화 과정에서 일본인에게 유리하게, 한인에게 불리하게 작용했던 정책 또는 제도가 적지 않았다는 점도 또한 사실입니다. 그러므로 차명수와 허수열은 모두 반쪽의 진실만을 지적하고 있다는 점에서 틀린 것입니다.

차명수는 "조선인과 일본인 1인당 소득격차를 근거로 식민지기의 경제성장이 일본인만을 위한 것이었다고 주장하는 것은 설득력이 없다"라고 주장합니다.[105] 민족 간 소득격차가 실제로는 여러 원인으로 발생했습니다. 따라서 차명수의 주장처럼, 식민지기의 경제성장이 일본인만을 위한 것이었다고 주장하는 것은 무리일 수 있습니다. 그러나 그런 격차를 민족 간 자본 투입의 크기, 노동자의 숙련도 등만으로 설명하는 것도 무리일 것입니다. 앞에서 지적했듯이, 민족 간 소득격차를 초래했던 요인 중에는 조선총독부의 차별적인 제도와 정책도 무시할 수 없기 때문입니다. 게다가 금리의 인위적인 인하로 통화공급이 증대했고 이는 소득 불평등을 초래하여 한인들의 저축을 방해했습니다. 상대적으로 소득 상위 계층에 속했던 재선 일본인들은 소득 불평등에 있어서 유리한 위치를 차지했습니다. 통화공급 증가로 경제위기가 발생하여 소득이 불평등해지면 일반적으로 소득이 낮은 계층이 높은 계층보다 불리해집니다. 그리고 그런 정책으로 재선 일본인들의 저축은 증가합니다. 저축의 그런 증가는 경제성장에 긍정적 영향을 줍니다. 소득이 낮은 계층인 한인 소작농, 자소작농, 화전민, 농업노동자, 비농업 비숙련 노동자, 광공업 부문 저학력 노동자 등은 저축이 어려워지기 때문에 경제성장에 미치는 영향이 적을 수밖에 없습니다. 이 점 하나만으로도 차명수의 주장은 성립하지 않습니다.

5. 주익종의 근대화론에 대한 비판

> "일제하에서 실제 일어난 일은 조선인이 참여하고 그 결과도 향유하는 식민지 개발이었습니다. 일본은 조선을 병합한 후 사유재산권 제도를 확립하고 교통통신 등 사회간접자본을 확충하며 조선 내 산업개발을 꾀했습니다. 일본은 토지 소유권과 경계의 조사 및 등기, 법률에 따른 공평한 지세 부과, 통화 가치의 안정을 통해 사유재산권을 보호했습니다. 철도와 항만, 도로를 개설하고 전신·전화 등 통신망을 확충했으며, 도량형 제도를 통일했습니다. 저축과 투자를 활성화하도록 금융기관을 신설했으며, 회사 제도도 도입했습니다. 일본은 이러한 기반 위에 조선에서 초기엔 농업, 그다음엔 광공업의 개발을 꾀했습니다. 국가 정책으로서 산미증식계획이나 생산력확충계획이 추진되었습니다. 이에 GDP가 지속적으로 증가하며 2차 산업과 3차 산업의 비중이 커지도록 산업구조가 개편되는 근대 경제성장이 일어났습니다."(주익종)[106]
>
> ---
>
> * **주익종의 주장은 이영훈, 김낙년 등과 같은 식민지 근대화론자들과 크게 다르지 않습니다. 그럼에도 그의 근대화론이 지닌 문제점을 간략하게 지적하는 것은 의미가 있을 것입니다. -저자 주**

위에서 인용한 글은 주익종이 허수열을 비판한 글입니다. 인용문의 첫 문장은 한반도 경제의 이중구조를 비판하는 주익종식 표현으로 간주할 수 있습니다. 주익종은 한반도 경제가 통합되었다고 주장하지만 실제로는 이중구조 또는 다중구조였기 때문에 그 주장은 틀렸습니다. 예를 들어 재선 일본인 경제와 한인 경제로 분리된 경우를 이중구조라고 할 수 있습니다. 일제가 식민지 한반도에 도입했던 각종 제도, 정책 등은 식민지 한반도 경제에 긍정적인 영향을 미쳤다고 주익종은 주장합니다. 그러나 일본이 식민지에 도입한 각종 제도, 정책 등이 경제에 부정적인 영향을 미친 사례는 한둘이 아닙니다. 여기에서는 그 점을 아주 간략히 제시합니다.

주익종은 일제가 도로의 개설, 철로 부설과 같은 교통망에 대한 투자가 한반도 내 산업개발을 일으켰다고 주장하고 있습니다. 도로의 개설에서 한반도 한인들은 노동 서비스를 수탈당했고 철로 부설에서는 토지의 강제 수용과 노동 서비스의 부역을 강제당했습니다. 그리고 일부 교통망은 진정으로 한인들의 공익을 위한 것이기보다는 일본 군부를 위한 전쟁 목적으로 개발되었다고 볼 수 있습니다. 즉 도로의 개설과 철로의 부설이 한인의 공익을 위한 것이었다고 주장하려면, 도로와 철로에 대한 한인들의 수요가 존재했는가 그리고 존재했다면 충분했는가 하는 의문에 답해야 합니다. 하지만 한인 농민들의 소득 수준이 매우 낮았기 때문에 교통 수요는 충분하지 않은 경우가 많았고 어떤 경우는 순전히 군용 수요만이 있었습니다. 게다가 1920년대 이후 토목 관련 일은 재선 일본인 토건업자들의 이익에 의해 포획된 것입니다. 조선총독부의 토목 관련 공사에 지출한 비용은 명시적으로는 공익을 위하여 지출되었지만, 실질적으로는 재선 일본인 토건업자들의 이익을 위해 사용되었다는 것입니다.

주익종은 일제가 통화 가치를 안정화시켜 사유재산권을 보호했다고 지적합니다. 그러나 그런 주장은 터무니없습니다. 일제는 불환지폐를 과다 발행하는 방법으로 세 차례의 경기변동을 일으켰을 뿐만 아니라 붐 기간에는 모든 재화의 가격이 폭등했습니다. 조선총독부의 한반도에서의 화폐 제도와 정책 그리고 금융 제도와 정책은 통화 가치를 불안정하게 하여 장기적으로 사유재산권을 파괴했습니다. 일제의 한반도 불환지폐의 과다 발행은 모든 재화의 가격 상승, 자본소비, 소득 불평등 악화, 경제계산의 문제, 금광 투기를 포함한 각종 투기 등의 부작용도 또한 초래했습니다. 때로는 일본의 불환지폐를 한반도에 도입하여 한반도 통화 가치를 더 불안정하게 만들었던 경우도 있었습니다.

주익종은 일제가 저축과 투자를 활성화하도록 금융기관을 신설하고 회사 제도를 도입했다고 주장합니다. 일제가 허용한 주요 금융기관은 (일본) 국유의 공공기관으로서 식민 지배 정책의 시행을 조력하는 기관이었습니다. 한인 민간 소유 금융기관은 허용되었지만, 후기로 갈수록 조선총독부의 통제와 감독 때문에 그런 기관은 점차 없어졌습니다. 민간 회사에 직접금융의 기회를 제공하기 위하여 일제는 주식시장을 설치하는 것을 허용했지만 주식시장 자체를 규제하고 통제함으로써 한인 회사들, 특히 한인 대규모 회사들의 설립과 성장을 억제했습니다. 그러나 일본 대기업은 일본에서 직접금융을 활용할 수 있었습니다. 1943년 조선총독부는 일부 전쟁 관련 주식의 주가를 조작하는 데 보조금을 지급했습니다. 이때 전쟁 관련 주식은 대부분 일본인이 한반도에 설립한 기업들이 발행한 것입니다.

주익종은 일본이 초기 한반도에는 농업, 그다음에는 광공업의 개발을 꾀했다고 주장합니다. 1937년 이후 전쟁 사회주의로 들어가면서 일본은 한반도 공업, 특히 군수공업에 투자하는 모양새를 갖추었지만 1940년대도 농업의 비중은 작아지지 않았습니다. 게다가 공업생산도 명목이 아니라 실질 측면에서 1940년대에는 정체했습니다. 그러므로 "2차 산업과 3차 산업의 비중이 커지도록 산업구조가 개편되는 근대 경제성장이 일어났습니다"라는 그의 주장은 실증되지 않습니다. 그리고 농업에는 과다하게 자원을 투입하도록 한인 농민을 강제함으로써 산미증식계획 중반과 후기에는 농민의 생활 수준은 크게 나빠졌습니다. 여기에는 외부 요인도 동시에 작용했습니다. 1920년대 일본 경제의 불황, 미국과 서구 제국의 대공황, 한반도 경기 변동 등은 한반도 농업에 부정적인 영향을 미쳤습니다.

일본이 제도 또는 정책을 자신의 목적에만 맞게, 그리고/또는 잘못 운영하여, 그 비용이 작지 않았다는 점, 제도 도입과 함께 수탈이 존재했다는 점, 차별로 인하여 소득 불평등 또는 부의 불평등이 악화되었다는 점, 군국일본지배기 한반도에서 세 차례의 경기변동이 발생하여 경제가 불황이었던 점, 자본소비가 많이 일어났던 점, 그런 경기변동 등으로 소득 불평등 또는 부의 불평등이 악화되었다는 점, 금광 투기와 같은 투기가 빈번하게 발생했던 점, 모든 재화의 가격이 상승했던 점 등을 고려해야 한다고 저자는 주장합니다. 그리고 경제의 각 부문에서 그런 고려를 한다면 주익종의 주장은 거의 성립하지 않는다는 점을 알 수 있습니다.

철도, 도로, 항만, 교통 설비 등의 확충에 일제가 기여했다고 하더라도 그것들을 어떤 경제체제로 운영하는가는 다른 문제입니다. 이 점은 오늘날 남·북한 경제를 비교하면 아주 잘 알 수 있습니다. 식민지기 한반도 경제는 강력한 간섭주의와 사회주의의 혼합경제이거나 전쟁 사회주의 경제였습니다. 거의 최악의 경제체제를 운영했음에도 고속성장이 있었다는 주장은 받아들이기 어렵습니다. 이 점은 김낙년, 차명수 등에게도 동일하게 적용해야 합니다. 그리고 철도 등의 확충이 과연 공익을 위한 것인가도 검토가 필요합니다.

한마디로, 주익종은 일제가 식민지 한반도에 도입한 각종 제도, 시설, 정책 등이 경제에 미친 부정적인 측면들을 고려하지 않았다는 점에서 문제가 있는 것입니다. 그로 인해 식민지 한인들은 자신들의 노력에 비하면 너무 적은 대가를 가질 수밖에 없었습니다. 1937년 이후에 일본과 한반도가 전쟁 사회주의가 되면서 그런 상황은 더 나빠졌습니다. 그러나 그 크기를 경제적으로 정확하게 계산하는 것은 불가능하지만 적지 않았을 뿐만 아니라 각종 제도, 시설 등이 진정으로 공익을 위하는 것인가도 점검해야 합니다.

6. 김낙년의 통합론에 대한 비판

(1) 한반도 경제는 일제 경제와 통합의 단계로 나아갔는가?

> "그렇지만 경제면에서 보면 일본의 제도가 거의 그대로 조선에 이식되어 지역통합이 이루어진 단계로까지 나아갔다고 할 수 있습니다. (…) 첫째, 화폐가 통합되었습니다. 조선의 화폐제도는 조선은행권을 일본은행권과 1:1로 교환할 수 있도록 운영되었습니다. (…) 그것은 조선의 물가안정에 기여했다고 할 수 있습니다. 그 대신에 조선이 재량적으로 통화공급을 조정하는 금융정책을 쓸 수 없다는 제약이 생겼습니다. 둘째, 시장이 통합되었습니다. 조선과 일본 간에는 거의 모든 관세가 폐지되었습니다. (…) 셋째, 일본의 법과 제도가 조선에 이식되었습니다. (…) 예컨대 대표적인 법령으로 1912년에 시행된 「조선민사령」을 들 수 있습니다. (…) 이를 통해 경제활동을 일본이나 조선의 어느 쪽에서 하든지 차이가 없도록 두 지역의 법적 환경을 접근시킨 것입니다. (…) 그

> 결과, 역내의 경제변화가 급속히 촉진된다는 점에서는 EU와 동일한 효과를 갖게 되었다고 할 수 있습니다."(김낙년)[107]
>
> ---
>
> * 김낙년은 위의 주장에서 한반도 경제 분석의 전제를 간략하게 제시했으나 그 구체적인 내용은 틀렸습니다. 그러므로 그런 전제들을 기초로 한 한반도 경제에 대한 그의 실증 분석은, 많은 경우에, 틀릴 수밖에 없습니다. -저자 주

김낙년[108]은 일본이 식민 지배에 있어서 '동화주의'를 추구했다고 주장합니다. 그는 일본은 정치 면에서는 동화주의를 실천하지 않았지만, 경제 면에서는 일본의 제도를 거의 그대로 이식하여 지역통합의 단계로까지 나아갔다고 주장합니다. 즉 그는 일본이 경제 면에서는 사실상 동화주의를 실현했다고 주장한 것입니다. 그리고 그는 세 가지 점을 지적하고 있습니다.

첫째, 그는 일본과 식민지 한반도의 화폐가 통합되어 있었고 그 비율은 '1:1'이었다고 지적합니다. 그의 주장은 두 가지를 내포합니다. 하나는 두 지역 화폐가 통합되어 있다는 것이고, 다른 하나는 환율이 고정되었다는 것입니다. 먼저 두 지역에서의 화폐 통합에 대해서 보기로 합니다. 일본은행권과 조선은행권은 통합되어 있지 않았다는 것이 진실입니다. 김낙년의 주장은 틀렸습니다. 일본은 자신에게 유리하게 식민지 한반도의 화폐 제도와 화폐 정책 그리고 금융 제도와 금융 정책 등을 통제하고 규제했습니다. 그리고 그것들은 일본 내의 화폐 제도와 화폐 정책 그리고 금융 제도와 금융 정책 등과 상당히 달랐습니다. 물론 동일한 것이 전혀 없었던 것은 아닙니다. 큰 그림에서 보면, 식민지 한반도의 화폐와 금융은 일본 화폐와 금융에 종속된 것처럼 취급되었습니다.

김낙년은 화폐 통합이 식민지의 물가안정에 기여했다고 주장하고 있습니다. 그러나 도쿄의 물가와 서울의 물가가 크게 차이가 났었고, 상대적으로 서울의 물가에 비해 도쿄의 물가가 안정되어 있었으며, 한반도 전 지역의 물가상승이 매우 컸었다는 점을 지적할 필요가 있습니다. 다만 일본 정부나 총독부가 가격을 고정한 재화가 적지 않았기 때문에 물가 통계는 현실을 정확하게 반영하고 있지 않다는 점은 염두에 두어야 합니다. 게다가 배급제로 암시장이 발달했던 사실은 총독부가 통계 작성에 반영하지 않았을 것입니다. 그리고 일본이 만주국을 설립했을 때는 한반도 북부 지역에서는 만주국 화폐가 두 지역 간 경계를 넘어 한반도로 유통되었기 때문에 한반도 북부 지역은 한반도에서 물가상승률이 가장 높았습니다. 이것은 일제가 한반도 화폐를 일본을 위하여 사용되게 함으로써 화폐의 지위를 일본 화폐에 종속시킨 결과로 나타난 부정적인 영향이라고 하겠습니다.

여기에 추가하여, 김낙년은 식민지에서 통화공급을 조정하는 금융 정책을 쓸 수 없었다고 주장하고 있습니다. 그러나 이 점도 사실이 아닙니다. 조선은행은 상업어음 할인금리를 인위적으로 인하하여 통화공급을 증가시켰습니다. 특히 1932년 이후에는 한반도에서 통화공급이 폭발적으로 증대했고, 그 결과 한반도의 물가는 폭발적으로 상승했습니다. 통화공급 증대로 군국일본지배기 한반도에서 세 번의 경기변동, 자본소비와 그로 인한 경제성장의 제약, 경제계산의 문제, 소득분배의 불평등 악화, 모든 재화의 가격 상승과 투기 등도 한반도 경제를 덮쳤습니다. 이것들만 고려하더라도 한반도 경제성장률이 매우 낮았을 것으로 추정할 수 있습니다.

일제는 엔과 원의 교환 비율을 '1:1'로 고정했습니다. 그 비율은 1945년까지 지속되었습니다. 한마디로, 그 시기 두 화폐의 환율은 고정환율이라는 것입니다. 문제는 환율이 고정된 상황에서 일본에 비해 식민지에서 통화가 과다 발행되면서 엔에 비하여 식민지 화폐인 원은 지속해서 고평가되었습니다. 그리고 1:1 교환 비율은 처음부터 원을 고평가하게 했습니다. 그런 고평가는 일본 공업제품의 대對식민지 한반도 수출에는 유리하게, 식민지 한반도 농업의 대일對日 수출에는 불리하게 작용했습니다. 교환 비율의 고정은 징용 노무자들이 받은 임금의 실질 가치에도 영향을 미쳤습니다.

둘째, 김낙년[109]은 한반도와 일본의 시장이 통합되었다고 주장하고 있습니다. 그의 주장에는 두 가지 문제점이 있습니다. 하나는 그가 말하는 시장이 재화 시장만을 지칭한다는 것입니다. 다른 하나는 그 재화 시장도 통합되어 있었는가 하는 것입니다. 예를 들어, 쌀이라는 재화 시장의 경우에, 일본에서 쌀이 부족하면 일본으로의 쌀 수출을 허용했지만, 일본에서 쌀이 남아돌면 일본으로의 쌀 수출을 금지했습니다. 농업생산에 큰 역할을 했던 농업회사는 일본인에게는 허가되었지만, 식민지 한인에게는 예외적으로 허용되었을 뿐입니다. 즉 농업의 경우에, 식민지 한반도 시장은 일본 시장에 '통합'되어 있었던 것이 아니라 '종속' 또는 '지배'되어 있었다는 것이 진실입니다.

노동시장의 경우에도 일본에서 노동력이 모자랄 때는 식민지 노동자의 일본으로의 이동을 허용했지만, 총독부가 1925년부터 '도항허가제'를 통해 그런 이동을 통제하고 규제했기 때문에 그런 이동을 식민지 노동자들의 자유로운 이동으로 볼 수는 없습니다. 도항허가제야말로 두 지역 노동시장의 통합을 억제했던 제도입니다. 여기에 더해 일본에서 노동력이 본격적으로 모자라기 시작한 1937년부터는 강압적인 방법으로 식민지 노동력을 일본 노동시장에 동원했습니다. 소위 '강제 동원'이 일어난 것입니다.

교육시장의 경우에도 식민지 한인이 일본에 있는 상급학교에 진학하고자 할 때는 일본 당국의 허가를 받아야 했습니다. 한반도에서는 조선총독부는 식민지 교육을 엄격하게 통제했을 뿐만 아니라 상급학교 진학에서 인구 대비 한인들에게 매우 적은 기회가 할당되었습니다. 그것은 바로 한반도 한인을 '우민화'하기 위한 것입니다. 서양 국가로의 유학 기회는 거의 봉쇄되었습니다.

금융시장도 조선총독부에 의해 규제되었고 금융 자금도 많은 경우에 조선총독부의 의지에 따라 배분되었습니다. 그런 배분에는 재선 일본인 '우선주의'가 원칙이었습니다. 한반도 한인보다 한반도에 사는 일본인에게 우선적으로 배분되었다는 것입니다. 그리고 공업보다는 농업에 자금을 더 많이 배분되도록 하여 공업화를 끝까지 허용하지 않았습니다.

한마디로 일본과 식민지 한반도 두 지역 시장이 통합되지 않았습니다. 두 시장이 완전히 분리된 것은 아니었지만 완전히 통합되지도 않았습니다. 일제는 자신의 이익을 위해서 식민지 시장을 본국 시장과 통합할 때도 있었지만 분리했던 경우도 적지 않았습니다. 그리고 1937년 이후에는 일본의 이익을 위하여 강제력을 이용하여 통합했습니다. 강제 동원이 대표적인 예입니다. 시장 통합을 논의할 때는 강제 동원 때문에 일본을 포함한 해외로 이주한 경우도 포함해야 합니다. 강제 동원 때문에 한인들이 해외로 이주한 경우는 그런 동원이 한반도 노동시장의 일부를 '깨뜨려 없앴다'라고 할 수 있습니다. 8·15 이후에 강제 동원된 한인들의 귀국으로 한반도 노동시장은 복원되는 과정을 거치지만 '대혼란'은 피할 수 없었습니다. 그런 대혼란은 식민지기 한반도 노동시장을 일제가 깨뜨려 없앤 후유증이라고 하겠습니다. 정확하게는, 경제적인 측면에서도 식민지 한반도는 일본에 의해 지배되었고 종속되었습니다.

셋째, 김낙년은 일본의 법 제도가 식민지 한반도에 이식되었다고 지적합니다. 일본의 민법, 형법 등이 이식된 조선민사령, 조선형사령 등은 해방 이후의 법 제도로 상당 부분 이어졌습니다. 그 점에서 그의 지적은 옳습니다. 이영훈[110]은 그런 법 제도가 근대화에 미친 영향에 대해서 자세한 설명을 하고 있습니다. 그 점에서 식민지 근대화론은 일정 부분 타당한 측면을 무시할 수는 없습니다.

그러나 조선민사령의 경우에 그 일부분인 농지 임대차 시장을 규율하는 일본 민법의 일부가 조선농지령으로 개정되고 민법과 분리 입법되면서 농지 임대차 시장은 그 이전에 비해 더 나빠졌다고 할 수 있습니다. 이것은 법 제도의 이식이 조선민사령, 조선형사령 등의 수준에서는 식민지 근대화에 도움이 되었다고 할 수 있지만, 그 이후의 법 개정과 분리 입법에 관해서는 자세한 연구가 필요하다는 것을 의미합니다. 한마디로, 군국일본지배기 초기에 대해서는 김낙년의 주장이 옳을 수 있지만 그 이후 시기에 대해서는 그의 주장에 옳지 않은 부분이 있을 수 있습니다. 그리고 이승일[111]의 주장처럼 일본의 법 제도를 한반도에 이식한 것으로 동화가 이루어진 것이 아니기 때문에 근본적으로 한계가 있을 수밖에 없습니다.

넷째, 김낙년은 일본의 식민지 지역통합과 EU 통합은 자발성 여부를 제외하면 큰 차이가 없다고 주장합니다. 그러나 두 지역의 통합에는 자발성 여부만이 문제가 되는 것은 아닙니다. 통합의 목적이 전적으로 달랐고, 그 결과 실제의 통합에서도 지역통합의 정도가 매우 달랐다는 것이 진실입니다.

김낙년[112]은 네 개의 그림을 이용하여 식민지 한인이 이룩한 역사적 경제성과를 일목요연하게 보여 줍니다. 일본의 자본과 기술이 경제성장 과정을 주도하면서 식민지 한인의 공장, 회사, 1인당 국민소득, 수출입 등이 빠르게 성장했다고 그는 주장합니다. 그러나 그런 해석은 그가 제시한 전제들이 전적으로 참true일 때만 가능한 것입니다. 역사적 실재는 그가 제시한 전제들이 언제나 참이지 않다는 것임을 저자는 앞에서 지적했습니다.

그러면 식민지 한인이 이룩한 역사적 경제성과는 어떻게 해석할 것인가요? 군국일본지배기 식민지 한인의 소득 증대를 위한 엄청난 노력이 있었음은 분명해 보입니다. 이 점은 물론 실증이 필요합니다. 강화도조약부터 1910년까지 경제주체들을 짓누르던 각종 규제를 혁파하고 상당한 자유를 주면서 그들의 책임성을 강조하는 방향으로 한반도에서의 제도 또는 정책이 개혁되었기 때문입니다. 소작쟁의, 노동쟁의처럼 식민지 한인의 행위가 경제성장에 부정적인 영향을 미친 것도 있었지만 대부분은 긍정적이었습니다. 일본 민간들의 자본과 기술도 한반도 경제성장에 일정 부분 긍정적인 역할을 했을 것입니다.

그러나 일본 정부와 조선총독부의 제도와 정책이 식민지 경제에 미친 영향은 긍정적인 것과 부정적인 것이 혼재합니다. 문제는 긍정적인 것과 부정적인 것을 직접 비교하여 실증 분석할 수 없다는 것입니다. 그러나 두 가지 점은 지적할 필요가 있습니다. 첫째, 1910~1945년에 부정적인 것이 긍정적인 것을 초과합니다. 농업에 집중한 정책을 예로 들 수 있습니다. 조선총독부가 만든 식민지의 제도와 정책의 효과만을 고려하면 그렇습니다. 둘째, 조선총독부가 만든 식민지의 제도와 정책의 효과가 시점별로는 긍정적인 것이 부정적인 것을 초과한 때도 없지는 않았을 것입니다. 그러나 그런 경우는 많았다고 보기는 어렵습니다. 셋째, 조선총독부의 제도와 정책이 부의 불평등을 악화시켜 개인의 물질적 삶과 경제성장에 부정적인 영향을 미쳤습니다. 예를 들어, 세 번의 경기변동, 산미증식계획의 강제화, 수리조합사업으로 인한 농지 소유 불평등 악화, 사설철도보조법에 의한 조선총독부 포획, 사철 매수, 북부 한반도 철도망 건설, 일본인 비료 생산자들을 위한 비룟값의 인위적인 인상, 총독부의 철도계획을 이익 집단이 포획한 것, 재선 일본인의 상층 계층화 등이 이 경우에 해당한다고 할 수 있습니다. 앞에서 나열한 것들에 대한 자세한 설명은 5부 4장에서 집중적으로 다룹니다.

종합하면, 대부분의 식민지 한인 민간인과 일본 민간인의 투자, 저축, 기술, 노동 투입은 합쳐져서 작지 않은 긍정적인 경제적 성과를 냈을 것입니다. 그러나 일본 정부와 조선총독부가 시행한 제도와 정책의 순 효과는 음인 경우가 양인 경우보다 훨씬 많았습니다. 특히 1937년 이후 일본 정부와 조선총독부가 시행한 제도와 정책의 음의 순 효과가 민간들의 긍정적인 성과보다 훨씬 컸을 것입니다. 1937년 이후는 전쟁 사회주의가 지배했기 때문입니다. 게다가 군국일본지배기 수탈이 작지 않았기 때문에 노력에 비해 식민지 한인의 소득은 낮았을 뿐만 아니라 증가량이 낮고 증가 속도도 상당히 느렸습니다. 교육, 노동, 자금 배분 등에서의 차별이 그런 현상을 초래했을 것입니다. 추가로 조선 왕조 시기에 소작농의 비율이 높았기 때문에 군국일본지배기 초기까지도 소작농의 비율이 높았던 점을 감안하더라도, 일본 정부와 조선총독부의 제도와 정책이 소작농의 비율을 더 높이고, 소득 불평등과 부의 불평등을 심화시켰습니다. 그리고 그런 불평등의 악화는 개인의 저축과 경제성장에 부정적인 영향을 미쳤습니다. 여기에 추가하여, 신분제의 불완전한 해체, 형평운동, 지배-피지배 관계는 '자본주의 이전 사회'적인 요소로 경제의 생산성을 떨어뜨렸을 것입니다.

(2) 이중구조 또는 다중구조의 한반도 경제

> "이중구조론二重構造論의 관점이다. 식민지 경제의 전통 부문과 외래적인 근대부문은 그 사이에 관련성이 별로 없기 때문에 이중구조를 형성하게 된다고 본다. (…) 실제 한국의 경우에는 후술하는 바와 같이 수출 부문이 전통산업인 농업이나 농민을 광범위하게 끌어들이고 있었다는 점, 한국 내 형성된 공산품 시장을 기반으로 하여 공업화가 전개되었다는 점, 그 과정에서 일본인 자본이 주도하였지만 한국인 자본이나 노동자의 성장이 배제되지 않았다는 점들이 밝혀지고 있다. 이중구조론의 관점에서는 이러한 측면을 과소평가하고 한국 경제의 동태적인 전개를 파악하는 데 한계가 있다고 본다."(김낙년)[113]
>
> * 식민지 경제 초기에는 이중구조가 형성되어 있었지만, 경제가 성장하면서 그런 이중구조는 점차 그 중요성이 작아졌다고 김낙년은 주장합니다. 그러나 이는 식민지 경제의 현실을 정확히 이해하지 못했기 때문에 나온 주장입니다. 지배-피지배 관계에서는 이중구조 또는 다중구조가 너무도 당연합니다. 그렇지 않았다면 수탈은 없었을 것이고 경제성장이 그렇게 낮지도 않았을 것입니다. 가즈오 또는 김낙년 등만 그 존재를 부정할 뿐입니다. -저자 주

식민지 경제의 전통 부문과 외래적인 근대 부문은 둘 간에 관련성이 거의 없기 때문에 이중구조를 형성하게 된다는 것이 '이중구조론'입니다. 이것이 식민지 경제에 나타나는 일반적인 특징이라는 것입니다. 식민 지배 국가와 식민지 간의 경제발전 단계가 크게 차이가 나는 경우에 특히 그러하다는 것입니다. 그러나 김낙년은 그런 이중구

조론을 부정합니다. 식민지 경제 초기에는 이중구조가 형성되어 있었지만, 경제가 성장하면서 그런 이중구조는 점차 그 중요성이 작아졌다고 김낙년은 주장합니다. 그의 주장은 어디까지가 역사적 진실인가요?

군국일본지배기에 일제와 조선총독부는 무수히 많은 규제를 만들어 시행했고, 때로는 처벌로 그런 규제를 강제했으며, 재선 일본인들에게는 도움이 되지만 한인들에게는 비용만 안겨 주는 규제도 시행했습니다. 그런 규제 또는 처벌은 한인 경제주체들이 '최선의 선택'을 하는 것을 방해함으로써 시장을 이중구조 또는 다중구조로 만들었습니다. 재선 일본인들은 한인과 다른 규제 환경에 놓이면서 두 경제주체가 관련된 시장이 분리될 수밖에 없었습니다. 예를 들어, 재선 일본인과 한인이 같은 노동시장에서 경쟁하면서 유사한 역량을 가진 노동자가 유사한 임금을 받는 구조가 아니라, 재선 일본인 대상 노동시장과 한인 대상 노동시장이 따로 작동했고, 그 결과 유사한 일을 해도 재선 일본인과 한인이 서로 다른 임금을 받았습니다. 규제가 느슨하면 중재거래가 그런 이중구조 또는 다중구조를 없앴을 것입니다. 그러나 경찰의 감시·감독, 선전·선동, 총독부가 제시하는 임금 가이드라인, 일본인 고용주들이 가졌던 차별과 멸시 등은 피규제자가 규제를 회피하는 방법을 봉쇄함으로써 그런 구조 자체를 지속되게 했을 것입니다. 김낙년은 한반도 경제의 이중구조적인 또는 다중구조적인 측면을 너무 과소평가한다는 비판을 면하기 어렵습니다.

호리 가즈오堀和生[114]도 『조선 공업화의 사적 분석』에서 이중구조론을 비판하는 입장입니다. 그러나 군국일본지배기 대금업자의 금리를 보면 일본인 간, 조선인 간, 외국인 간, 일본인 대對 조선인, 조선인 대 외국인 등의 금리가 있었습니다.[115] 그 금리는 일본인 간이 가장 낮았고, 조선인 대 외국인이 가장 높았습니다. 물론 예외적인 시기도 있었습니다. 이런 금리 격차는 규제가 철저하게 작동하지 않았다면 중재거래를 통해 사라졌을 것입니다. 그러나 현실에서는 그런 격차는 사라지지 않았습니다. 금융시장에 존재했던 이중구조 또는 다중구조라고 할 수 있을 것입니다. 대금 시장만이 아니라 한반도 금융시장에는 이중구조 또는 다중구조가 널리 확산되어 있었습니다.

노동시장에서도 이중구조가 만연했습니다. 노동시장에서의 한인 차별에서 자세히 보았듯이 재선 일본인이 한반도 한인보다 높은 임금을 받을 수 있는 교육훈련을 받을 기회와 관리자로 성장할 기회를 훨씬 많이 얻었습니다. 유사한 업무를 할 때도 재선 일본인이 더 높은 임금을 받는 것으로 해석되는 사례도 많았습니다. 예를 들어, 조선총독부 통계연보에 나오는 막일꾼의 1일 노임은 1925~1938년 기간에 평균이 약 1엔이고 재선 일본인의 1일 노임은 약 2엔입니다. 공사장 노동자의 1일 임금은 그렇게 이중구조였고, 그런 구조는 조선총독부가 한 임금에 대한 규제로 유지되었습니다. 도리우미[116]는 『동아일보』 기사에서 실제로는 한인 막일꾼 1일 노임이 대략 50전이고 일본인의 노임은 2엔이라고 지적합니다. 일본인 청부업자가 조선총독부 공사를 시행할 때 일본인과 한인의 노임은 각각 1일 2엔과 1엔이고 실제로는 2엔과 50전이었다는 것입니다. 전자는 총독부가 공사를 발주할 때 일본인 청부업자에게 주었던 임금이었고, 후자는 청부업자가 시장에서 재선 일본인과 한인에게 실제 지불했던 금액입니다. 이런 임금 구조는 총독부가 용인하지 않았다면 지속되지 않았을 것입니다. 그리고 총독부 관료, 일본인 청부업자 등은 그런 이중구조를 당연한 것으로 받아들였습니다. 무엇보다도, 재선 일본인이 가졌던 한인에 대한 차별과 멸시 의식은 지속적으로 효과를 낸다는 관점에서 '제도'라고 할 수 있습니다.

지배-피지배 관계에서는 특별한 노력을 하지 않는 한 이중구조 또는 다중구조를 피할 수 없습니다. 그 점을 잘 보여 주는 기록이 있습니다. 아래의 내용은 차별이나 규제가 없었다면 도저히 일어날 수 없는 일을 보여 줍니다. "귀국할 때까지도 어머니는 농사 일을 하는 일본인의 모습을 본 적이 없었다. 내지〔일본〕로 돌아와 어머니는 심한 문화 쇼크를 받은 것 같다. 상륙한 항구에서 짐을 짊어지고 일하는 사람이나, 농사일을 하는 사람이 모두 일본인이었던 것에 우선 놀랐다고 한다."[117]

위에서 인용한 전기를 쓴 필자의 조부는 1920년 보통문관 시험을 합격하고 1922년에 판임관(25세), 1937년 주임관을 거쳐 46세인 1943년에 조선총독부에서 퇴직했습니다. 그는 퇴직 후 낙하산 인사로 반관반민인 조선농지개발영단의 회계과장이 되었습니다. 1944년에 그의 연봉은 3,450엔인데 당시 일본인 평균 연봉은 7백 엔밖에 되지 않았습니다. 그의 연봉은 일본인 평균 수입의 약 5배에 달하는 고액이었습니다. 게다가, 연 2회의 보너스는 1천 엔씩이었습니다. 당시 1천 엔은 웬만한 집 한 채 값이었습니다. 식민지 한인들은 매우 궁핍한 처지였는데, 한반도에서 근무했던 일본인 퇴직 공무원의 연봉이 그렇게 높은 수준이었다고는 믿기 어렵습니다.[118] 이것은 일본인 대상 공공기관 노동시장과 한인 대상 공공기관 노동시장이 완전하게 분리되어 있었음을 보여 주는 증거로 볼 수 있습니다.

4장

한반도 한인 빈곤의 근본 원인

조선의 농민, 특히 소작농이 가난에서 벗어나지 못한 원인을 "낮은 농업 생산성과 토지에 비한 인구의 과잉과 그로 인한 강고한 지주제의 존속이라는 전통사회 이래의 함정에서 벗어나지 못했기 때문"이라고 김낙년[119]은 지적합니다.

* 김낙년은 가난의 원인을 농업과 농업 관련한 것에서 찾고 있습니다. 그러나 아래에서 보듯이 가난의 원인은 한둘이 아닙니다. 무엇보다도, 가난의 원인으로서 일제가 시행한 경제 제도 또는 정책이 적지 않음에도 불구하고, 그는 그 점을 거의 지적하지 않습니다. 저자는 여기에서는 군국일본 지배기 한반도 한인들을 빈곤하게 만들었던 원인만을 종합합니다. 그렇게 함으로써 일제의 과오를 분명히 할 수 있습니다. 그리고 식민지 근대화론의 오류가 무엇인가를 특정할 수도 있습니다. 개별 원인이 한인의 빈곤에 미친 영향을 추정하는 일은 쉽지 않기 때문에 그런 영향의 크기에 대한 추정은 추후의 과제로 하겠습니다. 그럼에도 아래에서 저자가 제시한 어느 것 하나라도 그 영향이 작은 것은 없습니다. 그리고 한인들을 빈곤하게 만든 원인 중에서 사소하거나 알 수 없는 것은 여기에서 제외했습니다. 후자

중에는 한인들이 규제를 회피하거나 처벌을 모면하기 위하여 지불했던 청탁, 뇌물 등도 있습니다. -저자 주

1. 농업에 대한 과대 투자와 공업에 대한 과소 투자

김낙년이 한인들이 빈곤했던 원인으로 '낮은 농업 생산성과 토지에 비한 인구의 과잉'을 지목했을 때 이는 진실의 일부만을 지적한 것입니다. 그러나 진실의 다른 일부는 그것이 일제에 의한 한반도 경제성장 전략의 결과이면서 일본이 자신의 목적을 위해 한반도의 공업화, 즉 근대화를 원치 않았던 결과라는 점입니다. 그리고 그는 빈곤의 원인으로 너무 적은 수를 지목하고 있습니다. 그러나 진실은 빈곤의 원인이 아래에서 보듯이 아주 많았다는 것입니다.

이 절에서는 일제의 경제성장 전략 중에서 핵심을 이루는 농업과 공업에 대한 투자를 이해하고자 합니다. 군국일본은 농업에는 자원을 과다하게, 공업에는 자원을 과소하게 배분하는 한반도 경제성장 전략을 추구함으로써 식민지 한인의 노력을 상당 부분 허공에 날려 버렸을 뿐만 아니라 극심한 빈곤에서 빠져나올 수 없게 만들었습니다.

산미증식계획은 소득 증대 정책이기 때문에 빈곤의 원인이 될 수 없다고 김낙년은 주장합니다. 그러나 앞에서 보았듯이, 그는 농업 중심 경제의 한계 또는 특징을 고려하지 않았습니다. 그 점은 일본의 '식민지 대만' 경제가 잘 보여 줍니다. 게다가 그는 산미증식계획이 수리조합사업으로 비용만 추가되는 경우도 검토하지 않았습니다

다. 다시 말하면, 1960~1970년대처럼, 공업에 투자를 많이 하고 그 결과로 농업에서 공업으로의 인구 이동이 빨랐다면 상황은 크게 달라졌을 것입니다. 그러나 실제로 일제는 그렇게 하지 않았습니다. 오히려 일제는 장기적으로는 공업 억제 정책을 취했습니다. 그럼에도 1937년 이후 한반도 공업화는 만주국이라는 시장을 위한 것과 규제가 많은 일본보다 한반도에서 신규 공장을 건설하는 것이 훨씬 유리하다는 등의 사정이 있었지만 '전쟁 사회주의'라는 한계를 벗어날 수 없었다는 점도 유의할 필요가 있습니다. 게다가 그런 경제성장 정책마저도 일본인 이익집단에 의해 포획되었을 뿐만 아니라 선전·선동의 목적을 위한 것이었다는 점을 고려해야 합니다. 조선총독부가 이익집단에 의해 포획되면서 일본인의 몫은 극대화되었지만, 한인들의 몫은 아주 작아졌을 뿐만 아니라 한반도 경제가 이중구조 또는 다중구조로 고착되었습니다.

농업만으로는 부국강병이라는 목표를 이룰 수 없다는 점, 식산흥업만이 그것을 가능하게 한다는 점 등을 메이지 유신 지도자들도 잘 알고 있었습니다. 산미증식계획을 수립할 무렵에 일제 일부 고위 관리도 그 점을 잘 알고 있었습니다. 1898~1906년에 대만총독부 민정장관으로 근무하고 대만 지배에서 높은 평가를 받은 바 있는 고토 신페이後藤新平는 다음과 같이 지적했습니다. "이런 것〔만주·시베리아·간도로 이주한 조선인이 70만에서 2백만으로 증가했는데 이들의 이주는 일본 지배가 좋지 않아서였기 때문에 유사시에는 일본의 조선 지배에 반항할 것이라는 것〕을 염두에 두지 않은 채, 안에서 산업을 키우지 않고 지금처럼 조선에 즉시 내지〔일본을 말함〕의 제도를 그대로 옮겨서 공무원 양성소를 만들며 큰 집을 짓는 것만으로 조선을 제대로 통치할 수 있을까? 나는 대만에서 7백만 엔의 세입을 1억으로 만들었는데, 이것을 모두 산업에 사용했다. 그래서 오늘의 대만이 있는 것이다. 대부분 조선을 비생산적으로만 이용하고 산업자금에 많이 투자하지 않는다는 것을 알고 있다. 조선의 미래를 생각한다면 이와 같은 방침은 도저히 안 된다."[120]

고토의 지적은 일본이 조선을 비생산적으로만 이용한다는 것을 일부 일본인들은 이미 알고 있었다는 것을 보여 줍니다. 그가 조선토목건축협회에서 강연을 한 시점은 1924년 또는 1924년으로부터 그리 멀지 않은 과거 어느 때였습니다. 그리고 그는 식산흥업, 좁게는 공업화야말로 조선을 지배하는 방법이어야 한다고 주장한 것입니다. 게다가, 그는 일본의 제도를 한반도에 그대로 옮겨 오는 것도 결코 좋은 방법이 아니라는 점을 지적하고 있습니다. 이영훈, 김낙년 등이 조선민사령과 조선형사령이 한반도 근대화에서 중요한 위치를 점한다고 한 주장과는 다른 주장입니다.

일본 정계와 재계에서, 한반도의 공업화는 일본의 경쟁 상대를 기르는 것이라는 견해가 지배적인 의견이 되면서 고토와 같은 소수 의견은 무시되었습니다. 그러나 다수 의견은 경제학 이론을 무시한 것입니다. 경제학 이론은 경쟁자들이 많을수록 좋고 한 국가가 공업화하는 것보다 다른 나라가 공업화하여 소득이 증가하면 그 국가의 공업화에도 유리하게 작용한다는 것입니다. 물론 이웃 국가 또는 지역이 공업화하면 경쟁이 더 치열해지면서 그 국가는 일시적으로 여러 가지 어려움을 겪지만, 경제는 더 빨리 성장하고 국민소득은 더 빠르게 증가합니다. 경제이론과 다르게, 한반도의 공업화보다는 식민지배를 안정화하기 위하여 조선총독부는 산미증식계획, 철도건설 12년계획 등을 시행했습니다. 그것은 두 가지 이유 때문입니다.

첫째, 식민지 한인에게 그 혜택이 돌아간다는 내용의 선전·선동을 쉽게 할 수 있기 때문입니다. 쌀 생산을 증가시켜 농민의 소득을 증가하게 만드는 것, 철도를 건설하여 한인들의 교통의 편리를 도모하는 것 등은 누구나 쉽게 수긍할 수 있는 '공익'처럼 보입니다. 둘째, 그런 계획들은 일본인 토건업자들, 일본인 사설철도 운영자들, 일본인 지주들, 일본인 기술자들과 노동자들, 총독부 관료들, 수리조합사업 대행기관 등에게 보조금 등 혜택을 주는 방법으로 한반도 경제를 수탈할 수 있기 때문입니다. 즉 총독부가 시행하는 사업은 일본인 이익집단에게 혜택을 주었습니다. 1920년대 초에는 일본에서도 실업자들이 많았기 때문에 일본인 기술자들과 노동자들도 그런 사업으로 혜택을 받았습니다. 조선총독부가 토목청부업자들에게 보조금을 주는 방법을 생각하고 실천한 것은 1920년대와 1930년대 전반 일본 경제의 침체와도 직·간접으로 관련이 있습니다.

산미증식계획은 농업에 과도하게 집중하는 정책이고 그런 집중은 한반도의 다수인 농민을 궁극적으로는 가난하게 만드는 길이었다고 볼 수 있습니다. 공산품과 달리, 농산물은 수확량이 증가하면 가격이 하락하기 때문에 수확량 증가로 총수입이 늘어난다고 보장할 수 없습니다. 게다가, 수확량 증가로 영농비용도 증가하기 때문에 순수입은 감소할 가능성이 큽니다. 산미증식계획으로 총독부는 수리조합사업을 한인 농민들에게 강제했는데 수리조합의 도움이 필요 없는 토지의 소유주는 조합비만 낭비했을 것입니다. 바로 그 점 때문에 상당수 한인 농민들은 수리조합사업에 반대했습니다. 물론 쌀 가격이 인하될 것이라는 예상도 한몫했을 것입니다. 수리조합 때문에 큰 도움을 받았던 농민도 있었지만, 가장 큰 이득을 본 집단은 일본인 대지주들 또는 일본인 농사회사들, 농장들 등이었습니다. 물론 여기에는 일본인 청부업자들도 포함되어야 합니다. 그리고 수리조합사업의 성공으로 쌀 생산이 증대하자 소작료율이 올라갔습니다. 농업에 집중하지 않더라도, 공업을 제외하고 농업만의 성장 또는 개발은 한계가 분명하다는 것을 최근 모든 경제학자가 수긍합니다. 개발도상국 대부분이 제국주의 시대처럼 그다지 수탈당하지 않았는데도 가난을 탈출하지 못하는 이유는 농업의 그런 한계 때문일 것입니다.

한 국가 또는 지역의 모든 인민의 소득을 평균적으로 증가시키는 방법, 그것도 비교적 빠르게 증가시키는 방법으로는 공업화만이 유일한 길입니다. 여기에는 물론 자유무역이 절대적으로 필요합니다. 그리고 공업화를 위해서는 고급 교육도 절대적으로 필요합니다. 그러나 일제는 그것들을 매우 억제했습니다. 이제 조선총독부의 산미증식계획은 절대 다수를 차지했던 한인 농민들, 특히 소작농들을 가난으로부터 탈출시켜 주는 것이 아니라 더 심한 가난으로 밀어 넣는 방법이었다는 것을 알 수 있습니다. 산미증식계획으로 쌀 생산이 증대하자 소작료율이 상승하고 쌀 가격이 하락했기 때문입니다. 물론 쌀 가격이 하락하면 일본인 미곡상은 좋아집니다. 게다가 산미증식계획 이전에도 농업에 인구가 몰리면서 농업의 생산성은 매우 낮았습니다. 수리조합사업에 있어서 매우 중요한 문제는 일본 농업을 위해서 1930년부터 한반도로부터 쌀의 수입을 금지했다는 점입니다. 이렇게 정책을 변경함으로써 군국일본은 자국 농민의 이익을 위해 한반도 농민의 이익을 팽개쳤습니다.

다른 한편, 농업 외적인 요인들도 검토가 필요합니다. 1920년대 말과 1930년대 초에는 세계 대공황, 일본 경제의 침체, 한반도 경제의 침체 등의 어려움도 작지 않았습니다. 현재의 농업 관계 자료로 쌀 생산의 임계점이 언제인가를 정확히 추정할 수는 없습니다. 그럼에도 100정보 이상 소유 지주들의 토지가 큰 폭으로 감소하는 시기인 1925~1930년 기간에 그 임계점을 넘었을 것을 저자는 직관합니다. 이 점을 경제 전체 측면에서 다룬 것이 도리우미[121]입니다. 한마디로, 산미증식계획, 즉 농업을 과대하게 하고 공업은 과소하게 했던 군국일본의 정책이야말로 한인 농민들을 빈곤으로부터 탈출하지 못하게 만들었던 구조적·장기적 원인입니다. 그런 정책의 근저에는 한반도 경제의 공업화, 즉 근대화는 일본의 공업에 어려움을 초래한다는 일본 정계·재계의 지배적 견해가 있었습니다.

〈표 8〉은 전 금융기관의 대출에서 연도별로 각 업종으로 배분된 자금의 비중을 보여 줍니다. 이 표로부터 일제가 어떤 산업 또는 부문에 역점을 두었는가를 알 수 있습니다. 전 금융기관의 대출에서 1910년에 상업이 79.1%, 공업 7.9%, 농업은 3.1%였습니다. 이때만 해도 농업의 비중은 아주 작았습니다. 공업은 농업보다 비중이 컸지만 전 산업에서 비중은 여전히 작았습니다. 1920년에는 상업 72.8%, 농업 12.1%, 공업이 5.7%가 되면서 1910년과 비교하여 상업, 공업 등의 비중이 줄고 그만큼 농업의 비중이 커졌습니다. 그러나 1920년까지도 전체 대출에서 농업의 비중은 그렇게 높지 않았을 뿐만 아니라 상업이 70%를 웃돌았습니다. 이때까지 전 금융기관의 대출만 보면 한반도는 상업 중심 지역이라고 해도 무리가 없어 보입니다. 군국일본지배기 상업도 일본 경공업 제품을 운송, 진열, 판매 등을 하는 업종이라는 점도 지적할 필요가 있습니다. 1930년에는 농업 42.9%, 상업 38.2%, 공업 4.2%가 되면서 1920년과 비교하여 농업이 상업을 다소 앞질렀을 뿐만 아니라 셋 중에서 농업의 비중이 가장 컸습니다. 산미증식계획의 영향으로 볼 수 있습니다. 1936년에는 상업 40.3%, 농업 31.2%, 공업 12.9%가 되면서 1930년과 비교하여 농업의 비중이 큰 폭으로 줄어들었고 공업의 비중이 작지 않게 증가했습니다. 농공병진 정책의 영향이라고 할 수 있습니다. 그럼에도 공업으로의 대출은 13%를 넘지 않았습니다. 1920~1936년에 농업의 비중은 크게 늘었고, 그 대신 상업의 비중이 크게 줄었으며, 공업의 비중이 늘었지만 7.2%포인트 증가에 그쳤습니다. 전 금융기관의 연

표 8 전 금융기관의 대출에서 각 업종의 비율[122]

단위: %

연도	공업	농업	상업	기타	계
1910	7.9	3.1	79.1	9.9	100.0
1915	11.0	7.1	67.9	14.0	100.0
1920	5.7	12.1	72.8	9.4	100.0
1925	3.0	23.6	55.4	18.0	100.0
1930	4.2	42.9	38.2	14.7	100.0
1935	10.5	33.9	41.8	13.8	100.0
1936	12.9	31.2	40.3	15.6	100.0
1937	20.5	22.4	39.5	17.6	100.0
1940	34.0 (광업 5.7% 포함)	16.6 (농임어업)	30.7 (교통업 12.0% 포함)	18.7	100.0
1944. 9.	11.6 (광업 1.7% 포함)	4.5 (농임어업)	27.7 (교통업 1.0%포함)	56.2	100.0

도별 자금 배분에서 1920~1936년에 농업의 중요성이 점증하는 점을 확인할 수 있습니다. 1937년 이후 농업의 비중은 지속해서 감소하여 1940년 16.6%, 1944년 9월에는 4.5%까지 낮아졌습니다. 조선총독부는 1940년대에도 농업을 여전히 강조했지만, 금융자원의 배분이라는 관점에서, 그 비중은 크게 줄었습니다. 금융기관의 대출만을 보면, 1940년대는 농업의 중요성이 크게 낮아진 것이 진실입니다. 상업의 경우는 1910년 이후 그 비중이 지속해서 감소했고 1944년 9월에는 27.7%밖에 되지 않았습니다. 공업·농업과 관련한 상업이 감소했기 때문입니다. 공업은 1930년까지만 해도 전체 대출에서 그 비중이 3~11%였으나 1935년을 전후하여 급격히 증가했고 1940년에는 34.7%(광업 5.7% 포함)까지 치솟았습니다. 조선총독부가 1930년대 후반과 1940년대 전반에 공업을 강조했음을 표에서 확인할 수 있습니다. 다만 이때의 공업화는 전쟁 사회주의라는 점도 강조할 필요가

있습니다. 공업화가 진행되지만, 그것이 민간의 복지에는 도움이 되지 않을 뿐만 아니라 소득 불평등이 악화되는 상태입니다. 그럼에도 자신이 저축한 자금을 이용하여 투자를 할 수 있기 때문에 금융기관의 자금 배분이 현실의 자금 배분과 정확히 일치하는 것은 아니지만 그런 배분이 조선총독부가 어떤 산업 또는 부문에 역점을 두었는가를 이해할 수 있도록 해줍니다.

1920~1936년에 농업에 대한 과다한 투자는 3·1운동 이후 조선총독부의 한인을 위한 경제성장 전략의 결과입니다. 1937년 이후 공업에 대한 투자는 일본 대기업 또는 재벌들이 중심이었고 한인 공업투자도 어느 정도 있었지만 한반도 전체로 보면 얼마 되지 않았습니다. 바로 그 때문에 군국일본지배기 한인들의 경제적 삶은 크게 개선되었다고 볼 수 없습니다.

공업의 발달이라는 관점에서만 본다면, 1910~1925년, 1926~1936년, 1937~1945년 등, 세 시기로 구분할 수 있습니다. 1910~1925년은 농업이 산업정책의 중심에 놓이면서 공업은 상대적으로 중요성이 크게 위축되었던 시기입니다. 그러나 총독부는 1920년에 공업 발전의 걸림돌이라 할 수 있는 조선회사령을 철폐했습니다. 그리고 1918~1919년 일본 민간의 공업투자는 작지 않았지만, 총독부가 식민 지배 '네트워크'를 만들기 위하여 공업투자를 선별적으로 허용했기 때문에 큰 폭의 증가가 일어났다고 보기 어렵습니다. 1926~1936년은 일본의 대기업 또는 재벌기업 또는 대자본이 한반도로 유입됨으로써 그 이전 기간에 비해 공업의 비중이 증가했지만, 현저히 증가했다고 볼 수는 없습니다. 비록 일부 연도, 예를 들어 1931년 전후에 공업의 비중이 감소했던 때도 있었지만 말입니다. 다른 한편, 이 시기에 조선총독부는 농공병진 정책도 펼쳤습니다. 그러나 이 시기 공업화는 일본의 준전시경제라는 정책 추구에 의한 영향과 중요산업통제법의 영향에 의한 것이었고 뒤이어 오는 공업화 정책의 전조로 볼 수 있을 것입니다. 1937~1945년에 일본 정부와 조선총독부는 전쟁을 위하여 한반도 공업화를 강력하게 추진했습니다. 이 기간에 일본 정부는 여러 정책 수단을 실행했는데 그것들의 일부는 '통상적인' 의미의 산업정책이라고 할 수 없습니다. 즉 군수공업화의 의미가 일반적으로 말할 때의 공업화와 다르다는 것입니다. 그러므로 공업화와 관련한 문제는 1926년 무렵부터 다루는 것이 적절할 것입니다.

공업정책을 분석하기 이전에, 총부가가치에서 '제조업' 또는 '제조업과 광업'의 부가가치의 비중을 보기로 합니다. 5부 3장에서 제시한 〈표 4〉는 연도별 총부가가치에서 일부 산업의 부가가치 비중을 보여 줍니다. '제조업의 부가가치/총부가가치' 비율은 1911년 이후 1926년까지는 상당히 증가했습니다. 그럼에도 그 비율은 1911년에는 4.4%밖에 되지 않아 전체 경제에서 제조업의 비중은 매우 작았습니다. 여기에는 한인들의 가내수공업도 포함되어 있을 것입니다. 그러나 그 비율은 1926년까지 작지 않게 증가했지만 1931년에 5.6%로 다시 떨어져서 1916년 수준이 되었습니다. 그리고 그 비율은 1935년에는 8.5%, 1936년 9.8%, 1937년 9.8%, 1938년 11.3%, 1939년 10.7%, 1940년 13.7% 등으로 지속적으로 상승했습니다. 즉 제조업의 부가가치 비중은 1935년을 전후하여 빠르게 상승했다는 것입니다. 총부가가치에서 광업의 비중은 1932년부터 1.0%를 상회하여 1936년 2.5%, 1937년 2.6%, 1940년 3.7%가 되었습니다. 광업과 제조업의 부가가치를 합산한 것을 총부가가치로 나눈 값은 1933년부터 추세를 벗어나 증가하기 시작했습니다. 그 비율은 1932년 7.6%, 1933년 8.7%, 1934년 9.5%, 1935년 10.6%, 1936년 12.3%, 1937년 12.4%, 1940년 17.5% 등이었습니다. 이와 동시에, 농·축·임·수산업의 부가가치가 총부가가치에서 차지하는 비중은 1911년 67.8%에서 1940년에 42.0%로 크게 떨어졌습니다. 특히 1931년에는 추세적인 하락을 넘어서 그 비율이 크게 하락했습니다. 그러나 농·축·임·수산업의 비중은 1940년에도 여전히 높았습니다. 1911년에는 한반도가 명실상부하게 농업이 중심인 지역이었습니다. 1940년에는 농업의 비중이 크게 낮아졌지만 공업의 비중은 13.7%여서 한반도를 공업지역이라 하기에는 그 비중이 높다고 할 수 없습니다. 다만 1940년 이후는 전쟁 사회주의 때문에 공·광업의 부가가치를 그대로 경제성장으로 볼 수는 없다는 점을 앞에서 지적했습니다.

광업과 제조업의 부가가치라는 관점에서 1933~1935년이 중요한 전환점이라는 것을 알 수 있습니다. 총부가가치에서 제조업 부가가치의 비율은 1935년을 전후하여 빠르게 증가했고, 1938년부터 10%를 넘었으며, 1940년에 13.7%에 도달했습니다. 〈표 4〉는 한반도에서 공업화가 지속해서 진전되었다는 것을 보여 줍니다. 1931년 전후와 1937년을 제외하면 말입니다. 그럼에도 1940년 광공업의 비중은 충분히 높지 않았고 광공업에 전기·가스·수도업을 합산해도 같은 해 총부가가치의 21.2%밖에 되지 않았습니다. 그리고 앞에서 보았지만 1940년 이후에는 군수 관련 공업은 빠르게 증가했고 비군수 공업은 상당히 축소되었습니다. 이것은 전쟁 사회주의의 심화라고 할 수 있고 경제성장은 일어났지만 한인 민간의 삶은 개선된 것이 많지 않았다고 할 수 있습니다. 전쟁이 아니었다면 그런 일은 발생하지 않았을 것입니다.

한마디로, 조선총독부의 경제성장 정책의 중심은 농업, 상업, 공업 등의 순서였으나 1937년 이후에 그 중심은 상업, 공업, 농업 등의 순서였습니다. 물론 예외적인 연도도 있었습니다. 1930년대 후반부터 일본 민간의 대對한반도 투자는 제조업, 그것도 중화학공업이 중심이었습니다. 1910년과 비교하여, 1940년 시점 한반도는 농업 중심 지역에서 어느 정도 벗어나고 있었지만, 단일 산업으로는 농업의 비중이 여전히 가장 컸습니다. 1930년대와 1940년대 전반 일본 민간에 의한 대對한반도 투자는 제조업, 전기·가스·수도, 광업 등에 집중되면서 그 세 가지가 크게 늘어난 것은 사실이지만 전체적으로 보면 그 비중은 여전히 낮았다고 할 수 있습니다. 게다가 그들 중에 다수는 전쟁 사회주의로서 한반도의 경제성장에 기여하고 한인들의 몫을 증가시키는 데는 상당히 제한적이었습니다.

2. 일본 민간의 대對한반도 투자도 병참기지화를 위한 것

●●

앞 절에서는 조선총독부의 산미증식계획, 철도건설12년계획 등이 농업과 농업을 위한 교통의 발달을 위한 것으로서 한반도에서 농업에 자원을 집중하도록 만들었음을 지적했습니다. 군국일본지배기 공업화는 일본 민간 자본에 의해서 진행되었지만, 조선총독부의 요구나 일본 정부의 병참기지화 요구를 반영한 것입니다. 1920년에 조선회사령이 폐지될 때까지 총독부는 일본인 투자를 선별적으로 허용하여 한반도 지배 네트워크를 구축하는 데 목적이 있었습니다. 다만 조선회사령의 제정과 폐지에 대한 주장은 저자가 처음 한 것이기 때문에 차후 정밀한 검토가 필요합니다. 그 결과 공업화는 진전되었지만 느렸고 공업의 비중도 조금씩 상승했습니다. 적어도 1937년 중일 전쟁 이전까지는 그랬습니다.

일본 자본의 핵심은 자이바쓰財閥라고 알려진 일본만의 독특한

복합기업이 중심을 이루었습니다. 특히 1930년대와 1940년대 한반도 투자는 자이바쓰들이 중심이었습니다. 그런 자이바쓰는 메이지 시대 가장 위대한 기업가라고 지칭되었던 이와사키 야타로가 독일 모델을 응용한 것입니다.[123] 2차 세계대전 이후 일본에 주둔한 미군정은 정경유착을 통해 전쟁에 조력했다는 이유로 자이바쓰를 해체하고 게이레츠로의 전환을 강제했습니다. 다른 한편, 2차 세계대전 이전 일본의 자이바쓰 형태는 삼성그룹, 현대그룹 등과 같은 오늘의 한국 재벌들에 그 원형이 여전히 남아 있습니다.

1920년 한반도에서 조선회사령이 공식적으로 철폐되면서 일본의 대자본이 1926년 무렵부터 이윤 기회를 찾아 한반도에 공장 또는 회사를 설립하기 시작했습니다. 일본 대기업 또는 재벌기업의 한반도 진출은 일본질소비료를 시작으로, 미쓰이三井 계통의 남북면업南北綿業, 군시제사郡是製絲, 동양제사東洋製絲, 소야전蘇野田시멘트, 미쓰비시三菱 계통의 조선중공업, 니치멘日本棉花 계통의 조선면화, 전남도시제사全南道是製絲, 카네보鐘紡 계통의 종연방적鐘淵紡績, 카타쿠라片倉 계통의 편창제사片倉製絲, 동척東拓 계통의 조선연탄, 아사노淺野 계통의 천야시멘트스레트 등의 공장이 설립되었습니다.[124] 그리고 이 시기에 한반도에 진출한 일본 대기업은 1930년대에도 한반도의 공업을 주도해 나가게 됩니다. 이때의 일본 투자는 비료, 면방직 등과 같이 농업과 관련이 있거나 시멘트, 석탄 등으로 대변되는 광업이 중심이었습니다. 특히 면방직은 한반도 노동자의 저임금을 염두에 둔 것으로 보입니다.

일본 대기업의 한반도 진출은 1930년대 후반에 한층 가속화되었습니다. 왜냐하면 1930년대부터 조선총독부의 산업정책이 농공병진으로 바뀌면서 공업의 중요성이 그 이전에 비해 강조되었을 뿐만 아니라 1937년 이후는 군수품 생산을 위하여 군수공업이 강조되었기 때문입니다.

일제는 '국가총동원법'(일본 국내에서는 1938년 4월 공포, 한반도에서는 1939년 9월 시행)에 의해 모든 자원 배분을 국가가 본격적으로 통제하기 시작했습니다. 통제에는 자본과 노동의 배분뿐만 아니라 재화의 가격과 배급, 기업 활동의 허가, 수출입 등도 포함되었습니다. 일본 정부는 또한 '물자동원계획'과 '생산력확충계획'(1938~1941년간의 4개년 계획으로 출발) 등을 통해 전쟁에 필요한 자원을 어떻게 배분할 것인가를 계획하고 실행했습니다. 전쟁을 수행한다는 명분으로 국가가 민간의 자원 배분에 깊숙이 개입했는데 그것은 전쟁의 관점에서 불필요한 또는 덜 필요한 재화나 산업은 자원 배분에서 제외하고 수출입을 규제함으로써 자원을 전쟁 관련 산업으로 전환하거나 집중하도록 유도하는 것이었습니다.

앞에서 서술한 법 또는 계획에 따라 군국일본은 1937년부터 한반도를 병참기지로 만들 것을 추진했기 때문에 저자는 이 시기부터 군수공업화라는 개념 대신에 '전쟁 사회주의'라는 개념을 사용해야 한다고 지적한 바 있습니다. 그 개념이 더 적절하기 때문입니다. 1932~1936년 공업화도 전쟁 사회주의라고 할 수 있는 부분이 없지 않지만, 군수공업화라는 개념을 그대로 사용할 것입니다.

조선총독부가 시행한 전쟁 사회주의는 네 가지 수단이 핵심입니다. 그것들은 중소상공업 유지·육성정책(1939년 8월 '손실 보상제'), 기업허가령(1941년 12월), 기업정비령(1942년 5월), 군수회사법(1943년 10월)입니다. 그 네 가지 수단은 총독부가 전쟁에 필요한 산업에 자원을 집중적으로 배분하고 기존 비군수 부문의 자원을 군수 부문으로 이전하거나 휴·전·폐업하도록 유도하거나 강제하는 수단입니다. 이 과정에서 재산권 침해가 극심했을 뿐만 아니라 비숙련 또는 숙련 노동자의 실업도 많이 발생했습니다. 실업이 증가했지만, 그 규모를 지금 정확히 알 수는 없습니다. 이렇게 비군수 중소상공업 등에서 실업자가 양산되면서 농업에서는 소작농도 증가했습니다. 다른 요인이 일정하다면, 인구가 증가하는 가운데 비농업 부문에서 일자리가 오히려 줄어들면서 소작농의 증가로 이어졌기 때문입니다. 소작농이라고 하더라도 사실상 '잠재실업자'가 되었다는 것이 더 정확한 표현일 것입니다. 그리고 그들 실업자 중의 일부는 모집, 관알선, 징용 등으로 일본으로 강제 동원되었고 일부는 일본, 만주 등으로 이주했습니다. 그 네 가지 수단 중의 일부는 군수공업화 시행 과정에서 드러난 폐해를 어떤 방법으로든 처리하는 방법이기 때문에 군수공업화 정책 자체로 볼 수는 없습니다. 그 이외에도 보조금 정책과 소개疏開정책이 추가되면서 극심한 재산권 침해, 실업자 발생, 중소상공업자들의 휴·전·폐업, 도시 일부의 흉물화, 소득 불평등 악화, 부의 불평등 악화 등이 발생했습니다.

1932~1936년 공업화와 1937년 이후 전쟁 사회주의가 경제성장에 미친 영향을 검토합니다. 첫째, 일본 민간 자본의 유입은 한반도의 경제성장을 초래했습니다. 천연자원의 발견, 분업의 확대, 자유무역, 자유시장경제의 도입 등을 제외하면, 자본의 증대가 경제성장의 유일한 방법인데 일본 자본, 특히 대기업들 또는 재벌기업들의 식민지 한반도로의 쇄도는 자본 투입의 증대를 통한 경제성장을 가져오기 때문입니다. 앞에서 나열한 것들은 정상 국가일 때에 적용한 것이고 식민지 상황은 아래에서 보겠지만 다른 요인도 있습니다. 그리고 일본 정부, 일본 대기업을 제외한 일본 기업이나 민간 등에 의한 자본 투자도 적지 않았지만, 상대적으로 일본 대기업들 또는 재벌기업들의 자본 투자가 가장 많았습니다. 1937년 이후 제조업의 성장률이 빠르게 증가했던 것은 바로 그 때문입니다. 물론 1932년 이후 투자도 그 이전보다 많았기 때문에 제조업의 성장률도 그에 비례했습니다.

둘째, 한반도의 공업화는 조선총독부의 농업 위주의 경제성장 정책 때문에 1920년대에는 큰 변화가 없었고, 1930년대 전반부터 일본 대기업이 한반도에 본격적으로 진출하기 시작했지만, 처음에 그 중심은 전기·가스·수도에 있었습니다. 그러나 1930년대 후반에는 제조업 중심의 공업화가 가속화되었습니다. 일본 대기업들의 그런 투자는 1930년대 후반에 한반도 산업구조를 경공업에서 중화학공업 중심으로 바꾸어 놓았습니다. 여기에서 경공업이란 방직, 식료품, 제재와 목제품 가공, 인쇄 제본업, 기타 공업 등을, 중화학공업은 금속, 기계·기구, 화학, 요업, 가스·전기업 등을 지칭합니다. 경공업과 중화학공업의 병행, 즉 공업의 이중구조는 1930년대 후반 일본 정부의 군수공업화에 의해 초래된 것입니다. 그러나 공업의 인위적인 이중구조는 한반도 한인들에게는 큰 도움이 되지 않았습니다.

농촌에 잠재 실업자가 무수하게 많은 상황에서 중화학 공업은 자본 집약적인 산업으로서 실업 해소에 도움이 되지 않습니다. 그런 이중구조는 일본이 전쟁을 수행하는 데 필요한 것입니다. 중화학공업은 일본 대기업들 또는 재벌기업들이, 경공업은 한반도 중소 상공업자들이 중심이었습니다. 그런 구조는 일본의 일·선·만 블록이라는 전쟁 계획에 기반을 두고 있는 것이었습니다. 일·선·만 블록이란 일본, 조선, 만주 경제를 하나의 블록을 형성하는 것을 의미합니다. 이 점은 다음 글에서 잘 나타나 있습니다. 즉 "일·만 경제 블럭은 조선을 중계로 하여 粗工業적인 중공업을 만주의 공업 전선에 놓고 내지內地(일본을 말함)는 중공업 중 고급공업 및 정밀공업을 더욱 진흥시키며 그 중간에 있는 조선은 중간지위를 점하는 만큼 공업에서도 중간적 지위를 점한다. 그 처음에는 중소공업 특히 중소수공업이 가장 적당하다."[125]

셋째, 일본 대기업들 또는 재벌기업들의 1930년대 식민지 투자 중에는 전원電源 개발을 목적으로 하는 경우가 적지 않았습니다. 전원 개발을 통한 전기 요금의 하락은 경제 전 부문의 비용을 떨어뜨림으로써 한반도 경제성장에 작지 않게 기여했을 것입니다. 무엇보다도, 전기 요금의 하락은 전기 대량 소비업종인 중화학공업에 유리했습니다. 특히 북한 지역의 수력 자원에 의한 전원 개발은 1920년대 후반부터 일본의 대기업들 또는 재벌들이 선도했습니다. 그러나 해방 이후 남북이 분단되면서 북한 지역의 전기는 남한으로의 송전이 중단되었습니다. 그런 중단은 남한의 산업과 경제의 전후 부흥에 어려움을 주었지만, 북한에는 적지 않은 도움을 주었습니다. 이 점이 1970년대까지 북한이 남한을 경제성장 측면에서 어느 정도 앞설 수 있었던 역사적 요인 중의 하나로 볼 수 있습니다.

전쟁 사회주의를 위한 네 가지 수단 중에서 가장 중요한 것은 군수회사법(1943년 10월)입니다. 그 법은 생산수단을 '법적으로는' 민간이 소유하지만 '실질적으로는' 정부가 소유한다는 점을 분명히 한 것이었습니다. 군수회사에 지정된 회사들은 '생산책임제'를 이행하지 못하면 책임 추궁이 뒤따랐습니다. 총독부는 군수회사에게 경우에 따라 보조금도 지불하고 이윤율도 보장했습니다. 일부 군수회사는 주가도 조작되었습니다. 앞에서 열거한 점들 때문에 군수물자 생산 공업화 정책은 본질이 전쟁 사회주의 또는 전쟁경제 또는 명령경제입니다. 총독부는 한반도 군수회사로 100대 기업을 지정했습니다. 그중 3개의 기업만 한인이 소유자였지만 그것마저 선전·선동용으로 허울 좋은 것이었습니다. 다른 세 가지 수단, 즉 중소상공업 유지·육성정책, 기업허가령, 기업정비령 등도 군수회사법에 의해 지정된 회사로 자원을 이전하거나 휴·폐업하는 것을 명령하거나 비군수 부문에서의 기업설립 허가를 차단하여 자원이 군수회사로 집중되도록 한 것이었습니다. 그 세 가지는 전쟁 사회주의를 위한 수단이지만 군수회사법보다는 정도가 약한 것입니다. 그 세 가지에서도 많은 기업의 재산권이 침해되었습니다. 그리고 군수물자 생산 공업화 정책을 단계적으로 시행함에 따라 전쟁 사회주의도 한층 심화하였습니다. 1937년 이후의 공업화를 군수공업화로 규정하는 것은 공업화 정책의 결과만을 표현한 것입니다. 그것은 군수공업화 정책의 경제체제로서의 본질을 무시한 것입니다. 전쟁 사회주의도 사회주의의 한 형태로서 평균 소득은 낮아지고 불평등이 악화된다는 점은 예외가 없습니다. 사회주의는 경제의 붕괴와 함께 각종 혼란, 갈등, 무질서 등도 초래합니다. 적어도 1937년 이후의 한반도 한인의 불행은 전쟁 사회주의의 시작과 심화에 있었습니다.

앞 절에서 공업화의 전반적인 추세를 설명했습니다. 공업 내부는 어떻게 변화했는가요? 1920년대 후반에서 시작된 공업화는 한반도에서 경공업의 비중을 낮추고 중화학공업의 비중을 지속해서 끌어올렸습니다. 1930년대 초까지 경공업에서는 방직공업이 주가 되었습니다. 중화학공업 생산은 1920년대 전반까지만 해도 전체 공업 생산의 20% 내외였습니다. 그러나 그 비중은 1940년에는 51.6%까지 상승했습니다. 그리고 이런 경향은 1945년에 접근할수록 더 강화되었을 것으로 추정됩니다.[126] 공업생산에서 중화학공업의 비중이 많이 늘어난 것은 일본 대기업 또는 재벌기업 또는 대자본의 대對한반도 투자 때문이었습니다. 그리고 그런 투자는 기본적으로 일본의 전쟁 수행을 위한 것이었습니다.

경공업과 중화학공업을 제외하고도 한반도 가내공업의 존재를 무시할 수 없습니다. 무엇보다도 면직물 가내공업은 일본의 공장제 면직물의 도전에 직면하여 큰 어려움을 겪고 있었습니다. 게다가 일본 사업가들은 면화의 공판제共販制를 실시하여 수집하고 일본 방직공업의 원료로 수출하였습니다. 일본 공장제 면직물의 경쟁에 직면하여 면화의 수집·수출은 한반도 면직수공업의 몰락을 재촉했습니다. 다른 한편, 마직물·견직물·도기품 제조업·한지韓紙제조업·양조·금속수공업(대장간) 등은 해방까지 생산의 일부를 담당했습니다. 그것들이 일본의 공업제품과 경쟁 관계에 있지 않거나 수요가 충분하지 않기 때문에 일본 사업가가 관심을 두지 않았기 때문입니다. 1939년 이들 가내공업의 생산액은 공업 총생산액의 22% 정도였습니다.[127] 이 점은 해방 이전까지 한반도 공업이 공장제 공업과 가내공업의 이중구조였음을 의미합니다.

공업에서 중화학공업의 비중이 커지는 것을 통상 '공업구조의 고도화'라고 부릅니다. 1932~1937년 이후에 한반도에서 중화학공업의 중요성이 증대하면서 공업구조가 고도화되었다고 할 수 있습니다. 그러나 이것은 전쟁 사회주의라는 점에서 평화 시의 공업구조 고도화와 다른 것입니다. 조선총독부가 전쟁 사회주의를 강력하게 추진하지 않았다면 공업 전체에서 중화학공업의 비중이 그렇게 빠르게 증가하지 않았을 것입니다. 주지하듯이, 경공업은 노동집약적이고 중화학공업은 자본집약적입니다. '과잉' 중화학공업화는 농업에 내재하는 잠재실업자를 흡수하기 어렵고 자본 축적이 미약한 기업가 또는 기업에게 시장 진입의 기회를 주지 않습니다. 전쟁 사회주의에 의한 과잉 중공업화는 한반도 경제에는 축복이 아니라 '재앙'이 되었다는 것입니다. 다른 요인과 함께, 이 요인도 1945년 1인당 국내 총생산이 1910년 수준과 비슷하거나 그 이하로 떨어지는 데 적지 않은 영향을 주었을 것을 저자는 직관합니다.

전쟁을 위하여 일제는 한반도에서 중소상공업 유지·육성 정책, 기업허가령, 기업정비령, 군수회사법 등을 시행했지만 여기에서 그런 정책의 함의를 모두 다룰 수는 없습니다. 첫째, 중소기업유지·육성 정책은 여러 폐해를 초래했습니다. 그것들을 설명 없이 나열해 보겠습니다. 자원이 군수공업에 집중되면서 비군수공업, 상업, 농업, 금융 등이 타격을 입었습니다. 한반도의 대일본 경공업 제품 수입이 어려워졌습니다. 한반도 중소상공업의 위축은 휴·폐업과 실업으로 이어졌고 조선총독부는 이를 정치적 불안 요인으로 간주했을 것입니다. 조선총독부가 자체 조사한 바에 의하면 1940년 10월 말 현재 전체 상공업자 수는 약 23만 명, 여기에 고용된 전체 피용자 수는 약 51만 명, 그중에서도 총독부 판단으로 휴업 또는 폐업의 위기에 몰린 '대책 필요자'는 상공업자 수로는 약 2만 3천 명, 피용자 수는 3만 9천 명으로서, 전체에서 그 비율은 각각 약 10%, 약 7.7%였습니다.[128] 이 수치는 물론 총독부의 주관적인 판단이 개입된 것이지만 상당수 상공업자와 그 노동자가 어려움에 부닥쳤던 것은 사실인 것처럼 보입니다. 또는 그 이상일 수도 있습니다. 대책 필요자 비율이 높은 업종으로는, 상업에서는 피혁제품관계상, 고무제품관계상, 철물 및 기계공구상, 귀금속·시계·안경상, 양곡상, 식료품상 등이고, 공업에서는 방직공업, 금속공업, 기계기구공업, 요업, 화학공업, 제재 및 목제품공업, 인쇄 및 제본업, 식료품공업 등입니다.[129] 샤브쉬나[130]도 "전쟁 시기의 도시 중산층, 즉 기술자와 가내 수공업자·소상인·공장주들의 생활은 급격히 악화되었다"라고 지적합니다. 군수물자 생산 공업화가 진전되면서 중소상공업자와 그 노동자만이 휴·폐업의 위기에 몰린 것이 아니었습니다. 농업에서도 소작농의 비율이 증가하고 농민이 화전민이 되고 그 수가 늘어나기 시작한 것도 그런 공업화에 영향을 받았습니다. 금융에서도 예금 초과로 경영상의 어려움을 겪는 금융기관들이 증가하기 시작했습니다. 강제저축으로 예금은 증가했지만, 대출은 총독부의 통제를 받아 군수회사와 관련 사업체에만 가능했기 때문입니다. 그런 배경은 조선총독부에게는 정치적 불안 요인이 되었을 것을 추론할 수 있습니다. 총독부는 중소상공업자를 보호하기 위하여 손실보상제를 실시했으나 실제로는 선전·선동을 위한 것이었습니다. 다른 영향도 많이 있지만 생략합니다.

무엇보다도, 일본 정부는 전쟁을 수행할 목적으로 기업허가령을 시행하여 한반도에 거주하는 일본인과 한인의 기업설립 행위를 강력하게 규제했습니다. 그런 통제는 기업허가령 위반 행위를 초래했습니다.[131] 기업허가령은 군수공업화를 이유로 기업의 설립을 통제하기 위하여 1941년에 조선회사령을 부활시킨 것이라고도 볼 수 있습니다.

기업정비령의 시행은 크게 다음과 같은 과정으로 진행되었습니다. 조선총독부 산하 기업정비위원회의 설치, 기업정비 대상 업종 결정, 기업정비 대상 업종에 속하는 공장의 선정, 기업정비 대상 기업 자산의 평가, 조선중요물자영단('금속류 회수령'과 '조선중요물자영단령'에 의거)에 의한 생산시설의 매수와 그 대금 지급, 매수 자산의 초중점 군수생산부문으로 재배치, 지급된 매수 대금을 국채 저금 또는 장기성 예금으로의 환수 등입니다. 그리고 생산설비 매각의 마지막 단계에서는 그 매각 대금의 일부를 강제저축하도록 했습니다.

기업정비위원회는 1944년 2월 21일에 제1차 정비업종을, 6월 26일에는 제2차 정비업종을 발표했습니다. 〈표 9〉는 1, 2차 기업정비 대상 업종을 보여 줍니다.

허수열[132]은 제1차 기업정비 대상 업종에 속하는 공장을 1939년판 공장명부를 이용하여 분석하여 보여 줍니다. 명부에 등록된 공장은 6,953개이고 기업정비업종에 속하는 공장은 3,810개였습니다. 등록된 공장의 약 54.8%가 기업정비 대상 업종에 속하는 공장이었습니다. 그 공장들을 한인 소유와 일본인 소유로 구분해 보면, 한인 공장 전체 4,185개 중에서 정비 대상은 2,637개로 전체의 약 63.0%, 일

표 9 기업정비 대상 업종[133]

구분		제1차 기업정비 업종 (1942. 2. 21)	제2차 기업정비 업종 (1944. 6. 26)
조선 총독부 담당	배급 부문	의약품류 도매업, 도자기 도매업, 견사 매매업, 직물 도매 및 중간 판매업	일본옷 기성품 도매업, 제면 도매업, 모자 도매업, 설탕 도매업, 원피중매업, 자전거·내연기관·자동차부품 판매업
	공업 부문	제약업, 비료제조업, 유리제품제조업, 제사업, 진면제조업, 양곡가공업, 소주제조업, 아미노산공업, 인쇄업	식육가공업, 경화유 지방산 글리세린제조업
	기타	유가증권 거래원업 및 유가증권업, 전기공사청부업	
도 담당	소매상	포목상, 양품잡화상, 가정용 철물상, 도자기상, 구두상, 약품·화장품상, 종이·문구상, 가구상, 신발상, 부엌용 잡화상, 과자상, 어물상, 채소과일상, 만물상	양복상, 기성복상, 귀금속·시계·안경상, 사진기상, 라디오·전기구상, 자전거상, 유리상, 가방상, 장신구·화장품상, 서적·잡지상, 완구상, 식료잡화상, 정육상, 건축철물상, 땔감상, 화분상
공동 담당	공업 부문	견·인견직물공업, 메리야스제조업, 피복제조업, 가구제조업, 일본나막신제조업, 과자제조업, 제면업	제면製綿 및 반모反毛 가공업, 모자제조업

본인 공장 전체 2,768개 중에서 정비 대상은 1,173개로 전체의 약 42.4%였습니다.[134] 이것은 결과적으로 기업정비가 한인에게 더 가혹했음을 의미합니다.

기업정비령에 의해 통폐합된 기업은 '금속회수령'과 '조선중요물자영단령'에 의해 생산설비를 조선중요물자영단에 매각해야 했습니다. 〈표 10〉은 '금속회수령'에 의한 기기의 매수와 전용 및 활용 상태를 보여 줍니다. 금속회수령에 따라 회수한 기기는 전동기 2,565대, 변압기 288대, 공작기계 219대로서 총금액은 2,307,398엔이었습니다. 표는 일본 정부의 의도대로 금속 회수가 순조롭게 진행되

표 10 '금속류 회수령'에 의한 기기器機의 매수와 전용 및 활용[135]

단위: 엔

할당대상	전동기		변압기		공작기계		금액합계
	대수	금액	대수	금액	대수	금액	
군관계(A)	1,381	739,555	144	67,244			806,799
군수성	474	326,361	56	20,326			346,687
조선군	355	206,597	44	22,447			229,044
군 무관부	552	206,597	44	24,471			231,068
조선총독부(B)	1,184	814,211	144	58,468	219	627,920	1,500,599
관수	241	155,398	35	11,675	57	161,440	328,513
민수	943	658,813	109	46,793	162	466,480	1,172,086
합계(A+B)	2,565	1,553,766	288	125,712	219	627,920	2,307,398

고 있음을 보여 줍니다. 두 가지 규제는 전쟁으로 인한 극심한 재산권 침해라고 하겠습니다.

군수회사법은 군수회사로 지정된 회사를 조선총독부의 명령 경제의 일부로 만들었던 법규들의 대표적인 것이었습니다. 명령 경제에서 재산권 침해는 너무도 정상적인 일이 됩니다. 즉 자원의 배분에 있어서 군수회사법은 '최악'의 제도라는 것입니다. 1944년 공칭자본금을 기준으로는 군수회사로 지정된 조선에 본사를 둔 회사의 자본금은 1,505,250천 원으로 조선 전체 본사 회사 자본금 1,836,533천 원의 약 82.0%에 달하였습니다. 공칭자본금 기준으로 사실상 군수회사로 지정된 회사가 조선 전체 본사 회사의 절대 다수였다는 것입니다. 허수열[136]은 공장을 기준으로 일본인 회사 소유 자산 중에서 군수회사로 지정된 회사의 자산은 62%였음을 지적합니다. 62~82%라는 수치는 군수회사로 지정된 회사의 비중이 얼마나 높았는가를 보여 줍니다. 군수회사법은 조선총독부가 한반도에서 전쟁 사회주의를 구현했던 핵심적인 수단이었습니다. 군수회사법이야말로 군수

공업화라는 개념보다는 전쟁 사회주의가 적절한 개념임을 입증하는 것입니다. 군수회사법의 함의는 너무 많지만 한 가지 점은 강조할 필요가 있습니다. 1937년 이후의 광공업 비중 증가가 한반도를 전쟁을 위한 병참기지로 삼아 전쟁물자를 생산하여 전쟁터에서 소모한 결과였기 때문에 한인들의 생활수준과 빈곤 문제는 오히려 악화되었습니다. 소득 불평등 문제도 마찬가지였습니다.

1937년 이후 전쟁 사회주의는 두 시기로 나눌 필요가 있습니다. 1937-1940년을 1기로, 1941-1945년을 2기로 나눌 것을 제안한 바 있습니다. 군수회사법 등으로 2기가 1기보다 파괴성, 소모성, 생산성 하락 등에서 더 나쁩니다. 이 점 때문에 조선총독부가 1941년 이후의 자료를 모두 폐기했을 가능성을 저자는 직관합니다.

1937년 이후 전개된 한반도의 병참기지화 정책이 한인 소유의 기업에 미친 영향은 무엇인가요? 1930년대 이후에 한인 또는 민족 공업은 그 영세성에도 불구하고 상당히 증가했습니다. 그러나 앞에서 지적한 전쟁 사회주의화 정책 또는 제도는 한인 기업 또는 민족 기업을 군수산업의 하청공업에서 배제했고 그 결과로 제품 원료의 구입난을 겪게 되었을 뿐만 아니라 차별적인 금융 정책 등으로 금융상의 혜택도 받지 못하게 됨으로써 몰락의 길을 가게 되었습니다.[137] 이런 현상은 병참기지화 정책이 본격화된 1941년 이후에 더 심화되었을 것을 직관합니다. 이 때문에도 전쟁 사회주의는 1기와 2기로 나눌 필요가 있습니다.

3. 강력한 간섭주의와 사회주의의 혼합경제 그리고 전쟁 사회주의

어떤 경제체제를 채택하는가에 따라 경제 전체의 효율성, 공정성, 평등성이 달라집니다. 자본주의의 구성요소는 '사적 재산의 보호, 계약의 자유, 건전한 화폐' 등입니다. 모든 면에서 자본주의가 간섭주의보다 우위에 있고, 간섭주의는 사회주의보다 우위에 있습니다.

군국일본지배기 한반도 인민이 가난했던 원인 중의 하나는 조선총독부가 채택한 경제체제가 1937년 이전에는 강력한 간섭주의와 사회주의의 혼합경제 그리고 1937년 이후에는 전쟁 사회주의였기 때문입니다. 다시 말하면, 한반도에서 자본주의는 없었습니다. 무엇보다도, 1910년 이후 한반도의 화폐는 불환지폐로서 '건전한 화폐'가 아니기 때문입니다. 그리고 그 기간 군국일본도 자본주의 국가가 아니었음은 재고의 여지가 없습니다.

기간별로 나누어 보면, 1910~1936년에, 일부 예외적인 기간을 제외하면, 한반도 경제체제는 강력한 간섭주의와 사회주의의 혼합경제였습니다. 일본은 지배-피지배 관계를 이용하여 필요한 경우에 한인들의 경제행위들을 통제 또는 규제했기 때문에, 그때의 간섭주의는 지배-피지배 관계가 없는 자국 정부의 간섭주의와 근본에서 다른 점도 적지 않았습니다. 식민 지배 초기에는 지배를 효율화하고 안정시키기 위하여 민족주의자들을 처벌하는 등의 일을 함으로써 그들의 신체, 재산, 자유 등을 파괴했고, 그 결과 상당수의 한인이 만주, 간도 등으로 이주했습니다. 이것은 사회주의라고 할 수 있습니다.

1937년 이후는 전쟁 사회주의였습니다. 전쟁 사회주의란 전쟁을 핑계로 민간이 가진 모든 자원을 국가가 대가 없이 또는 아주 적은 대가를 주고 탈취하여 소모해 버리기 때문에 사회주의라고 합니다. 대가가 없거나 아주 적기 때문에 자원의 과잉 사용 또는 과잉 소모가 일어나는 것은 필연입니다. 전쟁 사회주의는 사회주의보다 경제를 훨씬 빠르게 파국으로 몰아갑니다. 이 기간에 각종 자원에 대한 강제 동원이 이루어졌고 그런 동원은 한반도 경제에 부정적인 영향을 크게 미쳤습니다. 예를 들어, 일본 광산으로의 징용은 평시보다 사망률을 2배 이상으로 높였는데 그렇게 비정상적으로 높은 사망률은 전쟁 사회주의로 인한 차별 때문입니다. 1942년부터 실시된 강제저축은 민간의 재산권을 침해하였을 뿐만 아니라 그런 강제저축과 일반 저축을 기반으로 모든 금융기관의 자금을 한반도 군수관련산업에 진출해 온 일본 대자본에게 특혜 지원을 함으로써 한인기업들에게는 금융 자금이 배분되지 않아 몰락하게 되었습니다. 사실 한반도 전 경제를 전쟁 사회주의화했습니다. 1940년대로 진입하면서 한반도 경제는 화폐를 사용하는 간접교환 경제에서 '물물교환' 경제로 퇴보하기 시작했습니다. 물물교환은 극심한 인플레이션 때문에 일어났습니다. 물물교환의 확산은 한반도 경제의 생산성이 극도로 낮아지고 있다는 증거입니다. 이것도 전쟁 사회주의 영향으로 간주해야 할 것입니다.

4. 농지 소유 불평등 악화

조선 왕조 후기에도 농지 소유의 불평등 정도는 높았습니다. 농지 소유 불평등의 원인이 무엇이든, 그런 불평등은 소득이 낮은 계층의 저축을 어렵게 함으로써 경제성장에 부정적인 영향을 미칩니다. 이것도 농민을 포함한 한반도 한인들이 가난했던 이유 중의 하나입니다. 그리고 일제의 농업 중심의 경제정책은 농민을 더 가난하게 만들었기 때문에 오히려 농지 소유의 불평등을 악화시켰습니다.

농지 소유 불평등의 정도는 어느 정도일까요? 군국일본지배기인 1913년과 1942년의 농가 호수 유형별 비중의 변화를 보면 지주와 자작농이 25.9%에서 17.4%로, 자소작농은 32.4%에서 23.9%로, 소작농은 41.7%에서 53.8%로 바뀌었습니다. 1942년 농업노동자와 화전민의 비율은 4.9%였습니다. 이것은 군국일본지배기에 농지 소유의 불평등이 매우 악화되었음을 보여 줍니다. 1940년 총유업자 중에서 농업 종사자는 76.5%, 수산업 종사자는 1.3%, 공업·광업·상업·교통업 종사자는 12.0%였습니다. 농업 종사자가 총유업자의 80% 전후라는 것입니다. 이런 상황에서 자소작농, 소작농, 농업노동자, 화전민이 전체 농가 호수에서 차지하는 비율은 1942년 각각 23.9%, 53.8%, 3.1%, 1.8%로서 그 합계가 82.6%입니다. 자소작농을 제외하더라도 그 합계는 58.7%입니다. 1940년 농업 종사자가 총유업자의 80% 전후인데 그런 농가 가구 중에서 농지를 소유하지 않은 농민이 58.7%, 농지가 충분하지 못한 농민인 자소작농을 합하면 82.6%입니다. 우리는 이제 1940년 시점의 농지 소유 불평등 정도를 짐작할 수 있습니다. 1913년 이후, 약간의 예외를 제외하면, 농지 소유 불평등 정도는 악화하였습니다.

이영훈은 인구의 증가가 그런 상황을 초래했다고 주장하고 있습니다. 그러나 그것만으로 농지 소유 불평등 악화 현상을 설명할 수는 없습니다. 농업 종사자가 총유업자의 80% 전후라는 사실은 농업에 너무 많은 인구가 종사하고 있다는 것입니다. 이 문제를 해결할 수 있는 유일한 길은 공업화밖에 없다는 것에 최근 많은 경제학자가 수긍합니다. 이 점은 그 당시 일부 일본인 정치가들도 알고 있었습니다. 그러나 일제는 오히려 3·1운동 이후 산미증식계획이라는 농업 집중 정책을 폈습니다. 그리고 그런 농업 집중 정책은 농지 소유 불평등의 악화를 초래했습니다. 농지 소유가 더 불평등하게 되면서 소작료율이 증가할 소지가 작지 않았습니다. 여기에 일본인 지주들은 소작농을 쥐어짜서 수출을 통한 이익을 챙기는 데 혈안이 되어 있었습니다. 그리고 화학비료 사용 증대, 수리조합비 납부 등으로 일부 농민에게는 농업 중심 정책에 의한 쌀 생산 증가로 인한 이익 대비 비용이 오히려 많이 들었을 것입니다.

농지 소유 불평등 악화는 경제성장에 부정적 영향을 줍니다. 부의 불평등이 악화하면 평균 저축률이 하락하여 경제성장에 부정적인 영향을 주기 때문입니다. 총독부는 인구에서 가장 큰 비중을 차지했던 농업 종사자, 특히 소작농의 경제적 삶을 개선하는 방법으로 산미증식계획, 자작농지 설정사업 등을 시행했습니다. 전자는 한반도 경제를 오히려 파탄 내고 후자는 농민의 경제적 삶을 개선하는 데는 매우 제한적이었을 뿐만 아니라 부작용도 적지 않았음을 4부 2장 3절에서 설명했습니다.

한반도 도시민의 삶도 매우 불안정했습니다. 세 차례의 경기변동은 농촌보다는 도시에 주는 영향이 컸습니다. 특히 도시민 중에서도 비숙련 노동자는 군국일본지배기에도 경제적 삶이 실질적으로 개선되지 않았습니다. 예나 지금이나 농민의 삶은 도시민의 삶과 강력히 연계되어 있는데 조선총독부의 잘못된 통화·금융 정책으로, 일부 계층을 제외하고, 도시민의 삶도 농민처럼 저축할 여력이 없었기 때문에 농촌에서 생산하는 각종 농산물을 소비할 충분한 소득 수준이 되지 못했습니다. 세 차례의 경기변동은 소득을 불평등하게 만들어 농지와 같은 부의 소유를 불평등하게 만듭니다. 한마디로, 조선총독부의 잘못된 통화·금융 정책과 제도도 농민의 경제적 삶을 어렵게 했습니다. 이 점은 다음 절에서 자세히 다룹니다.

5. 화폐·금융 정책의 실패로 인한 경기변동

조선은행이 금리를 인위적으로 인하하여 화폐공급을 늘린 결과 한반도에서 세 차례의 경기변동이 일어났습니다. 경기변동 과정을 아주 간략히 요약해 보겠습니다. 화폐공급의 증가는 기업가에게는 '과오투자malinvestment'를 유도하고 소비자에게는 '과소비'를 자극합니다. 투자가 증가하면서 일자리가 창출되거나 기존 노동자의 임금이 상승하기 때문에 과소비가 일어납니다. 그러나 소비자는 붐을 지나 위기를 거치면서 그런 과소비를 멈추고 경기변동 이전의 '소비/투자' 비율을 재확립하고자 합니다. 과소비를 지속할 수 없기 때문입니다. 그런 재확립은 '기업가와 생산자'로 하여금 과오투자를 멈추고 경영을 정상화하지 않을 수 없게 만듭니다. 예전의 과오투자, 특히 과잉투자는 철회하지 않을 수 없습니다. 그런 과정을 '붐-버스트' 과정이라고 하고 붐에서 버스트 과정으로 넘어가는 아주 짧은 시기를 '위기'라고 부릅니다.

정부가 화폐공급을 늘리면 경기변동과 함께 각종 부작용이 발생합니다. 모든 재화의 가격 상승, 소득 불평등의 악화, 자본소비, 경제계산의 문제, 각종 사회적 혼란과 갈등 등이 그것입니다. 여기에서 자본소비란 축적된 자본을 소비하여 경기변동 이전에 비해 이후에 자본이 감소하거나 증가하는 속도가 느려지는 것을 말합니다. 그리고 토지, 주식 등과 같은 자산시장에서 자산의 가격이 큰 폭으로 상승했다가 하락합니다. 이때 각종 자산에 대한 투기도 동시에 발생하는 경우가 많습니다. 식민지기 한반도에서는 토지 투기와 금광 투기가 한반도 경제를 강타했던 적이 있었습니다. 투기 때문에 삶이 파탄 난 사람도 적지 않았습니다. 그런 투기는, 특별한 경우를 제외하고, 모두 화폐공급의 증가에 의해 촉발된 것입니다.

앞에서 서술한 경기변동으로 인한 각종 부작용은 한반도 한인들을 가난하게 만들었습니다. 경제성장에는 자본이 매우 중요한데 경기변동으로 그 이전에 축적된 자본이 소비되면서 경제성장이 음이 되거나 이전보다 느려지게 되기 때문입니다. 경제계산의 문제도 발생합니다. 모든 재화의 가격이 상승하면 기업가나 경영자는 자신의 사업에서 경제계산이 부정확해지고 그만큼 사업 실패의 가능성이 커집니다. 경기변동 기간이나 이후에 파산하는 사업 또는 회사가 많아지는 이유입니다. 가격 상승이 없을 때와 비교하여 그렇다는 것입니다. 소비자들은 자신이 가진 자산이나 임금의 구매력이 낮아지기 때문에 그만큼 가난해지고 저축 여력이 낮아지면서 경제성장률은 음이 되거나 낮아집니다.

아래에서 제시한 세 차례의 경기변동에서 경기변동이 시작되고 종료되는 시점은 통화공급의 증가량, 물가지수, 제조업 성장률 등을 고려하여 저자가 추정한 것입니다. 그 때문에 각 경기변동의 시작 시점, 종료 시점, 위기 기간 등이 역사적 사실과 약간 다를 수 있습니다. 오늘날처럼 경기변동의 시작과 종료를 판단하는 지표 또는 자료가 충분하지 않기 때문입니다.

1차 경기변동 기간에는 1912~1919년의 호황기와 1920~1922년의 불황기가 있었습니다. 호황기의 서울소비자물가지수는 전년 대비 1917년 31.5%, 1918년 44.4%, 1919년 43.8% 상승했습니다. 폭발적인 물가상승입니다. 1917~1919년에 일본의 대한반도 투자가 큰 폭으로 증가하여 그만큼 물가상승을 억제했을 것이기 때문에 화폐 공급 증가가 소비자물가를 밀어올린 효과는 물가지수 상승폭보다 컸을 것입니다. 물론 이 수치는 당시 총독부에 의해 가격이 고정된 상품이 많았기 때문에 실제 현실은 그 수치보다 크게 높았을 것입니다. 물가상승률이 그렇게 높았기 때문에 불황의 늪도 작지 않았을 것으로 추정됩니다.

2차 경기변동으로 1923~1926년의 호황기와 1927~1931년의 불황기가 있었습니다. 1923~1926년의 호황기에도 1923년에 관동대지진이 일어나서 일본 경제가 불황이었기 때문에 호황은 제한적이었을 것이라고 저자는 추정합니다. 다만 이 시기에 산미증식계획, 철도건설12년계획, 사설철도보조금법 등이 시행되면서 정부 재정에 의한 투자가 큰 폭으로 증대했습니다. 그러나 한인들에게 돌아가는 몫은 아주 작았을 것입니다.

3차 경기변동은 1932~1940년의 호황기, 1941년의 경제 위기, 1942~1945년의 침체 기간으로 저자는 추정합니다. 3차 경기변동은 전쟁 사회주의 기간(1937~1945년)을 포함하기 때문에 제조업의 붐은 훨씬 길어졌을 뿐만 아니라 성장률도 다른 시기보다 훨씬 높았습니다. 일본 대기업 또는 재벌기업의 식민지 한반도 투자는 1920년대 후반에 본격적으로 시작되었는데 그런 투자가 경기변동의 시작을 훨씬 앞당겨 1932년부터 붐이 시작되었습니다. 일본 경제가 1933년에 회복을 시작한 점과 대조적입니다. 일본은 1932년부터 준전시체제로 들어갔는데 식민지 한반도도 제조업은 사실상 일본과 차이가 없었다고 추정됩니다. 이 기간의 마지막 해인 1945년은 침체 기간인데도 서울소비자물가는 연 6.547배 상승했습니다. 재선 일본인이 일본으로 귀국하면서 엄청난 양의 통화를 발급하여 귀국길에 사용했기 때문으로 추정됩니다.

경기변동은 조선총독부 또는 일제 정부가 화폐 부문 그리고/또는 금융 부문에서 재산권을 침해하면서 일어날 수 있는 결과를 보여주는 대표적이고 중요한 사례입니다. 경기변동 이론에 의하면, 경기변동은 농업보다는 제조업에 크게 영향을 미칩니다. 다만 농업에도 비료와 같이 제조업 제품이 사용되기 때문에 경기변동의 영향이 전혀 없다고 할 수는 없습니다. 군국일본지배기 한반도는 농업 중심 지역이었기 때문에 일본에 비해 경기변동의 영향이 상대적으로 적었다고 할 수 있습니다. 하지만 후기로 갈수록 그 영향이 컸을 것입니다. 그리고 일본이 한반도 경제에 미친 영향이 적지 않았는데 그런 일본은 공업국가로서 경기변동의 영향이 컸을 뿐만 아니라 미국과 유럽의 대공황도 일본 경제에 영향을 미치고 그런 충격이 다시 한반도 경제에 영향을 미쳤습니다. 그러나 경기변동의 각종 부작용을 수치화하는 것은 쉽지 않습니다. 그 점은 지금도 동일합니다. 그리고 식민지 근대화론은 경기변동의 영향을 포함하지 않았다는 점에서도 오류가 적지 않은 것으로 보입니다.

6. 개인 차원에서 교육 투자 기회의 극도의 제한

교육은 개인 차원에서 하는 투자입니다. 그런 투자는 전문 투자자 또는 기업가의 투자와 다른 차원의 투자이지만 투자임은 분명합니다. 군국일본지배기 일제 또는 조선총독부의 우민화 정책에 의하여 한인들에게 교육 기회는 매우 제한되었습니다. 여기에서 교육은 학교에서의 교육뿐만 아니라 근로 현장에서의 각종 교육 또는 훈련도 포함합니다. 대학 교육은 한반도에서는 극히 제한되었고 일본 유학은 더더욱 어려웠습니다. 서양으로의 유학은 전면 금지되다시피 했습니다. 서양 유학의 금지는, 문명교체라는 관점에서, 한반도 한인에게는 결코 좋은 결정이라고 할 수 없습니다. 그런 금지가 지배자인 일본에게는 유익할 수 있었겠지만 말입니다. 문명교체에 대한 자세한 내용은 5부 5장을 참조할 수 있습니다.

그러나 문제는 교육 기회만 제공된다고 경제가 좋아지는 것은 아니라는 점입니다. 교육받고자 하는 사람이 늘어나서 그런 사람이 학교를 졸업하면 그런 사람의 수준에 맞는 일자리가 있어야 합니다. 여러 기능, 기술, 원리 등을 이해하는 사람에게 다종다양한 일자리를 제공할 수 있어야 하기 때문입니다. 그렇게 할 수 있는 산업은 공업밖에 없습니다. 즉 개인 차원에서의 교육 투자의 증가는 한반도의 공업화와 궤를 같이해야 한다는 것입니다. 그리고 공업화를 위하여 필요한 학교가 설립되어야 합니다. 물론 일본 민간에 의한 공업화가 완전히 봉쇄되었던 것은 아니지만 그것만으로는 공업화라고 말하기에 너무 불충분했습니다. 게다가 1937년 이후 공업화는 전쟁 사회주의가 정확한 개념화입니다. 그러나 일제는 한인들의 교육 기회를 매우 제한했을 뿐만 아니라 한반도의 공업화를 봉쇄하고 공업학교의 설립도 억제했습니다. 교육 기회의 제한은 개인 차원에서 물질적 삶을 개선할 기회를 봉쇄하는 것이지만, 경제 전체 차원에서 한반도에서 일제가 고도 경제성장의 기회를 원천적으로 없앴다는 의미입니다.

7. '자본주의 이전 사회'적 요소들 그리고 차별과 수탈

식민지기에는 자본주의 이전 사회적 요소들이 세 가지나 있었습니다. 노비제라는 신분제, 백정에 대한 차별, 지배-피지배 관계 등입니다. 여기에서는 세 번째 요소를 먼저 봅니다. 일본과 식민지 간의 관계는 지배-피지배 관계입니다. 그러므로 일제 정부 또는 조선총독부가 식민지 한인들을 '통치' 또는 '정치'했다는 주장은 사실을 왜곡한 것입니다. 지배-피지배 관계에서 지배자들은 어떻게 행동하고 피지배자들은 또 어떻게 행동하겠습니까? 식민 지배-피지배 관계는 전형적인 계층caste 관계입니다. 그런 관계에서 지배자들은 수탈자·착취자들이고 피지배자들은 피수탈자·피착취자들입니다. 지배자들은 자신들의 지배 목적에 따라 행동합니다. 피지배자들의 행동은 지배자들의 지배 목적 또는 방법에 따라 달라질 뿐만 아니라 수탈 또는 착취를 피하기 위하여 많은 비용을 지불해야 합니다. 징용, 일제 말기 선전·선동가가 될 것을 강요당한 한인 지식인 집단 등을 예로 들 수 있습니다.

신분제에서는 생산성이 낮다는 것이 일반적인 원리입니다. 식민 지배-피지배 관계도 신분제의 일종으로 볼 수 있습니다. 지배-피지배 관계에서 피지배자로 일하는 사람의 생산성은 자유로운 계약을 통해 일하는 사람들의 생산성보다 낮을 수밖에 없습니다. 피지배자로 일하는 사람은 정당한 보상을 받지 못하기 때문에 열심히 일할 동기가 부족하고 따라서 생산성이 낮습니다. 지배자도 피지배자가 도망가거나 열심히 일하지 않는 것을 막기 위해 감독과 통제에 많은 시간과 비용을 지불해야 합니다. 지배-피지배 관계가 없을 때와 비교하여, 그런 관계는 경제 전반의 효율성과 생산성을 떨어뜨리고, 그 결과 피지배자의 소득도 낮을 수밖에 없습니다.

징용의 경우에서 보듯이, 피지배자·피징용자는 징용을 면하기 위하여 도망가는 경우도 많았고, 조선총독부가 징용을 위하여 지출하는 비용도 상당했을 것입니다. 다른 요인을 제외하더라도, 이런 점 때문에 조선총독부의 재정은 비효율적일 수밖에 없었을 것입니다. 오스트리아학파 경제학과 정치철학은 정부가 세금을 거두어 쓰는 것이 비효율적이라고 봅니다. 세금으로 거두어 정부가 재정 지출을 하는 것보다 민간에서 자금이 배분되도록 하는 것이 효율적이라는 것입니다. 총독부 재정은 통상적인 정부의 재정보다 훨씬 비효율적임을 저자는 지적하는 것입니다. 그런 비효율성을 극복하기 위하여 정상적일 때보다 총독부 관료들이 더 많이 필요했을 것입니다. 총독부 관료들의 임금은 매우 높았음에도 불구하고 총독부는 추가 임금을 지급했습니다. 정부 공무원의 임금은 생산성에 따라 책정되는 것은 아닙니다. 조선총독부 공무원의 임금은 소득이 매우 높은 일본 공무원의 임금을 기반으로 산정되어 매우 부풀려졌을 수밖에 없었을 것입니다. 이런 모든 것은 총독부의 재정을 부풀렸을 것입니다. 그 결과로 한인들은 불필요한 세금을 징수당했습니다.

민간의 거래에서는 어떤 일이 일어났을까요? 1920년대 토목공사에서 일본인 청부업자들은 비숙련 노동자의 임금을 자주 떼어먹었습니다. 지배-피지배 관계가 아니라면 그런 일을 고의로 하는 경우는 많지 않습니다. 차별과 멸시 감정이 일본인의 의식에 깊이 뿌리박혀 있었기 때문에 가능했을 것입니다. 이때 조선총독부는 그런 청부업자들을 매번 처벌하지도 않았지만 무한정 두고 보지도 않았습니다. 그럴 때 비숙련 노동자의 임금은 어떤 수준에서 그리고 어떻게 결정되었을까요? 도리우미[138]는 임금 인상 여지가 있을 때도 그런 요구를 노동 공급자들이 하지 않았기 때문에 임금 인상은 계속 억압받았다고 주장합니다. 높은 임금을 요구해서 떼이는 것보다 적은 금액이라도 잘 받는 것이 낫다고 한인들이 생각했을 것이라고 도리우미는 추론합니다. 즉 한인 노동자가 일본인 청부업자의 몫이 줄어들지 않도록 선수를 쳐서 임금을 올리지 않는다는 것입니다. 그럴듯한 설명입니다. 그러나 가난한 한인 노동자가 부자인 일본인 청부업자의 몫을 염려한다는 것은 아이러니가 아닐 수 없습니다. 마치 쥐가 고양이를 걱정하는 바와 다르지 않습니다. 그런 일이 일어났던 것은 조선총독부가 지배자로서 군림하면서 임금을 떼어먹는 범죄를 저질렀던 일본인 청부업자를 대부분 처벌하지 않았지만 가끔씩 담합을 했다는 이유로 처벌하기도 했습니다. 일본과 대만에서는 담합은 처벌하지 않았는데도 말입니다.[139] 도리우미는 그 점을 지적했지만 왜 그런 일이 일어났는가는 설명하고 있지 않습니다. 그렇게 할 수도 없는 주제입니다.

한인 전체 또는 농민이 가난했던 이유로 유·무형의 차별과 수탈을 무시할 수 없습니다. 군국일본지배기 차별과 수탈이 너무 광범위하게 발생했기 때문입니다. 일제와 조선총독부 시대가 군국주의 시대였기 때문에 특히 그러했습니다. 차별과 수탈이 발생했던 것은 근본적으로 일본인들이 지배자들이기 때문입니다. 문제는 그런 차별과 수탈은 대부분 제도화된 것이기 때문에 외부 관찰자가 손쉽게 식별하기 쉽지 않다는 것입니다. 총독부 발주 토목공사를 예로 들 수 있습니다. 그리고 차별과 수탈은 가난한 사람을 더 가난하게 만들었고 그런 사람의 저축률 하락은 경제성장에 부정적인 영향을 미쳤습니다. 마지막으로, 지배-피지배 관계는 당시 한반도를 '자본주의 이전 사회'적인 요소를 상존하게 만들었습니다. 그리고 노비제도 그와 유사한 역할을 했습니다. 자본주의 이전 사회적인 요소들 중의 하나인 노비제는 한반도 전체의 생산성을 떨어뜨렸을 것이지만 현재 그 정도를 알 수는 없습니다. 이 책에서 다루지 않았지만 또 다른 천민인 백정에 대한 차별도 경제 전체의 생산성을 떨어뜨렸을 것입니다. 이것도 자본주의 이전 사회적인 요소임은 분명합니다.

8. 일본인 이익집단에 포획된 공익 사업들

조선총독부는 조세를 통해 조달한 자금을 철도건설을 비롯한 다양한 토목 사업과 산미증식계획 등 다수의 공익 사업에 투자했습니다. 공익 사업을 한반도 경제의 성장을 위해 수행했다면, 그리고 그 과정에서 한반도 한인에게도 소득을 올릴 기회를 많이 주었다면 한반도 한인들의 생활 수준은 많이 나아졌을 것입니다. 그러나 3·1운동 이후 조선총독부가 시행한 각종 공익 사업은 두 가지 쟁점을 내포하고 있습니다.

첫째, 조선총독부가 공익을 표방하고 진행한 사업 중에 공익과 관련이 없는 사업이 많았습니다. 이런 사업은 경제성장에 도움이 되지 않기 때문에 자원만 낭비한 것입니다. 철도 관련 사업을 예로 들어 봅시다. 철도건설, 유지, 개량은 한반도 산업의 생사를 좌우하는 중대한 문제임을 산업조사위원회는 강조했습니다. 철도건설 비용이란 진해선·함경선(미완성 부분)·평원선 건설비, 경부·경의선의 복선 부설비, 동해안선(원산-부산)·경성-강릉 건설비, 기성선 개량 및 차량 증비비 등을 말합니다. 그런 철도건설은 한반도 교통의 개발이라는 공익을 위하는 것이라고 조선총독부는 누누이 강조했습니다. 여기에서는 한 가지 점, 즉 교통 개발 수혜자가 누구인가를 점검해야 합니다. 한반도 교통의 발달이 정말로 공익을 위한 것인가 하는 점입니다. 즉, 그런 교통이 일본인 미곡상들, 일본인 농사회사들(농장 포함), 일본인 교통 수요자들만을 위한 것이 아닌가 하는 것입니다. 교통의 발달이 일본인 특별이익집단의 이익을 위한 것이라는 점입니다. 게다가 조선 북부와 만주를 연결하는 철도는 일제의 전쟁 수행을 목적으로 한 것이고 한인 또는 한인 농민들에게는 거의 필요가 없었을 것으로 추정됩니다. 그런 철도에는 한인으로서는 공익이라는 것은 없다는 것입니다. 그것이 공익사업이라고 선전·선동되었지만 말입니다.

둘째, 철도건설계획 등에서는 일본인 청부업자들에게 큰 몫이, 한인들에게는 그보다 훨씬 작은 몫이 돌아갔습니다. 특히 총독부가 직접 발주하는 토목공사의 경우에 일본인 청부업자는 '부당이득'을 챙겼습니다. 그것 때문에 한인들의 몫은 더욱 작아질 수밖에 없었습니다. 즉 토목공사에서 민족 간 차별과 부당이득으로 소득 불평등이 악화하였습니다. 일반적으로 소득 불평등 악화는 평균 저축률을 떨어뜨려 경제성장에 부정적인 영향을 줍니다. 게다가, 일본인 청부업자가 주식회사 형태로 사업을 하면서 사업으로 발생한 이윤을 일본인 투자자에게 배당한다면 그만큼 한반도 경제성장에는 부정적인 영향을 미칩니다.

수리조합사업도 철도건설과 큰 차이가 없습니다. 수리조합사업의 효과는 민족 간, 지역별로 달랐고 시점에 따라서도 달랐습니다. 철도건설처럼 수리조합사업에서도 자원 낭비가 적지 않았을 것입니다. 게다가 조선총독부는 그런 사업으로 한반도 한인들을 위한다는 선전·선동을 할 수 있고 이익은 일본인 투자자들이 가져가기 때문에 더없이 좋은 것입니다. 총독부로서는 일거양득이라고 하겠습니다. 이런 과정은 조선사설철도보조법, 사철매수, 한반도 주식시장 발전과정, 비료 가격 결정에서의 총독부의 판매지역분할 등에도 그대로 나타났습니다. 그리고 총독부 세출을 세밀히 분석하면 그런 과정은 저자가 지적한 것보다 더 있을 수 있습니다.

9. 근린궁핍화 정책: 환율 정책, 이민 정책, 무역정책

주변 국가의 경제를 궁핍하게 만들면서 자국의 경제성장을 도모하는 정책을 '근린궁핍화정책'이라고 합니다. 일본 정부와 조선총독부가 의도하지 않았다고 하더라도 몇 가지 정책은 일본 본국의 이익을 위해 한반도를 가난하게 만드는 근린궁핍화정책이었습니다. 물론 한반도는 일본의 근린 국가이기보다는 식민지입니다. 근린궁핍화정책이라는 개념을 쓴 것은 그 개념의 요지만을 따온 것입니다.

대표적인 근린궁핍화 정책은 무역에서 환율을 '1:1'로 고정한 것입니다. 환율을 고정하더라도 두 화폐의 가치가 변동이 없을 때는 문제가 없습니다. 그러나 일본 정부에 비해 화폐공급을 제대로 관리하지 못했던 한반도에서는 그런 고정환율 때문에 지속해서 무역수지 적자가 발생하여 금과 같은 자원 고갈이 계속해서 일어났습니다. 이때 화폐공급을 제대로 관리하지 못했던 것은 일제가 만주 등으로 자국 군대를 출동시키면서 그 비용을 조선은행이 관리하도록 했고 전쟁이 확대되면서 화폐공급이 늘어났기 때문입니다. 고정환율의 결과로 원의 화폐가치는 엔의 화폐가치에 비해 지속해서 과대평가되었습니다. 일본에서 수입하는 공산품을 정상 환율인 경우보다 싸게 수입할 수 있었기 때문에 단기적으로는 한인에게 이익이었지만 한반도의 공업화를 지연시켜 한반도 경제성장과 한인의 소득 증대를 저해했습니다. 반면에 쌀을 비롯한 한반도산 농산물을 일본으로 수출할 때 정상 환율인 경우보다 원화 기준으로 싸게 팔게 하여 한반도 농가를 가난하게 만들었습니다.

일제의 이민 정책도 근린궁핍화정책의 하나였습니다. 일제는 초기에 일본인의 한반도로의 '농업 이민'을 장려했습니다. 일제가 한반도 지배 네트워크를 농업 이민자들로 구성하겠다는 것입니다. 그러나 일제는 한반도에 농지가 부족하다는 결론을 내리고 농업 이민 대신 '투자 이민'을 장려했습니다. 투자 이민은 두 가지로 나누어 볼 수 있습니다. 한 가지는 농업 투자 이민이고 다른 한 가지는 공업 투자 이민입니다. 전자는 농사회사 또는 농장을 설립하여 기업 방식으로 농업경영을 하는 이민을 말합니다. 농업 이민에 한계가 있음에도 불구하고 일제는 농업 투자 이민을 금지하지는 않았습니다. 소작제를 이용하면 수익률이 높을 것으로 예상했기 때문이었다고 추론합니다. 일본에서 한반도산 쌀의 필요성도 작지 않았기 때문입니다. 이때의 농업 이민은 한반도에서 지배 네트워크를 생성하는 한 가지 방법으로 볼 수 있습니다.

문제는 투자 이민 정책으로 자본 투자가 이루어지기는 했지만, 그 자본이 농업에 투자되면서 한반도 경제에는 큰 도움이 되지 않았다는 점입니다. 그리고 농업 인구가 엄청나게 과잉인 상태에서 일본인이 설립한 농사회사 또는 농장은 한반도 경제에서 농업의 비중을 더 높였습니다. 자본의 유입이 경제성장에 긍정적인 영향을 미친다는 주장은 일반론일 뿐입니다. 식민지 기간 일본의 한반도 농업 부문으로의 투자는 부정적인 영향이 적지 않았고 긍정적인 영향을 능가했을 것으로 저자는 추론합니다. 그러므로 일본의 자본 투자가 한반도 경제에 도움이 되었다는 일반론적 주장은 식민지기 농업에는 성립하지 않습니다. 식민 지배국의 투자는 피지배 지역의 투자 환경에 맞을 때만 경제성장에 도움이 됩니다. 수리조합사업에서 보듯이 일본인 소유 농사회사는 이익집단화하여 총독부의 재정도 포획했습니다. 농업 투자 이민은 일본에는 이익이 남는 정책이나 제도일 수 있지만 한반도 경제에는 결코 좋은 것이 아니었습니다. 적어도 산미증식계획과 같은 농업 집중 정책이 시행되는 경우에는 그렇습니다. 그러나 공업 투자 이민은 농업 투자 이민과 달랐지만 그 효과는 언제나 긍정적인 것만 있었던 것은 아니라는 점만 지적해 둡니다.

일제의 對한반도 무역정책을 봅니다. 쌀이라는 재화 시장의 경우에, 일본은 일본에 유리한 경우에는 수입을 자유롭게 할 수 있도록 허용했지만, 일본에 불리한 경우에는 쌀 수입을 금지하는 정책을 시행했습니다. 총독부는 1920년대 산미증식계획을 시행하여 한반도에서 쌀의 생산을 극대화하는 정책을 추구했습니다. 그러나 일본에서는 농민을 보호한다는 명분으로 1930년에 한반도산 쌀의 수입을 금지했습니다. 게다가, 농업생산에 큰 역할을 했던 농사회사는 일본인에게는 허가되었지만, 식민지 한인에게는 예외적으로 허용되었을 뿐입니다. 즉 농업의 경우에, 식민지 한반도 시장은 일본 시장에 '통합'되어 있었던 것이 아니라 '종속' 또는 '지배'되어 있었고 그에 따라 일본은 자신에게는 유리하지만 한반도 한인에게는 불리한 무역정책을 수립·시행했다고 하겠습니다. 경제성장에는 무역정책, 그것도 자유무역 정책이 매우 중요하다는 점을 최근 모든 경제학자가 수긍합니다. 그러나 일제의 對한반도 무역정책은, 비록 관세는 없는 것이나 다를 바가 없었지만, 자유무역 정책이 결코 아니었습니다.

산미증식계획, 수리조합사업, 각종 철도건설계획, 사설철도보조금법, 사철매수 등도 근린궁핍화 정책으로 분류할 수 있습니다. 다만 그것들은 다른 곳에서 다루었기 때문에 여기에서 제외했습니다.

10. 일본 경제에의 종속과 자연재해

식민지 기간에 한반도 경제는 일본 경제에 종속되어 있었기 때문에 일본 경제의 침체와 위기가 한반도 경제에 큰 타격을 입혔습니다. 한반도 경제의 대외관계가 다각화되어 있었다면 상황은 크게 달라졌을 것입니다. 특히 무역의 영향 면에서 그렇습니다.

1920년대와 1930년대 전반의 일본 경제의 불황이나 침체뿐만 아니라 한반도 농업 자체의 어려움이 한반도 경제에 큰 영향을 미쳤습니다. 1920년대와 1930년대 전반에는 일본 경제도 침체의 위기를 겪었습니다. 1차 세계대전이 끝나면서 일본 경제는 불황으로 진입했습니다. 1923년에는 관동대지진이 발생하면서 인력, 자원 등에서 큰 손실이 발생했습니다. 일본 경제는 대공황의 영향으로 1928년부터 침체 국면으로 진입했습니다. 일본 경제의 침체는 한반도 경제의 침체로 이어졌습니다.

한반도에서는 1925년 대홍수로 농업이 흉작이었을 뿐만 아니라 1928~1929년에도 흉작이 되면서 불황으로 진입했습니다. 1930년에 농업은 대풍이었지만 쌀 가격이 폭락하여 '풍년기근'이라는 말이 회자될 정도였습니다. 산미증식계획은 그런 어려움을 가중했다고 보는 것이 옳을 것입니다.

일제가 한반도 경제를 일본 경제에 종속시켰던 제도나 정책은 한반도 경제에 부정적인 영향을 미쳤던 것이 적지 않습니다. 그리고 농업 중심 지역이나 국가에서는 자연재해를 회피할 대안도 제한적입니다. 만약 정상적인 공업화가 어느 정도 진척되었다면 1940년대 전반 자연재해의 충격도 상당히 완화할 수 있었을 것입니다.

11. 결론

앞에서 제시한 원인들은 경제 제도 또는 정책으로서 목적을 이루기 위한 수단입니다. 그런 수단은 일본 지배자들이 추구한 가치 또는 '정치철학'에 의해 크게 영향을 받습니다. 그들이 추구한 가치 또는 이념은 언제나, 시점별로 그 정도는 달랐지만, 군국주의였습니다. 메이지 유신 이전에도 일본은 막부 중심의 군국주의 국가였지만 메이지 유신을 당시 일본 여러 번番의 하급 무사들이 단행했을 뿐만 아니라 그 이후에도 일본을 지배한 집단은 그들과 직·간접으로 연결된 군인들이었기 때문에 군국주의를 벗어나지 못했습니다. 게다가 그들이 주로 활동했던 시대는 세계사적으로는 제국주의 시대이기도 했습니다. 아이디어나 생각이 세상을 지배하기 때문에 메이지 유신 이후 일본의 군국주의가 식민지 한반도 한인들을 빈곤하게 만들었던, 가치라는 관점에서의 원인이라고 하겠습니다. 정치적으로는 자유는 없고 무자비한 탄압, 선전·선동, 공포에 의한 지배, 감시·감독 등과 같은 폭력만이 한인들을 지배했습니다. 경제가 성장하기 위해서는 경제적 자유도 필수인데 일본 지배자들의 군국주의는 한반도 한인에게 그런 자유를 거의 허용하지 않았습니다. 1937년 이후에 한인들은 목숨을 보전하는 일도 정말로 어려웠습니다. 한반도는 전쟁사회주의로 경제는 거의 파멸 지경에 이르렀습니다. 그리고 그들의 군국주의는 세계를 2차 세계대전으로 몰아넣고 자신들도 끝내 패망했습니다. 식민지 근대화론자들의 역사 이해 실패는 그들이 한반도 한인들이 빈곤했던 원인들(즉 수단들)을 식민 지배자들의 가치라는 관점에서도 제대로 분석하지 못했기 때문이라고 저자는 주장합니다. 21세기 한국 역사가들의 식민지 근대화론이 나오게 된 원인遠因은 식민지 근대화론자들이 그 시기 일본인 지배 계층과 다수 일본인이 추구한 가치가 무엇인가를 이해하는 일에서 실패했기 때문이라고 저자는 주장합니다.

5장

문명 교체론 관점에서 본 식민지 근대화론

1. 문명 교체론이란?

"민법〔일본 민법을 지칭, 1912년 조선민사령으로 일본 민법을 이식〕이 추구하는 자유롭고 평등한 인간관계는…."(이영훈)[140]

"저〔이영훈을 지칭〕는 한국사에서 개인의 탄생은, 그를 통한 근대의 출발은 1912년의 조선민사령과 조선형사령에 의해서라고 생각하고 있습니다."(이영훈)[141]

"세계 문명의 발전사를 보면, 어느 지역에서 새로운 사상과 제도가 출현하고 그것이 보편성을 가질 경우 다른 지역으로 퍼져나갑니다. 다른 지역은 이를 받아들이면서 기존의 문명이 더 풍부해집니다. 한국에서 근대적 제도의 이식과 정착은 불행하게도 일제의 식민지 지배라는 형태로 이루어졌으며, 비서구국인 일본을 매개로 하였다는 점에 특징이 있습니다. 개항 이후 한국의 근현대사는 일제 시기도 포함하여 이러한 서구 근대문명의 이식과 수용이라

는 큰 틀에서 이해할 필요가 있습니다."(김낙년)[142]

---

* 이영훈, 김낙년 등이 김용섭[143]에 대해 조금이라도 관심을 가졌다면….
-저자 주

김용섭은 '문명 전환'이라는 개념으로 동아시아 3국인 한국, 일본, 중국을 포함한 세계 역사를 바라볼 것을 제안합니다. 그러나 저자는 문명 전환이라는 개념보다는 '문명 교체'라는 개념을 사용할 것을 제안합니다. 김용섭[144]도 문명 전환을 결국 신·구 문명의 교체과정이라고 설명하고 있기 때문입니다. 다시 말하면, 문명 전환이라는 개념보다는 문명 교체라는 개념이 동아시아 3국을 포함한 세계 역사를 이해할 때 더 적절합니다.

김용섭은 동아시아 3국에서 두 번의 큰 문명 교체가 있었다고 주장합니다. 1차 문명 교체기는 후기고조선 말기와 위만조선 및 313년에 축출된 한사군 시기를 말합니다.[145] 이 시기는 중국이 춘추·전국시대에서 진·한 제국에 이르는 시기입니다. 이 시기에 중국은 국내적으로는 통일을 달성하고 대외적으로 중국 문명을 주변국에 강요하던 시기입니다. 한반도에서 중국 문명으로의 교체는 일찍 시작되었지만, 상당히 긴 기간에 걸쳐서 이루어졌고, 그런 교체의 완성은 나당 연합국에 의해 고구려, 신라, 백제라는 3국 체제가 무너지던 무렵에 이루어졌습니다. 그런 교체가 한반도에서 어느 정도 마무리가 된 시기가 조선 왕조일 것입니다.

1차 문명 교체는 3단계에 걸쳐서 이루어졌습니다. 제1단계는 고구려·백제·신라의 3국 시기를 말하고, 제2단계는 통일신라에서 고려 중기까지를 지칭하며, 제3단계는 고려 말기에서 조선 중기로 구분할 수 있습니다. 그러므로 1차 문명 교체는 긴 기간에 걸쳐서 이루어졌음을 알 수 있습니다. 다시 말하면, 1차 문명 교체는 한반도 토착 문명에서 중국 문명으로의 교체를 말합니다. 한마디로, 1차 문명 교체는 고구려·백제·신라에서 시작하여 조선 중기에 완성되었습니다.

2차 문명 교체기는 한반도의 중국 문명을 서양문명으로 교체하는 시기를 지칭합니다. 한반도에서 개항으로 시작된 2차 문명 교체는 아직도 진행 중입니다. 2차 문명 교체기의 초기에 군국일본의 한인에 대한 지배와 한반도의 정복이 일어났습니다. 이 기간은 서양문명으로의 교체가 일부 있었던 시기이고, 군국일본에 의한 '군국주의 시대'이기도 합니다. 이렇게 말하는 것은 군국일본이 한반도에서의 2차 문명 교체를 오히려 방해한 측면이 적지 않기 때문입니다. 일본이 2차 문명 교체를 도와준 측면이 전혀 없는 것은 아니지만 말입니다. 그리고 해방 이후 문명 교체는 지금까지 지속되고 있지만 여전히 군국일본에 의해 왜곡된 측면이 남아 있는 것도 무시할 수는 없습니다.

우리는 2차 문명 교체 시기 초기에 그런 교체에 잘 대처하지 못함으로써 조선 왕조가 몰락하고 일본의 식민지로 전락했습니다. 그리고 150여 년이 지나는 동안 한국인들은 천신만고 끝에 중국 문명을 서양문명으로 교체했습니다. 그러나 서양문명으로의 교체가 문명의 모든 요소를 교체하는 것을 의미하지는 않습니다. 예를 들어, 음악에서 국악은 아직도 중국 문명이 지배하던 조선 왕조 시대에 만들어진 것이 일부 수용되고 일부는 재해석되어 서양음악 또는 현대음악에 접목 중입니다. 그러나 철도 등과 같은 것은, 일본을 통해 서양문명을 그대로 받아들였지만, 최근에는 고속철과 같은 신기술을 받아들여 한국인들의 생활을 편리하게 만들고 있습니다.

2차 문명 교체에서 서양문명은 어떤 문명인가요? 서양문명은 시기에 따라 상승과 하강을 반복했을 뿐만 아니라 국가별로도 달랐습니다. 예를 들어, 19세기 후반의 서양문명은 제국주의가 중심이었지만 산업혁명이 일어날 무렵의 서양문명은 자유를 중시했습니다. 불행한 것은 일본과 조선 왕조가 문명 교체를 시작했던 시기가 서양에서 제국주의가 횡행한 시기라는 점입니다. 그리고 일본에서 그 제국주의는 메이지 유신을 이끌었던 사무라이들과 군부가 정치의 중심에 서면서 군국주의로 변질되었습니다. 즉 메이지 유신부터 2차 세계대전까지 일본은 최악의 제국주의 국가였고 한반도 한인들은 그런 국가의 지배—강점이 아니라—를 받는 지옥으로 떨어졌던 것입니다.

마지막으로, 2차 문명 교체를 단행한 후에, 동북아 3국의 문명 교체는 지금 어떻게 되고 있습니까? 동북아 3국에서 정치체제로서 민주정은 불완전하게 교체되어 있고 경제체제는 간섭주의와 사회주의가 만연되어 있습니다. 동북아 3국은 서양문명의 요체가 무엇인가를 거듭 확인하고 점검해야 할 때인 것처럼 보입니다. 북한은 더 말할 것도 없습니다.

2. 메이지 유신 일본의 문명 교체

메이지 유신 지도자들이 추구한 것은 '부국강병'과 '문명개화'입니다. 그런데 부국강병과 문명개화는 문명 교체의 결과로 나타날 것이었습니다. 즉 메이지 유신 지도자들은 문명 교체를 단행했던 것입니다. 그때까지 일본은 여전히 중국 문명의 강력한 영향 아래 있었습니다. 그리고 가부키와 같은 토착 문명도 실재했고 메이지 유신 이전에도 서양문명을 어느 정도 받아들여서 삶의 일부로 만들었습니다. 네덜란드를 통해서 들어온 유럽의 학문, 기술, 문화를 의미하는 난학蘭學이 바로 그런 것입니다. 일본은 난학을 받아들여 스스로 여러 발전과 성장을 창출했습니다. 그러나 도쿠가와 막부의 쇄국정책으로 서양문명의 상당 부문이 차단되었기 때문에 그런 부문은 서양보다 크게 열등했습니다. 그리고 도쿠가와 막부는 군국주의 체제였지만 대외정책에 관한 한 쇄국정책을 취했기 때문에 다른 나라들과 갈등을 일으키지는 않았습니다.

문명개화는 남녀 혼탕의 금지, 남성 간의 동성애와 크로스 드레싱 및 축첩 제도를 금지하는 법과 같은 제도로 구현되었습니다. 에도 시대에는 네발 달린 짐승의 살육이 금지되었지만 메이지 시대에는 소고기를 먹는 행위가 세련됨의 상징이 되었습니다. 메이지 시대에 토착 전통을 연상시키는 것들이나 중국 문명의 영향을 받은 것으로 여겨지는 것들을 의도적으로 숨겼고, 문명 교체는 문명개화라는 구호 아래 진행되었습니다.[146] 문명개화를 한다는 것은 서양문명을 받아들이는 것이었지만 서양문명을 잘못 모방하거나 과잉 반응하는 경우도 없지 않았습니다. 일본어를 폐지하고 로마자로 된 문자를 도입하자는 주장은 서양문명에 대한 과다한 찬양에서 비롯된 것으로 볼 수 있습니다. 메이지 초기에는 그런 것들이 적지 않았습니다.[147]

그러면 이제 질문은 일본이 메이지 유신으로 문명 교체에 얼마나 성공했는가 하는 것입니다. 물론 메이지 유신으로부터 2차 세계대전까지의 기간만을 대상으로 합니다. 일본이 청일전쟁과 그 이후의 전쟁을 승리로 이끌었던 사실은 부국강병에는 성공했다는 증거로 볼 수 있습니다. 적어도 청일전쟁 이전까지는 그랬습니다. 비록 일본이 2차 세계대전에서 패전함으로써 메이지 지도자들이 기대했던 부국강병은 최종적으로는 실패로 끝났지만 말입니다.

일본의 역사가는 1603년 도쿠가와 막부의 시작을 '전근대'로 분류합니다. 그러나 문명 교체라는 관점에서는 메이지 유신(1868년)이야말로 중요한 해입니다. 일본은 유신 시점부터 의무교육, 징병제(1873년), 주식회사, 유한 책임 은행, 의회, 법원, 내각제, 정당, 은본위제, 각종 과학기술, 서양식 옷, 집, 식품, 사교댄스 등을 빠르게 받아들였습니다. 그리고 사무라이, 농부, 직인, 상인, 천민(부락민) 등의 신분제를 폐지했습니다. 일본의 신분제에는 조선 왕조에서 볼 수 있는 노비는 없었지만, 신분이 구분되었다는 점에서 메이지 유신 이전의 일본도 어느 정도 '자본주의 이전 사회'로 보는 것이 타당한 것처럼 보입니다.

그러나 서양문명의 요체는 '자유'일 것입니다. 서양문명의 요체를 그렇게 규정하면, 메이지 유신 이후 2차 세계대전 패전까지 군국주의를 이념 체계로 한 일본은 문명 교체에 실패한 것을 의미합니다. 군국주의 이데올로기에 '자유'는 존재할 수 없기 때문입니다. 일본은 메이지 유신으로 대변되는 문명 교체로 부국강병에 성공했지만, 서양문명의 요체인 자유를 문명 교체의 최상에 두는 일에는 실패했습니다. 불행하게도, 일본이 서양문명을 교체하기 시작했을 때 서양은 제국주의 시대였고 일본 군부와 메이지 지도자들은 군국주의를 일본 사회의 이념 체계로 주입했습니다. 서양문명의 요체이면서 자유 다음으로 중요한 가치는 평등일 것입니다. 신분제 폐지에서 보듯이, 메이지 유신으로 일본에서의 평등이 유신 이전보다 크게 개선되었지만 완전한 실현은 지금까지도 이루어지지 않고 있습니다. 2차 세계대전과 그 이후까지 신분적 불평등이 실재했기 때문입니다.

군국주의 국가 일본이 식민지 한인에게 서양문명의 요체에 대해 전해 주거나 가르쳐 줄 무엇인가가 있었는가요? 이론적으로 그리고 직관적으로 그런 것은 없었다고 저자는 주장합니다. 더 구체적으로, 메이지 유신 이후부터 1945년 종전까지 군국주의는 결코 외국에 전해 주어야 할 것이 아님은 분명합니다. 다만 서양문명 요소 중에서도 부국강병에 대해 전해 주거나 가르쳐 줄 것이 없었다고 할 수는 없을 것입니다. 경제체제라는 측면에서, 군국주의는 그 자체의 성격상 자본주의를 용납할 수는 없습니다. 군국주의는 잘해야 간섭주의를, 더 극단적으로는 사회주의를 용인할 뿐입니다. 이제 식민지 근대화론이나 일본이 아시아에서 자본주의의 중심 국가였다는 등의 주장은 틀렸음이 명백합니다. 그리고 그런 주장을 토대로 역사적 함의를 유도하면 오류를 피하기 어렵습니다.

3. 한반도의 문명 교체

일본과 맺은 강화도조약(1876년)을 시작으로 그 이후 미국, 영국 등과 맺은 조약들은 한반도에서 문명 교체가 시작되었음을 알려 주는 신호로 볼 수 있습니다. 물론 이때 맺은 조약들은 일본의 강압이나 청국의 조언에 따라 이루어졌다는 점에서 문명 교체의 시작은 자의보다는 타의가 그 비중이 높았습니다.

한반도의 문명 교체에 관해 여기에서는 남한만을 다룹니다. 서양문명의 주요한 축 중의 하나라고 여겨지는 공업화와 그를 위한 과학과 기술, 그리고 의학과 의료기술 등의 도입은 3공화국에서 본격적으로 이루어졌다고 하겠습니다. 그리고 그 이후에도 지속되고 있습니다. 공업화와 그를 위한 과학과 기술, 그리고 의학과 의료기술 등의 도입은 식민 지배 기간에도 일본이 어느 정도의 자극을 주었던 것은 분명합니다. 그러나 그 정도의 문명 교체는 국가 전체의 관점에서 보면 문명 교체라 하기에는 너무 빈약했습니다.

그런데도 공업화와 그를 위한 과학과 기술, 그리고 의학과 의료기술의 발달 간에는 문명 교체라는 점에서 차이가 작지 않습니다. 전자는 한반도에 존재했던 기존 문명이 없었기 때문에 서양문명을 전적으로 도입하거나 일본이 도입한 서양문명을 확대하고 발전시키면 될 일입니다. 그러나 후자는 이미 한반도에 동양 의학이 있었기 때문에 서양 의학과 의료기술을 교체하는 일은 쉽지 않았고 지금도 한반도에는 두 의학이 공존하고 있는 것이 현실입니다.

정치체제를 보면, 해방 이후 대한민국은 민주 공화정 체제를 기본으로 했지만 3공화국과 5공화국은 독재체제였습니다. 노태우 정부에서부터 독재체제를 벗어나 민주정을 실현했지만, 서양의 민주정에 비하면 개인주의보다는 전체주의 성향이 강하게 나타났습니다. 정치체제에 관한 한, 문명 교체가 최근에 이루어졌지만, 그마저도 매우 불완전한 것으로 볼 수 있습니다. 그렇게 될 수밖에 없었던 것은 1910~1945년 기간에 일본이 한반도 한인에게 직·간접으로 학습하게 한, 의도한 것이든 의도한 것이 아니든, 정치철학적 관점에서의 유산은 군국주의였기 때문입니다. 경제 체제적 관점에서의 유산은 사회주의, 간섭주의 등입니다. 무엇보다도, 군국일본지배기에 자본주의는 한인들이 경험해 본 적 없는 경제체제입니다. 이것은 3공화국과 5공화국의 정치체제와 경제체제는 일본의 유산, 그것도 부정적 유산에서 벗어나지 못했다는 것을 의미하기도 합니다.

4. 역사적 교훈:
문명 교체론 관점에서

●●

군국일본지배기 군국일본과 한반도의 역사를 문명 교체라는 관점에서 이해하면 역사적 교훈을 유도할 수 있습니다. 서양문명의 핵심은 '자유'이고 그에 버금가는 가치는 '평등'일 것입니다. 서양문명에서 자유는 '정부로부터의 자유'를 의미하고 평등은 '법 앞에서의 평등'을 의미합니다. 인간의 삶과 경제에서 자유가 왜 그토록 중요한가요? 계약의 자유가 없거나 억제되면, 잘해봐야 그것은 간섭주의일 뿐입니다. 계약의 자유가 없으면 사유재산도 잘 보호할 수 없습니다. 즉 자유가 없으면 자본주의가 성립하지 않는다는 것입니다. 경제체제 중에서 자본주의만이 가장 효율적이고 공정합니다. 이것은 자유의 중요성을 경제적인 측면에서 본 것입니다. 자본주의 체제는 자유라는 기초가 필요합니다. 정치적인 측면에서, 자유가 없으면 독재이거나 그와 유사한 정치체제이거나 그보다 더 나쁠 수 있습니다. 민주정도 자유라는 기초가 필요하고 지방자치는 더 말할 것도 없습니다.

문제는 메이지 유신의 지도자들이나 이후의 정치가들은 군국일본의 문명 교체에서 서양문명의 자유와 평등의 중요성을 잘 이해하지 못했다는 점입니다. 군국일본은 메이지 유신 이후 1945년까지 일본 내에서 서양문명의 핵심인 자유와 평등을 '제대로' 실현하지 못했습니다. 예를 들어, 1945년 10월 4일 미군정은 일본에서 치안유지법·특고경찰의 폐지와 함께 천황제에 대한 비판의 자유를 공식적으로 허용했습니다. 전자는 자유 일반에 대한 제한을 폐지한 것이고 후자는 언론의 자유에 대한 제한을 없앤 것입니다. 불행한 것은 그런 제한 철폐를 일본 주재 미군정이 주도했다는 점입니다. 그래서 후지따[148]는 10월 4일을 새로운 시대의 시작으로 볼 것을 제안합니다. 그런 일본이 식민 지배기에 한반도 한인에게 자유와 평등의 가치와 중요성을 가르쳐 주거나 이식해 줄 수는 없었습니다. 그 점 때문에 군국일본의 식민 지배가 중국문명을 서양문명으로 교체하는 데는 한계가 있을 수밖에 없었습니다.

일제는 한인들의 자유를 억압하거나 제한하는 법규, 규정, 제도, 정책 등을 제정·시행했습니다. 보안법(1907. 7), 광무신문지법(1907. 7), 출판법(1909. 2), 집회취체법(1910. 8) 등은 인권과 언론·집회·결사의 자유를 박탈했던 법률들입니다. 보안법은 한반도 강제 병합 이후 치안유지법(1925)으로 대체되었고, 태형령(1912. 3)은 3·1운동 이후 폐지되었습니다. 조선사상범보호관찰령(1936), 조선사상범 예방구금령(1941) 등이 제정되고 시행되었습니다. 군국일본지배기 한반도에서는 일본에서보다 자유의 제한이 더 많았습니다. 오히려 군국일본 지도자들은 한반도에서 수탈과 차별을 조장함으로써 한인들의 자유와 재산을 수탈했고 불평등을 조장했습니다. 한국전쟁까지 남아 있었던 신분제에 의한 계급에 재선 일본인과 한인 간의 지배·피지배 관계가 추가되면서 한반도는 군국일본지배기에 그 이전보다, 신분적으로 더 불평등한 사회가 되었습니다. 문명 교체에서 메이지유신 지도자들이나 그 이후의 일본 정계와 군부 실세들이 한반도에서 저지른 최대의 잘못은 바로 그런 것들입니다.

군국일본지배기에 평등은 어떻게 되었는가요? 먼저 조선총독부는 수탈과 차별을 통해 재선 일본인과 한인 간 불평등을 확대하고 고착시켰습니다. 군국일본이 신분제와 백정에 대한 차별을 온존시켜 조선 왕조 시대의 불평등을 해소하지 않았을 뿐만 아니라 식민 지배로 그런 불평등에 한인과 일본인 간의 불평등을 추가했습니다.

조선 왕조 시대는, 경제적 의미에서, 불평등 정도가 극도로 높았던 때입니다. 신분적인 측면은 더 말할 것도 없습니다. 군국일본은 한반도를 지배하면서 그런 불평등을 더 악화시켰습니다. 그리고 경제적인 불평등의 악화는 한반도 한인들의 저축 능력을 더 떨어뜨려 경제성장을 더 위축시켰습니다. 경제적인 불평등이 악화하지 않았을 때와 비교하여 그렇다는 것입니다. 군국일본지배기 경제적 불평등의 악화는 해방 이후 한국전쟁 이전까지 대한민국의 경제성장을 지지부진하게 만들었던 근본적인 이유 중의 하나입니다.

군국일본이 한반도에서 독립 국가를 용인하지 않았음은 문명 교체에서 일본이 강제한 한반도의 근대화가 얼마나 의미가 작은가를 증명합니다. 남한은 1948년에야 독립된 국민국가를 이루었지만, 민주정과 지방자치는 지금까지도 실종되었거나 잘 확립하지 못하고 있습니다. 북한은 더 말할 것도 없습니다. 자유와 평등은 문명 교체에서 최고의 가치임은 분명합니다. 그럼에도 식민지 근대화론자들의 주장의 문제점은 서양문명에서 가장 중요한 가치인 자유와 평등을 논의하지 않는다는 사실입니다.

이선배[149]는 한 걸음 더 나아갑니다. "오히려 병합 후 일본의 폐쇄적 식민지 정책이 조선인과 서구 문명의 접촉을 인위적으로 막고 방해하였다는 인식을 필자는 최근 갖게 되었다." 한인들에게 일본을 제외한 서양 국가로의 유학, 서양 국가들과의 무역 등을 최대한 억제 또는 금지한 것은 문명 교체를 방해한 것이기 때문에 이선배의 지적은 정곡을 찌른 것입니다. 자유로운 유학, 무역 등은 문명 교체를 위한 아주 중요한 수단임은 말할 필요도 없습니다. 그것들은 경제성장에도 매우 중요한 것입니다. 이선배의 지적은 반일 감정에서 나온 것이 아니라 당시의 역사를 서양문명 교체 관점에서 이해하고자 한 것입니다. 불행한 것은 식민지 근대화론자들이 그 점을 이해하지 못했다는 것입니다.

교육을 예로 들어 문명 교체의 의미를 자세히 보기로 합니다. 해방 이후 대학교, 전문대학 등은 민간이 주로 설립했습니다. 그러나 초·중·고등학교는 지방정부 또는 국가가 설립했습니다. 여기에 교육이 공공재라는 생각, 즉 평등 위주의 사고방식이 지배해 왔습니다. 민간인들에 의한 그런 학교의 설립은 거의 허용되지 않았습니다. 이명박 정부부터 고등학교 설립이 민간인들에게 조금 허용되었습니다. 그러나 초등학교와 중학교는 여전히 설립의 자유가 없을 뿐만 아니라 교육비용마저 학교가 자유롭게 결정할 수가 없었습니다. 게다가, 자유롭게 설립이 허용된 대학교, 전문대학 등마저도 등록금이 정부에 의해 규제됨으로써 사립대학들은 사실상 국·공립대학처럼 되어 가고 있습니다. 그 결과 많은 학생이 좋은 대학을 찾아 해외로 유학하고 그들 대부분은 한국으로 돌아오지 않습니다. 일종의 두뇌 유출 현상이 일어나고 있는 것입니다. 초중등 교육 전반을 평가하면, 민간인들에 의한 학교의 설립과 운영이 거의 없었던 것은 군국일본 지배기에 교육계에 자유를 거의 허용하지 않았을 뿐만 아니라 해방 이후에도 평등 지향의 사고방식이 교육계를 지배했기 때문입니다. 이런 분석은 지금의 한국 교육이 나아가야 할 방향을 유도하는 데 매우 의미 있는 시사점을 줍니다.

중국 문명을 서양문명으로 교체하는 데는 영어가 매우 중요한 수단입니다. 그리고 그 수단은 문명 그 자체만큼 중요한 것입니다. 그럼에도 한반도에서 학교 영어 교육은 지금까지도 완전히 성공하지 못하고 있습니다. 학교에서의 영어 교육만으로 영어를 완전하게 구사할 수 없기 때문입니다. 학교 영어 교육의 실패는 일정 부분 군국일본지배기의 교육 정책에서 유래한다고 저자는 직관합니다. 물론 해방 이후 한국인들이 그런 문제를 인식하고 고쳐야 했지만 그렇게 하지 못했습니다. 저자는 그 점까지 일본의 책임이라고 주장하는 것은 아닙니다. 다만 군국일본지배기 학교 영어 교육 패러다임이 해방 이후에도 상당히 영향을 미쳤을 뿐만 아니라 학교 영어 교육 담당자들과 학교 교육 행정 담당자들이 일본식 영어 교육 방식으로 훈련되고 교육받았기 때문에 그런 패러다임을 극복하는 데는 한계가 있었을 것입니다. 학교 영어 교육 실패의 역사적 요인을 규명하면 학교 영어 교육을 정상화할 수 있는 실마리를 찾을 수 있을 것입니다.

영어 교육 이외에도 일제가 한반도에서 시행했던 간섭주의와 사회주의 정책과 제도에 뿌리를 둔 대한민국 정부의 과도한 간섭과 개입이 남한의 문명 교체를 어렵게 했습니다. 일제의 간섭주의와 사회주의 잔재로 인해 정부가 개인과 기업의 자유를 아주 쉽게 제한하기 때문입니다. 변화와 혁신을 가로막는 각종 인·허가 제도와 포지티브 규제가 대표적인 예입니다. 한국에서는 법령에서 할 수 있다고 정해 놓은 것을 할 수 있는 '포지티브' 규제 방식을 택하고 있습니다. 반면에 미국 등 일부 국가에서는 법령에서 할 수 없다고 정해 놓은 것 이외에는 모두 할 수 있는 '네거티브' 규제 방식을 택하고 있습니다. 미국에서 거대 기업이 활용하고 있는 사업 모델 중에서 포지티브 규제로 인해 한국에서는 허용되지 않는 것이 너무 많습니다. 지금은 서양문명 가운데서 디지털 문명으로의 전환이 이루어지는 시기라는 점을 염두에 두고 150여 년 전 우리 조상들이 중국 문명을 서양문명으로 교체하는 데 실패한 원인을 되새겨 볼 필요가 있습니다.

마지막으로, 문명 교체론 관점에서 보면, 메이지 유신 지도자들이 한반도 한인들을 지배·수탈을 목적으로 하지 않았다면 굳이 타국의 문명 교체에 끼어들 필요가 없었을 것입니다. 뒤돌아 보아, 문명 교체는 짧고 간단하게 종료할 수 있는 것이 아닐 뿐만 아니라 그 때문에 그 과정에서 이익을 내기도 쉽지 않기 때문입니다. 그럼에도 단기간에는 상당한 차별과 수탈이 존재했다는 것은 그만큼 그들이 크게 잘못했음을 의미하기도 합니다. 이영훈, 김낙년 등이 그런 간단한 질문도 검토해 보지 않았다는 것은 21세기 한국 역사학계의 불행이라고 하겠습니다.

주

서장

••

1 이영훈, 1997.

2 김낙년, 2019b, p. 56.

3 김낙년, 2019b, p. 57.

4 정안기, 2020a, pp. 171-182.

5 정윤재, 2004.

6 김용섭, 2005.

1부

••

1 김낙년, 2003, p. iii.

2 김낙년, 2007, p. 161.

3 김낙년, 2019, p. 65.

4 허수열, 2005, p. 27.

5 김낙년, 2003.

6 김낙년, 2003, 2019.

7 허수열, 1985, 2005.

8 이우연, 2019, pp. 95-96.

9 손정목, 1996, p. 41 재인용.

10 안병직, 1990, p. 405; 정재정, 1990, pp. 432~505.

11 김낙년, 2003, 2019.

12 허수열, 1985, 2005.

13 이승일, 2008, pp. 7-8 인용.

14 경성부사 2권 pp. 894-900, 손정목, 1992, pp. 134~135 재인용.

15 손정목, 2015, p. 24 인용.

16 손정목, 2015, p. 22

17 김낙년, 2019, p. 49.

18 이영훈, 2007, p. 70.

19 도리우미, 2019b, p. 274.

20 도리우미, 2019b, p. 274.

21 자료: 김종성, 2020, p. 147에서 재인용, 원자료: 조선총독부 농림국, 조선미곡요람.

22 김낙년, 2019, pp. 44-54.

23 도리우미, 2019b, pp. 272-274.

24 이선배, 2011, pp. 57-58.

25 도리우미, 2019b, p. 274.

26 도리우미, 2019b, p. 273.

27 도리우미, 2019b.

28 대륙연구사 편, 滿鮮問題の歸趨, 1934, pp. 183-184 인용, 도리우미, 2019b, p. 38 재인용.

29 久間健一, 1943, p. 8, 전광수, 2020, pp. 107-108 재인용.

30 정연태, 1994, p. 235, 표 4-1 재인용.

31 이선배, 2011, p. 57.

32 도리우미, 2019b, pp. 206-228.

33 김낙년, 2020b, p. 351.

34 자료: 김철, 1988, 표 7, p. 122 재인용, 원자료: 菱本長次, 朝鮮米の研究.

35 中野正剛, 1915, pp. 364-365, 손정목, 1996, pp. 64-65 재인용.

36 김낙년, 2019b, p. 65.

37 이영훈, 2016, pp. 38-39.

38 이헌창, 2014, p. 374.

39 강만길, 2000.

40 이송순·정병욱, 2000.
41 문영주·송규진, 2000.
42 안병직, 1989, p. 428.
43 김윤희·박은숙·이원주·하원호, 2000, p. 30.
44 차기벽, 1985, p. 35.
45 이상의, 2006.
46 김인호, 1998.
47 머피, 2021, p. 128.
48 머피, 2021, p. 128.
49 송규진, 1982, p. 195.

2부

1 신용하, 2007, pp. 427-433.
2 이태진, 2006, p. 85.
3 손정목, 1996, pp. 50-51.
4 宮田節子, 1988b, pp. 360-374.
5 도리우미, 2019a, pp. 562-564.
6 宮田節子, 1988a, p. 408.
7 샤브쉬나, 1996b, pp. 24-25.
8 샤브쉬나, 1996b, pp. 24-25 인용.
9 샤브쉬나, 1996a, p. 91 인용.
10 宮田節子, 1988a, p. 408.
11 宮田節子, 1988a, p. 175.
12 어느 조선인 前병사의 담화, 계간 현대사, 4, p. 140, 宮田節子, 1988a, p. 191 재인용.
13 김기봉, 계간현대사, 3, p. 101, 宮田節子, 1988a, p. 191 재인용.
14 일본군 가운데의 조선인 병사, 계간 현대사, 4, p. 145, 宮田節子, 1988a, p. 191 재인용.
15 각도 내무부장 회의에 있어서 총독 훈시 요지, 1938. 3. 16, 문교의 조선, 1938. 4, pp. 6-7, 宮田節子, 1988a, p. 429 재인용.
16 조선군 보도부 감수, 조선군사보급협회 편찬, 조선 징병준비 독본, 1942. 10. 15, p. 106, 宮田節子, 1988a, p. 430 재인용.
17 고등외사월보 12, p. 13.
18 日本人の海外活動に關する歷史的調査, 통권 제3분책(조선편 제2분책), p. 32, 손정목, 1996, p. 184 재인용.
19 손정목, 1996, pp. 184-185.
20 김운태, 1998, 제5장.
21 활동사진 이약이, '별건곤' 1926년 12월호.
22 김진송, 1999, pp. 162-163.
23 박이택, 2008, p. 224.
24 宮田節子, 1988a, p. 410.
25 조선총독부, 시정30년사, 1940, p. 816, 신용하, 2007, p. 409 재인용.
26 조선총독부, 시정30년사, 1940, p. 498, 신용하, 2007, p. 409 재인용.
27 宮田節子, 1988a, p. 412.
28 샤브쉬나, 1996a, p. 190 인용.
29 샤브쉬나, 1996a, p. 191 인용.
30 윤치호, 교육령 개정 지원병제도 실시를 맞이한 감상, 조선, 1938. 4. pp. 14-15, 宮田節子, 1988a, p. 429 재인용.
31 이승엽, 2000, 정혜경·이승엽, 1999, 박성진, 1999.
32 매일신보, 1945년 4월 7일 자, 4월 16일 자, 4월 24일 자, 김인호, 2002, p. 230 재인용.
33 김태호, 2019, p. 437 재인용.
34 문정창, 1969, 하권, pp. 363-365.
35 신용하, 2007, pp. 7-8.

36 문정창, 1969, 하권 pp. 549-550.

37 정안기, 2020a, p. 180.

38 샤브쉬나, 1996a, p. 181-182 재인용.

39 샤브쉬나, 1996a, p. 190 인용.

40 샤브쉬나, 1996a, p. 191 인용.

41 샤브쉬나, 1996b, p. 34 재인용.

42 샤브쉬나, 1996b, p. 34 재인용.

43 경성일보, 1937년 9월 10일 자.

44 宮田節子, 1988a, p. 414.

45 宮田節子, 1988a.

46 宮田節子, 1988a, 부록.

47 宮田節子, 1988a, p. 413.

48 君島彦和, 1988, p. 196.

3부

••

1 정혜경, 2019, p. 26.

2 이상의, 2006, pp. 289-322.

3 정혜경, 2019, p. 221 인용.

4 주익종, 2020a, p. 134.

5 주익종, 2020a, pp. 125-131.

6 정혜경, 2011, pp. 140-142.

7 정혜경, 2011, pp. 140-142.

8 정혜경, 2011, pp. 24-25.

9 정혜경, 2006, pp. 168-175.

10 주익종, 2020a.

11 정혜경, 2019, p. 44.

12 주익종, 2020a, p. 130.

13 이우연, 2020a, p. 83.

14 이우연, 2020c, p. 105.

15 니시오카, 2020, p. 173.

16 이상의, 2006, p. 359.

17 이상의, 2006, p. 361.

18 니시오카, 2020, p. 180.

19 이하 내용은 니시오카, 2020, pp. 177-204 재인용.

20 니시오카, 2020, 8장.

21 니시오카, 2020, p. 181.

22 니시오카, 2020, pp. 183-184 인용.

23 니시오카, 2020, p. 183.

24 이우연, 2020c, p. 105.

25 이우연, 2020a.

26 니시오카, 2020, p. 194.

27 니시오카, 2020, p. 161.

28 니시오카, 2020.

29 이우연, 2020b, p. 232.

30 이영훈, 2016, p. 265.

31 이우연, 2020a, p. 88.

32 유진룡 외 1992, p. 194 인용.

33 이우연, 2020a, p. 89.

34 이우연, 2020a, p. 89.

35 니시오카, 2020, pp. 185-186.

36 샤브쉬나, 1996b, p. 37.

37 니시오카, 2020.

38 이우연, 2020a.

39 니시오카, 2020.

40 김민철, 2019.

41 정혜경, 2019.

42 이우연, 2020c, pp. 101-104.

43 Cohen, 1949, p. 358, 이우연 2016, 각주 4번에서 인용, p. 159.

44 니시오카, 2020, p. 199.

45 Cohen, 1949, p. 166.

46 이석륜, 1990, p. 485 참조.

47 이우연, 2016, p. 159.

48 이우연, 2019, pp. 94-95.

49 니시오카, 2020, p. 165.

50 이우연, 2016.

51 이우연, 2016, 2020b.

52 이우연, 2019, p. 95.

53 이우연, 2016, p. 159, 각주 4번 재인용, 원랑, 1976, p. 242.

54 이우연, 2019, pp. 95-96.

55 정혜경, 2011, 제1부 제3장.

56 정혜경, 2011, pp. 198-203.

57 정혜경, 2011, pp. 201.

58 이우연, 2016.

59 이우연, 2019.

60 이우연, 2016.

61 이우연, 2019, pp. 85-86.

62 이우연, 2016, p. 169.

63 이우연, 2019, pp. 86-87.

64 이우연, 2016, p. 165-166, 각주 14-16 참조.

65 이우연, 2016.

66 이우연, 2016.

67 이우연, 2016.

68 이우연, 2016.

69 이우연, 2016.

70 이우연, 2016

71 이우연, 2020b.

72 이우연, 2016.

73 니시오카, 2020, pp. 158-159 재인용.

74 니시오카, 2020, p. 196 인용.

75 정혜경, 2011, pp. 575-576.

76 니시오카, 2020, p. 172.

77 니시오카, 2020, p. 170-171.

78 이상의, 2006, p. 328 재인용, 전전일, 1943, pp. 119-121, 131-141.

79 이상의, 2006, p. 328 재인용, 전전일, 1943, pp. 119-121, 131-141.

80 이상의, 2006, p. 329 재인용.

81 니시오카, 2020.

82 이우연, 2020a, 2020c.

83 정혜경, 2006, pp. 27-30 참조.

84 니시오카, 2020, p. 165.

85 이우연, 2016, pp. 153-161.

86 김운태, 1998, p. 547.

87 이우연, 2019, pp. 97-98 재인용.

88 이우연, 2016.

89 이우연, 2016, 2020c.

90 니시오카, 2020, p. 175 인용.

91 이영훈, 2019b, p. 308.

92 니시오카, 2020, p. 195.

93 이우연, 2016.

94 徵用実施強化に件業界の反響, 조선검찰요보, 9, 1944. 11, pp. 5-7, 이상의, 2006, pp. 360-361 재인용.

95 김중렬, 항일노동투쟁사, 집현사, 1984, p. 173, 이상의, 2006, pp. 362-362 재인용.

96 경무국 경제경찰과, 소화19년 상반기국민징용등노무사범취체상황표, 樋口雄一編, 전시하조선인노무동원기초자료집 II, 녹음서방, 2000, pp. 314-315, 이상의, 2006, pp. 365-366 재인용.

97 이우연, 2019.

98 니시오카, 2020.

99 정혜경, 2011, p. 42.

100 정혜경, 2011, p. 43, 각주 43번.

101 정혜경, 2006, pp. 22-23.

102 한국정신대문제대책협의회 정신대연구회 편, 1996, 강덕경, 1996, pp. 271-284.

103 이영훈, 2019b, p. 300-339.

104 정혜경, 2006, 제3장.

105 샤브쉬나, 1996a, p. 196.

106 정안기, 2020a, p. 174.

107 정안기, 2020a.

108 이영재, 2019.

109 정안기, 2020a.

110 정안기, 2020a.

111 정안기, 2020a.

112 임종국, 1982, pp. 154-163.

113 임종국, 2004, pp. 370-374.

114 홍종욱, 2020, pp. 65-68.

115 여태순, 1996, 1-3장 참조.

116 여태순, 1996, p. 57.

117 임종국, 2007, pp. 244-253.

118 정안기, 2020a, p. 174.

119 정안기, 2019a, p. 109.

120 정안기, 2020a, pp. 172-173.

121 정안기, 2020a, p. 175.

122 정안기, 2020a, pp. 173-174.

123 강덕상, 2016.

124 정안기, 2020a.

125 우명동 1987, p. 132, 각주 20번 재인용.

126 한국민족운동연구소, 대한민국독립운동공훈사, 1971, p. 194, 조선총독부 경찰국편, 最近に於ける朝鮮治安狀況, 1938년판, 암남당서점 1978년 복각판, pp. 372-374, 390-391 손정목, 1996, pp. 635-646 재인용, 신용하, 2007, pp. 384-385 참조.

127 샤브쉬나, 1996a, p. 191.

128 정안기, 2019b, pp. 100-103.

129 정안기, 2020b, p. 159.

130 정안기, 2019b, p. 102, 표 8-1에서 인용.

131 宮田節子, 1985.

132 정안기, 2020b, p. 158 인용.

133 정안기, 2019b.

134 정안기, 2020b.

135 宮田節子, 1985.

136 정안기, 2019b.

137 정안기, 2019b, pp. 99-106.

138 조선일보 2022년 6월 14일자.

139 김운태, 1998, p. 586 인용.

4부

••

1 이우연, 2020d, p. 298 인용.

2 이우연, 2020d, p. 289 인용.

3 이영훈, 2020a, p. 286.

4 신용하, 1982, 2019.

5 이영훈, 2019a, pp. 33-43.

6 이영훈, 1993, 1997.

7 이영훈, 2019a, 2020a.

8 이영훈, 2020a, p. 286.

9 이우연, 2020d, pp. 287-295.

10 이우연, 2020d, pp. 293-296.

11 조석곤, 1997, p. 325.

12 이영훈, 2020a.

13 신용하, 2019, p. 12.

14 김재호, 1992, p. 41, '한국 시정개선에 관한 협의회' 제41회의 회의록은 일한외교자료집성, 7, pp. 887-910.

15 조석곤, 1997, p. 323.

16 신용하, 2019, p. 13.

17 이영훈, 2020a.

18 이우연, 2020d.

19 신용하, 2019.

20 이영훈, 2020a.

21 김홍식 외, 1997.

22 김재호, 1997, pp. 249-296.

23 이우연, 2020d, p. 298 인용.

24 이우연, 2020d, p. 298 인용.

25 이우연, 2020d, p. 295.

26 이영훈, 1997, p. 546 인용.

27 전강수, 2020, p. 94.

28 전강수, 2020, p. 94.

29 이태진, 2005, pp. 221-222.

30 김낙년, 2019a, pp. 51-53.

31 신용하, 2007, pp. 319-320.
32 이영훈, 2020b, pp. 300-315.
33 김낙년, 2020a, pp. 337-341.
34 이송순·정병욱, 2000, p. 85.
35 신용하, 2007.
36 전용덕, 2017, pp. 101-124.
37 신용하, 2007, p. 185-186 재인용.
38 신용하, 1966, pp. 88-89.
39 조석곤, 2003, p. 136.
40 정연태, 1994, p. 295.
41 이여성·김세용, 1931, pp. 50-51.
42 이영훈, 2016, p. 145 인용.
43 김낙년 외 편, 한국의 장기통계 I, p. 85 인용.
44 강만길, 1987, p. 34 인용, 김운태, 1998, p. 376 재인용.
45 김운태, 1998, p. 645 참조.
46 전강수, 1984, p. 168.
47 정연태, 1994, p. 187, 표 3-10 재인용.
48 정연태, 1994, pp. 186, 각주 114 재인용.
49 Stigler, 1971.
50 Peltzman, 1976.
51 문영주·송규진, 2005, p. 147.
52 김낙년, 2019a, p. 53.
53 신용하, 2007, p. 173.
54 김준보, 1957.
55 신용하, 1966.
56 신용하, 2007, pp. 319-320.
57 이영훈, 2020b, pp. 300-315.
58 김낙년, 2020a, pp. 337-341.
59 전용덕, 2024.

5부

••

1 정윤재, 2004.
2 신용하, 2007, p. 52 인용.
3 도리우미, 2019a, pp. 562-564.
4 도리우미, 2019a, p. 565.
5 경성상공회의소, 1941, pp. 87-88, 도리우미, 2019b, pp. 40-41 재인용.
6 도리우미, 2019a, p. 562.
7 도리우미, 2019b.
8 도리우미, 2019a, p. 564 인용.
9 도리우미, 2019b, p. 564.
10 도리우미, 2019b, pp. 100-101.
11 김재호, 2009.
12 도리우미, 2019b, pp. 111-112.
13 도리우미, 2013.
14 도리우미, 2019b.
15 도리우미, 2019b, p. 192.
16 박경식 편, 1982, p. 61, 도리우미, 2019b, p. 192 재인용.
17 도리우미, 2019b, pp. 191-195.
18 도리우미, 2019b, pp. 177-194.
19 松本武祝, 1996a, p. 5.
20 장시원, 1996, p. 235.
21 宮嶋博史, 1996, pp. 10-11.
22 宮嶋博史, 1996, p. 15 인용.
23 松本武祝, 1996b, pp. 113-114.
24 도리우미, 2019b, pp. 240-241.
25 도리우미, 2013, pp. 161-162.
26 전강수, 2020, pp. 147-153.
27 전강수, 2020, pp. 147-153.
28 전강수, 2020, pp. 147-153.
29 도리우미, 2019b, p. 273.
30 전강수, 1984, p. 179 인용.
31 전강수, 2019, pp. 300-310.
32 동아일보, 1931년 8월 12일 자 인용.

33 전강수, 1984, p. 168.
34 정연태, 1994, p. 156, 〈표 3-1〉 인용.
35 박수현, 2001.
36 도리우미, 2013.
37 정연태, 1994, p. 158 인용.
38 도리우미, 2013, pp. 84-90.
39 도리우미, 2019b, 제3장 참조.
40 도리우미, 2013.
41 도리우미, 2013, 2014.
42 정안기, 2017.
43 이명휘, 2001, p. 69.
44 박이택, 2008, pp. 96-97.
45 김용덕, 1991, p. 54.
46 이명휘, 1999, 2001, 2005a, 2005b.
47 이명휘, 2022, p. 513.
48 이헌창 2014, p. 339, 〈표 8-4〉에서 재인용.
49 허수열, 1985, pp. 266-268.
50 조선신보, 1936년 2월 4일 자, 조질의 비싼 유안값-아주 폭리도 심하다.
51 허수열, 1985, 표 13, p. 266 재인용.
52 허수열, 1985, 표 13, p. 266 재인용.
53 도리우미, 2019b, 제3장.
54 도리우미, 2019b, p. 114.
55 이영훈, 2020b, pp. 308-315.
56 김낙년, 2020a, p. 334-335.
57 이영훈, 2020b.
58 김낙년, 2020a.
59 김낙년, 2020a, p. 334.
60 신용하, 2007, p. 443.
61 박지향, 2003. p. 27.
62 정윤재, 2004, p. 197.
63 마쓰모토, 2011, p. 145-146 인용.
64 마쓰모토, 2011.
65 박섭, 2004.
66 마쓰모토, 2011, p. 146.
67 자료; 김낙년, 국민소득, 김낙년 외, 한국의 장기통계II, pp. 753, 755에서 작성, 원자료: 1911-1940년은 김낙년 편, 한국의 장기통계: 국민계정 1911-2010, 서울대학교출판문화원, 2012, pp. 442-443에서 인용.
68 이영훈, 2020b.
69 김낙년, 2020a.
70 박한용, 2020, pp. 32-34.
71 강덕상, 1967, p. 4 인용.
72 박섭, 2004.
73 박섭, 2004, pp. 48-49.
74 박섭, 2004, p. 48.
75 길인성, 1996, p. 10.
76 박섭, 2004. p. 51.
77 강명희, 2021, p. 49.
78 차명수, 2020, pp. 379-380.
79 김낙년, 2020a, p. 336.
80 차명수, 2020.
81 김낙년, 2020a.
82 도리우미, 2019b , p. 271.
83 도리우미, 2019b, pp. 191-195.
84 도리우미, 2019b, pp. 177-194.
85 자료: 우명동, 1987, p. 125, 〈표 5-1〉에서 재인용했지만, 일부 불필요한 항목은 제외했을 뿐만 아니라 이해를 돕기 위하여 항목을 재배치했습니다.
86 김재호, 2006, pp. 169-192.
87 이선배, 2011, p. 176-179 인용.
88 김낙년 편, 2006.
89 임종국, 1989, p. 237, 각주 144번 인용.
90 도리우미, 2019b.
91 원자료: 조선총독부, 조선총독부통

계연보, 소화3년, 1930에서 산출, 자료: 도리우미, 2019b, p. 269에서 재인용.

92 허수열, 2005, pp. 171-172.

93 허수열, 2005, p. 172 인용.

94 자료: 허수열, 2005, p. 171, 〈표 3-13〉 재인용, 원자료: 경성상공회의소조사과, 朝鮮に於ける內地資本の投下現況, 1944. SCAP, Japanese External Assets as of August 1945, 1948. 9. 30. pp. 36-37에서 작성.

95 허수열, 2005, pp. 166-167 인용.

96 허수열, 2005, pp. 166-168 참조.

97 차명수, 2020, pp. 379-380.

98 차명수, 2006, p. 339.

99 차명수, 2006, pp. 321-328.

100 차명수, 2006, p. 327.

101 차명수, 2006, p. 327.

102 도리우미, 2019b.

103 허수열, 2004, 2005.

104 차명수, 2006.

105 차명수, 2006, p. 327.

106 주익종, 2020b, pp. 375-376 인용.

107 김낙년, 2019b, pp. 56-58.

108 김낙년, 2019b, pp. 55-66.

109 김낙년, 2019b, p. 57.

110 이영훈, 2020b, pp. 300-315.

111 이승일, 2008.

112 김낙년, 2019b.

113 김낙년, 2003, pp. 10-11 인용.

114 호리 가즈오(堀和生), 1995, pp. 9-13.

115 최대식, 1993.

116 도리우미, 2019b, p. 190.

117 澤井理恵, 母の京城, 私のソウル, 초풍관, 1996, pp. 11, 58, 83, 도리우미, 2019b, pp. 15-16 재인용.

118 도리우미, 2019b, p. 16.

119 김낙년, 2020b, p. 349.

120 渡邊定一郎, 소감と중앙요로진정の요지, 조선토목건축협회제7회추계총회강연집, 조선토목건축협회, 1924, p. 8, 도리우미, 2019b, p. 164 재인용.

121 도리우미, 2019b, pp. 40-43.

122 자료: 이석륜, 1990, pp. 182, 340, 464, 632에서 재인용, 원자료: 금융사항참고서(1939), pp. 106-107, 경제연감(1949), IV, p. 105.

123 머피, 2021, pp. 129-132.

124 허수열 2005, pp. 129-130 참조.

125 조선及만주, 1935년 6월호, p. 19.

126 허수열, 2005, pp. 150-156 참조.

127 신용하, 2007, pp. 323과 327.

128 허수열 2005, p. 206, 표 3-29 재인용.

129 허수열 2005, p. 206, 표 3-29 재인용.

130 샤브쉬나, 1996, p. 30.

131 허수열, 2005, pp. 213-219.

132 허수열, 2005, pp. 224-225 인용.

133 자료: 허수열, 2005, p. 224, 표 3-32 재인용. 원자료: 제국의회설명자료, 제10권 pp. 336-339, 조선금융조합연합회, 기업정비に關する 자료, 1944, pp. 34-35, 74

134 조선총독부 식산국, 조선공장명부(1939년 조사), 허수열 2005, p. 225, 표 3-33 재인용.

135 자료: 허수열, 2005, p. 227, 표 3-35에서 재인용, 원자료: 제국의회설명자료, 제10권 153쪽.

136 허수열, 2005.

137 최태호, 1995, p. 85, 원자료: 小林英夫, 1967, pp. 160-161.

138 도리우미, 2019b.

139 도리우미, 2019b, pp. 206-228.

140 이영훈, 2020b, p. 310.

141 이영훈, 2020b. p. 313.

142 김낙년, 2020a, p. 339.

143 김용섭, 2015.

144 김용섭, 2015, p. 26.

145 김용섭, 2015, p. 134.

146 머피, 2021, pp. 145-148.

147 머피, 2021, p. 145.

148 후지따, 1998, pp. 140-147.

149 이선배, 2011, p. 133 인용.

참고문헌

강덕경, 1996, 「근로정신대에서 위안부로」, 한국정신대문제대책협의회·정신대연구회 편, 『강제로 끌려간 조선인 군위안부들 증언집』, 한울, pp. 271-284.

강덕상, 1967, 「憲兵政治下の朝鮮」, 『歴史学研究』 321, p. 4.

______, 2016, 『일제 강점기 말 조선 학도병의 자화상』, 정다운 역, 선인.

강만길, 1987, 『일제시대 빈민생활사 연구』, 창작과비평사, p. 34.

______, 2000, 「한국 자본주의의 역사를 어떻게 이해할 것인가」, 강만길 편, 『한국 자본주의의 역사』, 역사비평사, pp. 12-27.

강명희, 2021, 『동아시아에서 자유주의는 무엇인가』, 한울아카데미.

久間健一, 1935, 『朝鮮農業の近代的様相』, p. 4.

______, 1943, 『朝鮮農政の課題』, 성미당서점, p. 8.

君島和彦, 1988, 「조선에 있어서 전쟁동원체제의 전개과정」, 최원규 편, 『일제말기 파시즘과 한국사회』, 청아출판사, pp. 157-198.

宮田節子, 1988a, 「조선민중의 중일전쟁관: '유어비어'를 중심으로」, 최원규 편, 『일제말기 파시즘과 한국사회』, 청아출판사, pp. 408-435.

______, 1988b, 「'내선일체'의 구조」, 최원규 편, 『일제말기 파시즘과 한국사회』, 청아출판사, pp. 345-407.

______, 2002, 정재정 역, 『식민통치의 허상과 실상: 조선총독부 고위 관리의 육성 증언』, 혜안.

宮嶋博史, 1996, 「수리조합의 전체적 개관」, 이영훈 등, 『근대조선 수리조합연구』, 일조각, pp. 9-66.

경성부, 『경성부사』 2권, 한국학자료원, pp. 894-900.

길인성, 1996, 「식민지 조선과 생활수준논쟁」, 『서강경제논집』 26, p. 10.

김낙년, 2003, 『일제하 한국경제』, 해남.

______, 2006, 「식민지 시기의 공업화 재론」, 박지향 외 편, 『해방전후사의 재인식 I』, 책세상.

______, 2018, 「국민소득」, 김낙년 외 편, 『한국의 장기통계 I, II』, 해남, pp. 753, 755.

______, 2019a, 「식량을 수탈했다고」, 이영훈 외, 『반일 종족주의』, 2019, 미래사, pp. 44-54.

______, 2019b, 「일본의 식민지 지배 방식」, 이영훈 외, 『반일 종족주의』, 2019, 미래사, pp. 55-66.

______, 2020a, 「식민지 근대화, 서구 근대문명의 확산이라는 큰 틀에서 보아야」, 이영훈 외, 『반일 종족주의와의 투쟁』, 미래사, pp. 330-341.

______, 2020b, 「제도와 정책을 통한 수탈? 변형된 수탈론에 불과」, 이영훈 외, 『반일 종족주의와의 투쟁』, 미래사, pp. 342-353.

김낙년 외 편, 2018, 『한국의 장기통계 I, II』, 해남.

김대호, 2019, 「일제강점기 안중근에 대한 기억의 전승, 유통」, 이태진·사사가와 노리카쓰 공편, 『3·1독립만세운동과 식민지배체제: 3·1운동 100주년 한일공동연구』, 지식산업사, pp. 414-446.

김민철, 2019, "진부한 레퍼토리, 그러나 악의에 찬 거짓 선동들: 강제동원·강제노동 부정론 비판", 민족문제연구소·일본군 '위안부' 연구회 공동주최 토론회 〈'반일 종족주의' 긴급진단: 역사부정을 논박한다〉 발표문.

김용섭, 2015[2008], 『동아시아 역사 속의 한국문명의 전환: 충격, 대응, 통합의 문명으로(신정증보판)』, 지식산업사.

김용덕, 1991, 『일본근대사를 보는 눈』, 지식산업사, p. 54.

김운태, 1998, 『일본제국주의의 한국통치(개정판)』, 박영사.

김윤희·박은숙·이헌주·하원호, 2000, 「세계 자본주의 체제로의 편입과 국민경제 형성의 좌절」, 강만길 편, 『한국자본주의의 역사: 빼앗긴 들에 서다』, 역사비평사, pp. 29-80.

김인호, 1998, 『태평양전쟁기 조선공업연구』, 신서원.

______, 2002, 『식민지 조선경제의 종말』, 신서원.

김재호, 1992, 「'보호국기'(1904-1910)의 황실재정정리: 제도적 변화를 중심으로」, 『경제사학』 16, p. 41.

______, 1997, 「한말 궁방전의 지대」, 김홍식 외, 『조선토지조사사업의 연구』, 민음사, pp. 249-296.

______, 2006, 「정부부문」, 김낙년 편, 『한국의 경제성장: 1910-1945』, 서울대학교출판부, pp. 169-192,

______, 2009, 「식민지기의 재정지출과 사회간접자본의 형성」, 『경제사학』 46, 6월호.

김종성, 2020, 『반일 종족주의, 무엇이 문제인가: 역사를 바로잡기 위한《반일 종족주의》 비판』, 위즈덤하우스.

김준보, 1957, 「金融資本主義下의 零細農의 性格: 日帝下의 零細小作制를 中心으로」, 『서울대학교 論文集』 5.

김진송, 1999, 『현대성의 형성: 서울에 딴스홀을 허하라』, 현실문화연구.

김철, 1988, 「식민지기의 인구와 경제」, 최원규 편, 『일제말기 파시즘과 한국사회』, 청아출판사, pp. 109-154.

김태호, 2019, 「일제강점기 안중근에 대한 기억의 전승, 유통」, 이태진·사사가와 노리카쓰 공편, 『3·1독립만세운동과 식민지배체제: 3·1운동 100주년 한일공동연구』, 지식산업사, pp. 414-446.

김홍식 외, 1997, 『조선토지조사사업의 연구』, 민음사.

菱本長次, 1938, 『朝鮮米の研究』, 千倉書房.

니시오카 쓰토무, 2020, 『날조한, 징용공 없는 징용공 문제』, 이우연 역, 미디어워치.

도리우미 유타카, 2013, 「일제하 조선인 노동자의 저임금과 일본인 토목청부업자의 부당 이익」, 『한일경상논집』 60, pp. 55-75, 84-90.

______, 2014, 「일제하 수리조합사업과 일본인토목청부업자」, 『한국문화』 68, pp. 277-305.

______, 2019a, 「3·1운동과 식민지근대화론」, 이태진·사사가와 노리카쓰 공편, 『3·1독립만세운동과 식민지배체제: 3·1운동 100주년 한일공동연구』, 지식산업사, pp. 551-565.

______, 2019b, 『일본학자가 본 식민지 근대화론』, 지식산업사.

마쓰모토 다케노리, 2011, 『조선농촌의 식민지 근대 경험』, 윤해동 역, 논형, pp. 145-146, 202-204.

머피, R. 태가트, 2021, 『일본의 굴레』, 윤영수 박경환 역, 글항아리. [R. Taggart Murphy, *Japan and The Shackles of the Past*, Oxford University Press, 2014].

문영주·송규진, 2000, 「식민지 자본주의의 위기와 파국」, 강만길 편, 『한국 자본주의의 역사』, pp. 141-191.

문정창, 1969, 『군국일본 조선강점36년사(상)(중)(하)』, 백문당.

박경식 편, 『재일조선인の생활상태(해방전)』, 조선문제자료총서 제3권, 아시아문제연구소, 1982, p. 61.

박병호, 1987, 『한국법제사고』, 법문사, pp. 107-236.

박성진, 1999, 「일제말기 녹기연맹의 내선일체론」, 『한국근현대사연구』 10.

박섭, 2004, 「식민지기 한국의 경제성장: 제국주의 정책과 식민지민의 상호작용」, 한국정신문화연구원 편, 『식민지 근대화론의 이해와 비판』, 백산서당.

박수현, 2001, 「일제하 수리조합 항쟁 연구: 1920-1934년 산미증식계획기를 중심으로」, 중앙대학교 대학원 사학과 박사학위논문.

박이택, 2008, 『한국 통신산업에 있어서 지배구조와 고용구조: 1876-1945』, 한국학술정보, p. 224.

박지향, 2003, 『일그러진 근대: 100년 전 영국이 평가한 한국과 일본의 근대성』, 푸른역사.

박한용, 2020, 「뉴라이트의 기괴한 역사인식」, 이철우 외, 『누구를 위한 역사인가: '뉴라이트 역사학의 반일종족주의론' 비판』, 푸른역사, pp. 26-51.

박희진·차명수, 2018, 「인구」, 김낙년 외 편, 『한국의 장기통계 I』, 해남, p. 77-112.

배영순, 1988, 「한말·일제초기의 토지조사와 지세개정에 관한 연구」, 서울대학교 국사학과 박사학위 논문.

변은진, 1998, 「일제 전시파시즘기(1937-1945) 조선민중의 현실인식과 저항」, 고려대학교 사학과 박사학위논문.
샤브쉬나, 파냐 이사악꼬브나, 1996a, 『식민지 조선에서』, 김명호 역, 한울.
______, 1996b, 『1945년 남한에서』, 김명호 역, 한울.
손정목, 1996, 『일제강점기 도시사회상연구』, 일지사.
______, 2015, 『손정목이 쓴 한국 근대화 100년』, 한울.
송규진, 2002, 「일제하 '쌀이출 좁쌀 수입' 구조의 전개과정」, 『사총』 55, pp. 195-232.
松本武祝, 1996a, 「총독부의 수리조합정책과 시기구분」, 이영훈 외, 『근대조선 수리조합연구』, 일조각, pp. 4-8.
______, 1996b, 「논산수리조합의 창설과정」, 이영훈 외, 『근대조선 수리조합연구』, 일조각, pp. 113-114.
신용하, 1966, 「한국의 지주제도에 관한 일연구: 일제하의 토지소작제도에 대하여」, 『경제논집』 5-3, pp. 65-129.
______, 1982, 『조선토지조사사업연구』, 지식산업사.
______, 2007[2006], 『일제 식민지정책과 식민지근대화론 비판』, 문학과지성사.
______, 2019, 『일제 조선토지조사사업 수탈성의 진실』, 나남.
심희기, 1992, 『한국법사연구: 토지소유와 공동체』, 영남대학교출판부.
안병직, 1989, 「중진자본주의로서의 한국경제」, 『사상문예운동』, 2, pp. 8-29, 428.
에커트, 카터 J. 2006, 「식민지 말기 조선의 총력전·공업화·사회변화」, 박지향 외 편, 『해방전후사의 재인식 I』, 책세상.
여태순, 1996, 『그날 오키나와 하늘에서』, 뿌리.
우명동, 1987, 「일제하 조선재정의 구조와 성격」, 고려대학교 경제학과 박사학위논문.
유진룡 외, 1992, 『장돌뱅이 돈이 왜 구린지 알어?』, 뿌리깊은나무.
이기동, 2020, 『비극의 군인들』, 일조각.
이덕주, 2001, 『조선은 왜 일본의 식민지가 되었는가』, 에디터.
이명휘, 1999, 「식민지기 조선의 주식회사와 주식시장연구」, 성균관대학교 경제학과 박사학위논문.
______, 2001, 「조선거래소의 주식거래제도와 거래실태」, 『경제사학』 31, pp. 65-92.
______, 2005a, 「금융제도의 형성과 발전」, 이대근 외, 『새로운 한국경제발전사: 조선후기에서 20세기 고도성장까지』, 나남출판, pp. 219-250.
______, 2005b, 「제2부 식민지기의 증권시장」, 이영훈 외, 『한국의 유가증권 100년사』, 해남, pp. 73-203.
______, 2022, 「2차 대전기 조선의 주식시장과 조선증권취인소」, 『경제사학』 46, pp. 509-556.
이상의, 2002, 「1930-1940년대 일제의 조선인노동력동원체제 연구」, 연세대학교 사학과 박사학위논문.

______, 2003, 「일제지배 말기의 노동문제와 조선인의 저항」, 『역사연구』 13.
______, 2006, 『일제하 조선의 노동정책 연구』, 혜안, pp. 316-317, 289-322,
이석륜, 1990, 『우리나라금융사: 1910-1945』, 박영사, pp. 176, 336, 459-461, 485, 628.
이선배, 2011, 『일제강점기 진실의 문: 병합 후 반세기 역사왜곡 비판』, 한국학술정보.
이송순·정병욱, 2000, 「식민지 자본주의의 형성과 발전」, 강만길 편, 『한국 자본주의의 역사』, 역사비평사, pp. 83-138.
이승엽, 2000, 「내선일체운동과 녹기연맹」, 『역사비평』 50.
이승일, 2008, 『조선총독부 법제 정책』, 역사비평사.
이여성·김세용, 1986[1931], 『숫자조선연구』, 한국학진흥원, 1986. (1931년 경성 세광사판 영인본.)
이영재, 2019, 「육군특별지원병·학도지원병제 왜곡 비판」, 『일제종족주의』, 넥센미디어.
이영훈, 1993, 「토지조사사업의 수탈성 재검토」, 『역사비평』 24.
______, 1997, 「토지조사사업의 수탈성 재검토」, 김홍식 외, 『조선토지조사사업의 연구』, 민음사, pp. 505-547.
______, 2007, 『대한민국 이야기: 《해방전후사의 재인식》 강의』, 기파랑, p. 70.
______, 2016, 『한국 경제사 II: 근대의 이식과 전통의 탈바꿈』, 일조각.
______, 2019a, 「한 손에는 피스톨을, 다른 한 손에는 측량기를」, 이영훈 외, 『반일 종족주의』, 미래사, pp. 33-43.
______, 2019b, 「일본군 위안부 문제의 진실」, 이영훈 외, 『반일 종족주의』, 미래사, pp. 300-339.
______, 2020a, 「토지수탈설을 다시 논박한다」, 이영훈 외, 『반일 종족주의와의 투쟁』, 미래사, pp. 275-287.
______, 2020b, 「한국사에서 근대는 어떻게 출발하였는가」, 이영훈 외, 『반일 종족주의와의 투쟁』, 미래사, pp. 300-315.
이영훈 등, 1996, 『근대조선 수리조합연구』, 일조각.
이영훈 외, 2019, 『반일 종족주의』, 미래사.
이영훈 외, 2020, 『반일 종족주의와의 투쟁』, 미래사.
이우연, 2016, 「전시기(1937-1945) 일본으로 노무동원된 조선인 탄·광부의 임금과 민족 간 격차」, 『경제사학』 40-2, pp. 153-185.
______, 2019, 「과연 '강제노동'·'노예노동'이었나?」 이영훈 외, 『반일 종족주의』, 미래사, pp. 77-98.
______, 2020a, 「일본에 갔으면 다 강제동원인가」, 이영훈 외, 『반일종족주의와의 투쟁』, 미래사, pp. 82-95.
______, 2020b, 「역자후기」, 니시오카 쓰토무, 이우연 역, 『날조한, 징용공 없는 징용공 문제』, 미디어워치, pp. 231-233,

______, 2020c, 「일본에서의 노동, 보수, 그리고 일상」, 이영훈 외, 『반일 종족주의와의 투쟁』, 미래사, pp. 97-107.

______, 2020d, 「사실과 거꾸로인 임야 수탈론」, 이영훈 외, 『반일 종족주의와의 투쟁』, 미래사, pp. 289-298.

이우연·차명수, 2007, 「식민지 조선의 임금 수준과 구조」, 『경제사학』 43, pp. 41-66.

이태진, 2005, 『동경대생들에게 들려준 한국사』, 태학사.

______, 2006, 「한국병합인가, 한일합방조약인가?」, 역사비평 편집위원회 편, 『역사용어 바로쓰기』, 역사비평사, pp. 82-88.

이헌창, 2014, 『제6판 한국경제통사』, 해남.

임종국, 1982, 『일제침략과 친일파』, 청사.

______, 1989, 『일본군의 조선침략사 II』, 일월서각.

______, 2004, 『밤의 일제 침략사』, 한빛문화사.

______, 2007, 『빼앗긴 시절의 이야기』, 아세아문화사, pp. 244-253.

장시원, 1996, 「부평수리조합의 재정구조」, 이영훈 외, 『근대조선 수리조합연구』, 일조각, pp. 190-250.

전강수, 1984, 「일제하 수리조합 사업이 지주제 전개에 미친 영향」, 『경제사학』 8, pp. 168, 179.

______, 2019, 『부동산 공화국 경제사』, 여문책, pp. 300-310.

______, 2020, 『《반일 종족주의》의 오만과 거짓』, 한겨레출판.

전용덕, 2015, 『경기변동이론과 응용』, 마인드탭.

______, 2017, 『신분제와 자본주의 이전 사회』, 태학사.

______, 2019, 『국가주의 시대의 경제와 사회 I, II: 미군정에서 3공화국까지』, 해남.

______, 2024, 『군국주의 시대의 경제와 사회: 군국일본지배기를 중심으로』, 미출간 원고.

정안기, 2017, 「식민지기 조선사설철도보조법의 연구: 성립·개정·운영·성과를 중심으로」, 『경제사학』, 41-1, pp. 67-102.

______, 2019a, 「학도지원병, 기억과 망각의 정치사」, 이영훈 외, 『반일 종족주의』, 미래사, pp. 107-113.

______, 2019b, 「육군특별지원병, 이들은 누구인가」, 이영훈 외, 『반일 종족주의』, 미래사, pp. 99-106.

______, 2020a, 「학도지원병의 '시대적 분투'라고?」 이영훈 외, 『반일 종족주의와의 투쟁』, 미래사, pp. 170-182.

______, 2020b, 「육군특별지원병제의 겉과 속」, 이영훈 외, 『반일 종족주의와의 투쟁』, 미래사, pp. 156-169.

정연태, 1994, 「일제의 한국 농지 정책(1905-1945년)」, 서울대학교 국사학과 박사학위논문.

정윤재, 2004, 「일제하 한국 지식인들의 저항과 식민지 근대화론」, 한국정신문화연구원 편, 『식민지 근대화론의 이해와 비판』, 백산서당.

정재정, 1990, 「조선총독부 철도국의 고용구조」, 안병직 외 편, 『근대조선의 경제구조』, 비봉출판사, pp. 432-471.

정혜경, 2006, 『조선인 강제연행 강제동원 I: 일본편』, 선인. pp. 168-175.

______, 2011, 『일본 제국과 조선인 노무자 공출: 조선인 강제연행·강제노동 연구 II』, 선인.

정혜경 외, 2019, 『반대를 론하다』, 선인, p. 26, 44, 195, 221.

정혜경·이승엽, 1999, 「일제하 녹기연맹의 활동」, 『한국근현대사연구』 10.

조석곤, 1997, 「토지조사사업에 있어서 분쟁지 처리」, 김홍식 외, 『조선토지조사사업의 연구』, 민음사, pp. 297-383.

______, 2003, 『한국 근대 토지제도의 형성』, 해남.

朝鮮總督府, 1940, 『施政30年史』, pp. 726, 728-729.

주익종, 2020a, 「강제동원 배상을 청구한 원고들의 행적」, 이영훈 외, 『반일 종족주의와의 투쟁』, 미래사, pp. 123-139.

______, 2020b, 「조선인의 개발 없는 식민지 개발?」, 이영훈 외, 『반일 종족주의와의 투쟁』, 미래사, pp. 367-377.

중앙일보 현대사연구팀, 1996, 『발굴자료로 쓴 한국현대사』, 중앙일보사, p. 57, 62-65.

中野正剛, 1915, 『我が觀たる滿鮮』, 東京政教社, pp. 39-42, 52-53, 57, 364-365.

차기벽, 1985, 「일본제국주의 식민정책의 형성배경과 그 전개과정」, 차기벽 편, 『일제의 한국 식민통치』, 정음사, pp. 12-45.

차명수, 2006, 「경제성장·소득분배·구조변화」, 김낙년 편, 『한국의 경제성장: 1910-1945』, 서울대학교출판부, pp. 299-341.

______, 2020, 「일제시대의 생활수준 변동」, 이영훈 외, 『반일 종족주의와의 투쟁』, 미래사, pp. 378-389.

최대식, 1993, 『한국금리정책사: 1910-1993』, 법문사.

최원규 편, 1988, 『(일제말기) 파시즘과 한국사회』, 청아출판.

최태호, 1995, 「일제강점기의 한국경제」, 김우택 외, 『시장경제와 한국의 자본주의』, 소화, pp. 57-112.

한국민족운동연구소, 1971, 『대한민국독립운동공훈사』, 한국민족운동연구소, p. 194.

허수열, 1985, 「1930년대 군수 공업화정책과 일본 독점자본의 진출」, 차기벽 편, 『일제의 한국 식민통치』, 정음사, pp. 228-288.

______, 2004, '일제하 고성장' 재반론, 『조선일보』 2004년 3월 13일, A22면.

______, 2005, 『개발 없는 개발: 일제하 조선경제 개발의 현상과 본질』, 은행나무.

______, 2011, 『일제초기 조선의 농업: 식민지근대화론의 농업개발론을 비판한다』, 한길사.

堀和生, 1995, 『朝鮮工業化の史的分析: 日本資本主義と植民地経済』, 有斐閣, pp. 9-13.
홍종욱, 2020, 「일본제국주의의 식민통치를 어떻게 볼 것인가」, 이철우 외, 『누구를 위한 역사인가』, 푸른역사, pp. 62-70.
후지따 쇼오조오, 1998, 『전체주의의 시대경험』, 이순애 편, 이홍락 역, 창작과비평사.
Cohen, Jerome B., 1949, *Japan's Economy in War and Reconstruction*, University of Minnesota Press.
Peltzman, S., 1976, "Toward a More General Theory of Regulation", *Journal of Law and Economics* 19-2.
Stigler, G. J., 1981, "The Theory of Economic Regulation", 2, *The Bell Journal of Economics and Management Science*, pp. 3-21.

찾아보기

ㄹ
••

ㅁ
••

ㅂ

ㅅ
••

ㅇ

ㅊ